고통스러운 기억의 치유

Deliverance from Toxic Memories

Deliverance from Toxic Memories

Originally Published in the USA by

Copyright © 2013 by Ken and Jeanne Harrington, USA
Translated And Printed by Permission Of Destiny Image
17257 167 Walnut Bottom Rd Shippensburg, PA USA

The Korean edition Copyright ©2018 by Jordan Press
10, Gukhoe-daero 76-gil, Yeongdeungpo-gu, Seoul, Korea

마음치유에 대한 성경, 의학, 신경생리학, 심리학의 통합적 접근

고통스러운 기억의 치유
Deliverance from Toxic Memories

켄·잔 해링턴 지음 / 송동호·정동섭 옮김

요단
JORDAN PRESS

서문

나는 계단을 올라가 우리의 침실 쪽으로 갔다. 침실로 들어가려 했지만 방문이 잠겨있었다. 갑자기 내 안에서 분노가 솟구쳐 올라왔다. 이때 나는 아드레날린이 내 몸을 휩싸는 것을 느끼면서 나도 모르게 문을 부수려는 충동이 일었다. 나는 이 분노를 억제하려고 애쓰면서 내 속이 뒤틀리는 것을 느꼈다. 나는 혈압과 맥박이 오르는 것을 느낄 수 있었다. 결국 나는 문을 '쾅'하고 두드리면서 "문이 왜 잠겼어?"하고 외쳤다.

거의 동시에 그 침실에 딸린 화장실에서 아내가 물을 내리고 문 쪽으로 다가오는 소리가 들렸다

"어? 어쩌다 문이 잠겼나보네, 미안"하고 말하며 마치 아무 일도 없었던 것처럼 싱긋 웃으면서 나를 스쳐 지나갔다. 잠겼던 문이 그녀에게는 단지 일시적인 불편일 뿐이었다. 하지만 그것은 나에 대한 직접적인 공격이자 모욕이었다.

나는 내 영혼이 나에게 말하는 동안 마음을 진정시키고 몸속에서 일어나는 극심한 긴장을 누그러뜨리기 위해 그곳에 서 있었다. "방금 무슨 일이 일어난 거지?"하고 나 스스로 질문했다. "왜 내가 그렇게 반응하고 그렇게 화를 냈지? 왜 내가 아내와 싸우려고 했지? 왜 내가 자제력을 잃

어버렸지? 무엇이 나를 조종하고 있었던 거야?"곧바로 나는 그것이 고통스러운 기억때문임을 깨달았다.

내가 어렸을 때 우리는 농장에 살았고 내 형과 나는 쉴 새 없이 진흙을 묻히고 들어와 집안을 더럽혔다. 내 어머니는 청소하는 날이면 집안 정돈이 끝날 때까지 문을 잠그고 강제로 우리가 집밖에 머물게 하였다. 어머니에게는 그것이 엉망진창이 된 집안을 정리하는 해결책이었지만 나에게 그것은 거절이었다.

인지하는 것은 우리 기억들의 왕과도 같다. 중요한 것은 실제로 무슨일이, 왜 일어났는지가 아니다. 무슨일이 왜 일어났는지에 대해 내가 어떻게 인지하는가가 중요하다.

나는 하나님께 나아가 문을 걸어 잠그고 나를 집안에 들어가지 못하게 한 어머니를(어머니가 나에게 잘못한 것은 아닐지라도) 용서해야 했다. 이러한 전향적인 조치는 내가 겪었던 모든 다른 '문 잠금'에서의 거절로부터 나를 자유롭게 했다. 나는 그 기억을 새로 써야 했고 그 장면에서 하나님을 바라보아야만 했다. 나는 그 당시에 거절 받고 혼자 내버려져 있었던 것이 아니라, 하나님이 나와 함께 하셨고 난 그 분의 사랑을 받고 있었다.

나(잔)는 한밤중에 깜짝 놀라서 깼다. 나는 흐느껴 울고 있었고 공포가 내 심장을 고동치게 하고 있었다. 마침 우리는 그 아름다운 여름 밤에 우리의 침실 창문을 열어 놓았었는데, 그때 이웃집 사람들이 또 싸우고 있었고 그 소음이 나를 깨웠다. 싸우는 것은 이웃집 사람들인데 나는 왜 울고 있었던 걸까? 나는 그들을 위해 기도했고, 나는 내 마음(heart) 속에 내가 왜 울었는지에 대한 답을 얻지 못한 채 다시 잠들었다. 나는 그런

나의 반응 속에는 무언가가 더 있다는 것을 알고 있었다.

나는 내가 큰 소음에 불안감으로 깨어날 때마다, 언제나 울거나, 마치 나에게서 무언가를 내보내듯 깊은 숨을 들이마셨다. 내가 계속해서 그 일에 대해 기도할 때 성령께서는 내가 11살 때 일어났던 사건의 기억을 떠오르게 하셨다.

크리스마스가 거의 다가왔을 때 일 때문에 시외로 나갔던 아빠가 드디어 집에 돌아오셨다. 아빠는 친구들과 술을 마셨으며 화가 나 있으셨다. 나는 고함치는 소리에 깨어났던 것을 기억한다. 내 어머니는 울고 있었으며, 아버지는 어머니를 구타하고 있었다. 내 첫 반응은 내 어머니가 어떻게 되지 않을까 두려워하는 것이었다. 그래서 나는 서둘러 경찰에게 전화를 걸었다. 아버지가 그런 짓을 한 번도 한 적이 없었는데도 말이다. 아버지는 마침내 집에 돌아오시기 전에 다음 2주 정도를 할머니의 집에서 보내셨다. 아버지가 어머니를 다시는 구타하지 않았지만 그가 그럴 것이라는 두려움이 내 마음 속 깊이 새겨졌다.

밤중에 나를 깨웠던 큰 소음은 그날 밤의 모든 감정을 상기시켜 주었다. 그 사건의 기억이 계속 숨겨져 있었지만 말이다. 나는 과거로부터 치유를 받아야 했으며, 그러한 기억을 처리해야 했다. 나는 내 부모님, 그 중에서도 특히 아버지가 부부 싸움을 한 것에 대해 용서해야 했다. 결과적으로 나는 내가 경찰을 부른 것으로 인해 느꼈던 죄책감과 수치심, 그리고 아버지를 중보기도 중에 내려놓았다. 그러고 나서 하나님이 내 기억 속에 들어와서 그분께서 보신 방식대로 그 상황을 보게 해 달라고 간구했다. 마지막으로 나는 하나님께 내 마음을 치유해 주시고, 그 고통스러운 기억을 지워달라고 요청했다.

어떤 말이나 행동에 의해 기분이 상하는 사람이 나 밖에 없다면, 나에게 문제가 있는 것이다. 누군가의 생각(mind)에 부정적으로 반응하는 사람이 나밖에 없다면, 나에게 문제가 있는 것이다. 어떤 감정적인 상호작용에 의해 상처 받는 사람이 나 밖에 없다면, 나에게 문제가 있는 것이다. 말이나 행동이나 상황이 문제가 아니라 이러한 것들에 대한 우리 반응이 우리 문제를 야기한다.

우리가 상처를 입을 때 일반적인 반응은 우리에게 상처 입힌 사람을 탓하는 것이다. 하나님께서는 그 반응을 추가적인 공격이 아닌 치유를 가져다주는 반응으로 바꾸기를 바라신다.

우리는 누군가가 우리 상처에 부딪히면 "그것은 나에게 상처가 돼요. 그만 하세요!"라고 더 이상 불평하지 말아야 한다. 오히려 우리는 아픔에 대해 "왜 그것이 나에게 아픔을 주었지? 내 안에 어떤 상처가 그것이 나에게 상처를 주도록 했지? 내가 어느 부분에서 치유가 필요하지?"라는 질문으로 반응해야 한다.

우리 모두에게는 상처가 있다. 만약 당신과 내가 1.5 미터 정도 되는 거리를 두고 있다면 나에게 종기나 아물지 않은 상처가 있더라도 아프지 않을 것이다. 당신은 그 정도 거리에서 나를 사랑할 수 있으며, 나는 행복할 것이다. 하지만 더 가까이 다가와서 나를 안아주려 한다면 당신이 실수로 그 약한 부분을 건드릴지도 모른다. 그 접촉에 대한 나의 어울리지 않는 반응은 당신의 행동에 문제가 있는 것이 아니라 나에게 문제가 있다는 단서이다.

과민한 사람들은 주변 사람들을 밀어낸다. 주변에 사람들이 있는 것을 원치 않아서가 아니라 사람들이 그들에게 상처를 주지 않기를 원하기 때문이다. 그들은 사람들이 너무 가까이 와서 그들에게 더 상처를 주지 않도록 방어 기제로 벽을 사용한다. 우리에게 상처가 있다면 사람들이 더 다가오게 할수록 그들이 상처가 있는 부분을 건드릴 것이 더 확실해진다. 내 아내 잔과 나의 경우 그러한 많은 부분들이 치유되지 않은 채로 수십 년을 살아왔다. 그것들은 절뚝거림이나 관절염처럼 우리 삶의 일부가 되었다. 우리가 치유를 받을 수 있다는 것을 모른다면, 우리는 그 '문제'를 가지고 사는 법을 배우게 되고, 사는 게 다 그런 것이라고 믿게 된다.

하나님께서는 우리가 '생명'을 얻게 하고 더 풍성히 얻게 하려고 의도하셨다. 사람들을 밀어내고 보호하는 벽을 쌓는 것은 풍성한 삶이 아니다. 그것은 내(켄)가 대처하는 방식이었다. 누군가가 나를 밖으로 쫓아내고 문을 잠그도록 하는 대신에 차라리 나는 모든 사람이 거리를 두도록 그들의 기분을 상하게 하는 것을 택했다. 그것은 효과가 있었다. 나는 결국 친구가 없었다. 밀어내지지 않는 내 아내 잔만 제외하고 그 누구도 나에게 상처를 줄 정도로 가까이 다가올 수 없었다.

사랑은 우주에서 가장 강력한 힘이다. 그러나 내가 보호모드로 있는 한 나는 사랑할 수 없었다. 내가 그녀를 사랑하고 그녀의 사랑이 나를 변화시킬 수 있도록 잔이 나에게 주어졌다. 모든 여자들은 남자가 변하기를 바라면서 결혼을 하고, 모든 남자들은 그녀가 결코 변하지 않기를 바라면서 한 여자와 결혼한다는 말이 있다. 둘 다 보통 실망하게 되나 하님으로서는 다 하실 수 있다(마 19:26 참조).

형성되는데 수년이 걸렸을 지도 모르는 기억들과 그 결과로 나타나는 사고(thought)방식들은 며칠 만에 해체될 수 있다. 하나님께서는 우리가 자신에게 치유를 말하고 기억을 다시 쓰도록 우리 뇌를 창조하셨다. 우리는 기억들의 물리적 및 영적 요소를 둘 다 살펴보고, 그것들이 어떻게 형성되고, 회수되며, 처리되는지를 살펴볼 것이다. 예수님께서 십자가 위에서 값을 주고 사신 치유와 그분이 우리에게 주신 권한으로 우리는 문자 그대로 '우리 마음을 바꿀' 수 있다. 예수님께서는 "보라 내가 만물을 새롭게 하노라"(계 21:5)라고 말씀하셨다. 심지어 우리 고통스러운 기억들조차도 말이다.

이 책의 나머지 3분의 1은 변화(우리 사고 패턴의 변화, 우리 정서적 반응의 변화, 상황에서의 변화, 그리고 결국 우리 세계의 변화)를 만드는 방식을 살펴볼 것이다. 예수님께서는 돌아오실 것이지만 그 동안 그분은 "내가 돌아올 때까지 장사하라"(눅 19:13)고 말씀하셨다. 그분께서는 우리를 위하여 값을 지불하시고 왕국을 사셨다. 하지만 "하나님의 선하시고 기뻐하시고 온전하신 뜻이 무엇인지 분별하도록"(롬 12:2) 우리 마음을 새롭게 함으로 변화를 받아야 한다. 우리가 치유를 받지 않고 변화되지 않으면, 그분의 희생의 혜택을 거두지 못할 것이다.

당신이 이 책을 탐구함에 있어 우리의 바람은 현재의 감정적 짐을 극복하는 데 도움이 될 만한 많은 원칙들을 찾는 것이 아니라 그 원칙들을 따르는 것이다. 우리는 당신이 고통스러운 기억을 제거할 수 있도록 해줄 기법이나 사실을 제공하려는 것이 아니다. 당신이 기법을 따르면 더 자유로워지긴 할 것이지만 말이다. 우리 바람은 예수 그리스도로 말미암아 온 은혜와 진리의 풍요로움 속에 우리를 거하게 하는 것이다(요 1:17 참조). 우리를 변화시킬 능력을 지니고 있는 것은 예수님의 원리가 아닌 그분의 인성이다.

"모든 눈물을 그 눈에서 닦아 주시니 다시는 사망이 없고 애통하는 것이나 곡하는 것이나 아픈 것이 다시 있지 아니하리니 처음 것들이 다 지나갔음이러라 보좌에 앉으신 이가 이르시되 보라 내가 만물을 새롭게 하노라 하시고"(계 21:4-5)

우리가 과거를 하나님의 시각에서 바라볼 수 있다면 과거가 우리의 미래를 좌우하지 않을 것이다. 다시 미래로 나아가자. 그리고 우리의 영광스러운 운명 안으로 발을 내딛자!

안부를 전하며,

켄과 잔 해링턴

역자 서문

송동호(의학박사, 소아과 전문의)

최근 들어 만성적으로 고통에 시달리는 사람들이 날로 늘어가고 있는 것이 주지의 사실이다. 병원에 가서 진료받고 많은 검사를 해도 뚜렷한 진단이 없고 확실한 치료방법이 없다. 정신적인 고통이나 문제가 만성통증을 유발한다는 것이 점차 밝혀지고 있다.

현대사회는 우리를 과도하고 만성적인 스트레스에 시달리게 한다. 우리는 이 세상에 나오기 전 어머니의 스트레스로 인해 태아기부터 스트레스가 시작되어 이 세상을 살아가기 위해 치열한 경쟁과 그로 인한 스트레스에 만성적으로 노출되어 있다. 그 결과 고혈압, 당뇨, 고지혈, 비만 같은 대사증후군을 비롯하여 부신피로증후군, 긴장성근육통증후군, 치매, 암 같은 신체적인 질환 뿐만 아니라 우울증, 성격장애들도 나타날 수 있다. 의료계와 기독교계에서 심리치료 전문가들이 많은 노력을 기울이고 있지만, 자살율은 점점 증가하고 있는 것이 현실이다.

무엇이 이렇게 스트레스를 일으키고 삶을 힘들게 하는가? 태초에 하나님께서 창조하시고 완벽하게 보호하신 아담과 하와는 에덴 동산에서 절대적인 평화의 삶을 누렸다. 그러나 그들이 불순종으로 말미암아 하나님으로부터 분리되었을 때 그들은 생존을 위해 스스로 노력하고 투쟁해야 했다. 이제 그들은 스트레스에 직면하게 되었다. 배고파서 먹거리를 찾아 다녀야 했고 어떤 때는 갑작스럽게 사나운 동물을 만나 온 힘을 다해 줄행랑을 쳤어야만 했다.

현대의 스트레스는 어떠한가? 오늘날, 사람들은 아침 출근길부터 교통체증, 직장에서의 관계 문제, 사업문제, 자녀문제, 결혼 생활 문제 등으로 매일같이 스트레스에 직면한다. 가장 큰 문제는 지속적이고 만성적인 스트레스가 정신적, 신체적 질환으로 발전한다는 것이다. 전세계적으로 힐링은 스트레스를 다룰 때 사용하는 유행어들 중 하나가 되었다. 세상의 급격한 변화와 복잡성 때문에 지쳐 있는 사람들은 세상에서 살아남기 위해 자신들의 에너지를 고갈시키고 있다.

켄과 잔은 이러한 문제들이 급속히 번지는 원인에 대하여 하나님의 말씀과 과학을 이용하여 어떻게 고통스러운 기억들이 형성되고 그 기억들이 생리학적, 생화학적으로 뇌에 미치는 영향에 대해 잘 설명하고 있다. 그들은 근본 원인들에 대해 설명하고 있을 뿐 아니라 그 문제들을 다루는 해결책들도 제시하고 있다. 나는 수년 전에 켄과 잔의 집회에 참석하고 그들의 첫 번째 저서인 『하나님의 유전자』(Designer Gene)를 읽고 나서 그들이 받은 계시와 하나님의 말씀에 대한 지식에 많은 감명을 받은 바 있다. 이어서 『고통스러운 기억의 치유』(Deliverance from Toxic Memories)는 의사인 내가 감명 깊게 읽었을 뿐 아니라 깜짝 놀랄 수 밖에 없었다.

뇌과학자들은 뇌의 비밀뿐 아니라 의식적, 무의식적 정보들에 대한 지능과 그의 민감성의 관계에 대해 연구한다. 나 역시 스트레스로 인해 정신적 육체적으로 많이 힘든 시기가 있었고 그로 인해 스트레스에 대해 관심을 갖고 약간의 공부를 했지만 자연적인 영역과 영적인 영역에서의 스트레스에 대해 갖고 있는 켄과 잔의 지식에 깊은 감명을 받았다.

뇌과학은 의학계에서 가장 어려운 주제들 중 하나로 알려져 있다. 의학을 전공하지 않은 사람이 어떻게 스트레스와 고통스러운 기억의 원인을 하나님의 말씀뿐 아니라 과학적으로 설명할 수 있는지 놀라울 따름이다. 우리가 스트레스를 일으키는 근본 원인을 알면 알수록 우리는 스트레스에 대처하는 능력을 더 많이 갖게 될 것이다. 나의 진정한 바람은 독자들이 하나님께서 완벽한 기능을 부여하신 뇌와 스트레스 사이의 관계를 이해하고 하나님 안에서 자신의 진정한 운명과 정체성을 이해하는 것이다.

나는 고통스러운 기억들과 스트레스에서 벗어나기를 희망하는 사람들이 이 책에서 많은 정보를 얻고 치유 받게 될 것을 굳게 믿으며 자신 있게 추천한다.

정동섭 (가족관계연구소장, 전 침신대 상담심리학 교수, Ph. D.)

이 책의 저자 해링턴 부부는 캐나다가 낳은 치유사역자들로서 지난 45년 동안 세계 각지의 가난한 지역을 순회하면서 어느 나라, 어느 문화에서나 적용될 수 있는 현장감 있는 치유적 메시지를 나누고 있다.

이 책은 고통스러운 기억, 즉 독성적 기억의 치유를 다루는 책이다. 이 책의 장점은 저자 자신들의 경험을 나누면서 독자의 고통스러운 기억이라는 '미해결과제'(unfinished business)가 어떻게 해결될 수 있는지를 설득력 있게 가르쳐주고 있다는 것이다.

예수님은 우리를 구원하기 위해서 뿐만 아니라, "마음이 상한 자들을 고치기 위해서"(사 61:1) 오셨다. 이 책은 수치심, 열등감, 우울증, 죄책감, 분노, 두려움 등으로 고통 받는 상심한 자들의 증상을 진단하고 예방하며 치유하는 방법을 알려주기 위해 쓰여졌다.

하나님께서는 우리의 치유를 위해서 두 가지 도구를 주셨다. 우리의 문제를 진단하기 위해서 심리학(psychology)이라는 발견된 진리(일반계시)를 주셨고, 상처의 치유를 위해 신학(theology)이라는 계시된 진리(특별계시)를 주셨다. 이 책의 저자들은 현대인들이 겪는 스트레스와 상처, 우울증, 분노 등의 증상을 이해하고 진단하는데 최근까지 드러난 신경생리학적으로 발견된 진리를 적극적으로 활용하고 있다. 뿐만 아니라, 복음적 신학에 근거해 하나님의 말씀으로 고통스러운 기억을 예방하고 치료할 수 있는 해결책을 명쾌하게 처방하고 있다.

구체적으로 말하면, ①고통스러운 기억이 어떻게 우리의 신체적, 정서적, 영적 건강에 부정적 영향을 미치는지를 설명하고, ②우리가 우리 자신에 대해 믿고 있는 거짓을 폭로하고 이를 우리를 변화, 치료시킬 수 있는 진리로 대치하도록 안내하며, ③당신으로 하여금 하나님의 사랑과 완전한 용서 안에서 평안과 감사를 누리며 행복하게 살 수 있는 길을 제시한다.

지금까지『상한 감정의 치유』,『아직도 아물지 않은 마음의 상처』등 치유를 다루는 책이 여러 권 소개되었지만, 이와 같이 의학과 신경생리학, 상담심리학 등 사회과학적인 진리를 하나님의 말씀에 비추어 마음의 상처 치유에 적절하게 접목시킨 책은 찾아보기 어려울 것이다. 저자들의 사랑의 수고에 감사 드린다.

해박한 의학 지식으로 번역과정에 함께 해주신 송동호 박사에게 감사 드리며, 이 책의 출간을 결정해주신 이요섭 원장, 권혁관 편집장, 그리고 읽기 좋은 책으로 편집해주신 강성모 간사에게도 감사 드린다.

고통스러운 기억으로 인해 마음의 상처에서 자유하지 못하는 모든 분들에게, 그리고 각종 돌봄 사역에 종사하는 상담자, 사회사업가, 목회자, 신학생, 가정사역자들에게 필독을 권한다.

목차

4   서문

12   역자 서문

1부
기억의 물리적 측면

22   제1장   기억 형성

59   제2장   기억 생리

87   제3장   심장

103   제4장   스트레스가 당신을 죽이고 있는가?

2부
고통스러운 기억의 치유

134   제5장   고통스러운 기억의 치료

161   제6장   올바른 사고

199   제7장   고통스러운 기억에 대한 대처

3부
고통스러운 기억의 형성을 예방하기

230   제8장 우리 생각을 분석하기

275   제9장 문제 : 우리의 운명으로
                 들어가는 문

322   제10장 예수를 바라보라,
                 새로운 당신을 보라

367   제11장 진리

397   제12장 감사하는 마음,
                 평화로운 안식

416   결론

424   부록 1 스트레스 자가진단 테스트

426   부록 2 우울증 자가진단 척도

428   부록 3 노바코 분노측정 척도

우리 모두는 공중에 떠도는 신호들을 전달하고 받아들이는
라디오 중계소와 같다. 우리는 입력되는 정보들의
출처를 분별하는 법을 배워서 그것들을
우리의 사고 안으로 받아들이거나 거절해야 한다.

{ 1부 }

기억의
물리적 측면

제1장
기억 형성

기억의 두 가지 임무는 수집과 분배이다. - 사무엘 존슨
좋은 기억력은 바람직한 것이지만 잊어버리는 능력이야말로
위대함의 진정한 징표이다. - 엘버트 허바드
기억은 복잡한 것이다. 진실의 친척이지만, 그것의 쌍둥이는 아니다. - 바바라 킹소버

● 기억이란 무엇인가?

메리엄-웹스터 사전에 따르면 기억이란 연상기전(associative mechanisms)을 통해 학습되고 저장되어 있는 것을 재생하거나 회상하는 힘 또는 과정을 말한다. 또한 그것은 구조나 행동의 변경이나 회상과 인식에 의해 입증되는 것으로 한 개체의 활동이나 경험으로부터 학습되고 간직되어 있는 것들의 저장이다.

이러한 정의들은 이지적이고 애매하며 기억의 실제 중요한 부분, 즉 우리가 기억하는 사건과 관련된 우리의 감정과 느낌들이 빠져 있는 것으로 보인다. 우리는 많은 회로와 스위치들로 이루어진 단순한 컴퓨터가 아니다. 물론 우리는 그러한 것들을 많이 가지고 있다. 비록 우리의 기

능 중 많은 부분들이 실제로 기계적이지만 우리는 기계 그 이상이다. 실례로 어떠한 순간에도, 당신의 뇌는 약 4000억 가지 기능들을 창조적으로 수행하고 있다. 단지 당신은 약 2000개의 기능만 의식하고 있을 뿐이다. 이처럼 조화롭게 조절되는 각각의 기능들은 감정을 불러일으키는 데 관여하는 화학적, 전기적 요소들을 갖고 있다.[1] 이러한 사실은 우리가 "지혜와 지식의 모든 보화가 감추어져 있는"(골 2:3) 사랑이 많은 하나님의 가장 위대한 결과물임을 보여준다.

나(켄)는 갑자기 가슴이 철렁 내려앉는 것 같은 기분이 들면서 잠에서 깼다. 나는 극한의 공황상태를 느꼈다. "오늘 중간고사가 있는데 나는 공부를 다 하지 못했어. 시험을 어디서 치르는지조차 기억이 나지 않아" 하고 괴로워하며 울부짖었다. 나는 시계를 집었다. 새벽 2시를 가리키고 있었다. 그때야 서서히 내가 지금 대학생이 아니라는 것을 인식했다. 실제로 나는 10년 전에 졸업했다. 그 이후 시험을 본 적은 없다. 단지 내가 미처 준비를 제대로 하지 못했었던 많은 시험들에 대한 끔찍한 기억만이 남아 있었다. 그것은 모두 꿈이었다. 나의 사고(thought)는 아직도 조만간 실제 있을 것 같은 그 당시의 스트레스를 끄집어내고 있었다. 내가 긴장이 풀려서 다시 누웠을 때 그처럼 오래된 기억이 아직도 나를 겁에 질리게 하고 마치 그것이 사실인양 현실로 뚫고 들어오는 것에 놀랐다. 나는 대학시절에 내 앞에 놓였던 엄청난 스트레스를 헤아리기 시작했다. 내가 잠이 다시 들기 시작하면서 내 감정은 서서히 가라앉았고 내 생애에서 그 시기가 이미 지나갔음에 감사했다.

스트레스

우리의 기분을 고양시키거나 스트레스를 주는 것은 감정이다. 행복한 생각들은 우리의 기분을 일시적으로 좋아지게 할 수 있지만 스트레스의 경우 빠른 시간 안에 제거되지 않으면 장기적으로 해로운(파괴적인) 결과를 가져온다. 우리 질병 중 87%의 원인이 정신신체적인 문제로 추정된다.[2] 홈즈 라헤(Holmes Rahe) 생활사건 척도[3]는 스트레스와 질병 간의 관계를 보여준다. 이 표는 당신이 가까운 장래에 질병에 노출될 위험을 80%의 정확도로 예측할 수 있다. 현대사회에서 스트레스는 빠른 속도로 가장 은밀한 살인자가 되고 있다.

스트레스가 대만을 삼키고 있다. 대만에 근거지를 둔 중국 통합 보건 협회(Taiwan based Chinese Holistic Health Association)의 연구에 의하면 대만에서 약 540만 명(20세 이상 전 인구의 31.7%, 거의 1/3)이 범불안장애 증상을 보이고 있다.

범불안장애를 가지고 있는 사람들은 불안이나 조급함, 피로, 집중력 장애, 예민해진 감정, 근육 긴장, 수면 장애 중 최소한 세 가지의 증상을 6개월 이상 가지고 있었다.

정신건강재단이 시행한 2009년도 연구에 의하면 대만 사람 약 이백만 명이 일상생활에서 심한 스트레스를 겪고 있고, 원만한 대인관계가 결여되어있으며, 한 때 자살을 고려했던 적이 있을 정도로 우울했다.[4]

이런 문제를 일으키는 원인은 사건에 대한 우리의 반응, 즉 사건들 자체가 아니라 사건들에 대한 우리의 사고이다. 어떤 사건이 발생했을 때 우리의 사고는 그와 비슷한 사건과 상황들에 대한 우리의 기억에 의해 증폭된다. 또한 '감정의 분자'[5](molecules of emotion)들을 변연계로 방출하고 일련의 화학물질들이 우리 몸의 세포 내로 흘러 들어간다. 만일 세포막이 이러한 독성 화학물질에 의해 손상을 받으면 세포막이 파괴되고 세포들은 바이러스나 세균에 노출된다. 이것은 혈압과 심박 수의 변화와 함께 모든 종류의 질병에 문을 열어주게 된다.

● 우리 생각의 본질

우리는 감각을 통해 이해하는 정보들로부터 사고를 형성한다. 우리는 자연계에서 우리 존재의 가장 익숙하고 명료한 오감을 가지고 있을 뿐만 아니라 영적 감각도 가지고 있다. 마치 우리가 옆집에 있는 누군가가 자신의 아이들에게 고함치는 것을 들을 수 있는 것처럼 우리는 영(spirit)이 대화하는 것을 들을 수 있다. 누군가의 화내는 소리가 우리 몸에서 긴장을 촉발할 수 있듯이 영이 비난하는 것을 듣는 것도 마찬가지로 불안을 촉발할 수 있다.

나(잔)는 종종 사람들에게 사역할 때 손을 그들 위에 올려놓았다. 그러면 부정적이고, 폄하하거나 질책하는 말들이 그들에게 쏟아지는 것을 듣는다. 내가 그들이 자신들에 대해 부정적인 말들을 들은 적이 많이 있었는가 하고 물으면 언제나 그들은 "예"하고 대답한다. 보통 부모나 선생님 혹은 코치가 그들의 행동이나 성과를 조정하려 하기 위해 강하고 거치고 부정적인 말들을 사용한다. 만일 우리가 수동적으로 부정적인 말들을 받아들이면 그것들은 우리의 기억 안으로 들어온다. 그리고 하나의 이미지를 만들어낸다. 또한 그것은 우리가 우리 자신을 어떻게 여기는가에 영향을 미치게 될 것이다.

예수님은 종종 자신을 두고 비판하는 것을 알아차리셨다. 언젠가 한 중풍 환자가 치유 받기 위해 지붕을 뚫은 상태에서 들것이 달아 내려졌고 예수님은 다음과 같이 말씀하셨다.

"이 사람아! 네 죄가 용서받았다" 하고 말씀하셨다. 율법학자 몇이 거기에 앉아 있다가, 마음속으로 의아하게 생각하기를 '이 사람이 어찌하여 이런 말을 한단 말이냐? 하나님을 모독하는구나. 하나님 한 분 밖에, 누가 죄를 용서할 수 있는가?' 하였다. 예수께서, '그들이 속으로 이렇게 생각하는 것을 곧바로 마음으로 알아채시고' 그들에게 말씀하셨다. "어찌하여 너희는 마음속에 그런 생각을 품고 있느냐? 중풍 환자에게 '네 죄가 용서받았다' 하고 말하는 것과 '일어나서 네 자리를 걷어서 걸어가거라' 하고 말하는 것 가운데서, 어느 쪽이 더 말하기가 쉬우냐?"(막 2:5-9, 새번역)

예수님은 아무런 말도 듣지 못했었지만 분위기에서 비난하는 것을 알아채실 수 있었다.

비록 우리는 주위에 떠돌아다니는 비난하는 소리들의 정확한 성격을 알아챌 만큼 예민할 수 없지만 라디오 수신기처럼 우리는 비난하는 소리들로부터 영적인 상태를 알아챌 수 있다. 우리들 중 상당수는 어떤 방이나 집으로 들어갔을 때 긴장이 감도는 것을 느끼거나 무언가가 잘못되었다는 '이상한 느낌'이 들었던 경험이 있었을 것이다.

어느 날 우리는 어떤 교회로부터 우리가 개인적으로 알지 못하는 부부를 만나달라고 요청을 받았다. 우리가 그들의 집 가까이 갔을 때 잔은 불편함을 느끼기 시작했고 그들을 만나고 싶지 않다고 단호하게 말했다. 내가 그녀에게 그 이유를 물었을 때 그녀는 특별한 이유를 댈 수 없었고 단지 이 사람들과의 접촉을 피하고 싶은 것을 강하게 느꼈다. 그녀는 그 저항을 극복했고 우리는 그들을 만났다. 그리고 나중에 우리는 불안하게 한 원인을 발견하였다. 그 어머니는 분노로 인한 심각한 문제를 가지고 있었으며 실제로 분노가 치밀어 올라서 자신의 아들의 팔을 부러뜨렸다. 잔은 분노로 인한 긴장을 느꼈지만 그 분노가 어떤 것인지 알 수 없었다. 하나님께서 그들 문제의 뿌리에 대해 내밀히 알게 하셨고 우리는 이 가족을 위하여 기도했다.

우리가 스트레스로 인해 긴장 상태에 놓이게 될 때 그 긴장하게 하는 원인을 찾아내지 못하면 이로 인해 우리의 기분이 영향을 받는다. 기분은 비교적 오래 지속되는 정서이다. 기분(mood)은 감정(emotion)과 다르다. 기분은 덜 구체적이고 덜 강하며, 어떤 특정한 자극이나 사건에 의해 촉발될 가능성이 적다.[6]

사람들에 대해 비난을 퍼뜨리는 것은 사람이 아니고 영적 존재이다. 사탄은 "우리 형제들을 참소하던 자 곧 우리 하나님 앞에서 밤낮 참소하던 자"(계 12:10)로 알려져 있다. 이러한 참소들은 영적인 영역을 통해서 오기 때문에 그 참소를 실어 나르는 데는 말이 필요 없다. 심지어 우리가 그러한 생각을 하는 것만으로도 반응을 유발할 수 있다. 성경은 이에 대해 이렇게 말한다.

> "심중에라도 왕을 저주하지 말며 침실에서라도 부자를 저주하지 말라 공중의 새가 그 소리를 전하고 날짐승이 그 일을 전파할 것임이니라"(전 10:20)

직역 : "하늘의 새는 소리를 전하고 날개 주인은 그 말을 선언한다"(YLT). 이러한 악마의 심부름꾼들은 우리가 비난하는 사고를 널리 퍼뜨린다. 그리고 많은 사람들은 그 메시지나 그것과 연결된 감정을 알아챈다. 그것이 "분노의 뿌리(원한, 비통, 증오)가 싹을 틔우고 문제와 쓰라린 고통을 일으키지 않게 하고 많은 사람이 이로 말미암아 더럽혀지지 않게 하기 위해서"(히 12:15 AMP) 우리의 태도를 지키라는 말을 듣는 이유이다.

우리 모두는 공중에 떠도는 신호들을 전달하고 받아들이는 라디오 중계소와 같다. 우리는 입력되는 정보들의 출처를 분별하는 법을 배워서 그것들을 우리의 사고 안으로 받아들이거나 거절해야 한다.

나(잔)는 우리 집 뒤에 나있는 길을 따라 걸으면서 기분이 좋았다. 불현듯 어떤 사람에 대해 많은 부정적인 사고가 내 마음 속에 떠올랐다. 이상한 것은 그와 동시에 파리가 나를 성가시게 굴기 시작했다는 것이다. 나는 계속해서 걸었지만 파리와 부정적인 사고는 계속해서 따라다니면서 나를 괴롭혔다. 마침내 나는 영으로 파리가 거짓말을 상징한다는 것을 깨달았다. 나는 내 사고를 통제하고 거짓말이나 부정적인 사고들이 떠나도록 명령했다. 그 즉시 그러한 사고와 파리가 사라졌다. 그 후에는 걷는 것이 즐겁고 기쁨이 넘치고 아주 평화로웠다. 우리는 새가 머리 위를 날아다니는 것을 막을 수 없다. 그러나 그것들이 우리 머리 위에 둥지를 틀게 내버려둬서는 안 된다.

우리가 느끼는 것들 중 많은 부분이 우리가 가동하는데 익숙하지 않은 어떤 감각들을 통해 받아들인다. 비록 우리가 이러한 불필요한 말들과 그와 연관된 감정들의 출처를 알 수 없지만 그것들은 여전히 우리의 기억들 속에 저장되고 그 기억들로부터 종종 회상된다. 그것들은 우리가 사람들에 대해 사고하는 방식과 우리가 우연히 마주치는 사건들을 어떻게 인지하는지에 영향을 미치게 된다. 나(잔)는 나를 받아들이는데 어려움을 겪는 남성들에게서 대개 그들의 어머니를 판단하는 쓴 뿌리를 갖고 있는 것을 종종 발견한다. 어머니와 특성이 비슷한 사람은 누구든지 분노를 촉발시킬 수 있다. 이러한 반응들을 보이는 것은 그들이 치유 받을 수 있도록 우리에게 "여기를 뒤져보라"는 힌트를 준다.

문제는 많은 사람들이 그들의 상처를 만지고 치료하는 것을 원하지 않고 누구도 그들을 바로 잡도록 허락하지 않음에 있다. 그들은 하나님이 그들을 만지고 사랑하려고 할 때 완고해지고 반항적이 된다. 이러한 태도는 그들로 하여금 하나님의 뜻과 함께 그 말씀을 전하려는 사람을 거부하게 한다. 일단 그들이 하나님의 영향력에 저항하는 것에 고착되면 그들은 거짓말이 그들에게 영향을 행사하도록 문을 열어놓는다. 아합왕의 죽음에 관한 성경의 이야기는 이것을 완벽하게 보여준다.

하나님은 이 반항적이고 사악한 왕을 심판하기 위해 살펴보고 계셨다. 주님은 하늘에서 회의를 소집했다. 주님은 천사의 무리와 악마의 무리들로부터 다양한 제안들을 고려했다. 하나님은 아합을 전쟁터로 유혹하여 죽이려는 계획을 세우셨다. 하나님은 아합을 이 전쟁터에 나가도록 설득할 수 있는 방안에 대해 물어보았다. 여러 가지 계획들이 고려되고 있을 때 한 영이 다음과 같은 제안을 했다.

"내가 나가서 거짓말하는 영이 되어 그의 모든 선지자들의 입에 있겠나이다 여호와께서 이르시되 너는 꾀겠고 또 이루리라 나가서 그리하라 하셨은즉 이제 여호와께서 거짓말하는 영을 왕의 이 모든 선지자의 입에 넣으셨고 또 여호와께서 왕에 대하여 화를 말씀하셨나이다"(왕상 22:22-23)

아합은 거짓 예언을 하고 있는 거짓 선지자들의 말을 듣고 전투에서 죽었다. 우리의 기억들 중 상당 부분은 원수 사탄이 넣어준 거짓말들이 포함되어 있고 이 거짓말들이 우리를 파괴하고 있다. 우리는 마땅히 선한 것에서 악한 것을 걸러내기 위해서 우리의 기분에 영향을 미치는 정보를 어떻게 받아들이는가를 이해할 필요가 있다.

● 삼분설[7]

다음은 우리 인간의 삼분설과 우리 몸, 혼, 영 사이의 연관성과 상호작용을 묘사한 도표이다.

몸·혼·영 삼분설

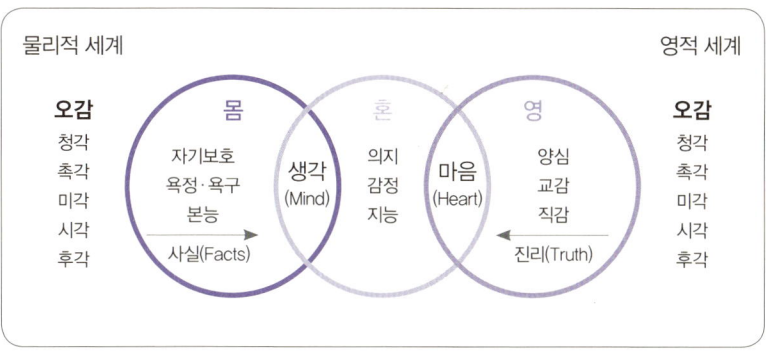

● 육체적 감각

우리는 오감 중에서 청각, 촉각, 미각, 시각에 익숙하다. 이는 우리가 우리의 의식이나 인지 상태를 통해 이 수단들을 가동하기 때문이다. 그러나 후각은 다른 감각들처럼 맨 처음 대뇌피질(사고 중추)로 가지 않고 직접 편도체(감정처리가 이루어지는 부위)로 가서 잠재의식 또는 초인지 상태를 통해 우리에게 더 많은 영향을 미친다.

이 경로는 냄새와 기억을 밀접하게 연결한다. 냄새는 강력한 기억을 불러일으키고 데자뷰(déjàvu) 경험의 중요한 근거가 될 수 있다. 뇌의 측

두엽 피질 부위(기억 담당 부위)에 손상을 입은 환자들은 냄새를 감지하는(맡는) 능력이 손상 받지 않지만 오직 냄새를 식별하는 능력만은 영향을 받게 된다. 우리는 냄새를 식별하기 전에 먼저 냄새를 기억해내야 한다.

우리가 후각과 기억에 대해 알고 있는 것은 무엇인가?

- **기억** : 특정 향기에 대한 기억은 다른 감각에 비해 천천히 상실된다.[8]
- **후각** : 미각보다 만 배나 더 예민하다.[9]
- **프라우스트 효과** : 어떤 경험과 연관된 향기는 생생하게 기억을 회상할 수 있게 해준다. 후각은 다른 감각들보다 기억을 곧바로 이끌어 내는 기억단서 효과(memory cue effect)가 뛰어나다.[10]

마르셀 프라우스트는 『Swann's Way』에서 어떤 한 사건에 대해 그가 설명을 한 뒤 어떤 특수한 냄새를 맡고서 기억을 회상하는 현상에 자신의 이름을 부여했다.[11]

사람들이 죽고, 모든 것들이 부서지고 흩어진 후, 오랜 과거로부터 아무 것도 남아 있는 것이 없을 때, 부서지기 쉽지만 더 잘 견뎌 내고, 실체가 없으면서도, 더 오래가고 더 믿을 수 있는, 미각과 후각만이 나머지 모든 것이 폐허가 된 가운데 기억하고, 기다리고, 소망하는 혼(soul)들처럼 오랫동안 준비태세를 갖춘 채 남아있다. 그리고 굴하지 않고 그것들의 본질 중에서 아주 작고 거의 만질 수 없는 물방울 같은 데서 기억의 방대한 체계를 떠안고 있다.[12]

후각 신경세포는 변연계 내로 깊숙이 뻗어있다. 변연계는 다른 온혈동물에게도 있는 뇌에서 기원이 아주 오래된 부위로 '동물'로 인식하는 정도의 의식 수준으로 처리한다. 변연계를 구성하는 부위들인 편도체, 해마, 갈고리(uncus)는 듣기에 익살맞게 불길한 것처럼 들린다. 여기가 정말로 마음이 있는 장소이다. 즉 열정, 욕정, 두려움, 기쁨의 중추가 있는 곳이다. 이곳이 피질로부터 숨겨진 가장 깊은 곳에 자리한 기억들이 자리 잡고 있는 곳이다. 변연계는 정보를 기억으로 전환하고 그 정보는 정서적 입력에 의해 색깔이 입혀진다.[13]

모든 관련된 감정을 간직하고 있는 전체적인 기억은 냄새에 의해 촉발될 수 있다. 비록 어떤 특정 향기가 나는 데서 학습이 이루어지고 그와 똑같은 향기가 회상시점에 난다면 회상 능력이 강화될 수 있다는 수많은 연구들이 있지만 이러한 것은 전적으로 무의식적으로 이루어지는 것이지 결코 자발적으로 쉽게 이끌어낼 수 있는 것이 아니다.[14]

우리 친구 브렌다는 "따뜻한 우유냄새는 늘 할아버지의 우유 보존실의 이미지를 떠올리게 한다. 그 냄새만으로 그 우유 보존실에 대해 많은 자질구레한 기억들을 떠올리게 한다"고 말한다. 나(켄)는 콤바인(역자 주-곡식을 베고 탈곡하는 기능이 결합된 농기구)이 들에서 추수를 할 때 곡물 먼지 냄새를 풍기는 가을이 되면 들뜬 기분을 느꼈다. 그 냄새는 농장과 수확 시기에 대한 온갖 종류의 갈망과 기억들을 불러일으켰다. 냄새는 사건보다 감정에 더 깊이 연관되어 있다.

영적 감각

영적 감각은 우리의 육체를 통해서 오는 것이 아니기 때문에 종종 우연히 떠올랐던 생각이나 감정으로 치부되어 잊혀버린다. 딕킨스(Dickens)의 크리스마스 캐롤에 나오는 에버니저 스크루지를 기억해보라. 그가 그의 오랜 파트너인 말리의 유령을 마주친 것이 언제인가? 제이콥 말리의 유령은 스크루지에게 "왜 당신의 감각을 의심하느냐?"고 질문했다.

에버니저 스크루지는 이렇게 대답했다.

"당신은 소화가 덜된 한 조각의 소고기, 겨자얼룩, 치즈 부스러기, 설익은 감자 부스러기일지도 모른다. 당신이 뭐든 간에 여기 더 많은 육즙 소스가 있다."[15] 스크루지는 영의 실체를 믿지 않았기 때문에 마치 그가 경험하고 있는 것이 약간 유별난 육체적인 반응이거나 진짜 유령이 아닌 단지 상상으로 만들어진 기억인 양 묵살했다. 만일 우리가 우리의 영적인 측면과 교통하고 있다면 우리는 그 입력된 기억이 실제인지 또는 단지 상상의 산물인지를 파악할 수 있을 것이다.

'몸, 혼, 영'도표가 보여주었듯이 우리의 영적인 측면이 파악하고 있는 정보들이 우리에게 전달되는 방법은 세 가지가 있다. 나중에 우리는 정보의 출처를 조사하고 구별할 수 있게 되지만 지금은 단지 몸과 사고가 그것을 이해하는 과정을 조사해보도록 하겠다.

영의 기능

① 양심

1. 라틴어 conciencia는 '공동 지식'(joint knowledge)을 뜻한다.
2. 내적 자기 인식이나 옳고 그름의 판단 또는 개인적인 삶의 원칙들 즉 자신의 행동과 애착에 대한 정당성에 대한 판단, 타인을 용인하거나 비난하는 것
3. 의식– 우리 자신의 행동이나 생각들에 대한 이해[16]

    우리의 영은 우리들을 구성하는 없어서는 안 될 필수적인 영역이지만 이 영은 그 자신의 소리를 가지고 있다. 우리 모두는 어떤 특정한 일을 실행하는 과정에서 용인할지 말지를 고민하는 중에 영안의 미세한 소리가 우리와 논쟁하는 것을 들은 적이 있을 것이다. 양심이 제대로 기능을 할 경우 양심은 당신이 무언가 잘못할 때 당신을 비난만 하는 것이 아니라 그 행동이 옳지 않으며 그것은 당신의 양심에 어긋나는 것이라는 것을 사전에 경고할 것이다. 양심은 우리가 냉철하게 사고할 수 있도록 우리의 가장 깊은 내면의 공간으로 설계된 곳이다. 나(잔)은 종종 다른 사람들의 마음을 사로잡는 사람이나 상황을 신뢰하지 말라는 영의 경고를 받았다. 여러 가지 요인이 투자를 말했지만 영이 허락하지 않았을 때 그 영의 기름부음이 우리에게 수천 달러를 지킬 수 있게 해 주었다.

    깨끗한 양심을 갖는 것은 우리의 스트레스를 감소시키고 우리가 건강하고 행복하게 살도록 도와준다. 성경은 "마음의 즐거움은 양약이라도 심령의 근심은 뼈를 마르게 하느니라"(잠 17 : 22). "사람의 심령은 그의 병을 능히 이기려니와 심령이 상하면 그것을 누가 일으키겠느냐?"(잠 18 :

14)라고 말한다. 계속해서 몸이 자주 아픈 것은 영이 잠자거나 기능을 하지 못한다는 것을 알려주는 좋은 지표이다.

우리가 하나님과 함께 하는 은밀한 시간에 하나님께서는 종종 우리의 양심을 통해 우리에게 말씀하신다. 내적인 자기 인식은 우리의 사고를 인식하는 것이며 하나님은 이러한 자기 인식을 통해 우리에게 직접 말씀하실 수 있다. 예수님이 광야에서 사탄에게 유혹을 받았을 때 "예수께서 '신명기에 기록된 말씀을 인용하여' 대답하시되 사람이 떡으로만 살 것이 아니요 하나님의 입으로부터 나오는 모든 말씀으로 살 것이라 하였느니라"(마 4 : 4). 우리의 양심을 통해 흘러나오는 말씀들은 우리를 하나님의 생각과 연결시켜주고 아울러 악을 물리치는 힘이 된다.

② **교감**
1. 라틴어 communio는 '교제'를 의미한다.
2. 희랍어 koinonia는 '동업자, 공동 연합'을 의미한다.[17]

교감은 우리를 하나님이나 다른 사람들과 연결시켜 주는 영의 측면이다. 교감은 단지 날씨, 스포츠, 가족, 직업 같은 것을 논하는 것보다 훨씬 더 깊은 사회적인 영적 교류를 가능하게 한다. 그것은 영과 영이 서로 연결되는 것이다. 많은 사람들은 그들의 영이 닫혀있기 때문에 그들은 단지 사소하고 표피적인 수준에서 기능을 하고 그들을 더 깊이 접촉하려고 하는 사람은 누구든지 두려움에 밀쳐내어 버린다. 우리가 자주 만나는 사람들 중 어떤 사람들은 친구로서 어떤 다른 사람들은 단순한 지인으로서 만난다. 이렇게 하는 것 역시 우리의 영의 특성이다.

나는 어떤 사람이 라디오에서 새해 인사를 전하는 것을 들었고 그의 통찰력에 흥미를 느꼈다. 그는 "나는 나의 모든 친구들에게 복된 새해가 되기를 소원합니다. 나는 나의 원수들에게도 새해 복 많이 받으라는 인사를 합니다. 그리고 내 친구가 되거나 내 원수가 될 수 있을 정도로 나에게 인상을 깊게 주지 못한 내가 아는 모든 분들께 새해 인사를 드립니다"고 말했다.

예수님께서 "아버지께서 내 안에, 내가 아버지 안에 있는 것 같이 우리가 다 하나가 되어 그들도 우리 안에서 하나가 될 수 있도록"(요 17 : 21)이라고 기도하셨을 때 예수님은 생각 안에서 더 깊은 접촉을 가졌다. 우리는 다른 사람의 마음이나 영과 실제적인 접촉이나 교감을 할 수 있도록 설계되었다. 아담은 문자 그대로 살아 숨 쉬는 영인 '생령'으로 창조되었다(고전 15:45).[18] 우리의 중심은 영이고 오직 깨어있는 영만이 다른 사람과 영과 영으로 실제적인 접촉을 할 수 있다.

예수님은 늘 그의 혼이 아닌 영으로 사역하셨다. 그것이 예수님이 "내가 이르노니 아들이 아버지께서 하시는 일을 보지 않고는 아무 것도 스스로 할 수 없나니 아버지께서 행하시는 그것을 아들도 그와 같이 행하느니라"(요 5:19)고 하셨을 때 그가 말씀하시고자 했던 것이다. 그는 자신의 눈으로 보지 않고 그의 영을 통해 보고 있었다. 그러한 앎은 예수님으로 하여금 그의 제자들을 공황상태에 빠뜨리게 한 폭풍 가운데서 잠을 잘 수 있도록 하게하고(눅 8:23-25) 어떤 무리가 그를 절벽에서 떨어뜨리려고 했을 때 '그들 가운데로' 지나가게 한 힘이었다(눅 4:28-30 참조). 예수님은 영의 감각들과 육적인 감각들 간의 차이를 아셨다. 그는 그를 거칠게 밀치는 무리 가운데 있는 한 여성을 치유하셨다. 그는 다른 종류의 접촉을 느끼셨다.

> "혈루증을 앓는 여자가 예수의 뒤로 와서 그의 옷 가에 손을 대니 혈루증이 즉시 그쳤더라. 예수께서 이르시되 내게 손을 댄 자가 누구냐 하시니 다 아니라 할 때에 베드로가 이르되 주여 무리가 밀려들어 미나이다. 예수께서 이르시되 내게 손을 댄 자가 있도다 이는 내게서 능력이 나간 줄 앎이로다"(눅 8:44-46)

이 때 예수님은 무언가 자신의 영에서 빠져나가는 것을 느끼셨다. 그녀는 예수님의 영에 접촉했고 나머지 군중은 단지 그의 몸에 접촉했다.

또한 다른 사람들을 친밀하게 접촉하는 이러한 영의 능력은 우리로 하여금 단체들이나 보다 큰 모임에서 사람들과 공동체적으로 연결시켜 준다. 그것이 공동체 예배의 기본(많은 사람들이 주님 앞에서 하나가 되는 것)이다. 만일 우리가 공동체에 속해 있지 않고 그러한 모임에 연결되어 있지 않으면 집중이 잘 안 된다. 비록 우리가 공동체 안에 있지만 우리의 자아는 다른 어딘가에 있는 것처럼 우리의 마음은 방황하게 된다.

아니면 우리는 단지 방관자가 되고 그 조직이 추구하고 있는 목표에 참여할 수 없다. 우리가 그냥 옆에서 지켜 볼 때, 우리는 다른 사람이 행하거나 사고하는 것을 이상하게 여길는지도 모른다. 만일 우리의 영이 다른 사람의 영과 하나가 되지 않는다면 우리의 영은 그 사람의 일을 알 수 없고 우리의 혼이 넘겨받게 된다. 생각이나 사고는 영이 아니라 혼의 영역에 속하기 때문에 주의가 산만해지는 것은 우리의 혼이다. 공동체가 서로 영으로 연결되는 것은 우리의 영이 깨어있을 때만 가능하다.

이러한 영의 접촉과 교감은 친밀한 부부관계에서 가장 깊이 느낄 수 있다. 하나님은 성관계를 단순한 육체적 결합 그 이상으로 창조하셨다. 그것은 남편과 아내를 깊은 영적 차원에서 접촉하게끔 의도되었다. 그들이 육체적으로 결합할 때 성령은 남편의 영을 이용하여 아내의 영으로 아내의 영을 이용하여 남편의 영으로 들어가신다. '원나잇 스탠드'로는 이런 방식의 접촉을 경험할 수 없다. 성령은 성스럽지 못한 행동에 참여하지 않으시기 때문이다.[19]

남편과 아내의 진정한 일치는 서로 육과 혼뿐만 아니라 영을 받아들이는 영광의 섹스를 경험할 때 이루어진다.[20] 성적 결합이 이루어지는 동안 남편과 영적으로 접촉함으로써 남편에게 그가 누구인지 말하는 사람은 아내이다. 아내 외에 다른 사람은 남편의 혼을 더럽히고 혼란스럽게 하고 그로 하여금 그의 정체성에 대해 거짓말을 하게 한다.[21]

나(잔)는 그리스도인으로서 자라나지 않았지만 켄은 우리가 사귀고 있을 때 나를 하나님께 인도했다. 우리는 결혼하고 친밀해지자마자 마치 나는 새로운 문을 통과한 것 같았다. 모든 것이 달라졌다. 내 영은 생기가 넘쳤고 어디서나 색채와 아름다움이 폭발적으로 나타났다. 내 영이 켄의 영과 결합하였을 때 내 영의 모든 것이 강화되었다.

③ **직관**

1. 라틴어로 intuition은 '여기다 또는 보다'를 뜻한다.
2. 이의를 제기할 여지가 없이 인지된다.
3. 명확하게 보는 것, 통찰력
4. 추론 없이 진리를 알아내는 능력

직관은 영으로 분별하는 능력이다. 예수님은 서기관이나 바리새인들과 다른 방식으로 일하셨다. 서기관과 바리새인들이 자신들의 혼의 능력에 의존했을 때 예수님은 자신의 영의 민감성을 의지하셨다. 앞에서 언급한 것처럼 예수님이 중풍 환자에게 사역을 하고 있었을 때, 예수님께서는 그를 치료하기 전에 먼저 그를 용서하셨다. 바리새인들은 아무 말 없이 생각으로 비난했다. "이 신성모독 하는 자가 누구냐 오직 하나님 외에 누가 능히 죄를 사하겠느냐?" 예수님은 그의 영으로 이 비난을 들을 수 있었다. 성경은 "서기관과 바리새인들이 생각하여… 예수께서 그 생각을 아시고…"(눅 5:21-22)라고 말한다.

추론은 혼의 활동인 사고를 요구한다. 인지는 영적인 활동인 분별을 요구한다. 나는 종종 내가 생각하거나 대화해 본 적이 없는 사람들을 위해 긴급하게 기도해야 할 필요가 있다고 생각한다. 나중에 나는 내가 그들을 위해 기도할 필요를 느꼈을 그 때 그들에게 어떤 위기가 발생하고 있었다는 것을 알게 된다.

우리는 브리티시 컬럼비아 주 서머랜드에 있는 침례교 목사로부터 어떤 이야기를 들었다. 그는 호숫가에서 가족사진을 찍고 있었다. 그들 뒤에는 단지 100 야드 밖에 안 되는 곳에 또 다른 호수가 있었고 그 사이에 고속도로가 나 있었다. 그 목사는 갑자기 자신을 부르는 소리를 듣고 카메라를 내려놓고 또 다른 호수로 달려갔다. 그 목소리가 매우 급했기 때문에 그는 그의 가족에게 아무런 말도 하지 못하고 서둘러 뛰어갔다. 그가 뛰어가자 그 목소리는 그에게 더 빨리 뛰라고 말했다. 그는 체중이 아주 많이 나갔기 때문에 지금 뛰는 속도가 평상시 속도가 아니었지만 가능한 빠르게 전력질주를 하지 않을 수 없었다.

그가 다른 호수에 도착했을 때 깊이가 수 피트 밖에 안 되는 물위에 어떤 몸이 떠있는 것을 발견하였다. 그는 호수에 뛰어들어서 몸이 축 늘어진 세 살 된 남자 아이를 물에서 건져냈다. 그는 물을 헤치면서 호수가로 돌아와서 심폐소생술을 시행했다. 비번 중인 인명구조원이 그가 구조하는 장면을 목격하고 달려와서 도움을 주었고 그들은 그 아이를 소생시켰다. 그 아이는 7세 된 형이 돌보고 있었는데 그 형은 다른 곳에 정신이 팔려 있었다. 그러나 그 목사의 영 안에서 들리는 그 소리에 대한 목사의 민감성과 즉각적인 순종이 비극을 막았다.

우리의 영이 깨어 있다면 우리 모두는 들을 수 있는 능력이 있다. 예수님(하나님)이 하고 있는 것을 알아듣는 능력은 예언의 기본이다(계 19:10 참조). 성경에는 그러한 예가 너무 많다. 한 번은 시리아 왕이 전쟁에서 이스라엘 왕을 함정에 빠뜨리려고 했다. 그러나 그가 공격할 때마다 번번이 이스라엘 왕이 함정의 존재를 알고 피하는 일이 일어났다.

"하나님의 사람이 이스라엘 왕에게 보내 이르되 왕은 삼가 아무 곳으로 지나가지 마소서 아람 사람이 그 곳으로 나오나이다 하는지라 이스라엘 왕이 하나님의 사람이 자기에게 말하여 경계한 곳으로 사람을 보내 방비하기가 한 두 번이 아닌지라"(왕하 6:9-10)

시리아 왕은 자신의 진영에 어떤 첩자가 있어서 이스라엘 왕에게 알려주고 있다고 의심했다. 그러나 그 자신의 첩자들이 그에게 말하길 "이스라엘 선지자 엘리사가 왕이 침실에서 하신 말씀을 이스라엘의 왕에게 고하나이다 하는지라"(왕하 6:12). 하나님께서는 늘 말씀하시지만 우리는 늘 듣지 않는다.

한 번은 우리가 어떤 남자에게 사역을 하고 있을 때였다. 잔은 몇 년 전에 그가 연루되었던 간음사건을 끄집어냈다. 그는 충격을 받았다. "누가 당신에게 말했어요?"하고 그가 따지듯이 물었다. "당신이 말했어요"라고 잔이 대답했다. "아무도 몰라요, 심지어 내 아내까지도. 나는 어느 누구에게도 발설한 적이 없었어요."

잔은 자신이 그가 말한 것을 들었다고 생각했었지만 나중에 그녀는 성령으로부터 그것을 들었다는 것을 깨달았다.

엘리사는 시리아 왕이 계획하고 있는 것을 영으로 들을 수 있었다. 그것은 영의 영역에서는 시간이나 거리의 개념이 없기 때문이다. 그는 또한 영으로 볼 수 있었다. 전에 그의 종 게하시는 엘리사가 나환자인 나아만을 치료해준 데 대해 현금으로 보상을 받으려고 나아만에게 요구했다. 엘리사가 그를 심문하면서 이렇게 말했다.

"게하시야 네가 어디서 오느냐 하니 대답하되 당신의 종이 아무데도 가지 아니하였나이다 하니라 엘리사가 이르되 한 사람이 수레에서 내려 너를 맞이할 때에 내 마음이 함께 가지 아니하였느냐 지금이 어찌 은을 받으며 옷을 받으며 감람원이나 포도원이나 양이나 소나 남종이나 여종을 받을 때이냐"(왕하 5:25-26)

엘리사처럼 우리도 영이 깨어 있어서 영의 영역에서 하나님께서 우리가 듣고 보기를 원하시는 것을 듣고 볼 수 있어야 한다.

영감 역시 직관의 한 기능이다. 영감은 문자적으로 '불어 넣는 것'을 의미한다.[22] 하나님은 우리의 직관을 통해 갑자기 우리가 무엇을 해야 할지, 어떤 일을 어떻게 해야 할지에 대해서 우리 뇌 안에서 불이 켜지는 것처럼 우리에게 불어넣어주신다. 성경 자체가 "모든 성경은 하나님의 감동으로 되었다"(딤후 3:16)는 것을 선포하고 있다. 그것은 인간의 사고가 할 수 있는 것이 아니었다. "예언은 언제든지 사람의 뜻으로 낸 것이 아니요 오직 성령의 감동하심을 받은 사람들이 하나님께 받아 말한 것임이라"(벧후 1:21). 하나님은 성령이 우리의 영 안에 계시를 불어넣으심으로서 소통하신다.

'땅콩의 아버지'로 불리는 조지 워싱턴 카버는 성령의 계시를 따라 일했다. 그는 수백 개의 영감과 발명품들을 아무런 값도 받지 않고 세상에 내 놓았다. 그는 자신의 아이디어에 대해 "하나님께서 그것들을 나에게 주셨다"고 말했다. "어떻게 내가 그것들을 어떤 다른 사람에게 팔 수 있겠는가?"[23] 그는 말하기를 "나는 방법을 찾을 필요가 없다. 그 방법은 내가 새로운 무언가를 만들기 위해 영감을 받는 순간에 드러난다. 장막을 한쪽으로 젖혀서 열어 주시는 하나님이 안 계시면 나는 무력할 것이다."[24] 그는 하나님께서 땅콩을 부수어서 새로운 방식으로 다시 가공하는 방법을 알려주셨다고 말했다. 조지는 남북전쟁 후 남부의 경제를 탈바꿈하는 새로운 상품을 만들어냈다. 그것이 우리의 직관을 통해 교통하시는 하나님의 영감이다.

시간을 초월하는 능력은 우리의 영의 또 다른 기능이다. 존과 폴라 샌드포드는 이러한 실체를 가장 잘 보여주었다.

두 가지 유형의 부부가 부부 상담을 위해 우리 사무실을 찾아온다. 한 부부는 깨어있고 기능을 잘하는 영을 소유하고 있다. 그들은 그 순간의 고통에 얽매이지 않는다. 그들의 영들은 그들로 하여금 과거의 사랑했던 기억들을 상기하게 하고 앞으로 행복한 시간들이 올 것을 사고하게 해준다. 그들은 튼튼한 뿌리와 소망을 갖고 있다. 그들은 현재를 뛰어 넘어서 과거의 사건들과 미래의 꿈에 양분을 공급하는 데까지 이른다. 그러나 또 한 부부는 그러한 모든 것이 죽어 있다. 그들의 영들은 그들을 과거나 미래로 투영하지 못한다. 그들은 그 순간의 고통에 얽매어 있다. 현재 겪고 있는 고통들이 그들이 사고할 수 있는 전부이고 그들이 피해가길 원하는 것이다.[25]

우리는 남편들이 간음을 했던 적이 있는 서로 다른 두 부부에게 사역을 했다. 그 중 한 부부는 회복되었고 다른 부부는 그러지 못했다. 결혼 생활에 실패한 부부의 남편은 과거를 버리지 못했고 또한 아내와 함께 미래를 품고 나아갈 수 없었다. 그의 영은 잠자고 있었기 때문에 지금 직면하고 있는 문제에 대해 과거의 일이 현재에 뒤섞여 나타나는 시간 왜곡현상에 갇혀 있었다.

시간을 초월하지 못하고 미래를 설계하지 못하는 것은 전 세계의 부채 문제의 근원이었다. 블룸버그 경제 뉴스 기사는 이렇게 기록한다.

> 가계대차대조표는 대공황 이래 어떤 때보다 더 안 좋은 상황이다. 2001년부터 2007년까지 미국가계 부채는 7조 달러에서 14조 달러로 증가했다. 국내 총생산(GDP)에 대한 가계부채의 비율은 1929년 이래 어느 시기보다 2007년이 더 높았다(그리고 우리는 그것이 어떻게 나타났는지 안다).[26]

우리 이웃들 중에는 모든 일이 잘 될 때 새 차나 배를 구입하고 여가를 즐기는데 자유롭게 돈을 쓰는 사람들이 있다. 그들은 자영업을 하고 돈을 많이 벌지만 그 수입에 따라 그만큼의 세금이 부과되는 것을 모르는 것처럼 보인다. 그들은 늘 불가피한 청구서와 세금을 대기 위해서 돈을 늘 아등바등 찾아 다니고 있었다.

각 가정에서 시간에 대한 직관적인 감각의 결여(결과를 예측하지 못하는 것)는 결국에는 국가에서의 똑같은 구조로 옮겨간다.

2011년 10월 31일 월요일 한 밤중에 조그마한 사건이 발생했다. 미국의 국가 부채가 2차 세계대전 이래 처음으로 미국 국내 총생산을 추월했다. 웹사이트 USDetClock.org는 국내총생산이 15조 달러를 넘어서는 것은 처음으로 월요일에 나타났고 반면에 그날 더 일찍 재무부의 Treasury Direct로부터 나온 수치들은 전체 공채가 14조 993억 달러에 달하고 하루에 70억 달러 이상씩 늘어난다는 것을 보여주고 있었다.[27]

카토 재단의 선임 연구원인 마이클 태너는 노인 의료보험제도와 사회 안전 보장을 위한 단기부채를 포함한 국가 총 부채가 119조 5천억 달러, 즉 한 사람 당 40만 달러가 된다고 예측하고 있다. 상원 민주당 대표인 해리 레이드는 사회 안전보장이 괜찮다고 계속 주장한다. 불과 몇 주 전에 그는 사회 안전보장이 파산으로 가고 있다고 말하는 것은 "명백한 거짓말"이라고 말했다. 그는 복지 후생 계획을 "세계 역사상 가장 성공적인 사회 프로그램"이라고 말했다. "문제가 생길 때 사회 안전 보장을 걱정합시다. 지금은 문제가 안 된다"라고 레이드는 말했다.[28]

재앙이 오는 것을 볼 수 있는 능력이 없는 것은 영의 기능에 문제가 있음을 알려주는 신호이다. 솔로몬이 한 말을 다른 말로 바꾸어 표현하자면 다음과 같다.

"지혜로운 자는 두려워하여 악을 떠나나 어리석은 자는 방자하여 스스로 믿느니라"(잠 14 : 16)

"손을 게으르게 놀리는 자는 가난하게 되고 손이 부지런한 자는 부하게 되느니라 여름에 거두는 자는 지혜로운 아들이나 추수 때에 자는 자는 부끄러움을 끼치는 아들이니라"(잠 10:4-5)

영은 인지 상태에서 알 수 없는 통찰력을 준다. 종종 우리가 이해하지 못하는 방식으로 우리의 기억에 영향을 주기도 한다. 이러한 영적 영역으로부터의 입력을 우리가 이해하는 것은 영의 직관을 통해 이루어진다.

● 의식

몸, 혼, 영의 도표에서, 우리는 영이 생각과 직접 연결되어 있지 않고 생각은 몸과 혼 사이에서 서로를 연결해 준다는 것을 알 수 있다. 따라서 영은 신체의 발달에 좌우되지 않고 잉태되는 순간에 완전히 성숙된 상태로 있다. 혼수상태와 근사체험(near death experience)을 한 사람들의 간증을 들어보면 몸이 일시적으로 죽거나 혼수상태에 빠졌을 때조차 영은 여전히 기능을 한다는 것이 입증이 된다.[29]

그 동안 다음과 같은 의문들이 있어 왔다.

근사체험 기간에 육체적인 몸으로부터 의식이 분리가 된다고 가정한다면, 그 때 혼이 계속하여 육체적인 몸 안에 있을 때 근사체험 기간에 일어났던 것을 혼(생리학적으로 뇌)이 기억하는 것이 어떻게 가능할까?

브루스 그레이슨 박사가 이렇게 대답했다.

"의식에 대해 최근에 비교적 많은 연구들이 이루어졌다. 최근의 이론은 의식은 기억들이 저장되는 장소이지 뇌가 아니다. 많은 과학자들은 정보저장 단위로서 뇌가 모든 정보를 수용할 수 없다고 전제해왔다. 따라서 뇌는 오히려 라디오 수신기 같은 접속장치이다. 또 다른 발견은 우리가 기억하는 방식이 컴퓨터 디스크 드라하와 같은 것이 아니라는 것이다. 오히려 우리는 핵심 메모리를 감정에 첨부시켜 저장하고 그것을 뇌나 심지어 몸에 있는 사고 영역 안에 보관한다. 우리가 기억을 더듬을 때 우리는 '기억의 공백을 메우도록'되어 있다. 따라서 뇌가 기억하는 것은 100% 정확한 경우가 거의 없다.

그렇다 해도 근사체험들은 모든 생각, 행동 그리고 우리가 다른 사람들에게 어떻게 대했는지에 대해 과거를 100% 기억해낸다. 죽음에서 되살아난 의식은 컴퓨터 하드 드라이브와도 같이 정확하다. 의식이 몸으로 돌아올 때 근사경험의 강렬한 기억들이 뇌로 들어가는데 일반적으로 7년이 걸린다. 내 생각으로는 그것이 너무나 강렬한 체험이어서 뇌에서 갑자기 생각이 번쩍하고 떠오르게 할 수 있는 순간(flashbulb moment)이라 불리는 것을 뇌 속에 만들 수도 있다는 것이다. 이것들은 고조된 감각과 감정이 입력되었던 시기나 생명에 위협을 느꼈던 순간들에서 주로 나타나는 특별한 기억들을 뇌가 사진을 찍듯이 그 형상을 저장하는 때이다.

이 기억들은 뇌에 깊이 배어들었고 그 사람은 그 일을 어제 일어난 것처럼 회상할 수 있다."[30]

"뇌 화학으로는 이러한 현상들을 설명하지 못 한다"고 브루스 그레이슨 박사는 말했다. "나는 그것을 어떻게 설명해야 할지 모르지만 뇌 화학에 관한 최근 지식으로도 설명이 충분치 않다."[31] 영에 대한 우리의 지식은 무엇이 일어나는지 설명해줄 수 있다. 영의 영역에 대한 모든 질문에 있어서 성경이 그 해답이다. 우리는 단순히 육체적인 존재가 아니다. 따라서 몸이 기능을 할 수 없다고 해서 진정한 당신이 존재하지 않거나 기능을 중지하는 것이 아니다.[32]

● 출생 전 학습과 기억

최근의 연구는 아기들이 태어나기 오래 전부터 학습을 시작한다는 것을 입증하고 있다.

"다양한 여러 종류의 음악들이 필수적이며 아기가 성장하여 글쓰기, 읽기, 언어 기술을 습득하는데 있어 유용할 수 있다"고 뉴욕대학교 뇌 연구소의 수석 신경심리학자이면서 신경요법 소장인 필립 A. 드 피나(Philip A. De Fina) 박사는 말한다.[33]

출생 전에 태내에서 겪는 스트레스 같은 조기 경험은 뇌의 발달과 행동을 체계화 하는데 있어서 심각한 영향을 준다. 특히 출생 전 스트레스는 기억 과정을 손상시킨다.[34]

아기들은 어머니와 태반을 공유하기 때문에 엄마는 자신의 감정 분자들을 아기에게 전달한다. 어머니가 여러 종류의 영화를 보고 있는 동안 엄마의 기분에 대한 태아의 반응에 대해 연구한 결과 아기의 감정은 엄마의 감정과 직접적으로 일치한다는 것을 보여주었다.

연구자들은 아기들이 어떻게 어머니의 감정을 알아차리는지 알 수 없지만 감정을 자극하는 영화에 의해 촉발되는 다량의 호르몬이 태아에게 간접적으로 전달되는 것을 짐작할 수 있었다. 뉴 사이언티스트 잡지에 보고된 연구 결과들도 임신 중인 엄마의 기분과 스트레스 정도가 그녀의 태어나지 않은 아이에게 영향을 미칠 수 있다는 증거를 더해주고 있다.[35]

그들은 아기들이 감정을 간파하고 그것에 반응한다고 말한다. 아기들은 이해하고 평가하는 인지 능력이 생기기 오래 전에 이미 그들이 처한 환경을 인지한다. 혼외 임신했던 한 여성은 자신을 낙태시키려는 남자친구의 압력에 대해 우리에게 말했다. 그의 바람과는 반대로 그녀는 아기를 갖기로 결정했다. 남자친구는 기회 있을 때마다 계속해서 아기를 지우라고 장광설을 늘어놓았다. 그녀는 아기가 그 위협을 들을 때마다 아기의 태동이 멎었다고 말했다.

결국에는 남자친구가 그의 책임을 받아들여서 그들은 결혼했다. 그러나 불행하게도 그 아기와 아빠는 유대감이 잘 형성되지 않았다. 그 아이는 걸음마를 배우는 아이였을 때도 종종 아빠가 방에 들어왔을 때 숨었다. 생명의 위협에 대한 기억이 여전히 그 아이의 반응에 영향을 주고 있었을까? 아기는 "내가 소리 없이 가만히 있으면 내가 있는 것을 모를 것이고 그가 나를 죽이지 않을 거야"하고 잠재의식 가운데 사고하지는 않았을까?

내(잔)가 막내를 임신 했다는 것을 알았을 때 나는 놀랐다. 나는 나의 반응이 아기에게 영향을 미칠 수 있다는 것을 알았고 나는 임신해서 행복하고 단지 살이 쪄서 행복하지 않은 것이라고 늘 말했다. 세 아이 중에서 그 아이 만이 나의 비만에 대해 아무 말도 하지 않았다. 아기들은 듣고 영은 듣고 느끼는 것을 포착한다.

성경은 마리아와 그의 사촌 엘리사벳과의 만남에 대한 흥미 있는 이야기를 들려준다. 마리아는 예수를 임신하고 있었고 엘리사벳은 침(세)례 요한을 임신하고 있었다.

"이 때에 마리아가 일어나 빨리 산골로 가서 유대 한 동네에 이르러 사가랴의 집에 들어가 엘리사벳에게 문안하니 엘리사벳이 마리아가 문안함을 들으매 아이가 복중에서 뛰노는지라"(눅 1:39-41)

침(세)례 요한은 그 때 출산 예정일로부터 3개월을 앞두고 있었다. 그의 뇌는 아직 완전히 발달 되지 않았고, 인지하고 있지 않았다. 그럼에도 하나님이 태내에 있는 아기 예수의 형태로 방에 들어왔을 때 그의 영은 뛰어 놀았다. 그의 영은 알고 있었고, 어떻게 반응할지 그의 마음에 가르쳐 주었다. 30년 후에 요한은 처음으로 예수님을 보았지만 즉시 그를 하나님의 어린 양으로서 알아보았다(요 1:29). 태어나기 전에 저장되었던 요한의 기억이 누가 예수님인지에 대한 그의 계시를 확인시켜주었다.

많은 자극이 출생 전의 우리의 뇌에 영향을 줄 수 있다.

음악

우리는 또한 임신 중과 후에 모든 종류의 음악을 들으라고 권고한다. 이것은 아기의 감각을 자극하고 뇌 발달을 개선시키는데 도움을 줄 수 있다. 다양한 소리들과 상황들에 노출되는 것은 근본적으로 하나의 신경세포 집단과 또 다른 신경세포 집단 간의 연결을 확립하는데 있어서 도움이 된다. 이것이 우리 모두가 학습하는 방법이다. 이러한 신경구조들은 나무와 뿌리의 체계와 비슷하다. 아기의 신경세포는 매우 적응성이 높다. 이는 뇌가 지속적으로 나무들(신경세포 집단들) 간의 새로운 연결에 적응을 하고 만들어간다는 것을 의미한다.[36]

스트레스

엄마가 임신 중에 스트레스를 심하게 받을 때 어머니는 글루코코티코이드(당질 코르티코이드)라는 호르몬을 분비한다. 이 호르몬은 태반을 통과하여 아기에게 흘러가서 신장과 심장의 발달에 영향을 줄 수 있다.[37]

우리는 어떤 남자가 자신의 선천성 신장 질환에 대해 나누는 것을 들었다. 그는 그의 병의 뿌리에 대해 기도하고 있었고 하나님은 그가 엄마의 태내에 있었을 때의 장면을 그에게 보여주셨다. 그는 그의 아버지가 어머니에게 분노를 폭발하는 것을 들을 수 있었다. 그는 심장을 통해 "내가 이 아기를 낳자마자 그는 나를 다시 때리기 시작할 것이다"라고 엄마가 얘기하는 것을 느꼈다. 그러한 상황은 그가 아버지에 대해 갖고 있던 두려움을 파악하는데 도움을 주었다. 그는 바로 그의 아버지를 용서하고 두려움이 떠나갈 것을 명령하였다. 그러고 나서 그는 치유가 되었음을 주장하였다. 지금, 그의 신장은 완전히 회복되었다. 나쁜 뿌리는 나쁜 열매를 맺는다.

출산 전 스트레스는 아이들이 주의력 결핍 과잉 행동 장애, 인지발달 지연, 불안과 우울증을 가질 가능성을 높인다. 임신 중 스트레스는 또한 자폐아가 될 위험성을 높인다. 또한 드물게 정신분열증을 일으킬 수도 있다. 스트레스를 받는 어머니는 저체중아를 낳고 이 아이들은 나중에 나이 들어서 관상 동맥 질환이 발생할 가능성이 높다.[38]

약물

엄마가 임신 중에 평균 하루에 두 잔 이상 술을 마시는 경우 7세가 되었을 때 지능지수가 7점 정도 낮게 나올 수 있다.[39] 또한 태아가 코카인, 펜시클리딘 염산(PCP, 환각작용이 있는 마약성 약물)과 그 외의 다른 중추신경 흥분제에 노출될 경우 결국 아이들이 비정상적인 뇌파 양상, 단기적인 신경 증상, 우울증과 환경자극에 대한 체계적 반응의 결핍을 초래한다는 것을 보여주는 데이터가 증가하고 있다.[40]

나(잔)에게는 우리 가족 중의 하나가 입양한 친척이 있었다. 그의 생부모는 둘 다 마약중독자들이었다. 불행하게도 그는 유아기에 금단증상을 겪었고 자라면서 정신장애를 일으켰다. 오늘날도 그는 삶에서 가장 단순한 일로도 씨름을 한다. 아기들이 태를 떠나기 전에 많은 것들이 그들에게 영향을 준다.

음식

임신 중에 어머니가 섭취한 음식에 들어 있는 조미료는 양수를 통해 태아에 전달된다. 태아는 나중에 영아기에 고형식을 하기 전에 임신 중 어머니가 섭취한 다양한 음식과 조미료를 경험한다. 출생 전 그리고 출생 후 조기에 어떤 조미료에 노출되게 되면 그 아기는 이유기에 고형식에 있는 그 조미료를 선호하게 된다.[41]

이처럼 매우 이른 시기에 조미료를 경험하는 것은 요리법에 있어서 문화적, 민족적 차이가 생기는 토대를 제공할 수도 있다.

우리의 둘째 아들인 마이클은 어렸을 때 블루베리 아이스크림 맛을 경험했다. 그는 맛 볼 때마다 기뻐서 고개를 흔드는데 그럴 때마다 그 자주색 크림이 질질 흘러 내려가서 그의 턱과 턱받이를 지저분하게 만들었다. 그는 심지어 맛이 시큼한데도 먹을 때마다 몸을 떨면서 금귤을 먹었다. 그는 머리를 흔들고 나서 다시 먹었다. 그는 성인이 된 지금도 여전히 강한 맛이 나는 것을 선호한다.

이러한 모든 입력들은 태아기에 초인지나 무의식 상태에서 들어온다. 우리가 학습하는 것의 90%는 이 상태에서 이루어진다.[42] 보이지 않고 회상할 수 없는 기억들이 아기의 뇌에 깊이 새겨져 있고 훗날 아이의 사고방식을 형성하는 토대의 일환이 된다.

인간의 뇌세포는 약 1000억 개에 달한다. 임신 5개월이면 이 숫자에 이른다. 어린아이의 뇌에는 약 1000조 개의 시냅스(역자 주-신경 접합부)가 있다. 이 시냅스 각각은 아이의 경험에 의해 변화될 수 있다.

시냅스는 그들의 전기활성에 따라서 생기거나 없어지기도 하며, 강화되기도 하고 약화되기도 한다. 이러한 과정을 설명하기에 적절한 비유가 몇 가지 있다. "함께 발화되는 세포들은 함께 연결된다."이 말은 매우 활성화된 시냅스들은 보존되고 강화된다는 것을 의미한다. 반면에 활발하지 못한 시냅스들은 제거된다. 이것은 "사용하지 않으면 잃는다"는 법칙을 따른 것이고 영구히 아이들의 업무수행능력에 지장을 초래할 수 있다.[43]

대체로 뇌는 하나님께서 사고의 재량에 맡기는 훌륭한 도구이다. "내가 주께 감사하오옴은 나를 지으심이 심히 기묘하심이라 주께서 하시는 일이 기이함을 내 영혼이 잘 아나이다"(시 139:14). 우리는 다음 장에서 사고[44]의 실제 과정을 살펴볼 것이다. 왜냐하면 사고는 뇌를 통해 우리 몸의 각 세포에 기능을 하기 때문이다.

✓ 기억은 육체적, 영적 입력으로부터 만들어 진다.
✓ 우리는 세 부분으로 나누어진 존재이다.
✓ 우리의 영은 양심, 교감, 직관을 통해 소통한다.
✓ 우리의 영은 영적 영역에서 듣고, 맛보고, 느끼고, 말하고, 냄새를 맡는다.
✓ 우리가 제대로 기능을 하는 능력은 우리의 영이 깨어 있는 정도에 달려 있다.
✓ 우리는 태내에서 기억을 형성하기 시작하고 출생 전 환경에 의해 영향을 받는다.

제1장

1 Caroline M. Leaf, *Who Switched off My Brain?*(South Africa : Switch on Your Brain Organization, 2007), 3.

2 Ibid., 4

3 Don Colbert, *Deadly Emotions : Understand the Mind-Body-Spirit Connection That Can Heal or Destroy You*(Nashville, TN : Thomas Nelson, 2003), Appx. A.

4 Rebecca Lin and Ming-Ling Hsieh, "Psychosomatic Disorders : Taiwan's New Health Killer," ChinaPost, June 13. 2011, accessed April 05, 2013, http://www.chinapost.com.tw/commentary/the-china-post/special-to-the-china-post/2011/06/13/306003/p1/Psychosomatic-disorders.htm.

5 Candace B. Pert, *Molecules of Emotion : Why You Feel the Way You Feel*(NewYork, NY : Scribner, 1997).

6 Robert E. Thayer, *The Biopsychology of Mood and Arousal*(New York, NY : Oxford University Press, 1989), 12.

7 Ken Harrington and Jeanne Harrington, *Shift! Moving from the Natural to the Supernatural*(Shippensburg, PA : Destiny Image Publishers, 2009), 279.

8 C. Miles and R. Jenkins, "Recency and Suffix Effects with Serial Recall of Odours," *Memory 8*(2000) : 195-206.

9 R.W. Moncrieff, *The Chemical Senses*(London : Leonard Hill, 1967).

10 S. Chu and J.J. Downes, "Odour-evoked Autobiographical Memories : Psychological Investigations of Proustian Phenomena," *ChemSenses* 25(2000) : 111-116.

11 Tim Jacob, "Smell(Olfaction) : A Tutorial on the Sense of Smell," Cardiff School of Biosciences, Smell and Memory, accessed April 06, 2013, http://www.cardiff.ac.uk/biosi/staffinfo/jacob/teaching/sensory/olfact1.html.

12 Marcel Proust, *Swann's Way*(CreateSpace, 2013), 34.

13 Jacob, "Smell," The Limbic System.

14 Jacob, "Smell," Smell and Memory.

15 Charles Dickens, *A Christmas Carol*(London, UK, Chapman & Hall, 1843).

16 *Webster's New Twentieth Century Dictionary*, s.v. "Conscience."

17 Ibid., s.v. "Communion."

18 Spiros Zodhiates, *The Complete Word Study Dictionary : New Testament*(Chattanooga, TN : AMG Publishers, 1992), #2198, #5590.

19 John Sandford and Paula Sandford, *Healing the Wounded Spirit*(Tulsa, OK : Victory House, 1985), 117.

20 Ken Harrington and Jeanne Harrington, *From Curses to Blessings : Removing Generational Curses*(Shippensburg, PA : Destiny Image Publishers, 2011), 219-220.

21 Sandford, *Healing the Wounded Spirit,* 117.

22 *Webster's, s.v.* "Inspiration."

23 Mary Bellis, "George Washington Carver," About.com, God Gave Them to Me, accessed April 07, 2013, http://inventors.about.com/od/cstartinventors/a/GWC.htm.

24 "George Washington Carver Quotes," About.com, God, accessed April 07, 2013, http://quotations.about.com/cs/morepeople/a/george_w_carver.htm.

25 Sandford, *Healing the Wounded Spirit,* 112-113.

26 Amir Sufi, "Household Debt Is at Heart of Weak U.S. Economy : Business Class," Bloomberg, July 7, 2011, accessed April 07, 2013, http://www.bloomberg.com/news/2011-07-08/household-debt-is-at-heart-of-weak-u-s-economy-business-class.html.

27 Bob Adelmann, "On Halloween, Nat'l Debt Exceeds Gross Domestic Product," The New American, November 2, 2011, accessed April 07, 2013, ttp://www.thenewamerican.com/economy/commentary/item/4103-on-halloween-natl-debt-exceeds-gross-domestic-product.

28 Thomas Mitchell, "Las Vegas Review-Journal," Kicking the Can on Entitlement Reform, April 10, 2011, accessed April 07, 2013, http://www.lvrj.com/opinion/-today-it-s-not-a-problem-119558509.html?ref=509.

29 Derry Bresee, "The Trigger of Coma," Near-Death Experiences and the Afterlife, 2007, accessed April 07, 2013, http://www.near-death.com/experiences/triggers13.html.

30 Bruce Grayson, "FAQs," Near Death Experience Frequently Asked Questions, June 14, 2012, accessed April 07, 2013, http://www.nderf.org/FAQs.htm. Bruce Grayson is the director of the Division of Personality Studies, University of Virginia Health System.

31 Bruce Grayson, qtd. in *Bresee*, "The Trigger of Coma."

32 "'Dead' Man Revived Four Months Later," Thestar.com, March 24, 2008, accessed April 07, 2013, http://www.thestar.com/News/World/article/350150.

33 Jennifer Lacey, "Music in the Womb," BabyZone, The Right Music Choices for Baby, accessed April 07, 2013, http://www.babyzone.com/pregnancy/bonding-with-baby-to-be/prenatal-learning-with-music_71701.

34 V. Lemaire et al., "Prenatal Stress Produces Learning Deficits Associated with an Inhibition of Neurogenesis in the Hippocampus," PNAS 97, no. 20(September 26, 2000) : 11032-11037.

35 David Derbyshire, "Why Pregnant Film Fans Should Stick to Happy Movies," Mail Online, March 11, 2010, accessed April 07, 2013, http://www.dailymail.co.uk/sciencetech/article-1256990/Unborn-babies-respond-mothers-mood-watches-movie-scientists-say.html.

36 Dr. Oz and Dr. Michael Roizen, "Should You Read to Your Unborn Baby?," Oprah.com, February 6, 2010, accessed April 07, 2013, http://www.oprah.com/health/Should-You-Read-to-Your-Unborn-Baby-RealAge.

37 Karen M. Moritz et al., "Developmental Programming of a Reduced Nephron Endowment : More than Just a Baby's Birth-weight," American Journal of Physiology : Renal Physiology, July 23, 2008, accessed April 7, 2013, doi:10.1152/ajprenal.00049.2008.

38 Vivette Glover, Professor of Perinatal Psychobiology, Imperial College, London, qtd. in "The Many Benefits of Prenatal Music Stimulation," Prenatal Music Stimulation for Fetal Development and Prenatal Learning, Reduce Stress Levels During Pregnancy, accessed April 07, 2013, http://www.lullabelly.com/benefits.html.

39 Ann P. Streissguth, Helen M. Barr, and Paul D. Sampson, "Moderate Prenatal Alcohol Exposure : Effects on Child IQ and Learning Problems at Age 7 1/2 Years," Alcoholism : Clinical and Experimental Research 14, no. 5(October 1990) : Abstract, accessed April 7, 2013, doi:10.1111/j.1530-0277.1990.tb01224.x.

40 Don C. Van Dyke and Allison A. Fox, "Fetal Drug Exposure and Its Possible Implications for Learning in the Preschool and School-Age Population," Journal of Learning Disabilities 23, no. 3(March 1990) : 160-163, doi:10.1177/002221949002300305.

41 Julia A. Mennella, Coren P. Jagnow, and Gary K. Beauchamp, "Prenatal and Postnatal Flavor Learning by Human Infants," Pediatrics, June 1, 2001, Background, accessed April 07, 2013, doi:10.1542/peds.107.6.e88.

42 Caroline Leaf, Brenda Louw, and Isabel Uys, "The Development of a Model for Geodesic Learning : The Geodesic Information Processing Model," The South African Journal of Communication Disorders 44(1997).

43 Kathy K. Oliver, "Your Child's Brain : The Crucial Early Years," The Ohio State University Extension, August 2007, accessed April 7, 2013, http://ohioline.osu.edu/hyg-fact/5000/pdf/Child_Brain.pdf.

44 본서에서 '생각'으로 번역된 단어는 thinking, mind이며, '사고'로 번역된 단어는 thought이다. 생각은 우리가 흔히 통상적으로 이해하는 생각을 의미하며 사고는 우리의 뇌에 깊이 각인된 생각 즉 '사고 과정'을 의미한다.

제2장
기억 생리

당신이 당신의 할머니에게 무언가를 설명하지 못한다면
당신은 그것을 실제로 이해하지 못하고 있는 것이다. – 알버트 아인슈타인
나쁜 기억보다 좋았던 시절에 대해 더 책임져야 할 것은 없다. – 프랭클린 P. 아담스

    우리는 기억에 영향을 미치는 다양한 형태의 입력들을 살펴보았다. 지금은 이러한 입력들이 저장되고, 체계화되고, 회수되는 방법을 살펴보고자 한다. 뇌실질의 대부분은 신경 세포와 교질 세포로 이루어져있다. 뇌세포 수는 추정치가 다양하지만 평균 신경세포 수는 약 1000억 개에 달하고, 교질세포의 수는 이보다 약 10배나 더 많은 것으로 추정된다.

    신경세포는 일하는 세포이며 모든 중요한 전기화학적 전달을 수행한다. 뇌세포의 나머지 대부분을 구성하는 교질세포는 지원해주는 역할 외에는 별 쓸모가 없는 것으로 오랫동안 여겨져 왔다. 그러나 교질 세포 중 별 모양의 성상 세포(astrocyte)는 실제로 적극적인 역할을 하는 것으로 보인다.

    사이언스지에 게재된 한 보고서에서 미국과 영국의 연구원들은 쥐가

이산화탄소를 지나치게 많이 들이 마시면 혈액의 산도가 높아지는 것을 뇌간의 성상세포들(교질 세포의 일종)이 감지함을 보여줬다. 그 연구팀은 세포 활성에 반응하여 형광 빛을 내는 단백질로 성상 세포들에 꼬리표를 붙였다. 그리고 그 세포들이 호흡에 영향을 주는 신경세포들에 신호를 보낸다는 것을 보았다. 그때 쥐들은 더 깊이 숨을 쉬고 더 많은 산소를 받아들였다. "이 성상 세포들은 심지어 신경세포들보다 더 예민하다"고 브리스톨 대학의 분자 생리학자인 세르게이 카스파로프는 말한다.[1]

다음은 신경세포와 교질 세포의 대략적인 수를 나타내는 표이다.[2]

도서 목록의 등재	결과(주변 본문과 함께)	표준화된 결과
Glencoe Health 2nd Edition, Mission Hills : Glencoe Inc., 1989:252.	무게가 대략 3 파운드(1.35 kg)인 뇌는 거의 1000억 개의 세포를 갖고 있다.	1,000억
World Book 2001. Chicago : World Book Inc., 2001:551	인간의 뇌는 100억에서 1000억 개의 신경 세포를 갖고 있다.	100–1,000억
Magill's Medical Guide Revised Edition. Salem Press, 1998:221	성인 뇌는 대략 1000억 개의 신경 세포와 더 많은 수의 교질 세포를 갖고 있는 것으로 추정된다.	1,000억
The Science Times Book of the Brain. New York : The Lyons Press, 1987:150.	인간의 뇌는 1000억 개의 신경 세포를 갖고 있다.	1,000억
The Scientific American Book of the Brain. New York : Scientific American, 1999 : 3.	성인의 뇌는 1000억 개 이상의 신경 세포를 갖고 있다.	1,000억 이상

기억은 어느 한 특정 부위에 국한된 것이 아니라 뇌의 여러 부위에 저장된다. 기억의 다양한 면, 즉 시각적, 감정적, 사실적 정보들이 뇌의 다양

한 부위들에서 저장되고 상기된다. 그것이 어떤 기억의 일부분은 기억이 생생한 반면 그 기억과 관련된 다른 정보는 상기해낼 수 없는 이유이다. 학습 방법 역시 정보를 보유하고 상기하는 능력에 영향을 준다.

　기억에는 세 가지 다른 형태가 있다.

- 감각 기억은 플래시 전구가 '펑'하고 터지는 것과 같다. 그것은 1초의 몇 분의 1 동안만 저장되지만 그 시간은 인지시키기에 충분하다.
- 단기 기억(STM)은 20-30초 또는 기억을 반복하는 동안 지속된다. 이것은 허겁지겁 펜을 찾는 동안 전화번호를 기억하려 할 때 우리가 사용하는 것이다. 우리가 계속해서 그 전화번호를 반복하여 기억하는 한 그것을 보존할 수 있다. 또한 단기 기억의 수용능력은 최대 일곱 가지 항목에 국한되는 것으로 보인다. 그것은 마치 컴퓨터의 고속기억장치(cache) 안에 제한된 양을 수용할 수 있는 컴퓨터의 중앙처리 장치(CPU)와 같다.[3]
- 장기기억은 실제 기억을 말하며 이 책에서 다루고자 하는 것이다. 기억을 다시 생각해내는 능력을 잃어버릴 수 있어도 이것은 영원히 저장된다.

　우리는 어떤 이름이나 단어를 기억해내려고 할 때가 있다. 그런데 우리가 그것을 알고 있다 할지라도 그것을 기억해내지 못할 수 있다. 그것은 기억은 나지 않고 입에서 맴돌기만 하거나 마치 우리가 그것을 막 말하려고 하는데 어떤 다른 연관성으로 인해 기억이 날 때까지 사라져버리는 것처럼 확 스쳐 지나가버릴 수 있다. 이때 그 기억의 맥락이나 그 사건이 발생했을 때의 우리의 기분을 기억해 낼 수 있다면 이 또한 그 기억을 회상하는 것을 도와줄 수 있다.

　나(켄)는 어떤 기억이 나지 않을 때 그 기억을 찾아내기 위해 그 기억을 잃어버린 물리적인 장소로 돌아갔다. 거기에 그 기억이 여전히 있다. 실제로 그 기억은 거기에 없었고, 그것은 여전히 나의 단기 기억 속에 있었다. 하지만 기억을 촉발하는 인자들은 그곳에 있었다. 일단 뇌가 그 사건을 기억나게 하는 다른 출처를 입수했을 때 그 기억은 다시 구축될 수 있다.

 기억은 보통 재구성하는 프로젝트이다. 우리는 조금 밖에 기억하지 못하고 나머지는 다른 신경회로들이 재활성 될 때 갑자기 기억이 다시 나기 때문이다. 그러나 우리의 기억들이 그 기억의 원천을 사고해내지 못해 왜곡될 수 있다. 다른 사람들이 그것에 대해 수다 떠는 것을 듣는 것이 기억을 흐리게 할 수 있는 것처럼 우리의 사고와 인지는 우리 기억의 정확도를 흐리게 할 수 있다. 우리 모두는 우리가 기억하는 것에 대해 절대적으로 확신하고 있었으나 결국 우리가 보거나 들었다고 사고했던 것이 잘못되었다는 것을 발견한 적이 있다. 유감스럽게도 어떤 사건에 대한 기억이 일단 고착되면 그 사건에 대한 우리의 인식이 우리의 실재가 된다.

 생각은 사실, 연상, 인식들을 꿰매어 맞추고, 상상으로 틈을 메움으로써 실제적인 각본을 만드는데 능숙하다. 기억은 전기화학적 패킷(역자 주-한 번에 전송하는 정보 조작단위)들에 의해 전달되기 때문에 생각은 가끔 모든 구성요소들을 질서정연하게 유지하기가 어려울 때가 있다. 그것은 초기 암호화, 저장, 검색에 있어서 문제일 수 있다. 프로이드는 우리들 역시 동기화된 망각(motivated forgetting)을 한다는 것을 시사했다. "우리는 우리가 기억하고 싶지 않은 것들을 잊어버리려 하는 경향이 있을 수 있다."[4] 우리가 앞으로 알게 되겠지만 이처럼 잊어버리는 능력은 우리의 고통스러운 기억을 치유하는데 있어서 아주 중요하다.

 나(잔)는 언젠가 아버지의 알렉산드라이트와 금으로 된 아름다운 반지를 반지세척용액 안에 넣어두었는데 결국에는 그 반지의 존재를 잊고 말았다. 나중에서야 그 반지를 발견했다. 그맘때까지 금은 얼룩덜룩해졌고, 반지는 엉망이 되었다. 나는 몹시 화가 났다. 바로 최근에 내 여동생인 로라가 그녀가 어떻게 아버지의 반지를 망쳐놓았는지에 대한 이야기를 나에게 털어놓았다. 그녀는 그 이야기를 들었고, 감정적인 상실감을 느꼈고, 그 고통과 비난이 자신의 기억으로 합쳐지게 했다.

그녀는 그 보석가게에서 일하는 사람이 그녀가 아닌 나였음에도 반지를 망친 장본인이 나라는 것을 믿지 못했다. 찰리 카우프만은 내 동생이 사고하는 것을 파악하고 있었다. 그는 "내 생각으로는 당신이 당신의 기억을 단지 당신의 경험을 비디오로 재생하는 것이라고 생각하고 있지만 그것은 전혀 그렇지 않다. 그것은 하나의 사건을 완전히 재구성하는 것이고 그것들 중 많은 부분이 만들어진다. 왜냐하면 당신이 그 비어 있는 공간을 상상력으로 채우고 있기 때문이다"고 말했다.

● 뇌의 구조

신경 세포

뇌는 1,000억 개의 신경 세포들로 이루어지고 그 신경세포들로부터 축색 돌기가 뻗어 나간다. 이들 축색 돌기들은 뇌의 배선 장치이다. 축색 돌기는 마치 나무의 몸통과 같고 시냅스에서 끝난다. 이 시냅스들은 그 신경 세포를 다른 시냅스들로, 결국 뇌의 전체 네트워크로 연결한다. 성인의 뇌는 1,000~5,000조의 시냅스를 갖고 있는 것으로 추정된다. 대뇌 피질 1㎣당 약 10억 개의 시냅스를 갖고 있다. 즉, 각 신경세포에 7,000개의 시냅스가 있고,[5] 각 신경세포는 우리의 기억을 저장하는 70,000개의 수상돌기를 낼 수 있다. 'Dendrite'(수상돌기)라는 단어는 나무를 의미하는 그리스어에서 유래하며 이는 수상돌기의 구조를 잘 묘사하고 있다. 마리온 다이아몬드 박사는 이 수상돌기들을 '생각의 마법나무'라고 부른다.[6] 이렇게 어마어마하게 많은 서로 연결된 신경 세포들 내에 우리의 기억들이 저장된다. 1,000억 개의 신경 세포 중 11개 정도만으로도 고등학교를 졸업하는데 필요한 모든 기억들을 보유하기에 충분할 것으로 추정되고 있다.[7]

신경세포의 구조와[8] 신경세포의 사진

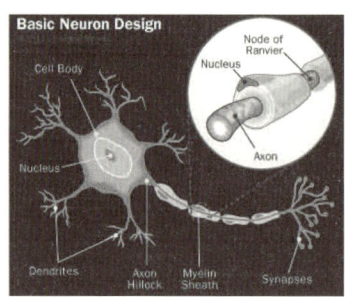
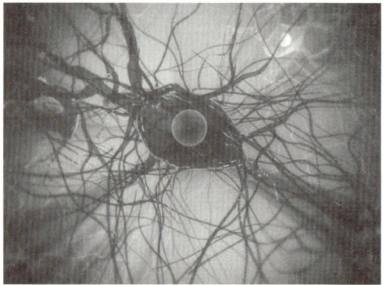

Basic Neuron Design 출처 :
https://science.howstuffworks.com/life/inside-the-mind/human-brain/brain1.htm

Photo of a neuron 출처 :
https://indianapublicmedia.org/amomentofscience/lose-neurons/

뇌 반구

뇌는 시너지(통합적 행동)와 사고의 균형감을 위해 고안된 두 개의 반구로 나뉘어져 있다. 오른쪽 반구는 크고 전체적인 상황을 파악하고 미세한 부분으로 진행하며 연역적으로 추론하는 쪽이다. 왼쪽 편은 미세한 부분에서 시작하여 전체적인 상황을 파악하는 쪽으로 가고 귀납적으로 추론하는 쪽이다. 우리는 기억을 형성하고 바로잡기 위해서 두 가지 측면이 다 필요하다.[9] 생물학적인 근거와 연결주의 이론(역자 주-생각을 여러 정보들을 동시에 처리되는 병렬 처리 체계로 간주) 둘 다 뇌의 학습은 신경 세포들 간에 연결하는 힘을 조정함으로써 이루어진다는 개념을 지지한다.[10] 우리가 생각하고 묵상하고 한 가지 사고에 몰두하면 할수록 뇌의 두 반구 사이에 시너지는 더 커지고 긍정적이든 부정적이든 어느 쪽의 기억이든 간에 더 강화된다.

이처럼 한 가지 사고를 사색하는 것은 수상돌기와 시냅스가 더 많이 자라나게 하고 더 많은 신경 연결 통로들을 형성하여 기억에 쉽게 접근할 수 있게 한다. "당신이 한 가지 경험을 기억하기 위해서는 그 경험이 당신의 몸 안에서 무언가를 변화시켜야만 한다. 만일 그것이 이루어지지 않는다면 당신은 영향을 받지 않을 것이다."[11] 대부분의 그러한 변화들은 신경 세포들의 시냅스 연결을 강화함으로 인한 신경 세포의 의사소통 능력으로 일어난다.

묵상은 문자 그대로 스스로에게 중얼거리고 말하는 것을 의미한다.[12] 무엇인가를 크게 이야기함으로써 우리는 또 다른 입력이나 소리가 뇌에서 하나의 또 다른 연결을 만들도록 한다. 뇌는 한 번의 자극으로도 배울 수 있다. 그러나 만일 다양한 경로들이 존재한다면 더 잘, 더 빠르게 학습할 수 있다. 이것이 멀티미디어 프리젠테이션이 어떤 강의보다 아이디어를 전파하는 데 있어서 더 효과적인 이유이다. 그것들은 더 많은 시냅스 연결을 이용한다. 기억을 잃어버리지 않도록 기억을 새겨두기 위해 우리는 우리가 경험하고 있는 일에 집중해야 한다. 어떤 특출한 사람들은 사진처럼 정확한 기억력을 갖고 있다. 그러나 대부분의 사람들은 기억을 남기기 위해 노력을 기울여야 한다. 그렇지 않을 경우 기억은 온데간데없이 사라질 것이다.

내(켄의) 형과 나는 고양이에서부터 연장도구에 이르기까지 100개의 항목들의 목록들을 외우는 훈련을 했다. 그 방법은 간단했다. 숫자 1에 대해 B를, 숫자 2에 대해 C 등을 이용하여 그 목록에 있는 각 숫자에 하나의 자음을 부여한다. 오직 자음만 이용해서 우리가 원하는 어떤 모음과도 짜 맞춰 넣고 시각화할 수 있는 간단한 단어들을 만들어 낼 수 있었다.

예를 들어 숫자 12는 자음 B와 C로 만들어진 단어가 된다. Bac, bec, bic 같은 단어들이 사용될 수 있다. Bic는 하나의 Bic pen이 될 수 있다. 하나의 Bic pen을 상상하고 그 물체를 Bic pen으로 기억되도록 결부시키는 이야기를 엮음으로써 우리는 그 물체뿐만 아니라 그 항목의 위치까지도 기억할 수 있었다.

이것은 지금 불가능한 일처럼 보이지만 우리는 쉽게 100개 항목의 리스트를 기억하고, 모든 항목과 목록에서 그 항목의 위치를 기억해 낼 수 있었다. 그 원리는 실제로 머릿속에서 그 모습이 그려질 수 있도록(더 기이

할수록 더 좋다) 충분히 오래 사고하고, 묵상하고, 집중하여 기억을 새기는 것이다. 기억들은 전혀 소실되지 않는다. 단지 그 기억된 것들을 생각해 내는 능력이 소실될 뿐이다. 특이하고 기묘한 그림을 만드는 것은 우리가 기억을 쉽게 불러내고 생각해낼 수 있게 해줬다.

당신이 동시에 여러가지 일을 해야 하는 정신 없는 상황에 있었을 때를 기억해보라. 마치 당신이 막 집에 도착하자마자 전화벨이 울렸을 때처럼 말이다. 당신은 자동차 열쇠를 내던지고 황급히 달려가서 전화를 받았다. 나중에 당신은 열쇠에 대하여 생각하고 있지 않았기 때문에 그 열쇠를 어디에 두었는지 찾을 수 없었다. 또는 당신이 잘난 체하지 않는 사람을 소개 받고 나서 단 15초 밖에 지나지 않았을 뿐인데 그의 이름을 기억할 수 없었다는 것을 기억해보라. 기억을 새기도록 하는 실질적인 사고를 하지 않고, 신경 연결이 구축되지 않으면, 기억을 할 수 없다. 과연 왜 그럴까?

교질 세포

어떤 사고를 할 때 집중하지 않으면 시너지가 떨어진다. 따라서 수상 돌기들이 느슨하게 연결되고 기억을 불러낼 수 없다. 우리 모두는 벼락치기 공부를 할 때 이런 식으로 했었다. 만일 우리가 그 과목에 대해 관심이 없거나 잘 이해하지 못한다면 우리는 그 과목에 대해 깊이 생각하거나 묵상할 수 없다. 우리는 그것을 듣고 읽지만 내 형과 내가 그 목록들을 서로 연결시키며 외웠던 것 같이 그것을 어떤 다른 생각들과 연결시킬 수가 없다. 그것이 우리가 다음날 시험 볼 때는 기억을 할 수 있지만 3

주 후에는 완전히 잊어버리게 되는 이유이다. 우리가 신경 연결 통로들을 전개시키지 못하면 그 정보는 고립된 채로 연결되지 못한 상태가 되어 결코 우리 기억으로 흡수될 수 없다. 그것이 모국어에 뿌리가 없는 외국어를 배우기가 그렇게 어려운 이유이다. 새로운 사고나 소리를 연결할 수 있는 것이 아무것도 없기 때문이다.

새로운 사고는 그것을 기존의 사고나 소리와 연결하여 결합함으로 인해 '램 드라이브'(단기 기억)에서 벗어나지 않기 때문에 그것은 결코 '하드 드라이브'(장기 기억)에 도달할 수 없고 바로 교질세포에 의해 제거된다. 연결이 되지 않은 정보는 좀 더 관련 있는 내용으로 대치되기 전 24 - 48 시간만 지속될 수 있다. 이 같은 잊어버리는 능력은 뇌의 조절하는 세포인 교질세포에 의해 쉽게 이루어진다. 교질세포들은 실제로 아무렇게나 떠돌아다니고 분리된 사고는 청소해서 제거해 버린다.

이것이 교질 세포의 유일한 기능이 아니다. 그들은 신경 세포들을 둘러싸고 제 자리에 있도록 지탱해주고, 신경 세포에 영양과 산소를 공급하고, 한 신경 세포를 또 다른 신경 세포로부터 보호하고, 병균을 죽이고, 죽은 신경 세포들을 제거하도록 만들어졌다. 그것들은 또한 신경전달을 조절하기도 한다. 원래는 교질 세포들이 뇌의 '사고'에 관여하지 않는다고 여겨졌었다. 이 세포들이 뇌 전체 중량의 90%를 차지한다는 사실은 우리가 단지 뇌의 10%만 사용한다는 대중적인 오해가 생기게 했다.

교질 세포는 또한 뇌를 구성하는 조직자와 감사관으로서 수면을 조절한다. 교질 세포는 세포에 필요한 에너지원으로 잘 알려진 작은 화학물질인 ATP(아데노신 5'-삼인산염, Adenosine-5'-triphosphate)와 작용하여 수면조절 물질인 SRS(Sleep Regulatory Substance)를 만든다. ATP는 종종 세포 내 에너지 전달의 '분자 통화 단위'(molecular unit of currency)로 불린다. ATP는 세포 내에서 대사에 필요한 화학적 에너지를 전달한다. 그리하여 신경 세포들이 서로 간에 전기 신호를 전달할 때 그들 역시 ATP를 분비한다. ATP는 교질세포로 하여금 SRS를 만들게 하고 이 SRS는 결국 이웃 신경 세포에 들어가서 일련의 다른 화학물질들을 활성화해서 신경 세포들이 신경 전달 물질들에 반응하는 것에 영향을 미친다.[13] 시냅스 활동(사고, 기억)이 더 많을수록 ATP가 더 많아진다. 그리고 ATP가 더 많을수록 SRS가 더 많아지며, 따라서 수면하라고 더 많은 신호를 보낸다. 수면은 교질 세포들이 뇌를 재구성하고 뇌의 활력을 되찾게 해준다. 그것이 정신 활동이 육체적인 활동만큼 피곤한 이유이다.

● 뇌를 통해 이루어지는 사고의 과정

뇌는 1,000~5,000조의 시냅스나 연결들로 이루어져 있기 때문에 어떤 사고(thought)나 기억이 뇌에서 처리되는 과정은 단순한 것이 아니다. 다양한 뇌 영역들이 정보에 접근하고 이용할 수 있는 것은 시냅스를 연결하는 능력에 의해 좌우된다. 뇌의 주요 경로(정보고속도로, 초고속 정보 통신망)들은 대부분의 도로를 차지하고 그로 인해 대부분의 운송을 담당하는 시냅스 연결로 이루어진다. 그러나 모든 주요 경로마다 수백만의 작은 경로들이 있다. 물론 경우에 따라서는 덜 이용하는 경로들이 오히려 생각(mind)에 대한 약간의 수수께끼를 더 잘 밝혀줄 수 있지만 여기서는 가장 많이 이용하는 경로만을 다루겠다.

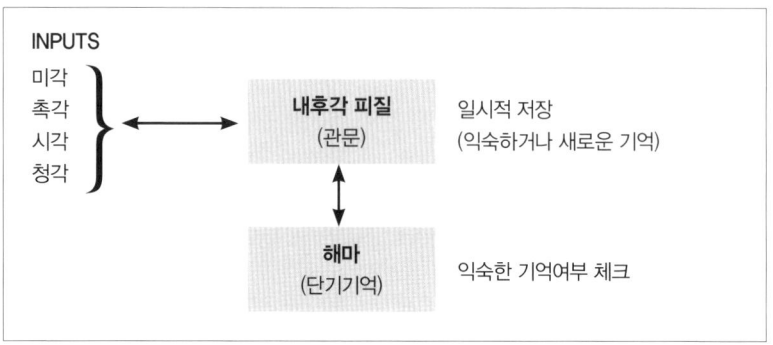

정보는 뇌에 들어가서 곧바로 일련의 전기 자극으로 변환된다. 이 전기 자극들은 맨 처음 뇌로 들어가는 관문인 내후각피질(아래 '뇌 도식'을 참조)을 통과한다. 이 내후각피질은 기억을 통합하는데 관여하고(특히 수면 시에) 시상(thalamus)을 통해서 해마(hippocampus)에 감각을 통해 수집된 정보를 전달한다(후각은 제외). 전달자의 역할을 하는 것과 별개로 내후각 피질은 이 자극 상태(stimulus condition)가 새로운 것인지 익숙한 것인지를 해마가 파악하는 동안에 이 감각 경험들을 간직한다. 즉, 해마는 내후각피질이 간직하고 있는 감각 경험이 전에 기억에 전에 기억하고 있었던 것인지 파악한다.[14]

뇌 도식

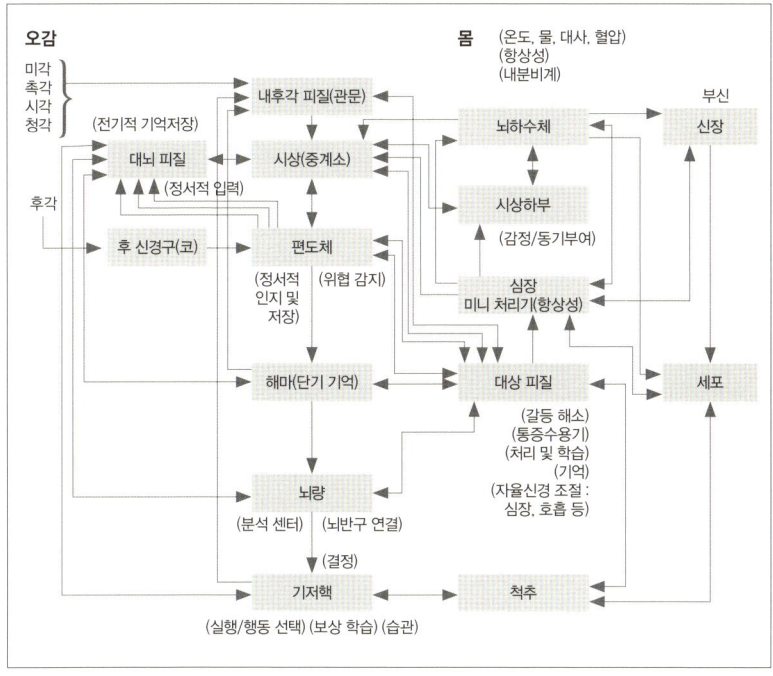

그 다음 정보는 대뇌피질과 시상하부로 가기 전에 중계소 역할을 하는 시상(thalamus)으로 전달된다. 이렇게 시상에 들어온 자극은 대뇌피질의 수상돌기에 전기적으로 저장되어 있는 기억을 불러일으킨다. 이어서 대뇌피질은 새로 유입된 정보와 그와 관련된 기억들을 시상으로 되돌려 보내면서 동시에 어떤 태도(사고방식)를 전달한다. 시상하부는 이러한 사고에 화학성분을 덧붙여서 신경계와 변연계 그리고 내분비계에 연결한다.[15] 이러한 화학물질의 유입은 사고에서 감정과 동기를 부여하는 요소가 된다.

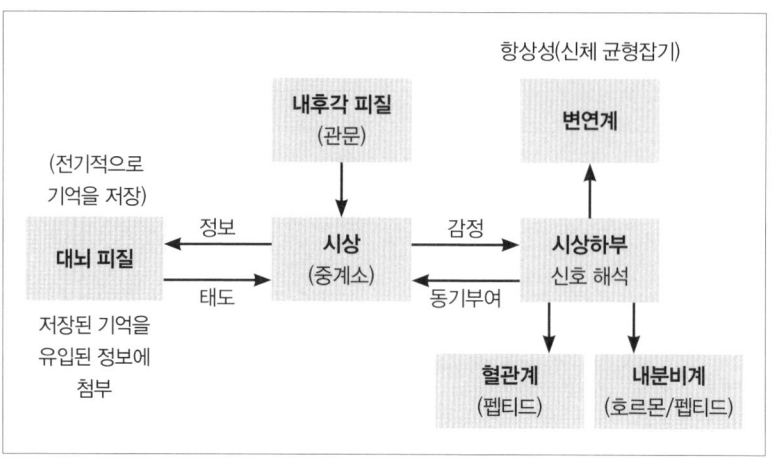

이 시점부터 뇌만이 아니라 우리 몸 전체가 이러한 사고와 기억을 해석하고 활성화하는데 관여하기 시작한다. 시상하부는 내분비계를 통하여 뇌하수체를 자극한다. 뇌하수체는 다른 내분비선들의 많은 활동들을 통제하기 때문에 종종 '주분비선'(master gland)으로 불린다. 시상하부는 뇌하수체에 호르몬이나 전기 신호를 보냄으로써 어떤 호르몬을 방출해야 할지 결정한다.[16]

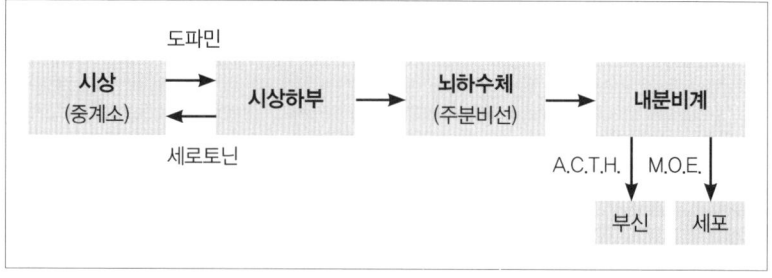

사고는 감정 분자(MOE)들인 뉴로펩타이드, 스테로이드, 펩타이드에 들어 있으며 이 감정 분자들(MOE)은 우리 몸의 세포 내로 들어간다.[17] 그 사이에 부신피질자극 호르몬(ACTH)은 콩팥 위에 있는 부신을 자극한다. 동시에 시상하부는 신경전달물질(주로 노르아드레날린, 도파민, 세로토닌)을 사고에 덧붙여서 다시 이들을 시상으로 돌려보낸다. 이러한 일이 일어나는 동안에 시상하부는 새로운 정보에 반응하여 몸의 항상성을 조절한다.

정보 입력은 전기화학 패킷 상태로 편도체(뇌의 감정기억의 도서관)에 도달한다. 편도체의 주된 목적 중 하나는 기억 형성을 강화하기 위해 화학물질의 방출을 준비하는 것이다. 편도체는 많은 감정 수용체를 갖고 있으며 대뇌피질로 강하게 연결되어 이성보다 감정과 느낌을 앞서게 하는 힘이 있다. 편도체에서 대뇌피질로 가는 신경 경로는 대뇌피질에서 편도체로 되돌아오는 신경 경로보다 3배나 많다. 이것이 어떤 여러 가지 사고와 기억들이 회상될 때 우리의 감정이 과잉반응 하게 되는 원인이 된다.[18]

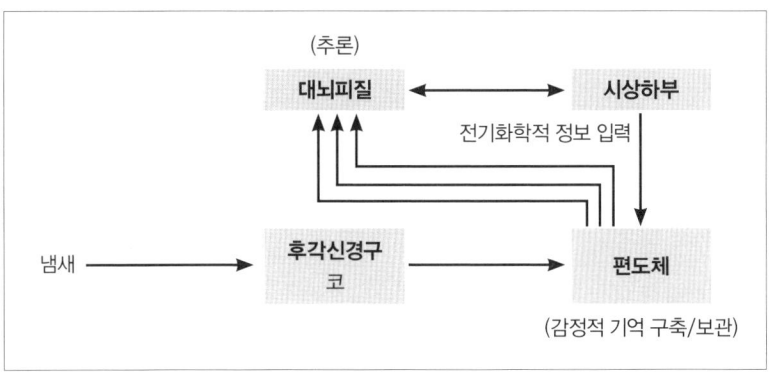

후각은 후각신경구를 거쳐 편도체에 전달된다. 후각은 대뇌피질을 통하지 않기 때문에 이성보다 감정과 더 많은 관련이 있다. 이것이 소위 데자뷰(Déjàvu), 즉 우리가 어떤 상황을 경험했던 적이 있거나 우리가 전혀 기억나지 않는 어떤 것에 너무 익숙한 느낌을 일으키게 하는 주요 원인 중의 하나이다. 비록 냄새와 관련된 상황보다 그 냄새를 기억하는데 집중하지 않으면 파악하기 힘들 수 있지만 이러한 냄새에 기반을 둔 기억들은 아주 강력하다. 그래서 그 냄새와 관련이 없는 새로운 상황에서 그 냄새와 관련된 기억으로 인해 느닷없이 유쾌하거나 불쾌한 반응들이 나타날 수 있다.

우리가 현재 살고 있는 집을 구입하게 된 이유 중 일정 부분은 그 집의 지하창고의 냄새 때문이었다. 그 집을 사려고 했던 사람들은 그 냄새가 무엇인지를 알아보려고 하지도 않았다. 그들은 그 집의 가치가 아니라 그 냄새의 불쾌함에 근거하여 결정했다. 그로 인해 우리는 그 집을 싸게 구입할 수 있었고 딸려 있는 아트리움의 더러운 바닥을 콘크리트로 덮어서 냄새를 제거했다. 다른 구매자들은 그들의 후각이 명령하는 대로 감정이 움직였다. 그것이 그들을 지배하고 불쾌한 기억을 연상하게 했기 때문에 이성적 판단을 내릴 수 없었다. 만일 우리가 어떻게 생각하는지 이해하지 못한다면 우리가 왜 서로 다른 결론에 도달하는지 이해할 수 없을 것이다.

기억과 사고는 편도체로부터 해마로 들어간다. 해마는 단기기억 저장소로 작용하여 24시간에서 최대 72시간 동안, 또는 뇌량에서 그 기억을 분석할 때까지 기억들을 저장한다.

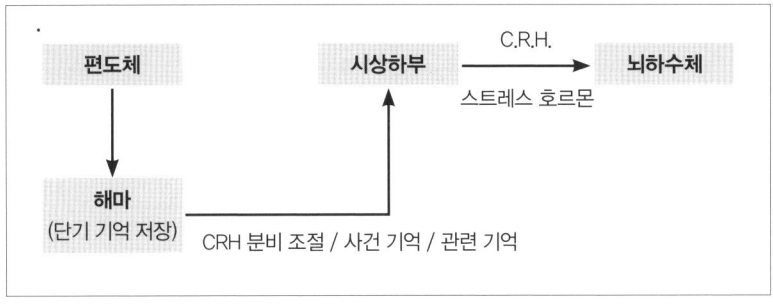

또한 해마는 에피소드 기억(과거의 일을 영화의 한 장면처럼 어떤 감정과 함께 회상할 수 있는 기억 능력)을 지원하여 각 개인이 서로 다른 특징들을 묶어서 연상 기억(어떤 패턴이나 실마리와 연관이 있는 기억들)을 형성한다. 우리가 누군가의 이름을 기억해내려고 할 때 해마의 활성이 증가한다. 이와 같이 기억은 그 수상돌기에만 국한되지 않고 다양한 곳에 분포되어 있는 사실이 많은 연구자들에 의해 밝혀지고 있다. 결정을 내릴 때 뇌가 끌어내는 중요한 정보를 보유하고 있는 수십만의 부위들이 있다.[19]

만일 정보가 뇌량에서 받아들여지면 이 정보는 내후각피질로 되돌아간다. 이때 뇌량에서 정보가 거절되면 교질세포는 그 정보를 쫓아낸다. 뇌량은 또한 뇌의 두 반구가 서로 연락을 주고받을 수 있도록 두 반구를 연결하기 때문에 정보에 근거한 결정을 내리고 감정적 반응을 조절할 수 있는 가장 훌륭한 기관이다. 두 반구 사이에서의 시너지와 연결의 정도가 기억력, 즉 수상돌기가 자라서 시냅스를 형성하는 능력을 좌우한다. 또한 뇌량은 혈압, 심박 수 같은 생리 과정을 조절하는 데에도 매우 중요하다.

뇌의 수직단면[20]

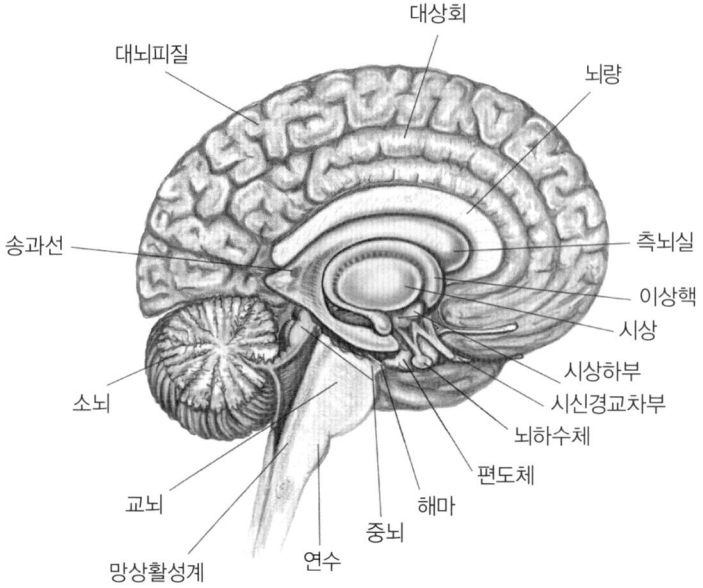

 마지막으로 기억의 전자화학물질 패킷(MOE)은 활성화하거나 실행하는 중추인 기저핵으로 들어간다. 기저핵은 절차적 기억이나 습관과 중독을 담당한다. 또한 기저핵은 서로 다른 감정적 및 인지 자극을 처리하며, 이는 보상하고 강화하는 중추이다. 이 기저핵에서 동기, 감정, 인지(지식과 인식) 그리고 신경세포 차원에서의 동작 입력의 상호작용이 이루어진다. 기저핵에는 도파민 수용체가 많이 있기 때문에 기저핵은 보상과 혐오를 담당하는 중요한 기관이며, 일단 감정과 인지 정보가 통합되면 행동을 실행한다.[21] 습관과 중독이 시작되는 곳이 바로 기저핵이다.

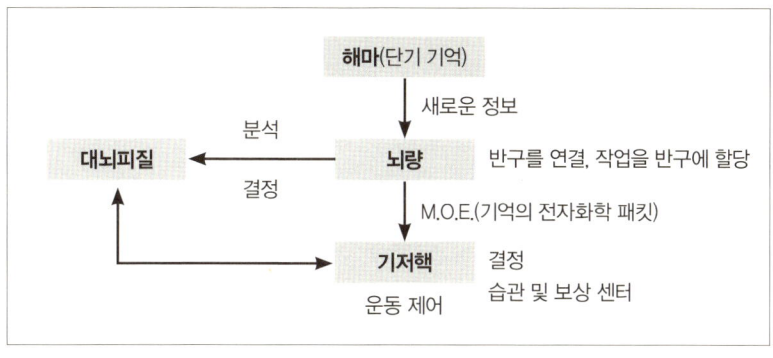

● 마음에 대한 사고와 기억의 효과

　뇌로부터의 신호는 척수로 내려가서 결절(node)을 통해 여러 기관과 각 세포로 전달되어 훨씬 더 많은 호르몬과 전기 반응을 촉발한다. 각 세포는 생화학적 호르몬들을 필요에 맞게 연결하도록 고안된 수백 개의 특수(shape-specific) 수용체를 갖고 있다. 이 호르몬은 자물쇠에 끼워 넣는 열쇠처럼 그 수용체에 맞게 끼워 맞추면 각각의 신경 화학적 자극에 대해 세포막을 열게 한다. 이 메신저들은 세포를 자극하여 세포 분열, 단백질 생성, 다른 화학물질의 방출 같은 것을 일으켜서 다른 세포들에게 비슷한 활동을 전달한다. 모든 활동은 세포 내에서 암호화되고 그 세포는 실제로 뇌가 사고하고 기억하고 있는 것을 회상하고 반응하는데 관여한다. 보통 암은 세포가 부정확하고 제멋대로 분열한다. 이런 상황에서 세포자멸이 작동되야 하는데 이런 반응을 잊어버릴 때 암이 생긴다.[22]

　이러한 생화학 물질들, 더 구체적으로 말하자면 이 펩타이드들은 감정의 물질들이다. 이 물질들은 감정(사랑, 증오, 분노, 행복, 용기, 만족, 슬픔, 기쁨 등), 감각(즐거움, 고통), 생각, 욕구(배고픔, 갈증)를 일으키는 분자학적인 근거를 제공하는 발판의 역할을 한다. 펩타이드들은 실제로 진정한 '감정의 분자들'이다. 왜냐면 이 물질들은 실제로 기억을 구축하는 것을 촉진하거나 저지하고 뇌와 몸을 통해 흘러가도록 회상하기 때문이다.

펩타이드는 신체의 '음악'이라 부르는 이차적인 병행 체계를 만든다. 감정물질인 화학정보물질들은 고속도로처럼 길이 잘 나있는 세포외액을 타고 이동한다. 이것들은 몸을 통해 순환하면서 특정 표적 세포 수용체들에 도달하는 세포외액이다. 펩타이드는 세포에 있는 수용체들을 자극하면서 일련의 세포 과정과 변화를 촉발한다.[23]

이러한 신호들, 특히 부신으로부터의 신호들은 방향을 바꾸어 혈관을 통하여 심장으로 향한다. 당신의 심장은 자체 신경계를 갖고 있으며 대략 4만개의 신경세포로 이루어져 있다. 이 신경세포들은 다른 부위와 다르게 더 정교하게 연결되어 있고, 뇌와 다른 기관으로부터 혈액을 통해 보내진 화학물질을 감지하는 동안 독립적으로 기능한다. 심장이식이 제 기능을 하는 이유는 심장이 자체적으로 '작은 뇌'를 갖고 있기 때문이다. 이것은 신경 연결이 절단된 심장이 이식된 다른 사람의 몸에서 신경이 다시 연결이 될 수 없다는 것을 미루어 보면 알 수 있다. 더구나 이 정교한 심장의 신경 중추는 단순히 심장의 전기적 활성을 조절하여 심장 박동을 유지하는 것보다 더 많은 기능을 갖는다.[24]

예를 들어, 심장이 뇌에서 보내는 신호에 의해 영향을 받을 수 있지만 심장이 항상 그 메시지를 필연적으로 따르지는 않는다. 더구나 심장의

'작은 뇌'는 자체 신호를 뇌에 전달하고 영향을 끼친다. 일례로 '사랑 호르몬'으로 불리는 옥시토신은 뇌뿐만 아니라 심장에서도 분비되는 것으로 알려져 있다. 옥시토신은 특히 임산부와 수유부의 사랑과 유대관계에 중요할 뿐만 아니라 사회적 행동, 상처 치유, 학습, 기억, 공감에도 중요한 역할을 한다. 요컨대 옥시토신은 매우 다양하고 중요한 기능에 영향을 미치는 호르몬이다.

일반적으로 학습과 기억은 중추신경계 기능으로 추정된다. 이것은 우리 머리 안에 있는 기관의 역할이라는 것을 의미한다. 그러나 약간 특이하고, 논란이 있지만 이례적인 관찰로 인해 하나의 체계적인 기억 기전을 뒷받침해주는 노력들이 늘어나고 있다. 다시 말해서 사고와 기억 처리는 뇌의 지적 기능에만 국한되지 않는다는 것이다. 이것은 장기 이식 환자들 특히 심장이식을 받은 사람들을 관찰한 것으로부터 나온 것이다.[25]

또한 학습은 신경계와 면역계에 국한된다는 것이 일반적인 견해이다. 그러나 이 체계적인 기억 가설은 반복되는 피드백 순환을 갖고 있는 모든 역동적인 체계들은 정보와 에너지를 다양한 정도로 저장하고 있다는 것을 예견한다. 예민한 이식 환자들은 그들의 심장 공여자들의 과거력과 유사한 개인적 변화를 나타낼 수 있다. 근사체험 연구 저널(2002)에 발표된 한 연구는 심장 공여자의 인격과 비슷한 인격의 변화들이 장기 이식 수술 후에 수혜자들에서 생겼다는 것을 발견했다. 이것은 세포기억이 이같은 유사성에 대한 그럴듯한 설명이 되는 것을 뜻한다.[26] 다시 말해서 심장은 피드백 또는 의사결정 기관으로서 그 신경세포의 섬유(fiber)들에 공여자의 결정들에 대한 기억들을 어느 정도 갖고 있다.

이 연구는 다른 많은 연구들 중 한 예일 뿐이다. 대체로 연구자들은 심장 수혜자들이 공여자들의 특성을 2~5가지 갖고 있다는 것을 발견했다. 매우 높은 수준의 성격 특성의 전이가 이루어지는 것은 면역 억제제 사용, 수술로 인한 스트레스, 통계학적 우연의 일치로 설명할 수 없다. 면접한 내용들은 그냥 읽고는 믿기가 어려울 정도로 경악스러울 지경이다.

하나의 사례를 들면 호전적이며 맥도날드를 좋아하는 한 동성애자가 있었다. 그는 심장 이식 후에 이성애자와 채식주의자가 되고, 건강을 조심하는 사람이 되었다. 이는 공여자가 선호하는 것과 일치하는 것이었다. 또 다른 사례는 바이올린 연주자인 젊은 공여자에 관한 것이다. 그가 기증한 심장은 나이 많고 클래식 음악을 싫어하는 수혜자로 하여금 수술 후 갑자기 클래식 음악을 몇 시간이나 듣고 싶어 하게 만들었다. 세 번째 사례는 젊고 소란을 잘 피우는 여성이었다. 그녀는 수술 후 바로 공여자가 그랬듯이 음악과 시를 사랑하게 되었다. 그녀는 전에 들어본 적이 없는 그의 노래 가사를 다 외웠다. 모하메드 길란(Mohamed Ghilan)은 "뇌가 인지 기관이고 심장이 지능 기관인가?"하고 질문한다.[27]

성경은 "모든 지킬 만한 것 중에 더욱 네 마음을 지키라 생명의 근원이 이에서 남이니라"(잠 4:23)고 말한다.

예수님은 이렇게 말씀하셨다.

"입에서 나오는 것들은 마음에서 나오나니 이것이야말로 사람을 더럽게 하느니라. 마음에서 나오는 것은 악한 생각과 살인과 간음

과 음란과 도둑질과 거짓 증언과 비방이니"(마 15:18-19)

또한 예수님은 사람은 "마음으로 깨달아 돌이키"(마 13:15)거나 그들의 생각을 변화시킬 수 있다고 말씀하셨다. 사실상 깨달음은 마음이 갖는 태도에 달려있는 것으로 보인다. 제자들은 "깨닫지 못하고… 그 마음이 둔하여졌음이러라"(막 6:52). 예수님께서는 계속해서 그들의 뇌의 추론을 그들의 마음(heart)의 통찰력과 비교하셨다. "예수님께서 이르시되, "너희가 어찌 수군거리느냐? 아직도 알지 못하며 깨닫지 못하느냐? 너희 마음이 둔하냐?"(막 8:17 NKJV). 또한 성경은 뇌는 인지 기관(정보처리)인 반면에 심장이 지능 기관이라는 것을 암시하는 것으로 보인다.

캐롤라인 리프 박사는 심지어 마음이 몸에서 의사결정의 많은 부분을 조절한다고 확신한다. 그녀는 이렇게 말한다.

신경학적으로 말하면 당신의 마음은 당신이 생각하고 느끼는 것에 대해 너무 민감하다. 사고는 직접적으로 당신의 마음 상태에 영향을 미친다. 과학은 당신의 마음의 뇌가 당신이 경험하는 직관적 사고력과 느낌 배후에 있는 진정한 '지능력(intelligence force)'이라는 것을 밝혀내고 있다.

'심장의 뇌'는 ANP(심방 나트륨이뇨 펩티드, atrial natriuretic peptide) 혹은 ANF(심방 나트륨 이뇨인자, atrial natriuretic factor)로 알려진 중요한 생화학적 물질을 만들어낸다. 이 균형 호르몬은 우리의 뇌의 기능 중 많은 부분을 조절하고 행동에 동기를 부여한다.

심장은 뇌와 지속적인 교류를 통해 세 가지 과학적으로 입증된 방법으로 몸을 이완시킨다. 즉, 신경학적으로(신경자극의 전달), 생화학적으로(호르몬과 신경전달물질), 물리적으로(압력 파동을 통해) 몸을 이완시킨다. 과학적 증거의 점진적 성장은 당신의 심장이 뇌와 몸과 네 번째 방법 즉 정력적으로(전자기장 상호작용을 통해) 소통함을 시사하고 있다.

이러한 모든 생물학적 정보교류 시스템을 통해 심장은 당신의 뇌와 당신 몸의 모든 다른 시스템에 심대한 영향을 미친다. 심장이 당신의 뇌에 보내는 신호는 단지 인식과 감정 처리가 아니라 보다 더 높은 인지 기능까지 영향을 미친다. 심장의 신경학적 민감성에 대한 새로운 과학적 증거는 우리의 사고 생활의 정확성과 완전성을 점검하는 뇌와 심장 사이의 피드백 순환(feedback loop)이 요점이다.[28]

이것이 우리가 '진심 어린 결정'(heartful decisions)을 하고 어떤 규정된 행동지침을 신뢰하지 못할 때 우리가 '전심을 다하여'(with all our hearts) 그것을 할 수 없다는 것을 알게 되는 이유이다. 우리는 '온 마음을 다하여'(with all our hearts) 사랑할 수 있거나 '비탄에 잠길'(heartbroken) 수 있다. 끔찍한 재앙은 우리로 하여금 몹시 '상심'(heart-sick)하게 한다. 심장은 진실 분석기이다. 심장은 우리가 생각하는 것과 우리가 느끼는 것이 일치하는지를 확인한다. 어떤 사고가 뇌에서 스트레스 호르몬(코티솔, 아드레날린, 코르티코스테로이드)이 분비되는 부신으로 보내지고 마지막으로 심장으로 보내지면 하나의 피드백 순환이 형성된다.

만일 어떤 사고가 심장에서 받아들여지고 그것이 감정적인 면에서 긍정적일 경우 신호가 뇌에 보내지게 되고 피드백 순환을 완성한다. 뇌는 심장과 동시에 움직이고 뇌파(알파)의 활동을 조절하여 심장박동에 일치시킨다. 하트매스 연구소(Institute of Heartmath)에서 실시한 연구는 뇌의 활동이 자연스럽게 심장의 활동과 동시에 이루어지고 또한 감정 상태를 의도적으로 바꾸면 심장에서 뇌로 가는 구심성 신경학적 입력을 변경시키게 된다는 것을 보여준다. 결론적으로 뇌의 전기활동은 정신 생리학적으로 일관성 있는 상태에서 동기화가 더 잘된다고 한다. 이처럼 동기화가 더 잘되면 긍정적인 감정 상태에서 뇌의 정보처리가 변경될 수도 있다는 것을 암시한다. "심장박동 리듬의 일관성이 커지면 인지 수행이 개선되는 것으로 보인다."[29] 쉽게 말해서 우리는 스트레스 받지 않을 때 더 잘 생각하고 더 잘 결정할 수 있다.

만일 사고가 부정적이면 그 사고는 내후각피질로 되돌아가서 고통스러운 기억을 고착시키고 부정적 피드백 순환을 일으켜 우리 몸에 훨씬 더 많은 스트레스를 가한다. 그 부정적인 사고가 방해 받지 않고 마음대로 돌아다니게 내버려 두는 한 그 생각은 계속해서 독성물질들을 만들어 내서 우리 몸의 건강을 해치게 된다. 폴 로쉬 박사는 일차 진료 의사를 찾는 환자들의 75~90%가 스트레스 관련 질환으로 인하여 방문한 것으로 추정한다.[30]

만일 그 사고가 심장이 느끼는 진실과 일치하지 않는다고 심장이 판단을 하게 되면 심장은 그 생각과 연결되는 것을 거부하고 피드백 순환을 중지하여 몸을 항상성(고요하거나 균형 있는) 상태로 되돌릴 수 있다. 이를 위해 심장은 심방성 펩티드(ANP : atrial peptide)를 분비하여 심박 수와 혈압을 떨어뜨리고 교질세포에게 지시하여 부정적인 감정 분자들(MOE)을 흡수하게 한다. 그 동안 혈액, 내분비계, 변연계를 이리저리 떠돌아다녔던 화학적 스트레스 요인들은 우리 몸에서 재 흡수되어 정상적인 학습과 기억 호출을 재개한다.

우리는 사고와 기억 과정의 생리를 살펴보았지만 우리 몸에는 우리 뇌보다 더 많은 것이 있다. 우리의 기관들과 각 세포들은 우리 사고와 기억에 반응하여 우리의 기분과 건강에 영향을 미친다. 우리는 다음 장들에서 이러한 상호관계에 대해 살펴볼 것이다.

- ✓ 뇌는 주로 교질세포와 신경세포로 이루어졌다.
- ✓ 신경세포는 정보, 생각, 기억을 저장하고 운반한다.
- ✓ 교질세포는 주로 신경활동을 지원하고, 조직하고, 영양을 공급하고, 청소한다.
- ✓ 사고는 화학 및 감정 성분을 추가하면서 신경경로를 따라 움직인다.
- ✓ 피드백 순환은 사고와 기억의 영향을 감시하고 변경한다.
- ✓ 기억은 뇌뿐만 아니라 몸 전체에 걸쳐 저장된다.
- ✓ 마음은 생각의 온전함을 확인하고 변경한다.
- ✓ 심장은 지적 기관인 반면 뇌는 인지하는 기관이다.

제2장

1   Nikhil Swaminathan, "Glia : The Other Brain Cells," Discover Magazine, December 16, 2010, accessed April 07, 2013, http://discovermagazine.com/2011/jan-feb/62.

2   Glenn Elert, "Number of Neurons in a Human Brain," The Physics Factbook,2002, Chart, accessed April 07, 2013, http://hypertextbook.com/facts/2002/AniciaNdabahaliye2.shtml.

3   "Human Memory," Intelegen, Inc., 2010, Storage, accessed April 07, 2013, http://web-us.com/memory/human_memory.htm.

4   Ibid., Forgetting.

5   David A. Drachman, "Do We Have Brain to Spare?" Neurology 64, no. 12(2005), doi:10.1212/01.WNL.0000166914.38327.BB.

6   Marian C. Diamond and Janet L. Hopson, *Magic Trees of the Mind : How to Nurture Your Child's Intelligence, Creativity, and Healthy Emotions from Birth through Adolescence*(New York, NY : Plume, 1999).

7   Caroline Leaf, Marty Copeland, and Janet Maccaro, *Your Body, His Temple : God's Plan for Achieving Emotional Wholeness*(Euless, TX : Life Outreach International, 2007), Audiobook.

8   Craig Freudenrich and Robynne Boyd, "How Your Brain Works," *HowStuffWorks*, June 6, 2001, accessed April 07, 2013, http://science.howstuffworks.com/life/inside-the-mind/human-brain/brain1.htm.

9   Leaf, *Who Switched off My Brain?*, 17.

10 Panayiota Poirazi and Bartlett W. Mel, "Impact of Active Dendrites and Structural Plasticity on the Storage Capacity of Neural Tissue," *Department of Biomedical Engineering, University of Southern California : Introduction*, accessed April 7, 2013, doi:10.1016/S0896-6273(01)00252-5.

11 Xundong Wu, "Dendrite Morphology and Memory Capacity," DJ Strouse, September 2010, accessed April 07, 2013, http://djstrouse.com/dendrite-morphology-memory-capacity.

12 *Webster's*, s.v. "Muse."

13 Washington State University, "Sleep Creeps Up : No Top-Down Control for Sleep and Wakefulness," Newswise, November 7, 2008, accessed April 07, 2013, http://www.newswise.com/articles/sleep-creeps-up-no-top-down-control-for-sleep-and-wakefulness

14 Simon Moss, "Entorhinal Cortex," Psychlopedia, April 11, 2008, Overview, accessed April 07, 2013, http://www.psych-it.com.au/Psychlopedia/article.asp?id=203.

15 Dick F. Swaab, "Hypothalamus," Brain Maps, accessed April 07, 2013, http://www.brainmaps.com/index.html.

16 Robert Cooper, "Pituitary Gland," University of Maryland Medical Center, September 19, 2008, Animation, accessed April 07, 2013, http://www.umm.edu/ency/animations/Pitu-

itary-gland.htm.

17   Candace B. Pert, *Molecules of Emotion : The Science Behind Mind-Body Medicine*(Riverside, NJ : Simon & Schuster, 1999).

18   Leaf, *Who Switched off My Brain?*, 28.

19   Ben Best, "Neurophysiology and Mental Function," III. Memory, accessed April 07, 2013, http://www.benbest.com/science/anatmind/anatmd8.html.

20   Abhijit Naik, "Corpus Callosum Function," Buzzle.com, September 21, 2011, accessed April 07, 2013, http://www.buzzle.com/articles/corpus-callosum-function.html.

21   Swaab, *"Basal ganglia."*

22   Dr. M. Oz and Dr. M. Roizen, *You Staying Young : The Owner's Manual for Extending Your Warranty*(New York, NY : Free Press, 2007), 106-108.

23   Leaf, *Who Switched off My Brain?*, 38-39

24   Mohamed Ghilan, "Intelligence : Is It in the Brain or the Heart?" Science, Religion and Philosophy, February 10, 2012, accessed April 07, 2013, http://mohamedghilan.com/2012/02/10/intelligence-is-it-in-the-brain-or-the-heart/.

25   Ibid.

26   Paul Pearsall, Gary E.R. Schwartz, and Linda G.S. Russek, "Changes in Heart Transplant Recipients That Parallel the Personalities of Their Donors," Journal of Near-Death Studies 20(2002) : 192, accessed April 7, 2013, http://www.newdualism.org/nde-papers/Pearsall/Pearsall-Journal%20of%20Near-Death%20Studies_2002-20-191-206.pdf.

27   Paul Pearsall, Gary E.R. Schwartz, and Linda G.S. Russek, "Changes in Heart Transplant Recipients That Parallel the Personalities of Their Donors," Journal of Near-Death Studies 20(2002) : 192, accessed April 7, 2013, http://www.newdualism.org/nde-papers/Pearsall/Pearsall-Journal%20of%20Near-Death%20Studies_2002-20-191-206.pdf.

28   Leaf, *Who Switched off My Brain?*, 71.

29   Rollin McCraty and Mike Atkinson, "Science of The Heart : Exploring the Role of the Heart in Human Performance," Institute of HeartMath, 1999, Cardiac Coherence Improves Cognitive Performance, accessed April 07, 2013, http://www.heartmath.org/research/science-of-the-heart/head-heart-interactions.html.

30   Paul Rosch, qtd. in "Science of The Heart," Emotional Balance and Health, http://www.heartmath.org/research/science-of-the-heart/emotional-balance-health.html.

제3장
심장

> 당신의 심장의 지시를 따르라. 그러나 먼저 잠깐 조용히 있으라.
> 질문을 하고 대답을 느껴라. 당신의 심장을 신뢰하는 법을 배우라 – 작자 미상
>
> 삶에서 당신의 눈을 사로잡는 것은 많지만 당신의 심장을
> 사로잡을 수 있는 것은 많지 않다…. 그것들을 추구하라 – 작자 미상
>
> 만일 당신의 머리가 당신에게 한 가지를 말하고 당신의 심장이 또 다른 것을 말하면
> 당신은 무언가 행동으로 옮기기 전에 먼저 머리와 심장 중에 어느 것을 더
> 신뢰할지를 결정해야 한다. – 마릴린 보스 서번트
>
> 심장은 일하는 정신의 첫 번째 특징이다. – 프랭크 로이드 라이트
>
> 심장은 이성으로는 알 수 없는 이유들을 갖고 있다. – 블레즈 파스칼

성경은 사람이 "자기 마음속으로 생각하듯이 실제도 그러한즉"(잠 23:7, 킹제임스 흠정역)이라고 말한다. 최근에 심장의 신경처리장치(neural processor)가 사고 과정에 적극적인 역할을 한다는 것이 밝혀지고 있다. 심장은 마치 '작은 뇌'와 같아서 지각(perception)과 감정의 처리 과정뿐만 아니라 더 높은 인지(cognitive) 기능에도 영향을 미친다. 새롭게 알려진 심장의 역할 중 하나는 사고 생활의 정확성과 완전성을 조사함으로써 뇌에 영향을 미치는 것임을 보여준다.[1]

우리 몸에서 가장 신경학적으로 예민한 계통은 심장과 순환계이다. 심장은 전기적, 화학적 자극에 재빨리 반응한다. 앞에서 언급한 것처럼 심장은 뇌 안에서 이루어지는 사고를 감시하고 영향을 미치며 감각기관들을 통해 오는 많은 입력신호들을 저장할 수 있다. 심장이식 수혜자에

대한 연구에서 장기 공여자의 성격만이 아니라 사건들의 기억이 심장과 함께 이식되었다는 놀라운 사실이 알려졌다. 일례로 근무 중에 사망한 어느 경찰이 다른 남자에게 심장을 공여했다. 그 경찰 공여자의 생생한 기억들이 심장이식 수혜자에게 분명하게 전이되었다.

공여자의 부인이 말했다.

진짜 나를 힘들게 하는 것은 벤(Ben, 수혜자)의 수술의 단 하나의 부작용은 그의 얼굴에 비친 불빛이라고 케이시(Casey, 수혜자의 부인)가 퉁명스럽게 말할 때다. 바로 그 불빛으로 인해 칼(Carl)이 사망했기 때문이다. 그 나쁜 놈이 남편의 얼굴에다 대고 총을 쏘았다. 남편이 마지막으로 보아야만 했던 것은 끔찍한 섬광이다. 그들은 총을 쏜 사람을 잡지 못했지만 누구인지 안다고 생각한다. 나는 그의 얼굴을 그린 것을 보았다. 그놈은 머리가 길었고, 눈이 움푹 파였으며, 턱수염이 있었고 모습은 차분했다. 그는 마치 예수를 그린 그림의 모습과 비슷하게 보인다.

수혜자가 알려왔다.

만일 당신이 누구에게도 내 이름을 말하지 않겠다고 약속한다면, 나의 의사들 중 누구에게도 말하지 않았던 것을 당신에게 말하겠다. 오직 나의 부인만이 알고 있다. 나는 단지 나의 공여자가 34세의 매우 건강한 남자였다는 것을 알고 있었다. 나는 심장이식을 받고 몇 주가 지난 후에 꿈을 꾸기 시작했다. 나는 내 얼굴에 섬광이 번쩍이는 것을 보곤 했으며 내 얼굴은 엄청난 뜨거움을 느꼈다. 그것은 실제로 타들어 가듯이 뜨겁다. 바로 그 전에 나는 예수님을 어렴풋이 보았다. 나는 그 이후로 계속해서 이러한 꿈과 백일몽을 꿨다. 예수님 그리고 섬광. 그것은 내 인생에서 처음으로 정말로 기분 좋게 느끼는 것 외에 내가 뭔가가 다르다고 유일하게 말할 수 있는 것이다.[2]

분명한 것은 이식된 심장은 칼(Carl)의 인생의 마지막 몇 초간의 영상을 받고 저장했고 그 영상들을 벤의 뇌에 넣고 있었다. 그 꿈들은 심장이 내적으로 받아들였던 정보를 벤의 뇌가 분류하려는 시도의 일환이었고 그 정보를 다른 기억들처럼 처리하고 있었던 것이다. 이것이 몸에서 받아들이고 저장된 정보를 조절하고 균형을 잡는데 있어서 심장이 갖는 탁월함이다.

심장을 이성으로부터 이식 받았을 때 훨씬 더 기묘한 일들이 일어날 수 있다. 폭식증을 앓고 있었던 14세 된 어느 여자 체조선수가 사망한 후에 그녀의 심장은 47세 남성인 거스에게 이식되었다.

수혜자가 다음과 같이 전했다.

나는 10대가 된 거 같은 느낌이 든다. 나는 실제로 기분이 들떠 있다. 나는 그것이 바로 새로운 심장에서 나오는 에너지라는 것을 알고 있다. 그러나 나는 실제로 육체적인 면뿐만 아니라 모든 면에서 더 젊어진 것을 느낀다. 나는 시도 때도 없이 낄낄거리고 웃어댐으로써 아내를 미치게 만드는 경향이 있다. 그리고 음식에 대해 뭔가가 있다. 나는 그것이 무엇인지 모른다. 나는 허기를 느끼지만 음식을 먹고 나서 종종 구역질이 나고 그것을 토해낼 수 있으면 도움이 될 거라고 느낀다.

그의 형제는 이렇게 말했다.

거스는 10대이다. 의심할 여지가 없다. 그는 어린 아이이거나 적어도 자신이 어린 아이라고 생각한다. 우리가 볼링을 하고 있을 때에도 그는 바보처럼 소리 지르고 팔짝팔짝 뛴다. 그는 이제 이상한 웃음소리를 낸다. 그것은 소녀가 내는 웃음소리라고 우리는 그에게 말해준다. 그런데 그는 전혀 신경 쓰지 않는다. 그의 식욕은 수술 후에 전혀 회복되지 않았다. 그는 거의 항상 구역질을 한다. 추수감사절 만찬을 너무나 좋아했지만 그 후에 위층으로 올라가서 토했다.³

또 다른 장기 수혜자들의 경우 장기 공여자가 자신들과 함께 있는 것 같고 또 자신들과 의사소통하는 느낌이 든다고 전해왔다. 어떤 수혜자들은 공여자의 아픔, 두려움, 야망을 느꼈다. 비록 많은 연구들이 입증되지 않은 것일 수 있지만 이 많은 증거들은 이식 받은 심장이 기분, 습관, 선호도에 영향을 미칠 수 있는 능력이 있음을 암시한다.

1995년에 그레이엄은 울혈성 심부전으로 인해 사망하기 직전이었다. 그의 수명이 6개월도 채 남지 않았을 때 사우스캐롤라이나 의과대학에서 심장을 구했다는 전화를 받았다. 그 심장은 스스로 머리에 총을 쏘고 자살한 33세 코틀의 것이었다. 1년 후에 그레이엄은 그 사람의 가족에 감사를 전하기 위해 장기 기증원에 연락을 취했다. 그는 네 아이의 엄마인 코틀의 젊은 미망인 셰릴에게 편지를 쓰기 시작했다. 그 두 사람은 나중에 만나서 사랑에 빠졌고 결혼했으며 조지아 주로 이사했다. 이식 수술한지 12년 후에 그레이엄은 총으로 자살했으며 그의 아내는 너무 비슷한 상황에서 다시 미망인이 되었다. 그의 자살 후에 그레이엄의 친구들은 그가 우울증의 어떤 징후도 보이지 않았다고 말했다.

과학자들은 장기 이식을 받은 환자들 중 70개 이상의 문서로 기록된 사례에서 공여자의 성격을 부분적으로 받음으로 인하여 성격에 변화가 있었다고 말한다. 랭커셔 주 출신인 셰릴 존슨이 그 한 본보기이다. 그녀는 신장 이식을 받은 후에 그야말로 취향이 완전히 바뀌었다.

셰릴 존슨은 유명인사 전기나 『다빈치 코드』 같은 베스트셀러를 읽는 것을 좋아했다. 그러나 지금은 제인 오스틴의 『설득』이나 도스토예프스키의 『죄와 벌』 같은 고전을 더 좋아한다. 장기 이식 받은 환자에서 일어나는 성격 변화들은 세포 기억 현상에 기인한 것으로 알려져 있다.[4]

또 다른 연구들은 생각이나 심장이 받아들이는 전기화학적 정보를 살펴보는 것이 아니라 직관이나 미래에 일어날 일들에 대한 정보를 심장이 알아챌 수 있는가를 살펴보고 있다. 비록 이것은 과학으로는 설명할 수 없는 초자연적인 영역 안으로 들어가는 것처럼 보이지만, 실험들은 이것이 많은 생물체와 여러 학문에서 흔히 일어나는 사건이라는 것을 입증했다. 다음의 실험에서 뇌의 인지 사고(cognitive reasoning)가 그 사진을 평가하기 전에 심장의 분별력이 뇌의 반응을 주도한다는 것을 증거를 보여준다.

멀리 떨어진 사건들에 대한 정보를 분별하는 능력은 모든 물리적 및 생물학적 구조의 고유한 특성인 것으로 보인다. 그리고 이러한 능력은 우주의 모든 것들을 서로 연결해주는 에너지 장(energy field)에서의 일관성 있는 진동을 통한 비국소적 소통으로 인한 것으로 보인다.[5] 스타워

즈 애호가는 그들이 '포스(Force)의 떨림'을 느꼈다고 말한다. 아마도 우리는 '살아 있다'(alive)는 것이 의미하는 바의 정의를 바꾸어야 할지 모른다.

아원자 수준에서조차 물리학자들은 이중 슬릿(double slit) 실험 같은 유명한 실험에서 아원자 입자(photon)가 마치 그것들이 이러한 사건들이 실제로 일어나기 전에 미래에 일어날 사건들의 결과를 알고 있는 것처럼 행동한다는 것을 보여주었다.[6] 생물학적 조직의 기초 단계에서 세포 구조들이 그들의 체계 내에서 멀리 떨어진 움직임을 바로 아는 것처럼 보인다. 이같이 생체분자와 세포막,[7] 피질 신경세포의 수지상 망(dendritic network),[8] 그리고 박테리아 같은 단세포 유기체 군집에서 저절로 일어나는 원거리 협동 조직의 발생을 가능케 한다.[9]

다세포 유기체 차원에서 지렁이에서 자극 전 반응(pre-stimulus response)이 실험적으로 입증되었다.[10] 상위계층의 생명체에서 자연재해를 동물들이 정확히 예측한다는 것이 기록된 역사를 통해 문서화되어 왔다.[11] 그리고 최근의 실험에서 애완동물들이 주인이 멀리 떨어져 있고 규칙적인 일정이 아님에도 불구하고 귀가를 결정하는 순간을 '알아채는' 것으로 보인다.[12] 요컨대, 미래에 비국소적으로 일어날 일에 대한 정보를 처리하는 능력은 인간에게만 고유한 것이 아니고 또 뇌만이 갖고 있는 능력도 아니다.

그들의 연구에서 매크레이티, 앳킨슨과 브래들리는 다음과 같은 방법을 이용하여 심장의 직관적인 반응을 실험하였다.

실험 프로토콜

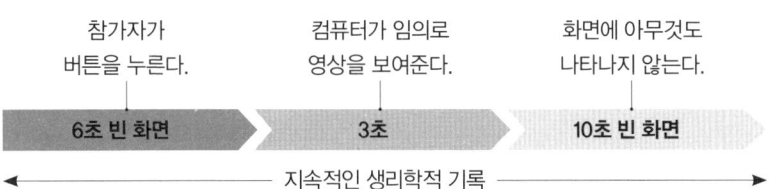

참가자들은 컴퓨터 모니터를 지켜보고 버튼을 눌러서 실험을 시작했다. 일단 그들이 버튼을 눌렀을 때 모니터 화면은 6초간 그대로 공백상태로 있다. 그 다음 컴퓨터는 임의로 선택한 영상을 3초간 보여준다. 그 영상은 두 개의 영상 세트, 즉 차분한 영상과 감정을 자극하는 영상 중 하나가 될 수 있다. 그리고 나서 다시 화면은 10초 간 공백상태가 있고 이어서 그 다음 시도를 시작하라는 메시지가 나타난다.

이러한 실험들의 축적된 자료들은 대체로 감정을 자극하는 영상이 나타나기 약 4.75 초 전에 심장은 벌써 앞으로 있을 그 자극에 대한 정보를 받아 이해하고 있는 것을 암시해주고 있다. 다음 도표는 심박 수 감속 커브 경사가 어디에서 갈라지는가를 보여준다. 감정을 자극하는 영상을 보여줄 때의 경사가 차분한 영상을 보여줄 때의 경사보다 훨씬 더 빨리 급락한다. 이러한 변화는 심장이 무엇이 일어날지를 알 때와 같은 방식으로 미지의 자극에 대해 반응한다는 것을 암시한다. 이 두 사건 간의 시간차는 심장이 뇌보다 1.3초 먼저 그 정보를 받았다는 것을 암시한다.[13]

심장과 뇌의 자극 전 반응들의 일시적인 역학

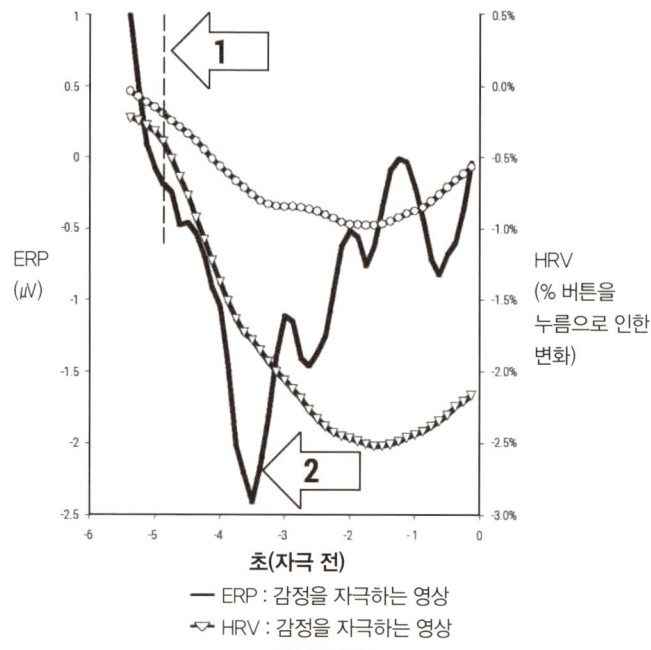

— ERP : 감정을 자극하는 영상
⊸ HRV : 감정을 자극하는 영상
⊸ HRV : 차분한 영상

 이 연구는 '직관력'(intuitive effect)의 증거를 입증했다. 우리는 과거에 이 직관력을 '예지'(precognition)나 '예감'(presentiment)이라 한다고 들었다. 그러나 그러한 용어들은 적절하지 않은 것 같다. 일반적으로 '예지'는 뇌의 인지력(앎)이 관여되는 것을 의미하는데 이 자극 전 반응의 연구는 뇌에서 의식하는 인지력의 도움 없이 우리 몸이 앞으로 일어날 일을 알고 있다는 것을 의미한다.
 대체로 볼 때, 감정을 자극하는 일들이 앞으로 일어날 것을 예견하는 것은 조직 전체가 그 정보들을 취하고 분별하는 광범위한 처리 과정이다. 이처럼 직관으로 정보를 취하거나 분별하는 과정은 뇌가 단독으로 하는 것이 아니며 심장이 중요한 역할을 한다. 감정적으로 차분한 영상을 보여줄 때와 감정을 자극하는 영상을 보여줄 때의 심박 수 감속 커브의 차이로 미루어 볼 때 심장이 뇌보다 먼저 직관에 의한 정보를 받는 것으로 보인다.

최근의 신경심장학에 대한 연구들은 심장이 감각기관이라는 것도 보여주고 있다. 심장은 자체적으로 거대한 내부 신경계를 갖고 있고 정보를 암호화하고 분별하는 중추 기관이다. 심장은 학습하고, 기억하며 뇌와 관계없이 기능적인 결정을 할 수 있다. 이 심장의 신경계는 심박 수를 맥박 기준으로 조절할 뿐 아니라 교감 신경계와 부교감 신경계로부터의 입력을 무시할 수 있다.[14] 심장으로부터 중추신경계로 전달된 자극들은 심혈관계를 조화롭게 조절할 뿐 아니라 그것들은 또한 뇌에서 감정과 인지를 처리하는데 관여하는 피질 및 피질하 영역의 활성을 조절하기도 한다.[15] 좀 더 간단히 말하면, 심장은 뇌로부터 오는 사고와 감정들에 영향을 줄 수 있고, 그것들을 무시할 수 있으며, 또한 그것들을 조절할 수 있다.

성경은 심장에 대해 970번 언급을 하고 있으며 심장의 사고하는 것, 심장에게 말하기, 심장 안에서 말하기, 심장의 상상력, 심장 안에서 웃는 것, 심장 안에서의 온전함, 심장을 기만하는 것, 심장을 강하게 하는 것들을 포함하고 있다. 이 모든 것들은 창세기에 있다. 출애굽기에서는 심장이 굳어 있고, 돌아서고, 하나님의 이름을 심장 안에 두고, 아프고, 강제되고, 현명하고, 기꺼이 하기 원하고, 고양된다고 기록되어 있다. 비록 우리는 이것이 단지 문학적으로 서술된 것이라고 생각하도록 유혹을 받을 수도 있지만 하나님은 분명하게 심장이라는 기관을 한 사람의 실제 마음 또는 중심으로 보신다. 예수님께서는 "입에서 나오는 것들은 마음에서 나오는데, 그것들이 사람을 더럽힌다"(마 15:18, 새번역)라고 말씀하셨다. 성령께서는 "그 무엇보다도 너는 네 마음을 지켜라. 그 마음이 바로 생명의 근원이기 때문이다"(잠 4:23, 새번역)라고 주의를 주신다.

신경생리와 행동에 관한 데이터는 심장과 심혈관계로부터 중추신경계로 가는 입력들이 감각 정보가 처리되는 방식에 영향을 미친다는 것을 암시하고 있다. 예를 들어, 많은 연구들은 심장을 통해 입력된 정보들이 시지각(visual perception)[16], 반응시간(reaction time)[17], 통각(pain perception)[18], 전기피질활성(electrocortical activity), 인지 기능(cognitive function)[19] 같은 광범위한 과정을 통제한다는 것을 입증하고 있다. 심장으로부터의 정보입력이 뇌가 감각정보를 처리하는 과정에 영향을 주는 이러한 복합적인 기여를 고려하면 "심장을 통해 입력되는 정보 역시 직감(intuitive perception)을 제공해 줄 수 있다"고 말하는 것은 타당하다.

심장이 미래에 일어날 일들을 인지하는데 관여한다는 사실은 뇌만이 그 역할을 할 수 있다는 고전적인 관점에서 볼 때는 특히 놀랍고도 믿기 어려운 결과이다. 이러한 것들은 매우 놀라운 전기생리학적 연구결과들이며 앞으로 연구를 통해 확인되고 확장되면 우리 몸이 앞으로 일어나거나(시간적) 멀리 떨어져 있는(공간적) 대상이나 사건들에 대한 정보를 어떻게 받아들이고 분별하는지를 새롭게 이해하는데 기여할 것이다.

이러한 정신 생리학적인 결과들은 직관에 의한 분별과정에 우리 몸이 공간과 시간에 제약을 받지 않는 어떤 정보 분야(field of information)에 접속하는데 관여한다는 강력한 증거이다. 좀 더 구체적으로 말하자면, 이러한 것들은 우리 몸이 앞으로 일어날 사건들에 대한 정보가 유령처럼 주위를 감싸고 있고, 시공간의 현실과 동떨어진 영역으로서 존재하는 잠재적인 에너지 장(field of potential energy)에 접근한다는 거부할 수 없는 강력한 이론적 근거를 제공한다. 직감을 연구하는 것은 인간에게 풍성한 수확(인간의 인지와 의식에 대한 과학적인 이해의 확대)을 약속해주며 아울러 우리 자신을 새롭게 알게 해주고 우리와 물질세계 및 비물질 세계와의 관계에 대한 새로운 시각을 약속해 준다.[20]

사실, 이러한 연구는 성경이 줄곧 이야기해온 것을 확인해주는 것에 지나지 않는다. 하나님은 시간과 공간에 제한 받지 않으시며 우리 역시 하나님이 하시는 것처럼 이 영역에 들어갈 수 있다. 구약에서 선지자 엘리사는 이스라엘 왕에게 시리아 왕이 말한 모든 것을 이야기 해주었다. 심지어는 그가 침대에서 속삭인 것까지 말해주었다(왕하 6:12). 신약에서는, "주의 영이 빌립을 이끌어간지라 내시는 그를 다시 보지 못하니라… 빌립은 아소도에 나타나…"(행 8:39-40). 빌립은 한 순간에 거의 30 마일을 이동했다. 분명한 것은 이 우주에서 돌아가는 법과 원칙들을 우리가 아직 잘 모른다는 것이다.

우리가 민감해지게 되면 우리의 심장은 우리의 몸과 쉽게 소통할 수 있게 된다. 또한 '어떤 물리력에서의 교란'(disturbance in the force)이나 우주의 변화가 있는 길목 한 가운데 서있게 된다. 기독교적 용어로 말하자면, 사람의 마음은 하나님의 마음과 연결되어 있고 하나님을 만지는 것이 우리를 만지는 것이다. 예수님은 그의 아버지와 하나였고 그는 우리가 그들과 하나가 되기를 기도했다(요 17:22 참조). 예수님께서 이렇게 말씀하셨다.

"아들은 아버지께서 하시는 것을 보는 대로 따라 할 뿐이요, 아무것도 마음대로 할 수 없다 아버지께서 하시는 일은 무엇이든지, 아들도 그대로 한다 아버지께서는 아들을 사랑하셔서 하시는 일을 모두 아들에게 보여 주시기 때문이다"(요 5:19-20, 새번역)

예수님과 아버지는 이처럼 조화를 이루었고 예수님은 아버지가 하는 것을 본 모든 것을 할 수 있었다.

또한 시간과 공간에 제한받지 않는 영적 영역이 있다는 과학적인 증거들이 늘어나고 있다. 다윗은 다음과 같이 고백했다.

"내가 주님의 영을 피해서 어디로 가며, 주님의 얼굴을 피해서 어디로 도망치겠습니까? 내가 하늘로 올라가더라도 주님께서는 거기에 계시고, 스올에다 자리를 펴더라도 주님은 거기에도 계십니다. 내가 저 동녘 너머로 날아가거나, 바다 끝 서쪽으로 가서 거기에 머무를지라도, 거기에서도 주님의 손이 나를 인도하여 주시고, 주님의 오른손이 나를 힘 있게 붙들어 주십니다. 나의 형질이 갖추어지기도 전부터, 주님께서는 나를 보고 계셨으며, 나에게 정하여진 날들이 아직 시작되기도 전에 이미 주님의 책에 다 기록되었습

니다"(시 139:7-10, 16, 새번역)

바울은 이렇게 말했다.

"이 세상 창조 때로부터, 하나님의 보이지 않는 속성, 곧 그분의 영원하신 능력과 신성은, 사람이 그 지으신 만물을 보고서 깨닫게 되어 있습니다"(롬 1:20, 새번역)

하나님은 그의 놀라운 속성을 드러내고 계시지만 환히 보이는 곳에서는 그것을 숨기신다. 그의 창조물 특히 우리 안에서 숨기신다. 왜냐하면 우리는 "하나님의 형상과 영광"(고전 11:7)이기 때문이다. 우리가 우리 자신의 특성을 깊이 탐구하면 할수록 우리는 점점 더 하나님의 형상을 닮아가게 된다. 우리가 시공간의 현실과 동떨어진 영역에 들어갈 때 우리는 영원성의 영역인 하나님의 영역으로 들어간다. 하나님께서는 우리가 그에 대해 더 많은 것을 알기 바라신다. 왜냐하면 "일을 숨기는 것은 하나님의 영광이요, 일을 밝히 드러내는 것은 왕의 영광"(잠 25:2, 새번역)이기 때문이다. 심장은 영과 혼이 만나는 부위이며 우리 인간의 중심이고 우리는 이제 막 그 중요성을 알아가고 있는 중이다.

심장은 우리 몸이 겪는 온갖 종류의 모든 정신적인 동요와 스트레스에 노출되어 있다. 이러한 불균형은 수많은 화학적 반응과 호르몬 반응을 일으켜 혈류를 타고 흘러가서 심혈관계에 막대한 손상을 초래한다. 심장은 그 스트레스를 감지할 수 있지만 뇌가 그 스트레스 상황을 무시하고 피할지를 결정해야 한다. 심장의 소리를 들어라. 심장은 본질적으로 영원성을 갖고 있다. 아인슈타인은 "상상이 지식보다 더 중요하다. 왜냐하면 지식은 제한되어 있고 상상은 그렇지 않기 때문이다" 라고 말했다. 그는 또한 어리석음과 천재성의 차이는 천재성은 그 한계가 있다는 것이라고 말했다. 내가 아는 가장 영리한 사람들이 가장 스트레스를 많이 받기 때문에 나는 이것이 사실이라는 것을 알고 있다.

✓ 심장은 사고와 결정을 하는 과정에 도움을 주는 소형 프로세서를 지니고 있다.

✓ 심장이 이식된 경우에서도 그 심장은 양도된 기억들을 간직하고 있다.

✓ 심장은 직관력이 있으며 미래에 일어날 사건들을 느낄 수 있다.

✓ 심장은 혼과 영을 서로 연결해주는 접점이다.

✓ 심장은 신체 리듬을 조절한다.

제3장

1 Leaf, *Who Switched off My Brain?*, 72.

2 Pearsall, "Changes in Heart Transplant Recipients," 202.

3 Ibid., 199.

4 Paul Thompson, "Man given Heart of Suicide Victim Marries Donor's Widow and Then Kills Himself in Exactly the Same Way," Mail Online, April 7, 2008, accessed April 07, 2013, http://www.dailymail.co.uk/news/article-557864/Man-given-heart-suicide-victim-marries-donors-widow-kills-exactly-way.html.

5 David Bohm and B. J. Hiley, *The Undivided Universe*(London : Routledge, 1993); Ervin Laszlo, *The Interconnected Universe*(Singapore : World Scientific, 1995); Robert Nadeau and Minas C. Kafatos, *The Non-local Universe*(New York, NY : Oxford University Press, 1999).

6 Amir D. Aczel, *Entanglement : The Greatest Mystery in Physics*(New York, NY:Four Walls Eight Windows, 2002); Roger Penrose, *The Emperor's New Mind : Concerning Computers, Minds, and the Laws of Physics*(Oxford : Oxford University Press, 1989).

7 Stuart R. Hameroff, *Ultimate Computing : Biomolecular Consciousness and Nanotechnology*(Amsterdam : North-Holland, 1987), 17,145, accessed April 07, 2013, http://www.quantumconsciousness.org/pdfs/UltComp_v51.pdf.

8 G.M. Shepherd, "Signal Enhancement in Distal Cortical Dendrites by Means of Interactions between Active Dendritic Spines," Proceedings of the National Academy of Sciences 82, no. 7(1985) : 2192-2195, doi:10.1073/pnas.82.7.2192.

9 Eshel Ben-Jacob, Inon Cohen, and Herbert Levine, "Cooperative Self-organization of Microorganisms," Advances in Physics 49, no. 4(2000) : 395-554, doi:10.1080/000187300405228.

10 C.R. Wildey, Biological Response to Stimulus, Master's thesis, University of Texas at Arlington, 2001.

11 Rupert Sheldrake, Terence K. McKenna, and Ralph Abraham, *The Evolutionary Mind : Trialogues at the Edge of the Unthinkable*(Santa Cruz, CA : Trialogue Press, 1998).

12 Rupert Sheldrake, *Dogs That Know When Their Owners Are Coming Home : And Other Unexplained Powers of Animals*(New York, NY : Crown, 1999).

13 Rollin McCraty, Mike Atkinson, and Raymond Trevor Bradley, "Electrophysiological Evidence of Intuition : Part 2 : A System-Wide Process?" The Journal of Alternative and Complementary Medicine 10, no. 2(2004) : 325-336, doi:10.1089/107555304323062310.

14 J.A. Armour and Jeffrey L. Ardell, *Neurocardiology*(New York, NY : Oxford University Press, 1994).

15 R.C. Frysinger and R.M. Harper, "Cardiac and Respiratory Correlations with Unit Discharge in Epileptic Human Temporal Lobe," Epilepsia 31(1990); R. McCraty and D. Childre, *The*

Grateful Heart : The Psychophysiology of Appreciation qtd. in Robert A. Emmons and Michael E. McCullough, *The Psychology of Gratitude*(Oxford : Oxford University Press, 2004), 230-255; C.A. Sandman, B.B. Walker, and C. Berka, *Influence of Afferent Cardiovascular Feedback on Behavior and the Cortical Evoked Potential* qtd. in John T. Cacioppo and Richard E. Petty, *Perspectives in Cardiovascular Psychophysiology*(New York, NY : Guilford Press, 1982), 189-222.

16   Barbara B. Walker and Curt A. Sandman, "Visual Evoked Potentials Change as Heart Rate and Carotid Pressure Change," International Journal of Psychophysiology 19, no. 5(1982) : 520-527, doi:10.1111/j.1469-8986.1982.tb02579.x.

17   B.C. Lacey and G.I. Lacey, *Studies of Heart Rate and Other Bodily Processes in Sensorimotor Behavior* qtd. in Paul A. Obrist, *Cardiovascular Psychophysiology : Current Issues in Response Mechanisms, Biofeedback, and Methodology*(Chicago, IL : Aldine Pub., 1974), 538-564.

18   A. Randich, "Vagal Afferent Modulation of Nociception," Brain Research Reviews17, no. 2(1992) : 77-99, doi:10.1016/0165-0173(92)90009-B.

19   Sandman, *Influence of Afferent Cardiovascular Feedback*, 189-222; Michael G.H Coles, J. R. Jennings, and Patrick K. Ackles, *Advances in Psychophysiology*(Greenwich, CT : JAI Press, 1985), 1-88; Harald Rau et al., "Baroreceptor Stimulation Alters Cortical Activity," *Psychophysiology* 30, no. 3(1993) : 322-325, doi:10.1111/j.1469-8986.1993.tb03359.x.

20   McCraty, "Electrophysiological Evidence of Intuition."

제4장

스트레스가
당신을 죽이고 있는가?

하나님은 결코 당신이 다룰 수 없는 어떤 것도 주시지 않을 것입니다.
그러므로 스트레스를 받지 마십시오. – 켈리 클락슨

하나님은 당신에게 당신이 할 수 없는 어떤 것도 주시지 않으시기 때문에
스트레스를 받지 말라. – 켈리 클락슨

우리를 죽이는 것은 스트레스가 아니라 스트레스에 대한 우리의 반응이다. – 한스 셀리에

스트레스는 사회적으로 용인되는 정신질환에 지나지 않는다. – 리차드 칼슨

스트레스에 대항하는 가장 강력한 무기는 또 다른 생각보다
어떤 하나의 사고를 선택하는 능력이다. – 윌리엄 제임스

"아무 것도 염려하지 말고 다만 모든 일에 기도와 간구로,
너희 구할 것을 감사함으로 하나님께 아뢰라"(빌 4:6)

    어떠한 시스템에서든 건강은 그 시스템 내에서의 소통방식의 효율성에 의해 결정된다. 결혼생활에서 의사소통이 단절되면 조용한 이혼이 시작된다. 전화가 불통이면 전화시스템은 기능을 할 수 없다. 군 사령부가 전방과 연결이 안 되면 전투계획은 혼란에 빠지게 된다. 사업의 성공은 그들의 고객을 그들의 상품과 서비스에 연결하는 능력에 달려 있다.

    우리는 어떠한 부정적인 것도 서로 소통하지 않기로 결심한 한 부부를 알고 있었다. 그들은 싸우지 않았다. 문제점을 의논하거나 그들이 갖고 있는 어떤 부정적인 감정도 표출하지 않았다. 그들은 갈등을 못 본체 무시함으로써 그것을 피할 수 있다고 생각했다. 이 때부터 서로 간에 의사소통이 줄어들기 시작했다. 만일 어떤 문제가 한 쪽을 힘들게 하면 그 관계에 '평화로움'이 유지되도록 그 문제에 대한 논의가 없었다. 감정과

상처들을 올라오지 못하도록 쑤셔 박아 놓은 것에 불과했다. 모든 것이 단지 표면적으로 봉합된 상태였다. 그리고 뭔가 다른 현상들이 슬슬 나타나기 시작했다. 분노는 점점 커져갔지만 출구가 없이 숨겨져야만 했다.

켄과 내가 그들의 처리 방식에 대해 들었을 때 우리는 즉각 그것이 잘못되었다는 것을 알았다. 우리는 서로간에 이견이 있을 때 그 상황을 토론함으로서 해결하고 그 진상을 더 잘 이해하게 된다. 그들은 결혼생활의 갈등을 다루는 방법을 제대로 알고 있다고 생각했지만 잘못되었다. 감정들, 심지어 부정적인 감정들까지도 위험이 가까이 있다고 경고하는 조기 경보 시스템의 한 일환이다. 한 사람만 그 문제를 느낀다고 해서 그 문제가 존재하지 않는 것은 아니다. 나는 켄이 내가 볼 수 없는 것을 볼 수 있다는 것을 믿는다. 그 반대도 마찬가지이다. 우리는 하나의 팀으로 움직인다.

말할 필요도 없이 그 부부의 결혼은 성공하지 못했다. 남편은 그와 일들에 대해 대화를 나누었던 16세 소녀와 함께 도망갔다. 우리가 실제적일 수 없다면 우리는 영적일 수 없다. 그와 그의 아내 사이의 침묵은 그의 아이디어였지만 결혼을 파멸시킨 것은 사탄의 아이디어였다. 한 때 그는 믿음의 사람이었지만 의사소통이 중요한 것이 아니라는 잘못된 사고방식 때문에 그는 모든 것을 잃었다. 그는 혼란스럽고 심란해 하는 아내와 다섯 아이를 버리고 떠났다. 그가 버리고 떠난 자식들 중에 몇 명은 그가 함께 데리고 떠난 소녀와 나이가 비슷했다. 어떤 시스템이든 그 시스템의 건강이 유지되려면 소통이 아주 중요하다. 특히 결혼 생활에서는 더욱 그렇다.

각각의 체계마다 소통의 수단은 다를 수 있고 그 접근 통로가 다양할 수 있지만 소통이 정보나 상품들을 공급자로부터 수신자에게 전달하는 것이고 만일 그렇지 못하면 재앙에 직면하게 된다는 면에서 본질은 똑같다. 교통체증, 일이 진전되지 못하거나 인터넷서버를 잃어버리는 것은 모두 지장을 주고 파괴적이다. 이와 같은 일이 우리 몸에서도 똑같이 일어난다. 만일 세포들이 연결되지 않거나 소통이 안 되면 우리 몸의 건강은 위험해진다. 단순히 하나의 잘못된 전달이 종종 수많은 혼선을 일으키게 되고 이것을 바로잡지 못할 경우 질병에 걸리거나 심지어 죽음까지 이르게 될 수 있다. 어떠한 시스템도 건강해지려면 효율적인 소통이 필요하다. 예수님은 "내 양들은 내 목소리를 알아듣는다. 나는 내 양들을 알고, 내 양들은 나를 따른다"(요 10:27, 새번역)고 말씀하셨다.

하나님과 연결되지 않으면 우리는 생명의 원천을 잃어버리고 만다. 한때 예수님은 그의 추종자들을 불쾌하게 하고 혼란스럽게 하는 말씀을 하셨다. 그 결과 많은 사람들이 그를 떠났을 때 그분께서는 남은 제자들에게 너희도 가겠느냐고 물으셨다. 시몬 베드로가 이렇게 대답했다. "주님, 우리가 누구에게로 가겠습니까? 선생님께서는 영생의 말씀이 있습니다"(요 6:68, 새번역). 추종자들을 불쾌하게 한 것이 예수님과 그의 추종자들 사이의 소통을 가로막았다. 스트레스는 우리 몸의 세포들과 기관들 사이의 소통을 가로막는다.

내부의 소통의 단절을 극복하기 위한 몸의 매커니즘은 다중 피드백 순환을 통해 이루어진다. 이들 피드백 순환들은 정상궤도를 벗어나는 일탈을 감시하고 바로 잡기 위해 존재한다. 스트레스는 본질적으로 우리 몸에 어떤 위험이 닥칠 때 몸의 항상성을 깨뜨리도록 디자인되어 있으며, 이러한 피드백 순환을 중단시키고, 일련의 새로운 인식체계인 '투쟁 또는 도피 반응'(fight or flight)을 우선순위에 둔다. 그러나 위협에 대한 의식이 지속적으로 고조되고 그에 상응하여 우리 몸의 비본질적이며 불필요한 (전투를 위한) 요소를 방치하게 되면 얼마 되지 않아 건강을 해치게 된다.

이러한 스트레스 반응은 당신이 갑자기 곰과 마주치거나 시험을 위해 벼락치기 공부를 해야 할 필요가 있을 때 적절한 것이다. 그러나 싸우거나 도피해야 할 적이 없을 때는 역효과를 낸다. 내(켄)가 어렸을 때 우리는 멀리 떨어져 있는 풀밭에 사일리지(역자 주-가축의 겨울 먹이로 저장하는 풀)를 쌓고 있었다. 그것은 가축사육장과 매우 멀리 떨어져 있었기 때문에 우리는 사일리지를 땅에 내려놓고 그것을 트랙터로 다져서 꾸러미로 만들어서 나중에 옮길 계획이었다. 농장에 고용된 일꾼이 트랙터를 쌓아 올린 건초더미 사이로 이리 저리 몰고 있었다. 그 때 그가 건초더미 가장자리에 너무 가까이 가서 결국 트랙터가 뒤집어졌다. 트랙터는 위아래가 거꾸로 뒤집혔고 그는 의자 밑에 끼어 있고 그의 다리는 그의 가슴 위를 누르고 있었다.

내 친구와 나는 트랙터를 굴려서 그가 빠져나오도록 필사적으로 밀었다. 심지어 트럭으로 밀었으나 아무 소용이 없었다. 그가 숨을 쉬기 힘들어하고 점차 입술이 파래졌기 때문에 우리는 미친 듯이 서둘렀다. 마침내 나는 의자를 움켜잡고 나의 온 힘을 다해 들어 올렸으며 동시에 내 친구는 궁지에 빠진 그를 끌어냈다. 그 일은 쉽게 이루어졌다. 왜 우리는 처음부터 그렇게 하지 못했을까? 그럴 수 있었다면 그는 그러한 고통을 겪지 않아도 되었을 텐데…. 나중에 구급차가 떠나고 흥분이 가라앉았을 때 우리는 겨우 그 트랙터를 바로 세울 수 있었다. 내가 그렇게 쉽게 들어 올렸던 의자는 2인치 짜리 홈쇠(U자 모양의 쇠못)가 떠받치고 있었다. 지금은 그것이 거의 90도로 구부러져 있었다. 그것을 프로판 토치와 호이스트(중량물을 들어 올리는 기구)로 펴는데 3시간이나 걸렸다. 스트레스가 그의 죽음의 위험에 강력하게 반응하도록 나에게 힘을 부여했다. 그러나 나는 그 정도의 아드레날린이 내 몸에서 지속적으로 흘러나오는 가운데 살 수 없다.

피드백 순환이 제대로 작동되지 않으면 우리 몸의 방어 매커니즘은 바이러스, 박테리아나 미생물처럼 인식할 수 있는 적이 없을 때에도 심화된다. 예를 들어, 싸이토카인(cytokines)은 우리 몸이 침입이나 감염의 스트레스와 싸우기 위해 우리 몸에서 생산하는 분자들 중 하나이다.(cytokine은 세포를 의미하는 헬라어 'cyto', 운동을 의미하는 'kinos'에서 유래)

싸이토카인은 면역체계 내 세포에서 분비되는 물질들이다. 이것들은 신호전달 물질의 한 범주에 속하고 세포들 간에 정보를 전달한다. 싸이토카인은 다른 계통에서도 기능하지만 면역계에 대단히 중요하다. 그들은 병원체와 마주친 적이 있는 면역세포에 의해 분비되는 경우가 가장 흔하다. 그리고 나서 그것들은 다른 면역 세포들을 자극하여 공격에 대처하게 한다.

외상이나 감염 같은 위험한 환경은 싸이토카인 생산을 촉진하여 1,000배까지 증가시킨다.[1] 만일 실제 감염이 없으면 이렇게 높은 농도의 싸이토카인은 종종 건강한 세포들을 공격하게 될 것이다. 이것이 스트레스가 초래하는 상황이다. 즉, 대처할 적군이 없는데 불필요하게 면역 반응이 증가한 상태이다. 싸이토카인은 지도자가 없고, 훈련이 안 되어 있으며, 아군을 공격하는 군인과 같다. 그들은 평범한 시민들을 괴롭힌다.

과도한 싸이토카인에 의해 초래되는 스트레스의 부작용은 우울증, 치매, 암 등 많은 질환들을 일으킨다.[2] 싸이토카인의 과도한 분비는 '싸이토카인 폭풍'(cytokine storm)으로 알려진 위험한 증후군을 촉발할 수 있다.[3] 싸이토카인 폭풍은 병원체에 반응하여 싸이토카인 농도를 매우 높이 증가시키는 치명적인 면역 반응이다. 이러한 면역반응은 돼지 독감, 사스(SARS, 중증급성호흡기 증후군) 유행 시 많은 사상자를 초래했다. 이런 경우에 면역계가 건강한 것이 장점이 아니라 오히려 골칫거리가 될 수 있다. 왜냐하면 면역계가 과잉 반응하여 건강한 세포들을 공격하기 때문이다.[4]

우리 몸은 정상적으로 높은 수준의 싸이토카인에 대해 피드백 순환으로 반응하여 세포자멸이나 세포파괴를 일으킨다. 이 세포파괴는 면역 항상성에 대단히 중요하다. 이는 세포를 자극하여 자기파괴를 일으켜 임파구 팽창을 조절하기 위해 고안된 것이다. 이것은 지나친 임파구 팽창으로 인한 독성 효과를 예방해준다.[5]

만일 낮은 수준의 스트레스가 두려움, 불안, 압박을 통해서 지속될 경우 우리는 지속적으로 독성화학물질을 혈액 내로 흘려보내고 있는 것이다. 이러한 경우는 피드백 순환이 무시되기 때문에 소통을 차단시킨다. 특정 싸이토카인의 과잉 또는 부적절한 분비가 이루어져서 결국 질병을 일으키게 된다. 예를 들어, 류마티스성 관절염에서 인터루킨-1이 과도하게 분비되어 염증과 조직파괴를 일으키는 것으로 알려졌다.[6] 마찬가지로 만일 우리가 하나님과 연결되어 있지 않으면 우리의 사고들 역시 연결이 끊어지게 될 것이다. 그리고 바람직하고 긍정적인 사고를 하는 것이 어렵게 된다. 성경은 말하기를 하나님은 "사람의 죄악이 세상에 가득 차고, 그들이 사고하거나 상상하는 모든 계획이 언제나 악한 것뿐임을 보셨다"(창 6:5 NLT).

자연적인 사고방식에 대처하는 하나님의 해결책은 의도적으로 그 반대로 하는 것이다.

"마지막으로, 형제자매 여러분, 무엇이든지 참된 것과, 무엇이든지 경건한 것과, 무엇이든지 옳은 것과, 무엇이든 순결한 것과, 무엇이든 사랑스러운 것과, 무엇이든지 명예로운 것과, 또 덕이 되고 칭찬할 만한 것이면, 이 모든 것을 생각하십시오(그것들에 여러분의 생각을 고정시키십시오). 그리고 여러분은 나에게서 배운 것과 받은 것과 듣고 본 것들을 실천하십시오. 그리하면 평화(근심 걱정 없이 고요하고 어떤 방해도 받지 않는 행복)의 하나님께서 여러분과 함께 하실 것입니다"(빌 4:8-9, 새번역)

나(잔)는 몇 년 전에 섬유근육통 진단을 받았고 그로 인해 수년 동안 고생했다. 너무 힘들어서 내 머리를 빗기가 힘들었고 일주일에 하루 이틀은 침대에서 지내야 했다. 치유는 내가 받은 유업의 일부라는 것을 알고서 나는 내가 생각하는 방식을 바꾸기로 결정했다. 나는 보다 긍정적으로 말하고 내 몸이 말하는 것보다 하나님이 말씀하시는 것에 더 집중하기 시작했다. 우리는 하나님께서 우리를 매우 사랑하시고 우리는 완전히 용서 받았으며 하나님께서 우리 삶에 대한 계획과 목적을 갖고 계신다고 끊임없이 우리 자신에게 말할 필요가 있다. 나는 이제 완전히 섬유근육통과 그 증상으로부터 벗어났다. 지금 나는 내 몸 그리고 하나님과 평화롭게 지내고 있다.

평화가 없어지면 우울증이 따라온다. 많은 연구들은 우울증 역시 면역 조절장애와 염증반응계의 활성이 동반된다는 것을 암시한다.[7] 그것은 또한 왜 우울증이 있을 때 여러 가지 통증이 수반되는지를 설명해준다. 우리는 우울증에 대응하기 위해 긍정적인 말을 들어야 한다.

"주님, 나에게 속히 대답해 주십시오. 나의 우울이 깊나이다(my depression deepens). 주님의 얼굴을 나에게 숨기지 말아 주십시오. 내가 무덤으로 내려가는 자들처럼 될까 두렵습니다. 내가 주님을 의지하니, 아침마다 주님의 변함없는 사랑의 말씀을 듣게 해 주십시오."(시 143:7-8, 새번역)

욥기에서는 "하나님이 나를(파멸의) 무덤에 내려가지 않게 구원해 주셨기에, 이렇게 살아서 빛을 즐기게 되었습니다" 하고 말했다(욥 33:28, 새번역). 우리의 눈을 예수님께 고정하면 우리의 사고가 우리의 문제에 집중하는 것에서 벗어나 하나님의 해결책을 받아들이게 된다.

지속적으로 스트레스가 많은 상황에 노출되면 아무리 건강한 사람이더라도 파국을 맞게 된다. 출세 지향적인 여성 중 특히 아이가 없는 여성은 일반 여성보다 치명적인 난소암에 걸릴 확률이 아주 높다. 미혼 근로 여성은 조건이 비슷한 주부보다 난소암에 걸릴 확률이 14배나 된다. 업무 스트레스 자체가 하나의 요인이 될 수 있으며 가끔 공공연하거나 은밀한 성희롱이 원인이 될 수도 있다.

다윗은 "나의 목숨을 앗아가려는 자들이 모두 다 부끄러워하게 하시고, 수치를 당하게 해주십시오 내가 재난 받는 것을 기뻐하는 자들이, 모두 뒤로 물러나서, 수모를 당하게 해주십시오"(시 40:14, 새번역)라고 기도했다. 우리는 비난과 욕설의 영향 아래 들어가는 것에 대해 강력히 저항해야 한다. 바울은 뱀으로부터 공격을 받았을 때 움츠리거나 소리 지르지 않았다. "바울은 그 뱀을 불 속에 떨어버리고, 아무런 해도 입지 않았다"(행 28:5, 새번역). 이와 같이 과거에 다른 사람들이 나에게 했던 말들이 떠오르고 나에게 악영향을 미칠 수 있다. 이런 말들은 우리의 삶에서 마치 딱지처럼 따라다닌다. 우리가 이러한 딱지를 없애버리기 원한다면 이러한 말들을 부정하고 우리 기억에서 지워야 한다. 만일 우리가 우리를 괴롭히는 모든 부정적인 언어와 사고를 털어낼 수 있다면 우리는 바울처럼 그것들로부터 아무런 해를 입지 않을 것이다.

캐나다 의사인 윌리엄 오슬러는 결핵의 치료경과는 환자가 "그의 가슴보다 그의 머리에 무엇을 가지고 있는가"에 더 많이 좌우된다고 지적했다. 일본의 이시카미는 그의 논문에서 비슷한 결론을 내렸다. 그는 안정된 환자들이 사랑하는 사람의 죽음을 알고 난 후에 상태가 더 악화되거나 죽는 것을 발견하였다. 또 다른 상태가 더 위독한 환자들의 경우 특별한 치료가 이루어지지 않았음에도 불구하고 놀랍게도 완전히 회복되었다. 그는 이러한 환자들이 낙천적이고 좀처럼 걱정하지 않는다는 것을 알았다.[8] 다윗은 종종 엄청나게 충격적인 상황들을 겪었지만 그는 하나님께 나아감으로 자신을 구하였다.

"내가 간절히 주님을 기다렸더니, 주님께서 나를 굽어보시고, 나의 울부짖음을 들어 주셨네 주님께서 나를 멸망의 구덩이(정신적인 동요와 파멸의 구덩이)에서 건져 주시고, 진흙탕(공허함과 악취가 진동하는)에서 나를 건져 주셨네 내가 반석을 딛고 서게 해주시고 내 걸음을 안전하게 해주셨네 주님께서 나의 입에 새 노래를, 우리 하나님께 드릴 찬송을 담아 주셨기에, 수많은 사람들이 나를 보고 두려운 마음으로 주님을 의지하네"(시 40:1-3, 새번역)

나(잔)는 최근에 통상적인 유방 X선 사진을 촬영했고 그들은 나의 왼쪽 가슴과 팔 밑에 무언가를 발견했다. 나는 진단을 확인하기 위해 초음파 검사를 하러 검사실에 들어갔다. 나는 그 방에서 공포를 느꼈다. 나는 "아무것도 아니야! 아무것도 아니야!"하고 큰 소리로 외쳤다. 검사 후에 의사는 나중에 재검사를 하기로 결정했다. 6개월이 지나가고 나는 완전히 회복되었고 아무런 혹도 발견되지 않았다. 하나님은 자신의 말씀에 대해 선하시고 신실하시다. 하나님을 찬양한다!

견고한 믿음과 가족과 친구들로부터 사회적인 도움을 받고 있다는 것을 느끼는 것은 강력한 스트레스 완충장치로 작용한다. 따라서 그러한 속성들이 암 발생 위험이 줄어드는 것과 관련이 있다고 보고되고 있는 것은 놀라운 일이 아니다. "그 거룩한 곳에 계신 하나님은 고아들의 아버지, 과부들을 돕는 재판관이시다 하나님은, 외로운 사람들에게 머무를 집을 마련해 주시고, 갇힌 사람들을 풀어 내셔서, 형통하게 하신다"(시 68:5-6, 새번역). 하나님은 그가 "결코 너를 떠나지도 않고, 버리지도 않겠다"(히 13:5, 새번역)고 약속하셨다.

어떤 다른 특성뿐만 아니라 정서적인 지지의 결핍도 암 발생 가능성을 높여준다는 것이 그로사스-마티섹(Grossarth-Maticek)에 의해 확실하게 입증되었다. 더 중요한 것은 그들의 전향적 연구들을 통해 스트레스 감소 전략들이 암 발생 고위험군의 사람들 중 50%까지 암 발생을 감소시키는데 효과가 있음을 입증했다. 다음의 표는 삶을 즐기고 기쁨을 누리는 것이 수명과 전반적인 건강을 증진시킨다는 반박할 수 없는 증거들을 기술하고 있다.

살아 있고 건강한 숫자와 비율 대 기쁨과 행복 지수

PWI 점수	<1.5	2	2.5	3	3.5	4	4.5	5	5.5	6	6.5	7
대상의 숫자	80	121	138	172	199	487	536	382	330	298	200	112
건강한 숫자	2	3	8	25	38	147	155	167	188	150	148	84
건강한 비율	2.5	2.4	5.7	14	19	30	29	44	57	50	74	75
살아있는 비율	5	14	20	27	35	56	64	70	75	74	80	78
암이 있는 비율	49	47	43	25	14	11	8	7	9	6	3	4.6
SRI 점수	1.8	1.6	2.0	2.6	3.0	3.6	4.1	4.6	4.9	5.6	5.4	5.3
실험 시작 평균 나이	56	57	57	58	60	59	58	59	60	59	58	59
현재 평균 나이	77	78	78	79	81	80	79	80	81	80	79	80

- **PWI** : Pleasure and Well-being Index, 기쁨과 행복 지수
- **SRI** : Self-Regulatory Index, 자기 조절 지수(유연성 또는 적응성의 측정치)

PWI는 '기쁨과 행복지수'(Pleasure and Well-being Index)를 의미하며 즐거움과 행복한 감정을 측정하는 도구이다. SRI는 '자기 조절 지수'(Self-Regulatory Index)를 의미하며 유연성과 적응성을 측정하는 도구이다. 이 표는 최초로 검사를 시행한 지 21년이 지난 후의 결과들이다.[9]

　PWI와 SRI가 증가함에 따라서 건강한 사람들의 비율이 얼마나 증가하는지 그리고 암 발생률이 얼마나 감소하는지를 주목하라. 자기조절지수는 그들이 얼마나 유연하고 적응을 잘하는지를 기술한 것이다. 이 실험군은 적응을 잘하고 삶을 즐기는 것이 얼마나 수명을 연장시키는지를 보여준다.

　인생을 가장 적게 즐겼던 사람들의 5%만이 첫 테스트 후 21년까지 살아있었던 반면 인생을 아주 많이 즐기고 적응을 아주 잘하는 사람들은 78%가 생존했다. 계속 살아있는 사람들 중 점수가 낮은 경우 49%가 암을 갖고 있는 반면에 행복한 사람들은 4%만 암이 있었다. 이것은 극적 결과이다. 그리고 우리가 현명해지고 우리의 삶의 방식과 언어를 변화시킨다면 인생을 바꿀 수 있음을 보여준다.

　나(켄)는 적응을 잘 하는 사람이 아니었다. 나는 내 감정이 분노로 끓어올랐던 어느 날 다섯 가지 경험을 했다. 나의 PWI, SRI 점수는 모든 상황마다 내가 화가 나서 씩씩거렸기 때문에 현저하게 감소했다. 성경은 "급하게 화내지 말아라 분노는 어리석은 사람의 품에 머무는 것이다"(전 7:9, 새번역)라고 말한다(부록 3의 분노 척도 참조). 내가 이러한 모든 경우들을 살펴보았을 때 그것들 모두가 내 계획들이 변경됨으로 인한 결과였다. 나는 내 어리석은 반응들을 극복하기 위해 지혜가 필요했다.

내가 발견했던 것을 곰곰이 생각하고 있을 때, 하나님께서 나에게 말씀하셨다. "네가 새로운 일련의 환경들에 적응하지 못하는 것이 내가 낡은 가죽부대라고 하는 것이다." 내가 그것을 들었을 때 나는 금방 변화에 대해 저항한 것을 회개했고 내 계획이 하나님의 계획과 충돌할 때 화를 내지 않고 오히려 흥분하게 해달라고 하나님의 은혜를 구했다. 예수님은 이렇게 말씀하셨다.

> "새 포도주를 낡은 가죽 부대에 담는 사람은 없다 그렇게 하면 포도주가 가죽 부대를 터뜨려서, 포도주도 가죽 부대도 다 버리게 된다 새 포도주는 새 가죽 부대에 담아야 한다"(막 2:22, 새번역)

하나님께서는 우리의 능력을 최대한 발휘하도록 도우신다. 그러나 우리가 적응하지 못하고 유연하지 못하면 그는 우리에게 새로운 계시를 주지 않으신다. 왜냐하면 그것이 우리에게 스트레스를 줘 신경 쇠약에 빠지게 하기 때문이다.

나는 일중독에 빠지는 경향이 있기 때문에 잔은 정기적으로 가벼운 휴식과 여가생활을 즐기게 함으로써 나의 균형을 잡아준다. 짧은 하루 이틀의 휴가도 하지 않으면 안 되는 힘들고 단조로운 일에서 벗어나게 해준다. 우리는 휴식과 이완이 건강에 매우 중요하다는 것을 배웠다. 당신의 생각을 잠깐 쉬는 것만으로도 삶이 우리들에 지워준 압력들을 상쇄시켜준다. 노먼 커즌스는 웃음을 '내적 조깅'이라 부른다.

커즌스는 생명을 위협하는 질환을 진단 받았고 이것은 그가 서양의

학을 의심케 하는 계기가 되었다. 커즌스는 의사가 제안한 치료들에서 만족을 느끼지 못했다. 따라서 그는 병원에서 퇴원하여 호텔에 투숙하는 것을 택했다. 거기서부터 그는 말 그대로 스스로 웃음으로 건강을 되찾았다. 그는 오직 재미난 영화나 텔레비전 쇼에 몰입했다. 그는 모든 찰리 채플린 영화를 즐겨 봤고 웃음으로 인해 옆구리가 아플 때까지 몰래 카메라 프로를 시청했다. 그의 병은 사라졌다.[10]

  웃음의 의학적 정의는 다음과 같다. 웃음은 정신 생리학적 반사이고 성문을 벌리고 성대를 떨면서 연속적이며, 주기적인 경련성 날숨을 쉬는 것이다.[11]

  좋은 친구들과 건강한 웃음은 우리에게 고통을 주는 것들 중 많은 부분을 치료해 줄 수 있다. 스피겔의 연구도 비슷한 결과를 보여주었다. 사회적 지원 활동 그룹에 참여한 전이된 유방암환자들은 단지 일상적인 치료만 받은 대조군들에 비해 생존 수명이 18개월이나 증가했다.[12] 파우지와 그의 동료들은 초기 흑색종 치료 시 6주간의 스트레스 관리가 병행될 경우 대조군에 비해 면역계의 기능이 향상되는 것을 발견했다. 6년 후에 스트레스 관리 그룹은 재발과 사망률이 50% 이하로 감소했다.[13] 우리에게는 도와줄 사람들이 필요하다. 왜냐하면 "친구는 사랑이 끊어지지 아니하고 형제는 위급한 때를 위하여 났기"(잠 17:17) 때문이다(부록 1의 스트레스 테스트 참조).

암

건강은 원활한 소통에 달려 있다. 외적인 환경과의 소통뿐만 아니라 우리의 내부 환경에서의 원활한 소통이 우리 몸의 항상성을 유지시켜준다. 본질적으로 암세포와의 근본적인 문제는 암세포는 몸과 적절하게 소통을 하지 못한다는 것이다. "암세포들이 주위 정상 세포들을 개의치 않고 독자적으로 더 지나치게 자라날 때 암은 질서정연한 세포들 집단에서의 반란으로 간주될 수 있다."[14]

우리는 초자연세계를 반영하는 물질세계에서 살고 있다. 은하계 같은 거시체계 역시 우리 몸이나 심지어 세포들 같은 미시체계를 반영한다. 한 행성의 중력과 에너지가 그 행성 주위의 모든 천체들에 영향을 미치는 것처럼 각각의 세포나 기관은 상호 작용하고 직간접적으로 다른 모든 기관과 세포들에 영향을 끼친다.

"그런데 실은 지체는 여럿이지만, 몸은 하나입니다. 그러므로 눈이 손에게 말하기를 '너는 내게 쓸 데가 없다' 할 수가 없고, 머리가 발에게 말하기를 '너는 내게 쓸 데가 없다' 할 수 없습니다. 그뿐만 아니라, 몸의 지체 가운데서 비교적 더 약하게 보이는 지체들이 오히려 더 요긴합니다"(고전 12:20-22, 새번역)

손이 "저 신발을 신고 싶어"라고 말한다거나 눈이 "저 반지가 나에게 어울릴 거야"라고 말하는 것은 바보 같아 보일 것이다(비록 오늘날 피어

싱 열풍이 일어남에 따라 신체의 가장 이상한 부분에 기이한 장식이 걸려있긴 하지만 말이다). 우리 각자는 우리 몸의 각 부분들처럼 고유한 기능과 목적, 그리고 특별한 계획을 갖고 만들어졌다.

세포들 간의 소통은 하나의 질서 정연한 사회를 유지하는데 있어서 매우 중요하다. 그러나 암 발생 과정에서는 이 소통이 불안정해지고 차단된다. 우리가 스트레스의 정의를 낼 수 없지만 통제 불능을 느낄 때 항상 고통스럽다. 그러한 것이 암세포에 대해 가장 잘 표현하는 것이 될 수 있다. 암세포는 기본적으로 통제 불능의 세포이다. 왜냐하면 암세포는 이웃 세포들과 지시를 주고받으며 소통하지 못하기 때문이다.

어떤 사람들이 암에 걸리는지를 이해하기 위해 유전적 요인들과 함께 스트레스에 대한 행동요인과 부적절한 반응들도 고려되어야 한다. 과학은 암이 발생하는 특유의 근원적인 문제들, 즉 우리 내부로부터 나오는 영향들을 인식하기 시작하고 있다. 이 근본적 원인들은 어떠한 외부로부터 오는 영향만큼이나 중요하다. 그러나 외부로부터 오는 잠재적인 영향들은 우리가 통제할 수 있다. 윌리엄 오슬러(William Osler)는 "환자가 '어떤 질병을 앓고 있는가'보다 '어떤 종류의 환자가 질병에 걸리는가'가 훨씬 더 중요하다"라고 말했다. 성경은 우리를 자극하는 사람들이나 환경들에 어떻게 반응해야 하는지를 우리에게 말해주고 있다.

> "화를 내더라도, 죄를 짓는 데까지 이르지 않도록 하십시오. 해가 지도록 노여움을 품고 있지 마십시오. 악마에게 틈을 주지 마십시오."(엡 4:26-27, 새번역)

지금 당장 당신의 스트레스를 풀라. 눈을 감고 숨을 깊이 들어 마신 다음 천천히 숨을 내쉬라. 당신을 화나게 한 사람을 용서하라. 성내지 말고 긴장을 풀어라. 당신을 숨 막히게 하는 모든 판단들을 내려놓아 당신의 몸과 마음을 편안하게 하라. 용서는 효과가 있다. 용서하면 우리는 더 이상 과거에 얽매인 포로가 아니기 때문이다. 다른 사람을 용서하는 것은 실제로 우리 자신을 치유한다.[15]

● HPA축

흥분한 사람은 외부스트레스에 더 취약하다. 그러나 누구에게나 내부에 스트레스를 일으키는 요인을 가지고 있다. 우리는 누구나 어릴 적 기억으로 인해 우리 안에 형성된 두려움과 공포를 갖고 있다. 이러한 기억들이 활성화되면 그 기억들은 종종 우리가 갑작스럽게 불안감을 느낄 때 과도하게 스트레스 화학물질의 방출을 촉발한다.

우리의 스트레스 반응의 정도는 HPA(Hypothalamic-Pituitary-Adrenal, 시상하부-뇌하수체-부신)축의 민감도에 의해 좌우된다. 저 강도의 스트레스가 지속될 경우 범 조직적인 반응을 활성 시키는데 필요한 역치를 감소시킨다. 만일 이 세 가지 분비선과 심장 간에 순환하는 스트레스 호르몬 농도가 너무 높을 경우 피드백 순환이 폐쇄되고 당신은 압도당하는 느낌을 갖게 될 것이다.

대학에서 나(켄)는 개구리 다리를 수축하게 하는데 어느 정도의 전기부하가 필요한지를 측정하는 실험을 했다. 개구리 다리는 10㎃V(밀리볼트[millivolt])를 적용했을 때 반응했다. 그 후 개구리 다리를 30초 동안 이완시킨 상태에서는 그 다리를 다시 수축시키는데 10㎃V가 필요했다. 그러나 만일 전기 충격 사이에 다리를 이완시키는 시간을 10초만 허용했을 경우 똑같은 반응을 얻는데 단지 7㎃V면 충분했다. 만일 내가 개구리 다리에 긴장이 풀릴 수 있는 충분한 시간을 주지 않는다면 점점 더 작은 전압으로도 다리를 수축시킬 수 있었을 것이다. 결국 1㎃V만으로도 그 반응을 충분히 얻을 수 있었을 것이다. 우리도 이와 똑같다. 만일 우리가 스트레스를 풀지 않는다면 점점 더 작은 압력이 우리로 하여금 반응을 일으키게 할 것이다. 우리의 평균 스트레스 수준은 우리가 어느 정도 추가로 스트레스를 더 처리할 수 있는지를 알게 해줄 것이다.

자동차 충돌사고를 간신히 피한 경우, 상사의 호통 치는 소리, 아이들의 비명소리나 중요한 시험 같은 주요한 스트레스 요인은 시상하부에서 부신피질 자극 호르몬 방출 호르몬(CRH)을 분비하게 하고 이것은 뇌하수체로 가서 뇌하수체를 자극하여 부신피질 자극 호르몬(ACTH)을 분비하게 한다. ACTH는 혈액으로 흘러 들어가서 콩팥 위에 위치한 부신에 신호를 보내 스트레스 반응 호르몬인 코티솔과 아드레날린을 분비한다.

아드레날린은 곧바로 당신의 혈압과 심박 수를 증가시킨다. 코티솔은 설탕을 포도당 형태로 방출하여 근육과 정신에 연료를 공급하고 그들로 하여금 스트레스에 대처할 수 있도록 준비시킨다.

심장은 이러한 스트레스 화학물질을 받아들이고 심방 나트륨 이뇨 인자(ANF)와 심방 나트륨이뇨 펩타이드(ANP)를 분비하는데 이것들은 신경펩타이드로서 부신피질과 시상하부에 있는 수용체와 결합한다. 이것들은 우리 몸의 액체평형, 혈압 및 기타 행동들을 조절하기 위해 존재한다.[16] 이 화학물질들은 코티솔과 함께 결국 다시 시상하부로 흘러 들어가서 피드백 순환을 완성한다. 그렇게 되면 코티솔은 시상하부에서 CRH 생산을 감소시키고 피드백 순환은 우리 몸이 정상으로 돌아오도록 도와준다.

위치	기관	분비된 화학물질	반응
뇌	시상하부	CRH	↑스트레스 / 부정적 감정
시상하부의 아래 부분	뇌하수체	ACTH	↑공포
신장	부신	(스트레스 화학물질) 코티솔 아드레날린 코르티코스테로이드	↑혈압 ↑심계 항진 ↑혈당 ↓감염에 대한 면역력 ↓기억력 및 창의력
심장	심장 근육 세포 내 미니 신경 처리기	ANP ANFi	↓혈압 ↓심박 수 ↓바소프레신

- CRH : Corticotropin Releasing Hormone(부신 피질 자극 호르몬 방출 호르몬)– ACTH 생성 자극
- ATCH : Adrenocorticotropic Hormone(부신 피질 자극 호르몬) 포도당과 스테로이드의 신진대사
- Atrial Natriuretic Peptide(심방 나트륨이뇨 펩타이드) : 물, 나트륨, 칼륨, 지방 침적을 조절
- Atrial Natriuretic Factor(심방 나트륨 이뇨인자) : 혈류 조절
- Vasopressin(바소프레신) : 수분 균형/갈증 조절

그러나 만일 개구리 다리에서와 마찬가지로 스트레스 요인이 지속되면 부신 피질 자극 호르몬 방출 호르몬(CRH) 생산 역시 우리 몸이 느끼는 고통의 정도에 따라 지속되고 이들 호르몬의 해로운(파괴적인) 영향들이 점점 빠르게 나타나기 시작한다. 이 스트레스 호르몬들은 우리 몸 전

반에 걸쳐서 작용하고 두려움과 기억에서부터 세포 활성과 식욕에 이르기까지 모든 것에 영향을 미친다. 그것들은 또한 생식, 대사, 면역을 조절하는 호르몬계와 상호작용한다. 호르몬은 아주 짧은 시간 내에 분출될 경우 우리 몸에 좋고 필수적이다. 그러나 호르몬들이 우리 조직에 지나치게 많아지면 우리 몸에 해를 끼치게 된다. 그것이 과도한 스트레스가 건강을 해치게 되는 이유이다.

"마음의 즐거움은 양약이라도 심령의 근심은 뼈를 마르게 하느니라" (잠 17:22). 정신분열증과 투병해온 우리 아들은 많이 웃는 것을 좋아한다. 그는 웃기 시작하면 몇 분이나 지속한다. 우리는 농담으로 새로운 유행으로 보이는 요가 웃음 강사에 지원해 보는 것이 좋겠다고 그에게 말했다. 우리는 웃기는 영화를 보거나 유머집을 읽어서 내부의 스트레스 요인들로부터 벗어날 필요가 있다.

- 과도하게 활성화된 HPA(시상하부-뇌하수체-부신)축은 우리 몸이 스트레스 반응에서 벗어나지 못하고 불안이나 우울증에 이르게 할 수 있다는 것을 의미한다.
- 지나치게 활성화된 HPA축은 나쁜 콜레스테롤을 증가시키고, 식욕을 증가시키며, 혈당을 올리고, 당뇨병과 비만을 초래하게 한다.
- 코티솔은 면역물질들의 분비를 저해해서 감염과 싸우는 능력을 약화시키고, 몸을 암과 같은 여러 질병에 노출시킨다. 우리가 심하게 언쟁을 했을 때 분비되는 코티솔은 남성에게는 약 한 시간 동안만 잔류해 있지만 여성에게는 12시간 이상 계속 남아있다. 이것이 남자는 그 언쟁에 대한 생각을 잊는 반면 여성은 하루가 지나서까지 그 언쟁의 감정적인 저류를 여전히 느끼는 이유이다.
- 부신 피질 자극 호르몬 방출 호르몬(CRH)는 배란, 정자 수, 성욕을 감소시킬 수 있다
- 스트레스는 노화에 대응하는 성장 호르몬 분비를 감소시킨다.

- 스트레스가 지속될 경우 극도로 피로하게 되고, 그 다음 진짜 제대로 스트레스 요인이 닥칠 때 완전히 나자빠지게 된다.[17]

HPA축의 상호작용
HPA(Hypothalamic-Pituitary-Adrenal) Axis Interaction

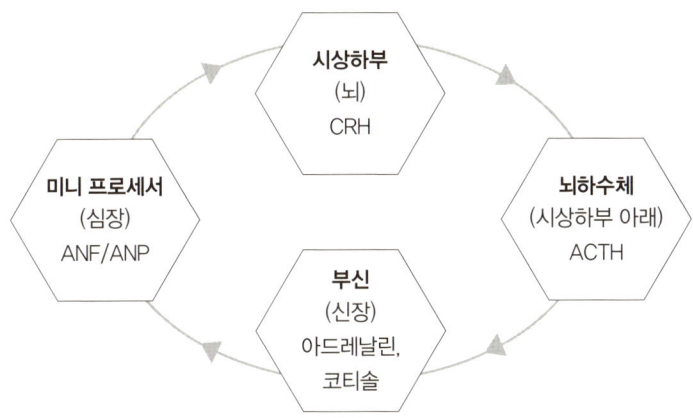

스트레스 화학물질인 아드레날린과 코티솔 역시 동맥혈관 벽에 손상을 가한다. 그 손상된 혈관 벽들은 콜라겐이라 불리는 물질로 복구해야 한다. 그런데 이러한 복구조차 문제를 일으킨다. 콜라겐은 손상된 동맥(동맥경화 병변)을 수리하는데 있어서 절대적으로 중요한 성분이다. 따라서 콜라겐은 혈관의 수리가 필요한 부위에 쌓인다(플라크). 이 때 콜라겐이 과도하게 쌓이면 동맥이 좁아진다(동맥협착). 만일 그렇게 과도하게 쌓인 콜라겐이 부서지면 콜라겐은 동맥을 타고 돌아다니고 동맥을 더 막히게 한다. 콜라겐은 플라크의 60%까지 차지하기 때문에 콜라겐이 너무 많을 경우 동맥을 좁게 만든다. 반면에 콜라겐이 모자랄 경우 동맥을

딱딱하게 만든다(동맥 경화증). 이렇게 딱딱해진 동맥은 쉽게 파열되어 뇌졸중을 일으키기 쉽다.[18] 스트레스가 지나치게 많으면 그 치유법이 종종 질병보다 오히려 더 안 좋은 결과를 초래한다. 우리 주위에 다수의 사람들이 콜레스테롤 약을 복용하고 있는 사실을 볼 때 이것은 매우 중요한 문제임을 알 수 있다.

우리는 경이로울 정도로 복잡하게 만들어진 하나님의 걸작품이다.

"주님께서 내 장기를 창조하시고, 내 모태에서 나를 짜 맞추셨습니다. 내가 이렇게 빚어진 것이 오묘하고 주님께서 하신 일이 놀라워, 이 모든 일로 내가 주님께 감사를 드립니다. 내 영혼은 이 사실을 너무도 잘 압니다. 은밀한 곳에서 나를 지으셨고, 땅 속 깊은 곳 같은 저 모태에서 나를 조립하셨으니 내 뼈 하나하나도, 주님 앞에서는 숨길 수 없습니다. 나의 형질이 갖추어지기도 전부터, 주님께서는 나를 보고 계셨으며, 나에게 정하여진 날들이 아직 시작되기도 전에 이미 주님의 책에 다 기록되었습니다"(시 139:13-16, 새번역)

하나님께서 우리를 창조하셨다. 성경은 "하나님이 우리 편이시면 누가 우리를 대적하겠습니까?"(롬 8:31, 새번역) 라고 고백한다. 그러므로 우리는 긴장을 풀고 스트레스가 쌓이는 것을 피하는 법을 배워야 한다. 하나님은 여호수아에게 그의 첫 전투 바로 전에 이렇게 명령하셨다. "강하고 담대하라. 두려워하지 말며 놀라지 말라. 네가 어디로 가든지 네 하나님 여호와가 너와 함께 하느니라 하시니라"(수 1:9). 우리에게는 때때로 수많은 스트레스 상황이 주어진다. 그러나 그것이 무슨 일이든 두려워할 필요 없다. 왜냐면 우리에게 무슨 일이 일어나든 우리는 하나님의 사랑하는 손 안에 있음을 알기 때문이다.

● 두려움

스트레스의 근본 뿌리는 두려움이다. 두려움은 알려져 있는 것과 알려지지 않은 것 모두 부정적으로 예상하는 것이다. 잠재의식 가운데 곰곰이 생각하는 것이 우리가 갖는 대부분의 감정적인 반응들을 불러일으키게 한다. 우리의 감정은 매우 변덕스럽고 변동이 심하기 때문에, 감정에 의한 대부분의 결정들은 신뢰할 수 없다. 연구에 의하면 부정적인 감정들, 특히 나쁜 부모, 나쁜 상사, 나쁜 선생님, 또는 잘못된 피드백 순환으로 인한 부정적인 감정들은 좋은 영향들에 비해 우리가 결정을 내릴 때 더 많은 영향을 끼친다고 한다. 나쁜 정보 역시 긍정적인 정보보다 더 많이 처리되고, 되풀이하여 회상된다.[19] 안 좋은 사건들을 계속해서 곱씹으면 이는 고통스러운 기억들로 발전된다. 또한 지속적으로 독성화학물질을 혈류를 통해 우리 몸의 세포들과 기관들로 침투시킨다. 하나님은 기꺼이 우리를 용서하시고 잊어버리신다. 또한 우리에게도 똑같이 용서하고 잊어버리라고 명령하신다. 예수님은 제자들에게 "우리가 우리에게 죄 지은 자를 사하여 준 것 같이 우리 죄를 사하여 주시옵고"(마 6:12)라고 기도하라고 가르치셨다.

선한 것보다 좋지 않거나 악한 것을 강조하는 경향은 일반적인 법칙인 것으로 보인다. 바우마이스터는 똑같은 정도의 좋은 것과 나쁜 것이 존재할 때 나쁜 것의 정신적인 영향이 좋은 것의 영향보다 더 크다고 말했다. 이것은 어쩌면 정신의 타고난 성향을 반영하는 정신(psyche) 현상의 일반적인 원칙 내지는 법칙일지도 모른다.[20] 이것은 단순히 우리 안에 있는 성향이 아니라 우주의 법칙이다. 모든 것은 보다 높은 질서체계에서 보다 낮은 질서체계, 즉 무질서로 옮겨간다. 질서가 없고 통제가 안 되는 것이 우리 삶에서 스트레스를 유발한다.

나(잔)는 어렸을 때 매우 두려움이 많았다. 그러나 수년 사이에 나는 모든 상황에서 하나님을 신뢰하는 법을 배웠다. 나는 우리가 낯선 나라로 가기 위해 비행기를 탔을 때, 낯선 사람들을 만나려고 할 때, 낯선 음식을 먹으려고 할 때, 낯선 문화를 접하려고 할 때 긴장했다. 나는 잘못될 수 있는 모든 것들을 상상하는 버릇이 있었다. 그래서 여행하면서 모든 미지의 것들에 대해 잘못될 가능성을 상상하는 것이 계속 늘어날 때마다 나는 하나님을 신뢰하거나 노이로제에 걸린 사람이 되어야만 했다. 어쨌든 내가 두려워했던 모든 것들이 거의 대부분 일어나지 않았기 때문에 나는 하나님 안에서 안식하는 법을 배웠다. 내가 무슨 말을 할 수 있을까? "만일 하나님이 우리를 위하시면 누가 우리를 대적하리요"(롬 8:31). 하나님은 내가 그 분의 뜻 안에 있음을 알 때 더 이상 "무엇을 할 것인가?"에 대해 스트레스를 받지 않게 하신다는 것을 매우 신실하게 증명하셨다.

고트만은 그의 연구에서 좋은 관계가 형성되기 위해서는 서로 간의 소통과 영향이 긍정적이고 좋은 쪽이 부정적이고 나쁜 쪽보다 적어도 5대 1 이상 더 많아야 한다고 주장했다. 만일 비율이 그 이하로 떨어지면 그 관계는 실패하거나 깨어질 가능성이 있다.[21] 이것은 사실상 열역학 제2법칙의 결과이다. 이 열역학 제2법칙은 모든 시스템이 위축되고 무질서해지는 경향이 있다는 것을 말한다. 우리 몸이 만들어 내고 우리 기관과 세포들에 저장해두는 이러한 스트레스 화학물질들은 그러한 무질서를 가속화한다. 어떠한 사람이나 시스템에서의 궁극적인 무질서의 끝은 사망과 파멸이다.

성경은 우리를 죄와 사망의 법에서 자유롭게 하는 그리스도 안에 있는 생명의 성령의 법을 말한다(롬 8:2). 생명이 없으면 죽음이 우리 사고, 행동, 관계를 다스린다. 사망의 법칙은 늘 작용하고 있고 우리의 사고생활에서 적극적으로 저지되어야 한다. 그렇지 않을 경우 사망의 법칙은 우리의 생각(mind, 부정적 성향) 뿐만 아니라 우리의 전 육체를 장악하게 될 것이다. 우리의 고통스러운 기억들은 계속해서 우리의 성격, 동기, 노력의 결과에 대한 부정적인 사고로 우리를 괴롭히고 있다. 하나님은 우리가 "하나님을 사랑하는 자 곧 그의 뜻대로 부르심을 입은 자들에게는 모든 것이 합력하여 선을 이룬다"(롬 8:28)는 것을 알기를 원하신다.

우리가 여행을 시작한 이후로 우리가 통제할 수 없는 많은 상황들을 마주쳤다. 우리는 변덕스런 날씨, 항공기 지연, 시간관리에서의 문화적 차이, 기대에 대한 혼란 등을 접하게 된다. 우리는 융통성을 가지는 것과 모험을 즐기는 법을 배우고 있다. 언젠가 시애틀을 경유하는 항공편을 탔을 때 목적지의 기상이 불안정했다. 항공사는 우리에게 다른 비행기를 이용하는 것에 대한 제안을 했다. 그 노선의 예비 공항이 안개나 얼음이 잘 끼기 때문에 그 항공사는 포틀랜드를 비상착륙을 위한 공항으로 이용했다. 그곳은 우리 목적지와 정반대 방향이었기 때문에 그들은 추가로 연료를 공급받아야 했고 몇몇 승객들을 내리게 해야 했다.

우리는 항공사의 하룻밤 무료 숙식과 항공티켓 제안을 받아들였다. 우리는 1년 이내에 그 새로운 항공티켓을 사용해야 했다. 그 해에 그들은 하와이 노선을 추가했고 우리는 공짜 여행과 멋진 휴가를 즐겼다. 융통성을 가져라. 하나님이 섭리하고 계시고 그분은 안 좋은 때도 좋게 하는 방법을 알고 계신다. 당신은 당신의 인생을 세세한 것까지 신경 쓰고 관리해보려고 애쓰다 결국 지쳐서 쓰러지게 될 것이다.

빈스 롬바르디는 그린베이 패커스 프로 미식축구팀을 지도하면서 "피곤은 우리 모두를 겁쟁이로 만든다"고 말했다. 그것은 스트레스가 하는 일이다. 스트레스는 우리를 지치게 만들고 의심과 두려움에 취약하게 만든다. "그(사탄)가 장차 지극히 높으신 이를 말로 대적하며 또 지극히 높으신 이의 성도를 괴롭게 할 것이며 그가 또 때와 법을 고치고자 할 것이며"(단 7:25). 우리에게 스트레스를 주고 지치게 만드는 것은 우리가 처한 상황이 아니다. 그러한 상황들에 대해 걱정하고 초조해 하는 우리의 반응이 우리를 지치게 만든다. 두려움보다 기쁨의 자세가 우리의 기운을 북돋울 것이다. 왜냐하면 "여호와로 인하여 기뻐하는 것이 너희의 힘"(느 8:10)이기 때문이다.

예수님께서 이렇게 말씀하셨다.

"공중의 새를 보라 심지도 않고 거두지도 않고 창고에 모아들이지도 아니하되 너희 하늘 아버지께서 기르시나니 너희는 이것들보다 귀하지 아니하냐 너희 중에 누가 염려함으로 그 키를 한 자라도 더할 수 있겠느냐 또 너희가 어찌 의복을 위하여 염려하느냐 들의 백합화가 어떻게 자라는가 생각하여 보라 수고도 아니하고 길쌈도 아니하느니라 그러나 내가 너희에게 말하노니 솔로몬의 모든 영광으로도 입은 것이 이 꽃 하나만 같지 못하였느니라 오늘 있다가 내일 아궁이에 던져지는 들풀도 하나님이 이렇게 입히시거든 하물며 너희일까보냐 믿음이 작은 자들아"(마 6:26-30)

현자의 조언으로 리처드 칼슨은 현대적인 방언으로 말하면서 조언한다. "별 거 아닌 걸 두고 속 태우지 마라 그 모든 것은 단지 사소한 것일 뿐이다."

- ✓ 몸에서의 원활한 소통은 건강에 매우 중요하다.
- ✓ 스트레스는 소통 수단을 파괴한다.
- ✓ 스트레스는 우리가 처한 상황에 대한 우리의 사고로 인해 온다.
- ✓ 스트레스는 공격에 대한 몸의 반응이다.
- ✓ 장기적인 스트레스는 우리 몸의 피드백 순환에 지장을 초래하고 항상성(균형)에 혼란을 준다.
- ✓ 장기적인 스트레스는 당신의 건강을 해치고 결국 당신을 죽일 것이다.
- ✓ 우리의 태도는 스트레스를 줄일 수 있다.
- ✓ 스트레스의 근본 뿌리는 두려움이고, 이것은 통제의 한 기능이다.

제4장

1   "What Are Cytokines?" News Medical, accessed April 09, 2013, http://www.news-medical.net/health/What-are-Cytokines.aspx.

2   Yekta Dowlati et al., "A Meta-Analysis of Cytokines in Major Depression," Biological Psychiatry 67, no. 5(2010) : 446-457, doi:10.1016/j.biopsych.2009.09.033; Walter Swardfager et al., "A Meta-Analysis of Cytokines in Alzheimer's Disease," Biological Psychiatry 68, no. 10(2010) : 930-941; R. Locksley, "The TNF and TNF Receptor Superfamilies : Integrating Mammalian Biology," Cell 104, no. 4(2001) : 487-501, doi:10.1016/S0092-8674(01)00237-9.

3   Michael T. Osterholm, "Preparing for the Next Pandemic," New England Journal of Medicine 352, no. 18(2005) : 1839-1842, doi:10.1056/NEJMp058068.

4   Kao-Jean Huang et al., "An Interferon-γ-related Cytokine Storm in SARS Patients," *Journal of Medical Virology* 75, no. 2(2005) : 185-194.

5   Locksley, "The TNF and TNF Receptor Superfamilies."

6   Carol Eustice, "What Are Cytokines?" About.com Arthritis and Joint Conditions, December 1, 2012, Overproduction of Cytokines, accessed April 09, 2013, http://arthritis.about.com/od/inflammation/f/cytokines.htm.

7   Dowlati, "A Meta-Analysis of Cytokines in Major Depression."

8   A. Hashiramoto and T. Katafuchi, "Mental State and Tuberculosis : Tohru Ishigami, 1918," Brain Immune Media Ltd., April 17, 2009, accessed April 09, 2013, http://www.brainimmune.com/index.php?option=com_content.

9   Thomas R. Blakeslee and Ronald Grossarth-Maticek, "Feelings of Pleasure and Well-being as Predictors of Health Status 21 Years Later," Attitudefactor.com, Results, accessed April 09, 2013, http://www.attitudefactor.com/PWItecharticle.htm.

10 Robert Davis, "Laugh to Your Health," Everwell, April 20, 2009, accessed April 09, 2013, http://www.everwell.com/insights/laugh_to_your_health.php.

11 Healthy Humorist, "The Medical Definition of Laughter," Everwell, accessed April 09, 2013, http://www.everwell.com/fun/healthy_humorist/laughter.php.

12 D. Spiegel, "Effect of Psychosocial Treatment on Survival of Patients with Metastatic Breast Cancer," The Lancet 334, no. 8668(1989) : 888-891, doi:10.1016/S0140-6736(89)91551-1.

13 F.I. Fawzy et al., "Effects of an Early Structured Psychiatric Intervention, Coping, and Affective State on Recurrence and Survival Six Year Later," *Archives of General Psychiatry* 50(1993) : 681.

14 H. Yamasaki, "Non-genotoxic Mechanisms of Carcinogenesis : Studies of Cell Transformation and Gap Junctional Intercellular Communication," Toxicology Letters 77, no. 1-3(1995) : 55-61, doi:10.1016/0378-4274(95)03272-X.

15 "Why Learning to Forgive Is Important to Your Health," UW Health, October 27, 2010, accessed April 09, 2013, http://www.uwhealth.org/news/why-learning-to-forgive-is-important-to-your-health/29525.

16 Richard E. Brown, *An Introduction to Neuroendocrinology*(Cambridge : Cambridge University Press, 1994), 297.

17 Dr. Oz, *You Staying Young*, 79-83.

18 Mark D. Rekhter, "Collagen Synthesis in Atherosclerosis : Too Much and Not Enough," *Cardiovascular Research* 41(1999) : 376-384, accessed April 10, 2013, http://cardiovascres.oxfordjournals.org/content/41/2/376.full.pdf.

19 Roy F. Baumeister et al., "Bad Is Stronger than Good," *Review of General Psychology* 5, no. 4(2001) : 323-370, accessed April 10, 2013, doi:10.1037//1089-2680.5.4.323.

20 Ibid., 323.

21 John M. Gottman and Nan Silver, *Why Marriages Succeed or Fail and How You Can Make Yours Last*(New York, NY : Simon & Schuster, 1995), 57.

우리가 할 일은 용서하고 잊는 것이다.
하나님께서 하시는 일은 우리의 기억을 고치시고
우리의 재난을 승리로 바꾸시는 것이다.

{ 2부 }

고통스러운 기억의 치유

제5장
고통스러운 기억의 치료

기억에서 어떤 것을 고치는데 있어서 그 기억을 잊어버리려는 바람만큼
강력한 효과는 없다. - 미셀 드 몽테뉴

바보의 특징적인 속성은 다른 사람의 잘못은 알아차리지만 자신의 잘못은
잊어버리는 것이다. - 마르쿠스 툴리우스 키케로

우리 안에 깊은 상처를 입었을 때 우리가 용서하기 전에는 결코 회복될 수 없다. - 앨런 페이튼

● 문제

스트레스는 우리를 죽이고 있다! 어떻게 하면 이 스트레스를 없앨 수 있는가 하는 문제가 하나의 산업을 낳았다. 천만 명의 미국인이 매년 스트레스 관련 질환으로 정신과 의사를 찾는다.[1] 처방조제약에 사용되는 1,200억 달러 중 1/3 이상인 400억 달러가 우울증, 불안, 수면 등 스트레스 관련된 약들에 사용되었다.[2] 직무스트레스는 결근, 이직, 생산성 감소와 의료와 법률 및 보험비용으로 인해 미국 산업계에 연간 3,000억 달러 이상의 비용을 발생시키는 것으로 추산된다.[3] 누구나 문제가 있다는 것을 알지만 하나님 외에는 아무도 해결책을 갖고 있지 않다.

성경은 말한다.

"무슨 일이든지, 불평과 시비를 하지 말고 하십시오 그리하여 여러분은, 흠이 없고 순결해져서, 구부러지고 뒤틀린 세대 가운데서 하나님의 흠 없는 자녀가 되어야 합니다 그리하면 여러분은 이 세상에서 별과 같이 빛날 것입니다. 생명의 말씀을 굳게 잡으십시오"
(빌 2:14-16, 새번역)

그러나 흥분시키는 감정과 기억들을 어떻게 드러내지 않을 수 있을까? 우리는 그것들을 억제하고 억누르는가? 연구에 의하면 사고를 억제하려는 시도는 자기조절 전략으로서 역설적 효과를 갖는다는 것을 보여준다. 심지어 대항하려는 바로 그 강박증이나 집착을 초래할 가능성이 있다.[4] 우리가 다이어트하려고 하면 할수록 우리는 음식에 대해서 더 많이 생각하게 된다. 우리가 걱정을 하거나 조바심을 내지 않으려고 하면 할수록 문제가 되는 상황이나 사람은 더욱 더 우리 뇌리를 맴돈다.

우리는 종종 상담 받고 있는 사람들과 함께 일하는 경우가 있다. 그들은 괜찮아 보이지만 아주 사소한 일 하나가 엄청난 폭발을 촉발한다. 그런 과잉반응은 많은 억압된 분노가 있음을 보여주는 단서다. 그러한 분노의 원인으로 작용하는 어떤 고통스러운 기억이 있다. 수많은 사람들이 분을 품거나 분노를 표하는 것은 잘못이라고 믿어왔다. 이러한 자세로는 분노의 감정을 저지하지 못하며 단지 우리 몸에서 자연스럽게 흐르는 분노를 억제할 뿐이다. 시간이 흐르면서 흔히 음식, 술, 담배, 약물 같은 것으로 분노를 습관적으로 억제함으로 그 사람은 어떠한 분노도 자연스럽게 표출할 수 없고 그 에너지는 출구가 없이 봉쇄된 채 쌓인다.

"억눌린 감정, 특히 분노는 우울증, 임상적 스트레스, 고혈압을 포함한 그와 관련된 질환들에 주요한 요인이 된다고 널리 받아들여지고 있다."[5]

강박 장애, 사회공포증, 광장 공포증 같은 질환들에 대한 연구로부터 나온 추가적인 원칙이 있다. 그것은 불안, 수치심, 죄책감 같은 불쾌한 감정들을 미연에 방지하기 위해 환자들이 사용하는 대처 전략이 종종 역효과를 낳는다는 사실이다. 오히려 그러한 것들은 그 질환들을 지속시키는 경향이 있다. 소위 정신분열증 환자는 그의 잘못된 해석을 재처리하고, 시험해 보고, 바로 잡는 법을 습득할 수가 없다. 위협적인 자극에 대한 적절한 노출은 병적인 신념을 수정하는 것처럼 보이기 때문에 역기능적 정보처리과정 또한 고착된 것이 아니라 변화가 가능하다는 것을 추론할 수 있다.[6]

억제와 억압은 고통스러운 기억의 문제점들을 해결할 수 없다. 기억은 살아있는 실체이다. 그리고 그것들을 묻어둔다고 사라지는 것도 아니다. 그것은 단지 기억의 자연적인 흐름을 봉쇄하는 것이다. 기억을 묻어두는 것은 댐을 세워서 원치 않는 강의 문제를 해결하겠다고 생각하는 것과 같다. 댐이 강의 흐름을 오랫동안 막으면 막을수록 댐에 쌓이는 압력은 더욱 커진다. 결국 댐이 붕괴되거나 강이 새로운 길을 낸다. 이들 중 어느 것도 강물이 강둑 안에 갇혀있을 때보다 더 파괴적일 것이다. 그 해결책은 단순히 그것을 막거나 억제할 것이 아니라 강물(또는 그 기억의 독소)의 흐름을 막는 것이다.

상황

"오호라 나는 곤고한 사람이로다 이 사망의 몸에서 누가 나를 건져내랴 우리 주 예수 그리스도로 말미암아 하나님께 감사하리로다 그런즉 내 자신이 마음으로는 하나님의 법을 육신으로는 죄의 법을 섬기노라"(롬 7:24-25)

성경은 우리에게 스트레스를 받거나 불평하지 말라고 한다.

"그들 가운데 얼마가 불평한 것과 같이 불평하지 마십시오. 그들은 파멸시키는 이에게 멸망을 당하였습니다. 이런 일들이 그들에게 일어난 것은 본보기가 되게 하려는 것이며, 그것들이 기록된 것은 말세를 만난 우리에게 경고가 되게 하려는 것입니다. 그러므로 서 있다고 생각하는 사람은 넘어지지 않도록 조심하십시오. 여러분은 사람이 흔히 겪는 시련 밖에 다른 시련을 당한 적이 없습니다. 하나님은 신실하십니다. 여러분이 감당할 수 있는 능력 이상으로 시련을 겪는 것을 하나님은 허락하지 않으십니다. 하나님께서는 시련과 함께 그것을 벗어날 길도 마련해 주셔서, 여러분이 그 시련을 견디어 낼 수 있게 해주십니다"(고전 10:10-13, 새번역)

하나님은 그의 역사에서 쓴 뿌리와 증오를 야기할만한 상황에 있었음에도 이를 극복한 본보기를 여러 차례 제공하셨다. 요셉의 이야기는 배신과 악이 우리를 파괴하지 못하고 오히려 그것들을 어떻게 극복하는지를 보여준다. 요셉은 족장인 야곱의 열한 번째 아들이었다. 그에게는 어린 동생이 하나, 이복 누나가 하나, 그리고 이복형이 10명 있었다. 요셉은 야곱이 사랑하는 부인(그 외 세 명의 부인이 있었다)의 첫째 아들로서 그의 아버지의 총애를 받았다. 그는 약간 똑똑한 체했으며 형들의 잘못을 아버지에게 고자질함으로써 그의 형들을 짜증나게 했다(창 37:2). 아버지로부터 총애 받는 그의 위치는 가족의 화합에 아무런 도움이 안 되었다. 요셉이 어리석게도 형들이 자신에게 엎드려 절하는 꿈을 꾸었다고 말했을 때 그 상황은 최고조에 이르렀다. "형들은 그의 꿈과 그가 한 말 때문에 그를 더욱더 미워하였다"(창 37:8, 새번역).

어느 날 그들이 집에서 멀리 떨어져 있을 때 그들의 분노는 폭발했다. 형들은 그를 죽이려고 했지만 그를 깊은 구덩이에 던져 넣기로 결정했다. 나는 요셉의 형들이 아버지가 총애하는 귀염둥이를 이런 식으로 대하는 것에 대해 경악과 분노를 느끼는 것을 상상할 수 있다. 그는 형들에게 소리 지르고 협박했을 것이다. "만일 당신들이 당장 나를 밖으로 꺼내 주지 않는다면 아빠한테 가서 이를 거야." 형들은 앉아서 음식을 먹으면서 그를 무시하고 비웃었다. 협박이 통하지 않았을 때 요셉의 말투는 변했을 것이고 좀 더 회유하는 제안이 나왔을 것이다. "당신들이 나를 꺼내 주면 아빠한테 이르지 않을게."

바로 그때 사막을 건너는 한 대상이 다가왔다. 형들은 그를 죽이지 않고 팔아넘기기로 결정했다. 그래서 그들은 그를 팔아넘겨 그들의 골칫거리를 처리했다. 요셉은 아마 형들의 증오를 깨닫지 못했던 것으로 보인다. 그들이 그를 겁주는 것이 끝나는 대로 고갯길을 넘고 농담을 끝낼 것이라고 생각했던 것으로 보인다. 실제 상황이 천천히 펼쳐지기 시작했다. 그날 밤은 지나가고 형들은 보이지 않고 구조해줄 사람도 없었다. 이러한 갑작스러운 상황 변화와 이러한 곤경에 빠진 절망감으로 인한 충격으로 인해 결국 형들이 자신에게 이러한 짓을 한 것에 대해 화를 내고 억울하게 여겼을 것이다.

요셉은 애굽의 노예시장에 벌거벗긴 채로 팔렸기 때문에 훨씬 더 큰 굴욕을 느꼈을 것이다. 그러나 그는 젊었고 하나님과 정의에 대해 강한 믿음을 가지고 있었다. 그래서 그는 자신을 새로운 상황으로 던져 넣었다. 비록 그는 혼자라는 것을 느꼈을지도 모르지만 하나님은 요셉을 포기하지 않았다. 또한 요셉이 하는 것은 무엇이든지 형통하게 되었다(창 39:2). 그리하여 그의 주인인 보디발은 그를 가정총무로 삼고 자신의 소유를 다 그의 손에 위탁했다.

보디발의 아내가 요셉에게 반한 것 말고는 오랫동안 모든 일들이 그런 식으로 잘 흘러갔다. 그녀는 계속해서 그를 유혹하려고 했다. 그러나 요셉은 고결함을 지키면서 정중히 거절했다. 마침내 어느 날 그녀가 집 안에 요셉과 단 둘이 있는 상황을 만들었고 강제로 그와 동침하려고 했다. 그는 집에서 도망쳐 나왔는데 그가 도망갈 때 그녀는 그의 옷의 일부를 찢었다. 거절당하자 그녀의 욕정은 분노로 변했다. 그녀는 이제 "사랑이 변해 생긴 증오처럼 맹렬한 것은 하늘 아래 없으며 또한 경멸 당한 여성의 분노처럼 격렬한 것은 지옥에서조차 없다"는 것을 보여주는 전형적인 본보기가 되었다.[7]

그녀는 요셉이 자신을 강간하려 했다고 소리 질렀다. 불쌍한 요셉은 애굽의 노예에서 애굽 감옥의 노예가 되었다. "주님께서 그와 함께 계시면서 돌보아 주시고, 그를 한결같이 사랑하셔서, 간수장의 눈에 들게 하셨다"(창 39:21, 새번역). "그렇다면, 이런 일을 두고 우리가 무엇이라고 말할 수 있겠습니까? 하나님이 우리 편이시면, 누가 우리를 대적하겠습니까?"(롬 8:31, 새번역). 그러나 요셉은 좌절감을 느끼고 있었다. "사람들은 그 발에 차꼬를 채우고, 그 목에는 쇠칼을 씌웠다"(시 105:18, 새번역)라고 성경은 말한다.

그는 우울했고 희망을 잃었다. 그가 시도했던 모든 것들은 그로 하여금 점점 더 곤란을 겪게 했다. 그러나 "이는 여호와께서 요셉과 함께 하심이라 여호와께서 그를 범사에 형통하게 하셨더라"(창 39:23). 하나님께서는 간수장으로 하여금 모든 옥중 죄수를 다 요셉의 손에 맡기게 하셨다. 요셉은 총애 받는 아들로부터 노예, 노예에서 죄수로 하락하고 있는 것처럼 보였지만 그는 항상 어디에 있든지 간에 승격되었다.

이러한 하락은 13년 동안 지속되었다! 모든 꿈과 약속들은 사라져 버렸다. 드디어 바로의 집사가 요셉의 손 안에 들어오고 요셉이 그의 꿈을 호의적으로 해석해주었을 때 한번 일말의 희망이 보였다. 그는 그 집사에게 간청했다.

"시종장께서 잘 되시는 날에, 나를 기억하여 주시고, 나를 따로 생각해 주시기 바랍니다. 그리고 바로에게 나의 사정을 말씀드려서, 나도 이 감옥에서 풀려나게 해주시기 바랍니다 그러나 술잔을 올리는 시종장은 요셉을 기억하지 못하였다. 그는 요셉을 잊고 있었다"(창 40:14, 23, 새번역).

그리고 그는 만 2년 동안 그를 잊었다. 요셉은 자포자기하는 심정이었을 것이다. 하지만 하나님께서는 그가 세우신 시간표를 위해 모든 것을 마련하고 계셨다. 우리는 마음이 급하기 때문에 당장 그 일들이 일어나기를 원한다. 하나님은 시간을 초월한 분이시기 때문에 때가 무르익었을 때 그 일들이 일어나게 하신다.

"하나님께서 우리를 구원해 주시고, 거룩한 부르심으로 불러주셨습니다. 그것은 우리의 행실을 따라 하신 것이 아니요, 하나님의 계획과 은혜를 따라 하신 것입니다. 이 은혜는 영원 전에 그리스도 예수 안에서 우리에게 주신 것입니다"(딤후 1:9, 새번역).

하나님의 때는 그의 손 안에 있지만, 우리는 그 때가 다 지나간 것처럼 보일 때 그를 신뢰해야만 한다. 요셉은 우리와 마찬가지로 자신 앞에 놓인 환경만 보이고 자신의 운명은 볼 수 없었다.

그때 바로가 해석할 수 없는 꿈을 꿈으로 인해 모든 것이 변했다. 갑자기 시종장이 요셉을 기억해냈고 그는 바로의 면전으로 안내되었다. 10분 만에 그는 감옥에서 궁전으로 나아가게 되었고 온 나라를 책임지게 되었다! 바로가 이르되 "애굽 온 땅에서 네 허락이 없이는 수족을 놀릴 자가 없으리라"(창 41:44). 나는 요셉이 이것이 꿈이 아니라는 것을 확인하기 위해 자신을 꼬집어 본 후에 하나님께 의심했던 것을 용서해 달라고 간구했을 것이라고 생각한다.

9년이 지난 후, 그의 형제들이 나타났을 때, 요셉은 애굽이 쌓아놨던 곡식을 분배해주고 있었다. 요셉은 그들을 알아보았지만 그들은 그를 알아보지 못했다. 그래서 그는 그들을 정탐꾼이라 하고 감옥에 가두어 그들이 있는 곳이 어디인지 알도록 그들을 시험하였다. 그들의 첫 번째 반응은 애석한 듯 우는 것이었다.

"그들이 서로 말하되 우리가 아우의 일로 말미암아 범죄하였도다 그가 우리에게 애걸할 때에 그 마음의 괴로움을 보고도 듣지 아니 하였으므로 이 괴로움이 우리에게 임하도다"(창 42:21)

그들의 첫 번째 반응은 그들이 겪는 현재의 곤경을 그들이 22년 전에 요셉에게 했던 것으로 책임을 돌리는 것이었다. 나는 그들이 이렇게 선포한 것이 처음이 아니었다고 확신한다. 그들은 요셉에게 행한 악한 행위가 재앙을 초래했다는 피해망상적인 생각을 했다. 그들은 매우 편집증적이어서 17년이 지나서 그들의 아버지가 임종했을 때 그들은 "요셉이 혹시 우리를 미워하여 우리가 그에게 행한 모든 악을 다 갚지나 아니할까"(창 50:15)하고 말했다.

그들의 고통스러운 기억은 그들을 40년 동안 괴롭혔으나 사건의 피해자였던 요셉은 완전히 다른 반응을 보였다.

그의 형들은 자신들이 요셉에게 행했던 것에 대해 처음에 철저히 후회했을 때 "그들은, 요셉이 통역을 세우고 말하였으므로, 자기들끼리 하는 말을 요셉이 알아듣는 줄은 전혀 알지 못했다. 듣다 못한 요셉은, 그들 앞에서 잠시 물러가서 울었다"(창 42:23-24, 새번역). 그는 형들에게 마음이 쓰였다. 나중에 자신이 누구인지를 밝혔을 때

> "요셉은 북받치는 감정을 억누르지 못하고 한참 동안 울었다…" 내가, 형님들이 이집트로 팔아넘긴 그 아우입니다. 그러나 이제는 걱정하지 마십시오. 자책하지도 마십시오. 형님들이 나를 이 곳에 팔아 넘기긴 하였습니다만, 그것은 하나님이, 형님들보다 앞서서 나를 여기에 보내셔서, 우리의 목숨을 살려 주시려고 그렇게 하신 것입니다"(창 45:1-5, 새번역)

그는 충분히 적대감이나 비통함을 가질 수 있었지만 그러지 않았다. 13년 동안 매일 아침 일어나서 그를 향한 그의 형들의 사악한 행동의 결과들을 마주했다. 그는 늘 그들을 사랑스럽게 대했다. 그리고 야곱이 죽은 후에 요셉은 그들이 두려움에 그에게 말했을 때 울었다. 요셉이 그들에게 말했다. "두려워하지 마십시오. 내가 하나님을 대신하기라도 하겠습니까?"(창 50:17, 19, 새번역).

그에게 그런 힘이 있었다는 것이 진실이었다. 그는 그들의 생사에 대한 권한을 갖고 있었다. 그는 그들 모두를 손쉽게 처형할 수 있었고, 아무도 그를 비난할 수 없었다. 그러나 그의 태도는 그렇지 않았다. 그는 형들이 자신을 그렇게 비정하게 생각하는 것조차 비통해했다. 그의 태도

는 다음과 같았다. "형님들은 나를 해치려고 하였지만, 하나님은 오히려 그것을 선하게 바꾸셔서, 오늘과 같이 수많은 사람의 생명을 구원하셨습니다"(창 50:20, 새번역).

왜 요셉에게는 복수에 대한 사고가 체질적으로 맞지 않았을까? 자신이 형들을 해칠 수 있다고 생각하는 것 조차 믿을 수 없었을까? 왜 그의 형들은 거의 40년 동안 두려움과 편집증에 붙들려 있었을까? 다른 점이 무엇이었을까? 요셉은 그의 트라우마로부터 치유되었고 그들은 그렇지 못했다. 요셉은 어떻게 고통스러운 기억들로부터 해방되었을까?

● 해결책

용서하라

요셉은 전혀 형들에 대한 쓴 뿌리가 없었기 때문에 그들을 확실히 용서했다. 복수심은 그의 마음에 들어가지도 못했다. 그가 그들에게 지난 17년 동안 선을 베풀었음에도 그들이 그렇게 생각할 수 있었다는 것이 실제로 그에게 상처가 되었다. 그는 현재 과거 일을 완전히 떨쳐버렸고 앞으로도 그러한 것들을 조금이라도 그의 인생의 한 쪽에 지니고 있을 생각이 전혀 없었다. 그의 치유는 너무나 완벽했기 때문에 형들의 편집증적 사고와는 상관 없이 그들을 용서할 수 있었다.

잊어버리라

그의 치유의 비결은 요셉이 그의 아들에게 이름을 지어준 방식에 숨겨져 있다.

"요셉은 '하나님이 나의 온갖 고난과 아버지 집 생각을 다 잊어버리게 하셨다' 하면서, 맏아들의 이름을 므낫세라고 지었다. 둘째는 '내가 고생하던 이 땅에서, 하나님이 자손을 번성하게 해주셨다' 하면서, 그 이름을 에브라임이라고 지었다"(창 41:51-52, 새번역)

그는 사건들을 잊어버리지 않았지만 그는 그 사건들과 연결된 감정들을 잊었다. 그는 수확이 많이 열릴 것(Ephraim)이라면 그는 잊어버려야(Manaeesh)만 했다는 것을 알았다. 하나님은 그 과정을 돕기 위해서 우리 뇌 안에 교질세포(glial cell)들을 창조하셨다.

고쳐 쓰라

요셉은 용서하고 잊어버림으로써 자신을 이집트로 오게끔 한 사건들에 대해 새로운 해석을 할 수 있었다. 그는 형들에게 말하였다.

"걱정하지 마십시오. 자책하지도 마십시오. 형님들이 나를 이곳에 팔아 넘기긴 하였습니다만, 그것은 하나님이, 형님들보다 앞서서 나를 여기에 보내셔서, 우리의 목숨을 살려 주시려고 그렇게 하신 것입니다. 하나님이 나를 형님들보다 앞서서 보내신 것은, 하나님이 크나큰 구원을 베푸셔서 형님들의 목숨을 지켜 주시려는 것이고, 또 형님들의 자손을 이 세상에 살아남게 하시려는 것입니다. 그러므로 실제로 나를 이리로 보낸 것은 형님들이 아니라 하나님이십니다. 하나님이 나를 이리로 보내셔서, 바로의 아버지가 되게 하시고, 바로의 온 집안의 최고의 어른이 되게 하시고, 이집트 온 땅의 통치자로 세우신 것입니다"(창 45:5-8, 새번역)

그는 자신을 이집트로 가게 하신 것은 그들이 아니라 하나님이라고 세 번이나 강조했다.

이것이 요셉이 가졌던 새로운 기억이다.

- 네, 당신들이 화가 났기 때문에 나를 팔아 넘겼습니다. 그러나 하나님은 어떤 계획을 갖고 있었고 당신들을 이용하여 그것을 성취하셨습니다.
- 만일 내가 팔려가지 않았다면 나는 보디발의 집에 갈 수 없었을 것입니다.
- 만일 내가 보디발의 집에 가지 못했다면 그의 부인은 나를 유혹하려고 하지 않았을 것입니다.
- 만일 그녀가 나를 유혹하려고 하지 않았다면 성폭행으로 고발되지 않았을 것입니다.
- 만일 그녀가 나에 대해 거짓말을 하지 않았더라면 나는 결코 감옥에 갇히지 않았을 것입니다.
- 만일 내가 감옥에 들어가지 않았다면 나는 결코 관원장을 만나지 못했을 것이고 비록 그가 나를 2년이나 잊어버렸지만 그의 꿈을 해몽하지 못했을 것입니다.
- 만일 그가 2년 동안 나를 잊어버리지 않았다면 나는 애굽에 머물지 않았을 것이고 바로의 꿈을 해석하지 못했을 것입니다.
- 만일 내가 그의 꿈을 해석하지 못했다면 나는 결코 총리로 승격될 수 없었을 것입니다.

- 만일 내가 총리가 아니었다면 나는 흉년기간에 곡식을 배급할 수 없었을 것입니다.
- 만일 이집트에 곡식이 없었으면 나는 당신들과 모든 사람들을 구하지 못했을 것입니다.
- 나는 결코 그러한 생각을 하지 못했을 것입니다. 하나님은 당신들의 분노를 이용하여 나라를 구하고 사람들의 생명을 보존하게 하였습니다. 하나님의 계획이 얼마나 놀랍습니까! 하나님은 놀라우신 분이 아닙니까!

이제 그가 감옥에 있었던 시간에 대한 모든 사고는 요셉에게는 분노와 비통함이 아니고 찬송과 감사의 사고를 불러 일으켰다. 그의 애굽 이름, Zaphnath-paaneah은 '시대의 구원자'라는 뜻이다.[8] 요셉은 자신이 통제할 수 없는 사건들의 희생자가 되는 것 대신에 세상을 구원하는 커다란 계획 가운데 중요한 역할을 맡았다.

바울은 "하나님을 사랑하는 사람들, 곧 하나님의 뜻대로 부르심을 받은 사람들에게는, 모든 일이 서로 협력해서 선을 이룬다"(롬 8:28, 새번역)고 선포했다. 만일 당신이 기꺼이 용서한다면 당신의 교질세포는 당신을 도와서 잊어버리게 할 것이다. 그리고 하나님은 당신의 고통스러운 기억을 다시 고쳐 주시고 당신에게 "애곡 대신 기쁨의 기름을 주며, 근심의 영 대신에 찬양의 옷을" 주실 것이다(이사야 61:3 KJV).

"너희를 두고 계획하고 있는 일들은 오직 나만이 알고 있다. 내가 너희를 두고 계획하고 있는 일들은 재앙이 아니라 번영이다. 너희에게 미래에 대한 희망을 주려는 것이다. 나 주의 말이다"(렘 29:11, 새번역)

우리가 할 일은 용서하고 잊는 것이다. 하나님께서 하시는 일은 우리의 기억을 고치시고 우리의 재난을 승리로 바꾸시는 것이다.

● 적용

그러면 그것은 우리 삶 속에서 어떤 모습을 띠는가? 어떻게 우리는 용서하고 잊어버리고 다시 고쳐 쓸 수 있는가? 가장 좋은 예는 항상 개인적으로 직접 경험한 것이다. 왜냐하면 우리가 직접 그러한 경험들을 겪어야만 진리를 우리의 혼에 스며들게 할 수 있고 또 그 진리를 다른 사람에게 전할 수 있기 때문이다. 그 외의 모든 것은 단지 이론이거나 교리일 뿐이다. 예수님께서는 "사람이 하나님의 뜻을 행하려 하면 이 교훈이 하나님께로부터 왔는지 내가 스스로 말함인지 알리라"(요 7:17)고 말씀하셨다.

하나님께서 말씀하시는 것을 행하면 당신은 하나님께서 말씀하시는 것에 대한 진리를 알게 된다. 경험이 없으면 우리는 단지 이론이나 추측, 또는 희망사항만 가질 수밖에 없다. 그것이 다른 사람의 증언이 우리의 믿음을 세우고 우리 스스로 그러한 것을 시도하게 하는 이유이다. 예수님이 나사로를 부활시킨 후에 하나님의 실재하심과 사후세계에 대해 어느 누구도 나사로와 논쟁을 할 수 없었다. 그는 거기에 이미 가 봤기에 다 알고 있다(요 11장). 그의 경험은 그들의 교리를 뛰어 넘었고 그로 하여금 죽음에 대한 두려움에 휘둘리지 않게 해주었다. 진리를 제대로 알기 위해서 우리는 예수님의 말씀과 계명 안에 계속 머물러 있어야 한다(요 8:31-32). 머무는 것은 일을 나가서 그 일이 이루어지는지를 스스로 시도해보는 것이다.

잔과 나는 여러해 전 우리가 결혼했을 때 곤경에 처할 수 있었던 상황 가운데 있었다. 우리는 용서하고 잊어버리고 다시 고쳐 쓰는 원리를 아직 이해조차 하지 못했었다. 그러나 우리는 우리가 하나님께 쓰임 받기 위해서는 쓴 뿌리로부터 벗어나야 한다는 것을 알았다. 나는 기술자가 되기를 원했다. 대학입시 준비를 위해서 고등학교에서 수학, 삼각법, 물리학 등 온갖 수업을 다 받았다. 나의 아버지는 내가 돌아와서 자신과 농장에서 함께 일하기를 원했고 고등학교 마지막 해에 대학교에서의 전공을 농업으로 바꾸라고 설득했다. 그것은 내가 졸업하기 위해서 생물학, 생리학, 유기 화학을 열심히 해서 따라잡아야 한다는 것을 의미했다.

나는 그 당시 수년 간 최선의 노력을 기울이지 못했고 과도한 부담으로 인해 거의 낙제할 뻔 했다. 나는 공부에 좀 더 전념하기 위해서 생활방식에서 커다란 변화를 주어야 했고 집에서 나와야 했다. 아버지는 나를 도와줄 여유가 있었지만 그렇게 하지 않았다. 나는 굶지 않기 위해서 일주일에 두 번씩 밤에 택시를 운전해야 했다. 잔과 나는 마지막 해에 결혼했다. 그녀의 직장일과 나의 택시 운전으로 겨우 입에 풀칠을 했다.

아버지는 졸업 후에 곧바로 내가 농장으로 돌아오도록 할 준비가 되지 않았고 다음 해 봄까지 기다리게 만들었다. 그 동안 일을 찾기 어려웠지만 나는 몇 달 동안 우유배달을 했다. 나중에 잔의 아버지가 건설 쪽 일자리를 구해주었다. 이 기간에 우리는 우리가 살던 멋진 아파트에서 나와서 시끄러운 주인이 있는 지하실로 이사했다. 우리는 아끼고 절약했으며 잔의 보너스로 내 학자금 대출을 갚았다. 다음 해 2월이 되어서야 마침내 우리는 농장으로 돌아갔다.

성경은 이스라엘 백성들에게 일어났던 일들에 대해 이렇게 말한다.

> "그들에게 일어난 것은 본보기가 되게 하려는 것이며, 그것들이 기록된 것은 말세를 만난 우리에게 경고가 되게 하려는 것입니다"(고전 10:11, 새번역)

우리의 이야기는 내 아버지의 명예를 손상시키려는 것이 아니다. 요셉의 이야기와 같이 하나님이 우리를 위해서 어떻게 일하시는지를 보여 주기 위한 것이다. 우리는 힘든 기간에는 좋은 것을 볼 수 없었지만 하나님은 우리에게 "아골 평원(문제")이 희망의 문이"(호 2:15, 새번역) 되게 해주셨다.

> "그뿐만 아니라, 우리는 환난을 자랑합니다. 우리가 알기로, 환난은 인내력을 낳고, 인내력은 단련된 인격을 낳고, 단련된 인격은 희망을 낳는 줄을 알고 있기 때문입니다. 이 희망은 우리를 실망시키지 않습니다. 하나님께서 우리에게 주신 성령을 통하여 그의 사랑을 우리 마음속에 부어 주셨기 때문입니다"(롬 5:3-5, 새번역)

우리는 농장에 도착하자마자 우리의 집이 되어줄 트레일러를 고치기 시작했다. 그 후 몇 주 동안 우리는 우리의 새 집에 패널과 타일을 붙이고 페인트칠을 했다. 나는 정식으로 농장에서 일하고 있지 않았기 때문에 내 아버지의 트레일러를 수리하고 있었음에도 불구하고 급여를 받지 못했다. 잔은 내 첫 아이를 임신한지 3개월이 되었고 자주 병치레를 했으며 침대에 누워 지내야 했다. 그러나 우리는 젊었으며 우리가 함께 있는 것만으로도 행복했다. 또한 우리의 새로운 미래를 기대하고 있었다. 봄 작업이 본격적으로 시작되었을 때 일주일에 6일을, 격일로 길게는 하루에 16시간 짧게는 하루에 12시간을 일했다. 나는 1달에 300불을 받았으며 이는 교육받지 못한 일꾼들과 똑같은 액수였다. 그 액수는 1시간에 76.5센트밖에 안되었다. 대학 4년과 학위에 비하면 후한 액수가 아니었지만 우리는 미래를 기대하고 있었으며 모든 일들이 금방 변할 것이라고 믿었다. 그러나 그런 일은 일어나지 않았다. 사실 상황은 더욱 나빠졌다.

잔은 아기로 인해 몸집이 많이 불어나기 시작하고 있었기 때문에 그녀는 사람들에게 수영복을 입은 모습을 보이기를 원치 않았다. 우리의 친구 중 한 사람이 우리에게 자신의 전용 해변이 있는 그들의 농장에서 지낼 것을 제안했다. 내 부모는 조그마한 휴가용 트레일러를 가지고 있었다. 나는 우리가 그 트레일러를 일주일간 빌릴 수 있는지 물었다. 아버지는 일주일에 70달러를 임대료로 요구했다.

우리는 저축해둔 돈이 거의 없었고 한 달에 30달러(십일조 액수) 정도를 빚지고 있었다. 그렇지만 우리에게는 휴가가 필요했다. 그 주는 행복했지만 우리는 농장일 계약에 무엇인가 잘못되었다는 것을 깨닫기 시작했다. 우리는 먼저 그것은 같은 마당 안에 사는 또 다른 가족이 주는 압박감일 뿐이라는 생각을 했고 다른 대체 숙박시설을 찾기 시작했다.

트레일러에서 우리가 살아가는 상황은 결코 바람직한 것이 아니었다. 우리가 사용하는 물은 농장마당에서 퍼 올려서 아직까지도 트레일러 옆에 있는 오래된 통나무집의 지하 물탱크에 담아 두어야 했다. 이것은 도시 여자인 잔이 울타리를 넘고 가축 분뇨와 소떼를 지나서 물탱크 꼭지를 틀어서 물을 수조로 보내고 울타리를 다시 거슬러 올라가서 물이 찰 때까지 물탱크 수위를 체크하고, 다시 울타리를 지나서 물을 저수탱크로 되돌려야 하는 것을 의미했다. 때때로 그녀는 임신으로 인해 누워서 쉬어야 했고 물탱크의 물이 통나무 집 아래 있는 지저분한 참호 안으로 넘쳐흐르곤 했다. 이것이 아버지의 노여움을 샀고 그의 불쾌감을 큰소리로 나타내곤 했다.

트레일러에서 흘러나온 물은 안으로 흘러 들어간 물보다 더 큰 문제였다. 오물제거는 트레일러 밑에 있는 정화조로 사용하는 나무로 된 여물통이었다. 그것이 마침내 무너져서 무너진 트레일러 정문 앞쪽을 더럽게 하고 땅이 움푹 들어갔다. 즉 우리 집으로 들어오는 사람은 누구나 우리의 침실 옆에 있는 뒤쪽 복도를 통해 와야 했다. 실제적인 위험은 트레일러 아래 전체가 무너져 내릴 수 있다는 것이다. 더 이상 덮을 수 없는 냄새는 언급할 필요도 없고 말이다. 나의 부모는 여전히 내가 아들로서 고용된 일꾼들이 버는 것보다 더 적게 벌었지만 우리의 생활환경을 개선해주려고 하지 않았다.

새로운 살 곳을 찾다가 우리는 전체 토지의 절반가량 위에 있는 꽤 괜

찾은 집을 발견하였다. 그 집은 32,000 달러 밖에 되지 않았다. 우리는 아버지가 그 집을 살 수 있도록 도와주리라 기대했다. 나는 학교에 다니면서 농장신용회사를 위해 열심히 일했었고 아버지가 보증을 서주면 우리는 그 집을 쉽게 구입할 수 있고 몇 년이면 빚을 갚을 수 있다는 것을 알았다. 나는 아버지에게 도움이 되게 장비를 빌려달라고 요청했지만 딱 부러지게 거절당했다.

우리는 갈림길에 서 있었다. 만일 우리가 6개월 더 계속 있으면 돈이 떨어져서 집세 보증금을 낼 수도 없었다. 만일 우리가 떠난다면 대학 4년이 수포로 돌아갈 것이다. 우리는 응답을 위해 기도했으며 아버지의 마음이 부드러워지도록 기도했다.

부모님은 내가 작업을 하도록 남겨두고 휴가를 떠났다. 우리는 6 쿼터의 농경지, 두 개의 가축사육장, 수백 마리의 소, 파야 할 하나의 사일리지(역자 주-가축의 겨울 먹이로 말리지 않은 채 저장하는 풀) 구덩이를 갖고 있었기 때문에 매우 바빴다. 나는 해가 뜨고 질 때까지 일했다. 그리고 재해가 닥쳤다. 우박이 퍼부어 내렸던 것이다. 500 에이커(역자 주-1 에이커는 약 4,050 평방미터)의 농작물이 1시간 만에 사라졌다. 아버지는 없었고 그 당시에는 휴대폰도 없었기 때문에 연락할 수도 없어서 할아버지와 나는 훼손된 농작물 중 가장 상태가 안 좋은 것을 베어냈다. 그리고 우리는 남은 것들이 되살아나서 약간의 사일리지라도 만들기를 희망했다. 우리가 대화를 나눌 때 나는 하나님께서도 말씀하시고 계시는 것을 알았다. 할아버지는 "우리가 할 수 있는 만큼 수습하도록 하자"고 말씀하시고 있었다. 하나님은 "네가 할 수 있을 때 떠나라"고 말씀하시고 계셨다.

우리 농장에 오기 전에도 나는 하나님과 논쟁을 했었다. 나는 농사일을 하기를 원했다. 그러나 하나님께서는 "나는 네가 거기에 가는 것을 원치 않는다"라고 말씀하셨다.

나는 "하지만 하고 싶습니다"라고 답변했다.

그는 "나는 네가 가는 것을 원치 않는다"라고 말씀하셨다.

나는 "그러나 나는 원합니다"라고 대답했다.

그는 "그래 가거라. 그러나 너는 후회하게 될 것이다" 라고 말씀하셨다. 하나님은 협박이 아닌 사실을 말씀하셨다.

내가 우박이 초래한 피해를 살펴보고 나의 완고한 독립심이 초래했던 피해였음을 깨달았을 때 그 대화가 내 생각에 불현듯 밀려들어 왔다. 나는 거기서 바로 우리는 떠나야 한다고 할아버지에게 말했다. 그는 그것이 우리가 취해야 할 가장 좋은 조치라는 것을 알았다. 잔에게 말하고 나서 나는 그녀의 아버지에게 전화했고 그는 내가 바로 할 수 있는 철공노조를 관리하는 일을 하고 있다고 말했다. 며칠 동안 할아버지가 처리할 수 없는 일은 하나도 남기지 않았기 때문에 우리는 짐을 싸서 부모님이 오기 전에 떠났다. 이렇게 해서 농부가 되겠다는 나의 꿈은 끝이 났다. 물론 나는 하나님께서 나로 하여금 악몽에서 깨게 하셨다는 것을 알고 있다.

억울해 하며 판단하는 마음과 용서하지 못하는 마음을 품고 살 기회가 많았다. 결국에는, 내가 선택한 기술직을 하지 못하게 한 것은 아버지였지만 그가 원했던 것을 내가 선택했을 때 그는 도움을 주지 않았다. 나의 아버지는 내가 일 개월 동안 그의 트레일러에서 일하는 동안 나에게 급여를 지급하지 않았고, 정화시스템을 고치기를 거절했다. 또한 아버지는 최저생활임금을 지불하지 않았고 내가 정착하는 것을 도와주지 않았다. 또한 냉정하게 그의 작은 여행용 트레일러를 임대해주고 그 비용으로 일주일치 급여에 해당하는 액수를 청구하기까지 했다. 그는 내가 기술자가 되는 것을 반대했으며 지금은 내가 농부가 되는 것을 가로막고 있는 중이었다. 아들로서의 이점이 없었으며 그 점에서 아들 같은 느낌이 들지 않았다.

하나님께서 우리에게 교훈을 가르치시는 것을 제외하고는 분노와 심지어는 증오가 나의 반응이었을 것이다. – 아버지가 아닌 하나님이 이 모든 일을 주관하셨다. 이러한 낭패에 대해 나에게 책임이 있음을 회개하고 있었을 때 하나님께서 나에게 말씀하시는 것을 분명히 들었다. "내가 바로의 마음을 굳게 한 것(출애굽기에서 11번 언급된다)처럼 네 아버지의 마음을 굳게 했다. 나는 네가 여기에 있는 것을 원치 않았다. 나는 너의 아버지가 너를 축복하지 못하게 했다"고 그는 말씀하셨다.

나의 발길을 인도하고 기술과 농업으로부터 방향을 바꾸도록 한 분은 나의 아버지가 아니라 하나님이었다(창 45:5-8). 하나님은 더 좋은 계획을 갖고 계셨으며 내가 그에게 나를 인도해주시도록 내어드리자 그가 나를 인도하셨다. "사람이 마음으로 자기의 길을 계획할지라도 그의 걸음을 인도하시는 이는 여호와시니라"(잠 16:9).

이 모든 것이 하나님께서 하신 일이라는 것을 알았기에 나는 나의 아버지를 용서할 수 있었다. 나는 나중에 내가 문제였고 내가 머물기를 원하지 않았다고 아버지가 생각했다는 것을 여동생들을 통해 알게 되었다. 그는 우리가 떠난 것에 대해서 그가 영향을 끼쳤을 가능성에 대한 어떤 것도 깨닫지 못했다. 그가 나에게 상처를 주려고 한 것이 아니라 하나님이 그에게 나를 도와주지 못하도록 한 것이었다.

우리가 새 아들을 낳고 새 직장을 갖고 새 집을 사고 새 교회를 다니게 되면서 나는 우리의 힘들었던 상황과 박탈감을 빠르게 잊어버릴 수 있었다. 하나님은 우리를 그 농장과 가까운 마을에 있었더라면 우리가 결코 경험하지 못했을 방식으로 우리의 삶에 영향을 끼친 훌륭한 크리스천들을 연결시켜 주었다. 하나님은 우리가 더 큰 그리스도의 몸에 의해 영향을 받고 결국에는 다른 사람들에게 영향을 미칠 수 있도록 우리를 위한 보다 큰 계획을 갖고 있었다.

일단 하나님이 이 이야기의 일부로 기록된다면 그 사건들은 새롭고 보다 큰 의미를 갖게 된다. 하나님은 "하나님을 사랑하는 자 곧 그의 뜻대로 부르심을 입은 자들에게는 모든 것이 합력하여 선을 이루느니라"(롬 8:28)고 약속하신다. 쿠키의 재료들처럼 각각의 재료들(밀가루, 베이킹 소다, 소금, 설탕)은 맛있지 않지만 함께 섞고 열을 가하면 쿠키가 되어 큰 기쁨을 주게 된다. 우리는 그런 전체적인 것을 볼 수 있는 능력이 없다.

"우리가 지금은 거울로 보는 것 같이 희미하나 그 때에는 얼굴과 얼굴을 대하여 볼 것이요 지금은 내가 부분적으로 아나 그 때에는 주께서 나를 아신 것 같이 내가 온전히 알리라"(고전 13:12)

우리는 농장과 대학생활과 관련된 고통스러운 기억들이 없다고 솔직하게 말할 수 있다. 그것은 우리가 완전히 용서하고 잊어버릴 수 있고 우리 삶에서 그 부분을 기꺼이 다시 고쳐 쓸 수 있었기 때문이었다. 그것은 원만한 관계와 생산적인 삶을 살기 위한 핵심이다. 피해망상과 억울함에서 벗어나라. 당신이 후회가 아닌 목적을 갖고 살 수 있도록 하나님께서 당신이 참고 견뎌냈던 사건들의 진정한 의미를 당신에게 보여주시도록 하라. 그리하면 당신은 하나님께서 당신을 위해 예비하신 삶을 살 수 있다.

요셉은 이 교훈을 배웠다. 그러나 그의 형들은 피해망상이 그대로 남아 있었고 그들이 40년 전에 요셉에게 행했던 것에 대해 그가 그들에게 무엇인가를 하지 않을까 두려워했다.

"요셉의 형제들이 그들의 아버지가 죽었음을 보고 말하되 요셉이 혹시 우리를 미워하여 우리가 그에게 행한 모든 악을 다 갚지나 아니할까 하고 요셉에게 말을 전하여 이르되 당신의 아버지가 돌아가시기 전에 명령하여 이르시기를 너희는 이같이 요셉에게 이르라 네 형들이 네게 악을 행하였을지라도 이제 바라건대 그들의 허물과 죄를 용서하라 하셨나니 당신 아버지의 하나님의 종들인 우리 죄를 이제 용서하소서 하매 요셉이 그들이 그에게 하는 말을 들을 때에 울었더라 그의 형들이 또 친히 와서 요셉의 앞에 엎드려 이르되 우리는 당신의 종들이니이다 요셉이 그들에게 이르되 두려워하지 마소서 내가 하나님을 대신하리이까 당신들은 나를 해하려 하였으나 하나님은 그것을 선으로 바꾸사 오늘과 같이 많은 백성의 생명을 구원하게 하시려 하셨나니 당신들은 두려워하지 마소서 내가 당신들과 당신들의 자녀를 기르리이다 하고 그들을 간곡한 말로 위로하였더라"(창 50:15-21)

요셉은 그들이 그가 앙갚음하리라고 생각하는 것을 알았을 때 마음이 아파서 흐느꼈다. 그는 오래 전에 어떠한 상충되는 동기들보다 우선하는 하나님의 온 가족에 대한 선한 계획을 알고 있었다. 그의 형들의 시기는 하나님이 그들의 가족을 구원하기 위한 그의 계획을 실행하기 위해 사용한 도구였기 때문에 누군가를 해치는 것이 그의 생각에 결코 들어갈 수 없었다. 요셉은 십자가 위에서 "아버지 저들을 사하여 주옵소서 자기들이 하는 것을 알지 못함이니이다"(눅 23:34)라고 말씀하셨던 예수님과 같은 마음을 갖고 있었다. 우리는 하나님이 우리의 삶에 섭리하심을 알아야 한다. 그럴 때 우리는 과거의 고통스러운 기억이 우리의 영광스런 미래를 지배할 수 없음을 확신할 수 있다. 또한 우리는 용서할 수 있고 잊을 수 있으며 우리의 기억을 다시 고쳐쓸 수 있다.

✔ 스트레스는 고통스러운 기억에 의해 증가된다.

✔ 고통스러운 기억은 해결되지 않는 문제들에 의해 초래된다.

해결책

✔ 연루된 사람들을 용서하라

✔ 부정적인 감정의 앙금을 잊어라

✔ 다른 모든 것에 대한 하나님의 목적을 끼워 넣으면서 이야기를 고쳐 쓰라

적용

✔ 감정이 아니라 의지적으로 사람들을 용서하라

✔ 악한 의도는 어떠한 것이든 잊어라

✔ 그 상황을 곱씹으며 숙고하지 말 것을 결정하라.

✔ 어떤 악한 의도도 나와는 상관없다고 선포하라

✔ 어떠한 비판도 부인하라

✔ 교질세포를 이용하여 잊어버려라

✔ 그 상황을 통해 하나님이 행하셨고 또 하고 계시는 것을 보라

✔ 당신이 그 문제를 통과하도록 선택 받은 것을 감사하고 기뻐하라.

✔ 좋은 것이 올 것을 바라보고 그것을 선포하라

제5장

1 "Stress Related Facts," Stress Less, accessed April 10, 2013, http://www.stressless.com/stressinfo.cfm?CFID=19999547.

2 Ibid

3 P.J. Rosch, ed., "The Quandary of Job Stress Compensation," *Health and Stress* 3(March 2001) : 1-4.

4 Daniel M. Wegner et al., "Paradoxical Effects of Thought Suppression," Journal of Personality and Social Psychology 53, no. 1(1987) : 5-13, doi:10.1037//0022-3514.53.1.5.

5 Louise Smart, "Emotional Detox," Greenwichmeantime.com, Emotional Suppression and Illness, accessed April 10, 2013, http://wwp.greenwichmeantime.com/websites/emotional-detox.htm.

6 Aaron T. Beck, "Cognitive Approaches to Schizophrenia : A Paradigm Shift?" Psy Broadcasting Corporation, Lessons from Clinical Experience, accessed April 10, 2013, http://psybc.com/pdfs/library/Beck_ParadigmShift.pdf.

7 Congreve, William(1670-1729), http://www.brainyquote.com/quotes/authors/w/william_congreve.html.

8 Alfred Jones and James Strong, Jones' *Dictionary of Old Testament Proper Names*(Grand Rapids, MI : Kregel Publications, 1990), s.v. "Zaphnath-paaneah."

9 Spiros Zodhiates, *The Complete Word Study Old Testament*(Chattanooga, TN : AMG Publishers, 1994), Achor, #5912.

제6장

올바른 사고

> 우리가 문제를 만들었을 때 사용했던 것과 같은 사고로는
> 문제를 해결할 수 없다. - 알버트 아인슈타인
>
> 선하거나 악한 것은 아무 것도 없다.
> 단지 생각이 그렇게 만든다. - 윌리엄 셰익스피어
>
> 우리 사전의 염려는 사전의 사고하는 것과 계획하는 것이 되도록 하라. - 윈스턴 처칠

● 잘못된 인식

　상황에 대한 사람들의 인식과 즉흥적인 사고는 그 상황들에 대한 그들의 감정 및 행동(그리고 종종 생리적인) 반응들에 영향을 미친다. 사람들은 고통을 겪을 때 그들의 인식들이 종종 왜곡되고 제대로 기능하지 못한다.[1] 이것들은 인지행동치료를 개발했던 아라온 벡과 알버트 엘리스의 연구결과이다. 그들의 연구의 핵심은 우리의 반응들은 육체적, 감정적으로 우리의 신념체계에 연결된다는 것이다. 우리의 믿음이 너무 극단적이면 우리의 스트레스 수준이 치솟을 수 있고 우리는 일어나고 있는 일에 대해 진실을 왜곡시킬 수 있다.[2]

　우리들 대부분이 가지고 있는 세 가지 극단적인 믿음은 다음과 같다.

1. 누구나 나를 존중해야 한다.
2. 나는 모든 것을 잘 할 수 있어야 한다.
3. 내 삶은 안락해야 한다.

이러한 사고나 인식은 궁극적으로 우리의 정서상태와 행동을 결정짓는다. 따라서 정신적 스트레스나 질환은 종종 크게 왜곡된 잘못된 가정이나 태도에 의해 지속된다. 나(켄)는 내가 실수를 잘 하기 때문에 멍청하다고 믿었다. 다른 사람들이 실수하는 것은 괜찮았다. 그들이 실수를 한다 해도 나는 그들이 멍청하다고 생각하지 않았다. 그러나 나는 완벽해야만 했다. 진실은 나는 적어도 농학사 학위를 갖고 있을 만큼 꽤 똑똑했다는 것이다. 그러나 누군가가 내 실수를 지적하면 다른 사람들이 나를 멍청하다고 생각할것 같았다. 난 이것을 받아들일 수 없었다. 내 안에서 분노가 치밀어올랐다. 결과적으로 정말로 내가 멍청해 보이지 않도록 나는 자랑하고, 과장하고, 이야기를 꾸미고, 노골적인 거짓말을 했다. 그것은 어리석은 반응이었다. 우리가 이러한 '인지 왜곡'이나 '비이성적인 믿음'을 깨닫고 이러한 아이디어들을 좀 더 이성적이거나 적응할 수 있는 사고로 대체하는 것이 우리 삶에 평화를 가져오는 첫 걸음이다.[3]

● 평화의 필요성

평화는 스트레스의 반대이다. 평화는 무관심이나 될 대로 되라(Que Sera Sera) 식의 수동적인 태도가 아니다. 그것은 성령의 열매를 매우 적극적으로 적용하는 것이다. "성령의 열매(내면에 있는 그의 임재하심이 달성하는 일)는 사랑과 희락과 화평과 오래참음과 자비와 양선과 충성과 온유와 절제이니"(갈 5:22). 예수님께서는 "화평하게 하는 자는 복이 있나니"(마 5:9)라고 말씀하셨다. 단발식 권총인 45구경 콜트권총은 서부 시대의 평화중재자(Peacemaker)로 알려졌다. 왜냐하면 재장전 없이 6발을 발사할 수 있는 것은 공격적인 행동에 대해 강한 억제력을 갖고 있었기 때문이다.

평화는 공격성을 진정시키는 무기이다. "유순한 대답은 분노를 쉬게 하여도 과격한 말은 노를 격동하느니라"(잠 15:1). 공격에 대해 공격으로 맞서는 것은 결코 전쟁을 끝낼 수 없다. 분노하는 영에 대처하는 주요 방법은 그 정 반대의 영으로 맞서는 것이다. 화평을 바라보는 세상의 시각은 전쟁이 없는 상태이다. 우리는 평화로운 시기를 전쟁이 없는 시기라고 말한다. 그러나 성경이나 하나님 나라의 관점에서 보면 완전히 다르다. 성경에서는 예수님께서 "평안을 너희에게 끼치노니 곧 나의 평안을 너희에게 주노라 내가 너희에게 주는 것은 세상이 주는 것과 같지 아니하니라 너희는 마음에 근심하지도 말고 두려워하지도 말라"(요 14:27)고 하셨다. 하나님 나라의 평화는 전쟁 한 가운데서 권리를 행사하도록 되어 있다. 우리를 둘러싸고 있는 폭풍을 가라앉히는 힘을 가진 것은 내적 평화이다.

나는 Y2K 논란(역자 주-2000년을 평년으로 잘못 프로그래밍한 소프트웨어 때문에 생긴 컴퓨터 문제)이 사람들을 불안하게 만들고 있었을 때가 기억난다. 완전히 컴퓨터화 된 세상은 정지될 것이었다. 왜냐하면 내장형 코드들은 단지 새 천년이 요구하는 네 자리가 아니라 두 자리만 갖고 있기 때문이었다. 우리는 양초 몇 개와 등불을 위해 약간의 석유를 샀다. 우리는 기도했고 우리가 걱정해야 할 위험이 없는지 하나님께 여쭈어 보았다. 우리가 기도했을 때 하나님의 평화가 임했고 모든 것이 괜찮을 것임을 알았다. 우리의 몇몇 친구들은 불안해했고 우리가 그들과 함께 걱정하게 만들도록 애썼다. 우리는 성령으로 인한 커다란 평화 속에서 더 이상의 걱정을 거절했고 더 이상 준비하지 않았다. 릭 조이너는 "나는 전기를 생산할 필요가 있을 때에만 발전기를 구입하려고 한다. 나는 Y2K 공황 바로 직후 1월2일 그것을 구입할 것이다. 그 때 사람들은 그들에게 필요가 없는 발전기들을 팔려고 내놓을 것이다"라고 말했다. 대부분의 두려움과 같이 2000년이 도래했고 다른 어느 날처럼 똑같이 지나갔다.

예수님은 평강의 왕이시다(사 9:6). 만일 그가 열방과 우리의 환경을 다스리지 않는다면 진정한 평화는 없을 것이다. 한 번은 예수님과 제자들이 폭풍 한 가운데 있었다. 파도로 인해 배에 물이 차기 시작했고 제자들은 두려움 가운데 있었다. 예수님께서는 배 뒤쪽에서 주무시고 계셨다.

"예수께서는 고물에서 베개를 베고 주무시더니 제자들이 깨우며 이르되 선생님이여 우리가 죽게 된 것을 돌보지 아니하시나이까 하니 예수께서 깨어 바람을 꾸짖으시며 바다더러 이르시되 잠잠하라 고요하라 하시니 바람이 그치고 아주 잔잔하여지더라"
(막 4:38-39)

배는 폭풍우를 이겨내도록 만들어졌다. 문제는 폭풍우가 배 안에서 일어날 때 문제가 발생한다. 예수님께서는 배 안에서 폭풍우로 인해 당황하지 않으셨다. 예수님 안에는 폭풍우나 두려움이 없었기 때문이다. 그는 제자들을 꾸짖었다. "어찌하여 이렇게 무서워하느냐 너희가 어찌 믿음이 없느냐"(막 4:40).

전에 그들은 폭풍 때문에 두려워했는데 지금은 다른 것으로 두려워하고 있다. "그들이 심히 두려워하여 서로 말하되 그가 누구이기에 바람과 바다도 순종하는가 하였더라"(막 4:41). 그들은 폭풍이 멈춘 후에 전보다 더 두려워했다. 왜냐하면 그들은 폭풍에 대해 알고 있었지만 예수님은 알지 못했기 때문이었다. 그들은 그들이 무서운 폭풍 속에서도 무엇을 해야 하는지를 알았지만 지금 그들은 미지의 바다에 있었고 그들이 두려워하는 것에 대해 권능을 가진 누군가와 함께 배에 있었다.

예수님은 믿음과 평화로 행하실 수 있었다. 그것은 하나님께서 그에게 호수 반대편으로 가라고 말씀하셨고 그는 하나님께서 그들에게 가라고 말씀하셨다면 아무것도 그들을 막을 수 없다는 것을 확신하였기 때문이다. 그는 하나님 아버지와 함께 평안 가운데 있었고 그 평안은 그가 받은 말씀을 방해하려는 어떠한 문제들이나 폭풍들을 초월하였다. 그때 그는 그 안에 가지고 있는 평안을 사용하여 폭풍을 통제할 수 있었다. 그는 바람을 꾸짖었다. 그리고 그 파도에 그의 평안을 부여했다. "잠잠하라, 고요하라."

예수님은 평안을 하나의 물건처럼 사용하여 펼치기도 하고 거두어들이기도 할 수 있었다. 그는 그의 제자들에게도 이와 똑같이 행하라고 말씀하셨다. "어느 집에 들어가든지 먼저 말하되 이 집이 평안할지어다 하라 만일 평안을 받을 사람이 거기 있으면 너희의 평안이 그에게 머물 것이요. 그렇지 않으면 너희에게로 돌아오리라"(눅 10:5-6). 성령이 삶에서 만들어내는 평안은 마치 물 위에 떠있는 기름과 같다. 기름은 표면 장력을 깨뜨린다. 모든 갈등은 주님이 임재하실 때 녹아 없어진다.

우리는 여행에서 돌아올 때 비행기가 약간 강한 난기류를 만났고 사람들은 두려움에 자신들의 의자를 꽉 붙잡고 있었다. 갑자기 나(쟌)는 웃기 시작했다. 놀라서 켄이 물었다. "무엇 때문에 웃고 있는 거예요?"

"나는 방금 우리에게 아무 일 없을 거라는 평강의 물결이 밀려오는 것을 느꼈어요."

나는 하나님의 평강을 느끼는 것을 배웠기 때문에 두려움에서 평강으로 나의 마음을 전환할 수 있었다. 하나님이 그러한 평화를 주실 때 나는 어떤 상황의 결과에 대해 더 이상 의심하지 않는다.

> "그리스도의 평강(그리스도로부터 오는 혼의 조화)이 너희 마음(그런 평안한 상태에서 너희 사고 가운데 일어나는 모든 의문들을 최종적으로 결정하고 정리하라)을 주장하게 하라(계속해서 심판으로서 행동하라) 너희는 평강을 위하여 한 몸으로 부르심을 받았나니 너희는 또한 감사하는 자가 되라"
> (골 3:15 AMP)

하나님의 평안 가운데에서 하나님으로 하여금 우리에게 중요한 것이 무엇인지를 결정하게 하라.

두 아이가 누가 주도권을 가질지를 갖고 싸우고 있을 때 어느 곳에나 긴장이 있다. 엄마나 아빠가 그 방에 들어오면 싸움이 끝난다. 진정한 권위자가 방에 들어 왔기 때문에 누구든 안도감을 느낀다. 하나님의 화평은 그와 비슷한 것이다. 문제들이 여전히 남아있을 수 있지만 화평을 갖고 있는 사람에게 그것들은 문제가 되지 않는다. 예수님은 화평의 복음을 설교하셨다. 하나님과의 화평은 우리 자신과의 화평 및 다른 사람들과의 화평의 시작이다. 만일 우리가 갈등을 피하려 한다면 우리 삶에서 모든 사물과 사람들에 대해 우리의 기대를 낮춰야만 한다. 반면에 우리가 화평 가운데 걸어가는 법을 배우려 한다면 하나님에 대한 우리의 기대를 높여야 한다.

● 사고에 대한 분석

고통스러운 기억을 예방하는 가장 좋은 방법은 그 기억들이 우리의 기억에 고착되기 전에 그것들과 관련된 사고를 거부하는 것이다. 우리는 우리 마음에서 일어나는 사고를 단순히 억누르거나 무시해서는 안 된다. 오히려 그 사고가 우리의 생각과 기억들 안으로 통합되기 전에 상처나 화나게 하는 행위들을 받아들이지 않기 위한 의식적인 노력이 이루어져야 한다. 만일 우리가 우리 생각의 패턴에서 수동적이면 우리는 우리 사고를 통해 들어오는 독성 성분을 여과하지 못할 것이다. 우리는 우리가 무엇에 대해 생각하고 있는지를 적극적으로 살펴봄으로써 우리 마음을 훈련하는 법을 배워야 한다. "한가한 마음은 악마의 놀이터이다." 우리는 다음과 같은 질문을 해야 한다.

1. 이 생각은 나에게 유익한가?
2. 이 생각은 하나님의 나라에 유익한가?

● 이 생각은 나에게 유익한가?

불쾌하게 하는 것들

내가 이 생각으로 인해 불쾌해 하는가? 그 생각이 나의 평안을 깨뜨리는가? 그 생각이 나를 화나게 하는가? 그 생각이 나에게 유익한가? 우리는 어떤 사고가 우리 마음에 자리 잡기 전에 이러한 질문들을 할 필요가 있다. 언젠가 나는 겸손함에 있어서 상처받을 수 있지만 교만함에 있어서 공격받을 수 있다고 들은 적이 있다. 그들이 어떻게 감히 그렇게 말하거나 그렇게 생각하거나 그렇게 할 수 있단 말인가? 누군가 단지 당신이 민감한 촉발점을 갖고 있다는 것을 입증하는 단추들 중 하나를 눌렀다. 불쾌하게 하는 행위(offense)는 희랍어 skandalon이라는 단어에서 유래된 것이다. 이 뜻은 올가미나 미끼용 나뭇가지의 방아쇠라는 뜻이다.[4] 이것은 scandal이 파생된 어근이다.

만일 우리가 화를 낸다면 우리는 미끼를 물고, 올가미 방아쇠를 건드리고, 걸려들게 된다. 올가미에 걸려드는 것은 감정을 상하게 한 사람이 아니라 감정이 상한 사람이다. 감정을 상하게 한 사람은 아무 생각 없이 자기 갈 길을 가며 종종 우리 내부에 남아서 솟아오르는 들끓는 사고를 의식하지도 않는다. 만일 우리가 이처럼 감정을 상하게 하는 것들에 대한 기억을 고착시킨다면 그것은 우리 곁에 한평생 계속 머물면서 우리 건강과 정신적 안정에 피해를 줄 수 있다. 잔에게는 계란으로 인한 논쟁 때문에 20년 넘게 동생과 말을 하지 않는 고모가 있었다. 그녀는 고통스러운 기억이 일으키는 감정들의 속박에 갇혀서 살고 있었다. 잔이 그녀와 함께 나누고 기도했을 때 하나님께서는 그것을 상대 고모의 마음에 풀어놓게 하셨다. 그들은 전화로 화해했다. 그들은 죽을 때까지 친구로 지냈다.

성경은 이렇게 말한다. "만일 네 손이나 네 발이 너를 범죄 하게 하거든 찍어 내버리라 만일 네 눈이 너를 범죄 하게 하거든 빼어 내버리라"(마 18:8-9). 화를 나게 하고 실수하게 하거나 하나님의 표적을 맞추지 못하게 하는 사고에 대해서도 이와 똑같이 말해야 한다. 우리는 그것을 뽑아 내서 던져버려야 한다. 그 생각으로 고민하면서 지내는 것보다 그것 없이 평안 가운데 지내는 것이 더 낫다. 만일 그것이 우리의 믿음을 방해하고 우리의 건강에 해가 된다면 우리는 그러한 사고를 거부하고 우리에게 영향을 끼치지 못하게 해야 한다.

상처들

사람들은 종종 우리를 아프게 하는 말을 하거나 우리를 실망시키고 상처를 주는 상황들에 직면한다. 우리는 우리의 자존감과 관계의 강도와 관련하여 일어나는 부정적인 사고를 어떻게 처리하는가? 다음과 같은 사고가 일어나면 우리는 무엇을 하는가? '나는 그 사람들이 내 친구였다고 생각했다.' '나는 정말 멍청한 사람이야. 내가 왜 그랬지?' '내 삶은 최악이다.' '그들은 다시는 나에게 그렇게 하지 못할 거야. 그렇지 않고 만일 그런 식으로 하는 것이 그들이 처신하는 방식이라면 나는 바로 떠날 것이다.' 우울증의 어두운 구름이 우리의 혼과 영을 덮고 있고 우리는 그냥 아무 일도 하지 않고 느긋하게 쉬고 싶고 전화를 받지도 않고 침대에서 일어나려고도 하지 않을 때 우리는 어떻게 해야 하는가?

우리 자신에게 말하라! 감정은 실제로 존재하는 것이지만 진실은 아니다. 그것들은 우리의 육체적, 정신적인 건강에 파국을 초래할 것이다. 예수님이 이렇게 말씀하셨다. "도둑이 오는 것은 도둑질하고 죽이고 멸망시키려는 것뿐이요 내가 온 것은 양으로 생명을 얻게 하고 더 풍성히 얻게 하려는 것이라"(요 10:10). 풍성한 삶은 건강, 평강, 기쁨, 번영과 견고한 관계의 모든 면을 포함한다. 사탄은 당신의 삶에서 그러한 것들을 훔치고 파괴하려고 한다. 그는 그러한 것을 할 수만 있다면 어떤 사람이든, 어떤 상황이든 사용할 것이다. 그는 눈에 띄지 않게, 그러면서도 안 들린 적도 없이 일하고 있기 때문에 그가 실제로 존재하고 그가 우리를 향한 공격들을 개시하는 것을 우리는 깨닫지 못한다. 심지어 우리는 정반대로 생각하도록 속임을 당해왔다. 즉, 하나님은 화가 나셔서 우리 삶에서 모든 나쁜 것들을 일으키신다고 속임을 당해왔다. 심지어 세상은 자연재해를 '천재'(acts of god)라 부른다.

누군가가 우리에게 어떤 잘못을 저지를 때 만일 그들이 우리를 사랑하고 진심으로 우리에게 관심을 보이고 마음을 쓰고 있다는 것을 우리가 확신한다면 우리는 그들이 악한 의도로 그러한 일을 한 것이 아니라는 것을 알 것이다. 만일 누군가가 당신의 가장 친한 친구가 당신에 대해 거짓말을 한다고 고자질한다면 당신은 "나는 그러한 것을 믿을 수 없다. 나는 당신보다 그녀를 더 잘 안다"라고 말할 것이다. 그러나 만일 당신을 멸시하고 싫어하는 누군가에 대해 똑같이 고자질한다면 당신은 다음과 같이 말할 것이다. "나는 그것을 의심하지 않는다. 그들은 늘 나에 대한 험담을 퍼뜨리고 다닌다." 그 차이는 무엇인가? 입증된 믿음에 있다!

믿음은 경험에서 나온다. 예수님은 "형제보다 더 친한 친구"이다(잠 18:24, 현대인의 성경). 우리는 머리로는 그것을 믿을 수 있지만 일이 어려워질 때에는 우리의 잘못된 인식이 영향을 미치기 시작한다. 우리는 세상 일이 잘 풀려야 하고 하나님이 원하시면 그렇게 하실 수 있다고 생각한다. 그런데 하나님이 나를 사랑하지 않아서 나에게 유익이 되도록 상황을 바꿔주지 않으신다고 생각한다. 우리는 하나님을 신뢰하지 않는다. 우리는 모든 것이 그의 잘못이거나 아니면 적어도 그가 마음만 먹으면 그 상황을 막을 수 있는 그의 능력에 문제가 있다고 생각한다. 그것이 폭풍 가운데 있었던 제자들의 태도였다. 그들이 배가 가라앉지 않을까 하고 두려워하고 있었을 때 그들은 예수님을 깨우고 그에게 부르짖었다. "선생님이여 우리가 죽게 된 것을 돌보지 아니하시나이까"(막 4:38). 그들의 첫 생각은 이 난리통에 예수님은 주무실 뿐 돌보지 않는다는 것이다. 그것은 종종 우리의 오해이며 하나님에 대한 비난으로 이어진다. 그가 우리 생각대로 빠르게 반응하지 않을 때 우리는 그가 우리를 돌보지도, 사랑하지도 않는다고 판단한다.

만일 우리가 우리를 좌절시키기 위해 사탄이 주는 사고를 물리치려고 한다면 우리는 그러한 부정적인 사고에 대해 긍정의 말로 대응해야 한다. 우리를 향한 하나님의 뜻과 하나님에게 있어서 우리의 가치에 대한 확신으로 말이다. 우리 모두는 상처를 입을 수 있다. 그러나 우리 모두는 치유받을 수 있다. 만일 우리의 평안을 지키려 한다면 우리는 "악을 버리며 선"한 사고를 택해야 한다(사 7:15). 각기 다른 사고방식들과 싸우는 것은 마치 당신의 마음속에서 칼싸움을 하는 것과 같다. 만일 그들이 이러한 논쟁으로 칼을 찌르면 나는 그것으로 슬쩍 피하겠다. 또는 만일 그들이 이 사실로 공격한다면 나는 그것으로 맞대응할 것이다. 문제는 어떠한 논쟁이나 상대도 우리 마음속에서 펜싱 연습이나 칼싸움을 하기 위해 보내지지 않는다는 것이다. 유일하게 패배당하는 것은 오직 우리의 평안이며 우리가 유일하게 배우는 것은 다툼 속에서 머무는 법이다.

우리가 승리하려면 우리는 말로 사고와 싸워야 한다. 예수님은 모든 사탄의 제안에 대해 "기록되었으되"로 대응함으로써 사탄이 전투의 현장에서 물러가도록 하셨다. 사탄은 예수님을 세 번 공격했고 예수님은 하나님의 말씀으로 세 번 대응하셨다. "마귀가 모든 시험을 다 한 후에 얼마 동안 떠나니라"(눅 4:13). 예수님은 하나님의 말씀을 사용하여 사탄을 물러가게 하셨다. 예수님은 제자들에게 그들이 공격 받을 때 승리하기 위하여 똑같은 방법을 사용할 것을 말씀하셨다. 예수님께서는 이렇게 말씀하셨다.

"너희를 넘겨 줄 때에 어떻게 또는 무엇을 말할까 염려하지 말라 그 때에 너희에게 할 말을 주시리니 말하는 이는 너희가 아니라 너희 속에서 말씀하시는 이 곧 너희 아버지의 성령이시니라"(마 10:19-20)

우리들 자신의 추론으로는 우리를 문제로부터 빠져나오게 할 수 없다. 왜냐하면 우리의 추론은 잘못된 인식과 고통스러운 기억들에 깊이 빠져있고 이것들은 그 문제를 해결하는데 아무런 능력도 발휘할 수 없기 때문이다.

스트레스를 야기하는 잘못된 인식들

① 모든 사람은 나를 존중해야 한다

거짓말 : 세상은 나를 중심으로 돌아간다

우리는 우리 자신을 그렇게 높게 생각하지 말라는 말을 듣는다.

"내게 주신 은혜로 말미암아 너희 각 사람에게 말하노니 마땅히 생각할 그 이상의 생각을 품지 말고 오직 하나님께서 각 사람에게 나누어 주신 믿음의 분량대로 지혜롭게 생각하라"(롬 12:3)

우리가 우주의 중심이 아니고 모든 것이 나를 중심으로 돌아가는 것이 아니라는 것을 깨달을 때 우리는 많은 실망을 피할 수 있을 것이다.

진실 : 하나님은 나를 위해 이 세상을 창조하셨다

이 세상은 나를 중요하게 보지 않는다. 그러나 하나님은 우리를 중요하게 여기신다. "자기 아들을 아끼지 아니하시고 우리 모든 사람을 위하여 내주신 이가 어찌 그 아들과 함께 모든 것을 우리에게 주시지 아니하겠느냐"(롬 8:32). 하나님은 그가 가진 가장 값어치 있는 소유, 즉 예수님을 취하셔서 그를 우리를 위해 희생시키셨다. 그것은 하나님께서 우리를 얼마나 가치 있게 보시는지를 말해준다. 예수님은 이렇게 말씀하신다.

"세상이 너희를 미워하면 너희보다 먼저 나를 미워한 줄을 알라 너희가 세상에 속하였으면 세상이 자기의 것을 사랑할 것이나 너희는 세상에 속한 자가 아니요 도리어 내가 너희를 세상에서 택하였기 때문에 세상이 너희를 미워하느니라"(요 15:18-19)

세상이 당신에게 마음을 사로잡힐 것에 대한 기대를 낮추라. 그러나 하나님은 항상 그의 눈을 당신에게 고정시킨다.

"여호와의 눈은 의인을 향하시고 그의 귀는 그들의 부르짖음에 기울이시는도다"(시 34:15)

"참새 다섯 마리가 두 앗사리온에 팔리는 것이 아니냐 그러나 하나님 앞에는 그 하나도 잊어버리시는바 되지 아니하는도다 너희에게는 심지어 머리털까지도 다 세신 바 되었나니 두려워하지 말라 너희는 많은 참새보다 더 귀하니라"(눅 12:6-7)

하나님은 당신과 당신을 위해 만드신 세상을 지켜보고 계신다.

"하늘은 여호와의 하늘이라도 땅은 사람에게 주셨도다"(시 115:16)

"사람이 무엇이기에 주께서 그를 생각하시며 인자가 무엇이기에 주께서 그를 돌보시나이까 그를 잠시 동안 천사보다 못하게 하시며 영광과 존귀로 관을 씌우시며 만물을 그 발아래에 복종하게 하셨느니라 하였으니 만물로 그에게 복종하게 하셨은즉 복종하지 않은 것이 하나도 없어야 하겠으나 지금 우리가 만물이 아직 그에게 복종하고 있는 것을 보지 못하고"(히 2:6-8)

하나님께서는 당신에게 지구를 주셨다. 그러나 세상은 아직 그것을 포기할 준비가 되어있지 않다. 만일 당신이 당신의 것을 위해 싸우려 하지 않는 한 당신은 좌절하게 될 것이다. 전쟁터는 당신의 마음속에 있다. 적들은 우리의 왜곡된 사고다. 그것들을 용서하고 잊고 하나님과 함께 시나리오를 다시 고쳐 씀으로써 그 사고에 저항하라

거짓말 : 다른 사람들이 나에게 상처를 주면 안 된다

축구나 하키에서 상대팀에 의해 기습공격을 받게 되면 당신이 몸에 받는 타격에 대해 준비된 상태에서 같은 힘으로 타격을 받는 것보다 훨씬 더 많은 부상을 입게 된다. 왜 그럴까? 그것은 당신이 방심하여 상대방이 오는 것을 보지 못했을 때 더 공격을 받기 쉽기 때문이다. 인간관계에서도 똑같은 일이 일어난다. 우리가 어떤 사람을 더 신뢰하면 할수록 우리에게 상처가 되는 말을 하거나 행동을 할 때 그로부터 받는 우리의 피해는 더 커진다. 이러한 충격으로부터 우리를 보호하기 위해 벽을 쌓는 것이 일반적 반응이다. 문제는 벽이 주위 사람들을 멀리하게 할 뿐만 아니라 우리를 그 안에 가둔다는 데에 있다.

진실 : 상처받은 사람들이 사람들에게 상처를 준다

나는 "상처받은 사람들이 사람들에게 상처를 준다"는 인용문은 자신들이 모든 것을 통제해야 한다는 생각을 버리지 않고, 용서하지 않고, 하나님으로 하여금 그들을 치유하도록 내어드리지 않는 사람들을 가리킨다고 생각한다. 오히려 그들은 감정을 제어했고 쓰라린 고통은 점점 커졌다. 대부분 이것이 대응하는 가장 쉬운 방식이다.

우리의 육은 그러한 고통을 붙드는 편을 훨씬 쉽게 느낀다. 우리가 그러한 고통을 붙잡고 있을 때 우리는 다른 사람들에게 상처를 준다. 왜냐하면 우리가 아직도 그 고통을 느끼고 그 고통에서 벗어나려고 하기 때

문이다. 우리의 감정은 항상 표면 가까이 있고 우리는 곧바로 싸울 준비가 되어 있다.[5]

우리의 방아쇠는 매우 예민해서 아주 살짝 건드려도 발사되게 되어있다. 아주 살짝 도발해도 우리 주변 사람들을 맹렬히 비난하기 쉽다. 아주 살짝 자극만 줘도 주위 사람들을 공격하려 한다.

우리 모두는 우리 삶 가운데 상처들이나 치유 받지 못한 영역들을 갖고 있다. 만일 나에게 아물지 않은 상처가 있을 경우 당신이 5 피트나 떨어진 곳에서는 내 상처를 건드리지 못할 것이다. 만일 내가 당신이 나와 아주 가까이 있어서 무심코 나를 포옹할 경우 당신은 나의 상처가 난 부위를 건드리게 되어 있다. 당신이 나와 가까이 있을수록 나의 아픈 부위를 건드릴 확률이 높아진다. 그것이 가까운 사이일수록 그 관계를 유지하는 것이 어려운 이유이다. 우리는 상처를 받을 것인데 우리 대부분은 그 해결책이 없다. 그것이 우리가 사람들과의 간격을 유지하고 그들이 너무 가까이 있을 경우 그들을 밀어 내어 버리는 이유이다.

다음의 도표는 사람들이 너무 가까이 있을 경우 어떤 일이 벌어지는가를 보여준다. O는 우리의 인격에서 치유된 영역을 가리키고 X는 상처 받은 영역을 가리킨다. 우리가 다른 사람들로 하여금 우리의 겉껍질인 성격을 통과하게 하고 기질 면에서 우리의 혼을 건드리도록 내어주었을 때 그들은 결국 우리의 치유 받지 못한 영역(X를 건드림)을 마주치게 될 것이다. 그럴 때 전쟁이 일어나고 서로를 비난하는 일이 벌어지게 된다.

인격 도식

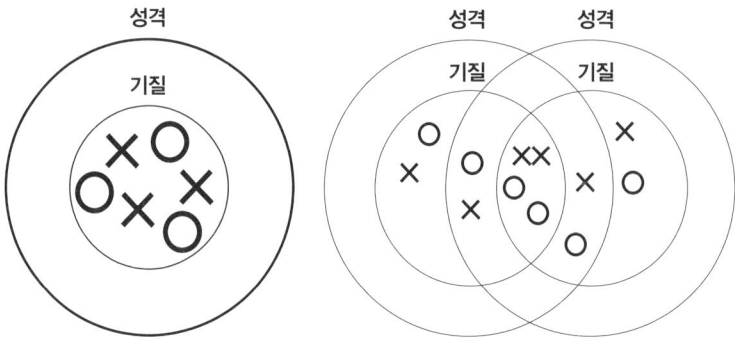

내(켄)가 바로 그랬다. 나는 곧잘 사람들을 공격했다. 내가 그들을 미워해서 한 것은 아니었다. 사실 나는 그들을 좋아했다. 그러나 내 마음이 불편해질 정도로 그들이 너무 가까이 다가오고 있었다. 나는 공격이 가장 좋은 방어라는 것을 알았다. 나는 가장 부적절한 때에 어리석게도 다른 사람에게 상처를 주는 말을 하고 있는 나를 발견했다. 잔은 내가 사회적으로 어설픈 사람이라고 생각했다. 왜냐하면 나는 사람들에게 아주 이상한 말들을 불쑥 내뱉거나 부적절하거나 상처를 주는 농담을 했기 때문이다. 파티에서 나는 춤을 잘 추지 못해 구석에 숨어 있거나 아주 큰 소리로 떠들어대서 사람들을 불쾌하게 했다. 두 방법 다 효과가 있었다. 사람들은 나를 멀리 했다. 그러나 그 방법은 결혼생활이나 서로 강제로 가까이 지내야 하는 하나님 나라에서는 효과가 없었다.

만일 누군가 우연히 당신 팔을 건드리면 당신은 반응을 보이지 않을 수도 있고 심지어 알아채지 못할 수도 있을 것이다. 그런데 만일 당신의 팔에 아물지 않은 상처나 부스럼이 있다면 그러한 접촉이 즉각적이고 격렬한 반응을 촉발할 것이다. 사람들이 그러한 상처를 건드릴 때 자연스런 반응은 움츠러들면서 "그만해! 아파, 건드리지 마"라고 요구하는 것이다. 우리의 과잉 반응은 우리에게 치유되지 않은 상처가 있다는 것을 암시한다.

우리는 이렇게 말했어야 한다. "오, 아파, 내가 갖고 있는 상처 중에 어떤 것 때문에 그렇게 아픈지 궁금하네." 상처의 치유는 우리를 아프게 하는 다른 사람을 탓하는 것으로 이루어지지 않는다. 그것은 우리에게 고통을 초래하는 문제를 처리함으로서 이루어진다.

우리는 성경에 기록된 바와 같이 행해야 한다.

> "너희는 모든 악독과 노함과 분냄과 떠드는 것과 비방하는 것을 모든 악의와 함께 버리고 서로 친절하게 하며 불쌍히 여기며 서로 용서하기를 하나님이 그리스도 안에서 너희를 용서하심과 같이 하라"(엡 4:31-32)

다른 사람들이 당신에게 상처를 주지 않도록 기대하는 것은 단지 치유되지 않은 상처의 고통을 연장시킬 뿐이다.

거짓말 : 당신은 나를 위해 당신의 인생을 바쳐야 한다

오직 아기들만이 다른 사람들이 그들을 보살펴 줄 것이라는 기대를 할 수 있다. 그 밖의 모든 사람들은 커서 자신의 역할을 스스로 감당해야 한다. 성경에서 바울은 말한다.

> "내가 어렸을 때에는 말하는 것이 어린 아이와 같고 깨닫는 것이 어린 아이와 같고 생각하는 것이 어린 아이와 같다가 장성한 사람이 되어서는 어린 아이의 일을 버렸노라"(고전 13:11)

아이들은 자기중심적이고 그들의 세상은 매우 협소하다. 그들은 직접적으로 자신의 영역을 건드리지 않으면 어떤 사물이나 사람에도 관심을 기울이지 않는다. 그들은 무엇인가 자기 뜻대로 되지 않으면 종종 울거나 발작을 일으킨다. 우리 모두는 어린이가 식료품 가게에서 울고 비명을 지르면서 어머니를 인질처럼 붙잡고 사탕을 사달라고 조르는 것을 본적이 있다. 종종, 엄마는 더 이상의 난처한 상황을 모면하기 위해서 바로 항복한다.

진실 : 우리는 성장해야 한다

아이들은 그들의 요구에 굽실거리지 않는 세상에 직면할 때 충격을 받는다. 철이 없거나 미성숙한 것은 "너는 나를 위해 너의 인생을 바쳐야 한다. 너는 나를 섬겨야 한다"라고 요구하는 '공주나 왕'의 태도라고 표현할 수 있다. 특히 어머니와 아버지의 성숙과 사랑은 그들의 자녀들을 위해 기꺼이 자신의 인생을 바치는 것이다. 예수님은 "사람이 친구를 위하여 자기 목숨을 버리면 이보다 더 큰 사랑이 없다"(요 15:13)고 말씀하셨다. 다른 사람들이 우리가 원하는 것을 충족시켜줄 것을 기대하면 결국 실망하게 될 것이다.

② 나는 뭐든지 잘 해야 한다

이 아이디어는 어디에서 오는가?

1) 다음과 같이 말하는 성과 지향성에서 온다

- 내가 받아들여지기 위해서는 성과를 올려야 한다.
- 내가 사랑 받기 위해서는 성과를 올려야 한다.
- 내가 존중 받기 위해서는 성과를 올려야 한다.
- 나는 성과를 올렸을 때까지 즐겨서는 안 된다.

일을 정확히 제대로 하려고 애쓰는 것은 어떠한 하나의 법칙을 만들어서 우리를 그 법칙 아래 얽매이게 한다. 법칙은 늘 옳고 그름에 관한 것이다. 과제를 수행하기 위해 우리는 그 일을 제대로 하려고 노력해야 한다. 그 일을 완수하기까지 우리가 진행하고 있는 일에서 긴장을 풀고 쉬는 것이 허용되지 않는다. 그것은 창조성을 억누른다. 음악가가 연주를 하고 있을 때 그들은 연습한 화음을 내서 청중이 완벽한 연주를 듣게 한다. 관중이 다 나가고 연주자들만 남아 즉흥적인 연주를 할 때 그들은 약간 미친 것 같은 일을 시도할 수 있다. 그들은 전에 시도해 본 적이 없었던 소리나 테크닉을 개발하려고 노력할 수 있다. 정확하게 연주하려는 사고를 하지 않을 때 자유로움이 있고 창조적인 능력이 생긴다. 우리가 지금까지 드렸던 가장 훌륭한 예배 중 어떤 예배들은 전형적인 예배가 다 끝난 후에 찾아왔다. 대부분의 사람들이 떠났고, 밴드는 남아서 계속 연주했다. 그들은 전에 낼 수 없었던 음이나 소리에 도달한 것 같았다. 그들은 단지 그들이 기쁘게 해주어야 할 관중이 아닌 오직 하나님을 위해 예배드리는 것을 즐기고 있었던 것이다. 지시대로 정확히 일을 수행하는 법칙은 우리를 힘들게 하고 스트레스를 받게 한다(고후 3:6 참조). 내가 무언가 잘못할 때 "내가 형편없는 사람이다"라는 것은 거짓말이다. 진실은 내가 하는 일이 아닌 내가 누구인가에 있다. 성경은 나를 이렇게 말한다.

"그 안에서 발견되려 함이니 내가 가진 의는 율법에서 난 것이 아니요 오직 그리스도를 믿음으로 말미암은 것이니 곧 믿음으로 하나님께로부터 난 의라"(빌 3:9)

일을 정확히 제대로 한 것은 예수님이지 우리가 아니었다. 하나님은 우리를 "그리스도와 함께 하나님 안에 감추어진"(골 3:3) 것으로 보신다. 하나님은 우리 안에 계신 예수님을 보신다. 즉 우리를 보시는 것이 아니라 예수님을 보신다. 그것이 "우리가 아직 죄인 되었을 때에 그리스도께서 우리를 위하여 죽으심으로 하나님께서 우리에 대한 자기의 사랑을 확증하신"(롬 5:8) 이유이다. 만일 내가 완벽해야 하는데 내가 그렇지 못하면 나는 노력조차 하려고 하지 않을 것이다.

나(잔)는 유화물감으로 그림을 그리는 것을 좋아한다. 특히 동물을 그리는 것을 좋아한다. 나는 원래 그림을 잘 그리진 못하지만 레슨을 받았고 눈에 띌 정도로 실력이 향상되었다. 나는 그림을 그릴수록 더 잘 그릴 수 있게 되었다. 연습을 하면 완벽하게 되지만 우리는 실수를 하지 않을 수 없다. 그렇지 않으면 우리는 더 이상 모험을 하지 않을 것이다. 무엇이든지 시도할 만한 가치가 있는 것은 무엇이든지 잘못되어도 그럴만한 값어치가 있다. 이것은 예술이든, 스포츠이든, 일이든 간에 모든 분야의 시도에 유효하다.

나는 보통사람보다 더 유능한 한 명의 연주자나 스포츠 선수를 만드는 것에 대해 토론하는 라디오 프로를 들은 적이 있다. 왜 어떤 연주자는 교향악단을 위해 연주를 하고 다른 연주자는 어린이들에게 음악을 가르치는가? 왜 어떤 하키 선수는 프로 아이스하키 리그에 데뷔하고 다른 선수들은 동네 리그와 픽업 게임(역자 주-갑자기 모여서 하는 경기)에서만 뛰어야 하는가? 대답은 둘 다 똑 같았다. 일만 시간 이상을 연습한 사람들은 그들의 분야에서 실력이 뛰어나게 되었다.[6] 그러한 연습은 성과가 아니었다. 그것은 목적을 성취하려는 즐거움을 위해 한 것이었다.

바울이 이렇게 말했다.

"나는 오직 한 일 즉 뒤에 있는 것은 잊어버리고 앞에 있는 것을 잡으려고 푯대를 향하여 그리스도 예수 안에서 하나님이 위에서 부르신 부름의 상을 위하여 달려가노라"(빌 3:13-14)

그 연구자는 성공은 10%의 재능, 90%의 노력과 투지라고 설명했다. 당신은 완벽해지기 위해서 완벽해야 할 필요가 없다. 당신은 단지 당신 자신을 믿고 그것을 간절히 원해야 한다.

'나는 뭐든지 잘해야 된다'라는 신념 역시 다음과 같은 사고로부터 온다.

2) 나는 단지 고용된 사람이고 아들이나 딸이 아니다 라고 믿는 것

- 고용된 사람은 임금을 위해 일하고 아들이나 딸은 유업을 받는다.
- 고용된 사람은 그 사업장에서 일하고 아들이나 딸은 그 사업을 소유한다.
- 고용된 사람은 지위를 얻기 위해 일을 하고 아들이나 딸은 아버지와 함께 특권을 누린다.
- 고용된 사람은 그들의 권리를 보호하기 위해 계약이 필요하다. 아들이나 딸은 그들의 특권을 보장해주는 아버지와의 약속 아래 경영한다.

요셉은 지위나 상황이 계속해서 나빠졌지만 은혜를 입었다. "이는 여호와께서 요셉과 함께 하심이라 여호와께서 그를 범사에 형통하게 하셨더라"(창 39:23). 성경에서 말하는 은혜는 우리의 방패이고 우리의 생명이며 우리의 적을 물리치며, 우리를 높여주고, 재물보다 더 좋은 것이며, 우리에게 하나님의 긍휼을 가져다주는 것이다(시 5:12; 30:5; 41:11; 89:17; 잠 22:1; 사 60:10 참조). 이것들은 사랑받는 아들이나 딸에게 부여된 은혜들이다.

사탄은 "네가 하나님의 아들이거든"(마 4:3, 6, 새번역)하면서 예수님을 유혹했다. 그는 하나님께서 "이는 내 사랑하는 아들이요 내 기뻐하는 자"(마 3:17)라고 선포하셨을 때 하나님께서 바로 전에 말씀하셨던 한 단어를 고의적으로 빠뜨렸다. 사탄은 '사랑하는'이라는 단어를 빠뜨렸다.

그가 사랑하는 아들이라는 것을 예수님께 상기시키는 것은 역효과를 낳는 것이었다. 이 시점에서 예수님은 사역이나 이적을 행하지 않으셨다. 그럼에도 그의 아버지는 그로 인해 기뻐하셨다. 그의 아버지를 기쁘게 해드린 것은 그가 한 일이 아니었다. 단지 예수님이 하나님의 사랑하는 아들이시라는 사실이었다.

사탄은 예수님께 이 세상의 모든 나라를 보여주었고 그가 사탄에게 절하고 경배하기만 하면 그 나라들을 그에게 주겠다고 약속했다. 예수님은 이미 주님이셨다! 사탄은 종종 이미 우리가 소유하고 있는 것을 위해 일하라고 시험한다. 그는 아담과 하와가 선악과를 따먹으면 하나님과 같이 될 수 있다고 제안했다(창 3:3-5). 진실은 그들은 이미 하나님과 같았으며 하나님과 함께하는 공동창조자라는 사실이었다. 노력하고 분투하는 것은 늘 당신이 이미 소유하고 있는 어떤 것을 얻기 위해 시도하는 것을 동반한다. 또한 나는 뭐든지 잘해야 한다는 신념은 다음과 같은 생각으로부터 온다.

3) 하나님은 사랑하셔서 우리의 자연적인 것에 그의 초자연적인 것을 더하신다는 것을 믿지 못함

우리는 놀라운 하나님과 함께하는 보통 사람들이다. 베드로는 물위를 걸을 수 없었지만 걸었다. 이 이적에서 그가 해야 할 일은 배 위에서 내리고 그가 할 수 있는 것, 즉 걷는 것이었다. 하나님께서는 물에 빠지지 않는 기적 같은 능력을 제공해주셨다. 그가 들은 "걸어라"라는 단어가 믿음과 결합되는 한 그것은 베드로에게 도움이 되었고 그는 물에 가라앉지 않았다(히 4:2). 그에게 두려움이 생겼을 때 그는 더 이상 믿음을 갖지 못했고 가라앉았다(마 14:30). 베드로는 "파도가 자신의 발밑을 휘젓고 있는 것을 보았을 때"(마 14:30, MSG) 두려움이 몰려왔다. 진실은 그는 예수님이 아니라면 잔잔한 물 위도 걷지 못하는 사람이다. 그리고 폭풍은 자신을 물 위로 걷게 하시는 예수님으로부터 시선을 분산시키는 역할을 했다. 우리 환경에서 불가능한 것에 주목하는 것은 우리를 향한 하나님의 사랑과 능력을 잊게 하는 확실한 방법이다.

우리의 친구인 클린트와 카렌은 극복하지 않으면 안 될 어려운 상황에 처해있었다. 어려움이 계속되는 와중에 자신들의 주거래 은행이 대출에 대한 담보권을 행사하려는 것을 알았다. 그 은행은 기업대출로 융자 받았던 대출을 그들의 주택 담보대출과 대출한도를 함께 연계시켰다. 그것은 적법하지도 않은 것이었지만 은행들은 강력한 자금력을 바탕으로 강하게 밀어붙일 수 있다. 은행들은 담보권을 행사하려고 단단히 결심했기 때문에 처음에 그들은 그 부부가 그 상황을 정리하기 위해 지불한 돈도 받지 않았다.

클린트와 카렌과 여러 사람들이 기도했다. 그리고 하나님께서 이 문제에 개입하시고 해결하실 것이라는 느낌을 받았다. 은행은 약 5000불의 빚 때문에 그들의 집을 빼앗으려고 했다. 그들은 마지막으로 전 달에 받았던 만 오천 불을 갖고 있었지만 그들은 여전히 담보권 실행에 대한 압박을 가하고 있었다. 공판일이 이르렀을 때 판사가 소송이 너무나 사소했기 때문에 화가 나서 그것을 법정 밖에서 해결하라고 했다. 그것은 흥미진진한 일이었지만 그것은 단지 시작일 뿐이었다. 클린트가 법정으로 들어가고 있을 때 그는 약 사만 불에 해당하는 계약을 하자는 전화를 받았다.

그가 그 일을 하려고 갔을 때 그에게 어떻게 자신의 이름을 알았는지 물었다. 그 사람은 '콘크리트 피니셔'(aggregate concrete finishers)에 해당되는 업종별 전화번호부에서 그를 찾아냈다고 말했다. 그는 클린트의 회사가 그 목록에서 본 첫 번째 이름이었다고 말했다.

클린트가 "나는 업종별 전화번호부에 광고를 한 적이 없으며 나의 회사 이름으로 결코 우리가 그 명부의 맨 앞에 있을 수 없다"고 대답했다.

그래서 그 사람은 그의 휴대폰을 열고 클린트의 회사를 본 적이 있는 페이지를 열어보았다. 그 회사는 거기에 없었다. 그는 놀라워했으며 "무슨 일인지 모르겠다. 그러나 나는 우리가 함께하게 될 운명이라고 생각했다"고 말했다. 하나님은 우리를 형통하게 하고 우리의 자연적인 것 위에 초자연적인 것을 더하시는 방법을 갖고 계신다.

이스라엘의 어린이들은 광야에서 40년 동안 하나님의 능력을 목격했고 어떠한 적도 그들을 대항할 수 없다는 것을 알았다. 모세는 12만 명으로 추정되는 미디안 군대를 대항하기 위해 12,000명을 보냈다. 그것은 10대 1로 불리한 상황이었다. 이스라엘은 적군 전체를 물리쳤고 그럼에도 사상자가 있는지 조사했을 때 그들은 실종된 사람이 단 한 명도 없다는 것을 알게 되었다. 그것은 120,000대 0의 확률이다. 그 누구도 이렇게 승리할 수 없다.

나중에 그들이 그 땅에 들어가서 승리를 거듭했을 때 하나님께서 내가 "아모리 사람의 두 왕을 너희 앞에서 쫓아냈다. 이 두 왕을 몰아낸 것은 너희의 칼이나 활이 아니다"(수 24:12, 새번역)라고 말씀하셨다. 이스라엘은 타고난 자연적인 역할을 했고 그들은 전투에서 검을 휘둘렀고 활을 쐈다. 하나님께서는 초자연적인 일을 하셨고 그들에게 승리를 안겨주셨다. 자연적인 것과 초자연적인 것이 둘 다 필요했다. 우리는 권세를 가지고 있고 하나님께서는 권능을 가지고 계신다. 그는 우리를 위하여 권능을 행사하시지 않지만 우리와 함께 권능을 행사하시는 것을 좋아하신다.

하나님은 우리의 실수를 가져다가 그것들을 선으로 바꾸신다. 포스트잇을 예로 들어보자.

1973년, 3M과학자 아트 프라이는 그의 교회 성가집에 작은 종잇조각으로 책갈피를 만들어 표시하려 했는데 그 종잇조각이 계속 떨어져 나갔다. 그가 그렇게 하고 있었을 때 결함이 있는 접착기술에 대해 설명한 동료들의 발표회에 참석했던 것을 기억했다. 그 접착기술은 1968년에 3M 테이프에 사용했던 접착제들을 개선하는 방법들을 찾고 있던 연구 과학자 스펜서 실버 박사에 의해 개발되었다.

실버는 제지용 섬유의 직경만한 미세구(마이크로구)처럼 생긴 접착제를 발견했다. 미세구들 각각은 매우 끈적거렸지만 그것들은 간헐적으로만 접촉했기 때문에 아주 심하게 끈적거리지는 않았다. 실버는 3M에서 어딘가에 그 접착제를 적용하기 알맞은 데가 있을 것이라고 확신했다. 5년 동안 매니저의 지원 하에 그는 회사 주위의 동료들에게 그 기술을 소개했다.

프라이는 이 결함이 있는 접착제가 일시적으로 페이지를 표시하는데 사용될 수 있는지를 생각했으며 근무 외 시간에 일하면서 접착제를 이용하여 임시 책갈피를 개발했다. 그러나 여러 가지 문제가 있었다. 그가 견본 원형을 마케팅부에 가지고 갔을 때 그들은 관심을 갖지 않았다. 책갈피 시장은 규모가 너무 작았던 것이다! 그가 그 견본을 기술부와 생산부에 가지고 갔을 때 그들은 그에게 상당한 공정 중 측정과 코팅의 어려움이 있을 것이고 생산하게 되면 많은 낭비를 초래할 것이라고 말했다.

기술부와 생산부 사람들에 대한 프라이의 반응은 다음과 같았다. "정말로 그것은 기쁜 소식이야! 만일 그 일이 쉽다면 누구나 그것을 할 수 있었겠지. 만일 그것이 당신네들이 말한 대로 어려운 일이라면 3M이 그 일을 해낼 수 있는 회사이다."

마케팅부를 설득하는데 좀 더 노력이 필요했다. 프라이는 다른 용도로 메모지를 제시했는데 마케팅부는 여전히 관심이 없었다. 누가 메모용 종잇조각을 대체할 무언가에 돈을 지불하려고 할까? 그럼에도 흔들리지 않고 프라이는 회사 주위 동료들에게 무료 샘플을 건네주었다. 그는 반드시 핵심 경영진 비서에게 몇 개를 주었다. 이것이 내부적인 수요와 재 주문을 불러일으켰다. 그즈음 해서 실버의 매니저인 제오프 니콜슨이 그 부서 부사장인 조 레미를 버지니아 주 리치몬드로 그와 함께 오도록 해서 그들이 그 상품이 팔릴지를 알아보기 위하여 이리 저리 돌아다니면서 고객 방문을 해보라고 설득했다. 그들은 그 상품을 실제로 팔았다. 이러한 노력으로 인해 마케팅부의 의심이 사라졌다.

결국 그것이 소개된 지 1년이 지난 1981년 포스트잇 메모지가 그 회사의 최고 신상품으로 지정되었고 프라이는 1986년에 3M 기업과학자로 지명되었다. 오늘날 그것들은 여전히 사무실의 필수품으로 사용되고 있고 1억불 이상의 매출을 일으키고 있다.[7] 이러한 모든 것은 실수가 오히려 좋은 일이 된 결과이다.

"하나님을 사랑하는 사람들, 곧 하나님의 뜻대로 부르심을 받은 사람들에게는, 모든 일이 서로 협력해서 선을 이룬다"(롬 8:28, 새번역). 나(잔)의 동생이 우리의 삶을 지켜보고 나서 이렇게 말했다. "당신들은 승리한다 하면 승리하고 패배한다 할 때도 승리한다." 하나님께서 결과를 조율하시면 안 좋은 날들도 좋은 날들로 바뀐다. 우리는 계획을 세울 수 있지만 그 일이 이루어지게 하는 분은 하나님이시다. "우리가 걷는 길이 주님께서 기뻐하시는 길이면, 우리의 발걸음을 주님께서 지켜 주시고, 어쩌다 비틀거려도 주님께서 우리의 손을 잡아 주시니, 넘어지지 않는다"(시 37:23-24, 새번역).

하나님께서 바울에게 말씀하셨다.

"내 은혜가 네게 족하다. 내 능력은 약한 데서 완전하게 된다." 그러므로 그리스도의 능력이 내게 머무르게 하기 위하여 나는 더욱더 기쁜 마음으로 내 약점들을 자랑하려고 합니다. 그러므로 나는 그리스도를 위하여 병약함과 모욕과 궁핍과 박해와 곤란을 겪는 것을 기뻐합니다. 내가 약할 그 때에, 오히려 내가 강하기 때문입니다"(고후 12:9-10, 새번역).

우리는 일을 정확하게 하거나 완벽하게 할 필요가 없다. 만일 우리가 하나님과 함께 걸어가고 있다면 그의 은혜로 충분하다.

③ 세상일이 잘 풀려야 한다

많은 크리스천들은 구원을 위해 예수님께 가도록 부추기는 속임을 당했다. 만일 그들이 예수님을 받아들인다면 그들의 결혼, 건강, 재정, 관계들이 완전히 회복될 것이고 그들이 하는 일마다 다 잘될 것이라는 약속을 받았다. 그 약속들이 그들의 희망대로 실현되지 않을 때 그들은 실망하게 되고 하나님을 떠나게 된다. 만일 그들을 속인 것이 하나님이었다면 그것은 당연한 반응일 수 있다. 그러나 하나님은 전혀 그렇게 말씀하신 적이 없다. 다른 사람들이 그렇게 말한 것이다. 예수님께서 약속하셨던 것은 "도둑은 다만 훔치고 죽이고 파괴하려고 오는 것뿐이다. 나는, 양들이 생명을 얻고 또 더 넘치게 얻게 하려고 왔다"(요 10:10)이다. 그는 이어서 이렇게 말씀하셨다. "너희는 세상에서 환난을 당할 것이다. 그러나 용기를 내어라. 내가 세상을 이겼다"(요 16:33, 새번역). 따라서 풍성한 삶은 도전과 반대가 없는 것이 아니라는 것을 인식해야 한다.

우리가 탑승한 배는 모든 것을 챙겨주고 섬겨주는 호화 여객선이 아니다. 우리는 전함에 탑승했다! 우리는 결국 우리 중 많은 사람들이 싸울 준비가 되어 있지 않다고 생각하는 전쟁에 끼어들게 된다. '반지의 제왕'에서 로한의 왕 세오덴은 이와 마찬가지로 싸울 준비가 되어 있지 않았다. 그가 전쟁터에서 적과 마주하게 되었을 때 그는 "나는 야전 전투를 할 형편이 안 돼"라고 외쳤다.

아라곤은 "그럼에도 불구하고 야전 전투가 너에게 닥쳤다"[8]라고 대답했다.

야전 전투는 우리에게도 열린다.

"하늘에 전쟁이 있으니 미가엘과 그의 사자들이 용과 더불어 싸울새 용과 그의 사자들도 싸우나 이기지 못하여 다시 하늘에서 그들이 있을 곳을 얻지 못한지라 큰 용이 내쫓기니 옛 뱀 곧 마귀라고도 하고 사탄이라고도 하며 온 천하를 꾀는 자라 그가 땅으로 내쫓기니 그의 사자들도 그와 함께 내쫓기니라 용이 여자에게 분노하여 돌아가서 그 여자의 남은 자손 곧 하나님의 계명을 지키며 예수의 증거를 가진 자들과 더불어 싸우려고 바다모래 위에 서 있더라"(계 12:7-9,17)

싸움은 하나님과 마귀 사이에서 있을 수 없다. 그러한 전투는 10억분의 1초도 지속될 수 없다. 사탄과 우리 사이에 싸움이 벌어지는 것이다. 예수님은 인자로서, 두 번째 아담으로서 하나님의 완전한 심판을 떠안았을 때 십자가 위에서 사탄을 물리치셨고 휘장을 찢어서 여시고 "다 이루었다"(요 19:30)고 선포하셨다.

그것은 사탄이 멸망하는 순간, 즉 "우리의 동료들을 헐뜯는 자, 우리 하나님 앞에서 밤낮으로 그들을 헐뜯는 자가 내쫓겼을"(계 12:10, 새번역). 바로 그 순간이었다. 이제 우리는 "예수의 피를 힘입어서 담대하게 지성소에 들어가게 되었습니다. 예수께서는 휘장을 뚫고 우리에게 새로운 살

길을 열어 주셨습니다. 그런데 그 휘장은 곧 그의 육체입니다"(히 10:19-20, 새번역).

예수님은 사탄이 훔쳐갔던 것, 즉 하나님의 임재 안으로 들어갈 수 있는 우리의 권리를 회복시키셨다. 사탄은 지금 천국 법정에 들어갈 수 없지만 여전히 지구에 영향력을 행사하고 있다.

비록 적이 하늘에서 패배했지만 우리는 지구에서 그 적의 패배를 집행하는 특권을 부여받았다. 하나님은 사탄과 그의 부하들이 전투 경험이 없는 사람들에게 전쟁을 가르치도록 내버려 두셨다(삿 3:2 참조). 우리는 그 전쟁을 좋아하든 싫어하든 간에 그 전쟁을 벌여야 한다. 요한은 예언적으로 천사가 선포하는 것을 들었다.

"땅과 바다는 화가 있다. 악마가, 자기 때가 얼마 남지 않은 것을 알고, 몹시 성이 나서 너희에게 내려갔기 때문이다"(계 12:12, 새번역)

사탄이 하나님을 아프게 할 수 있는 유일한 방법은 하나님의 자녀들인 우리를 멸망시키는 것이다. 세상의 현재 상태는 지금까지 그것을 드러내 보여주고 있고 사탄은 그 일을 성공적으로 해왔다.

예수님께서는 말씀하셨다. "너희는 세상에서 환난을 당할 것이다. 그러나 용기를 내어라. 내가 세상을 이겼다"(요 16:33, 새번역). 우리는 승리를 얻으려고 노력하지 않는다. 비록 여전히 전쟁이 있을지라도 만일 우리가 예수 안에 있고 그가 우리 안에 있으면 우리는 승리한다.

"이런 일을 두고 우리가 무엇이라고 말할 수 있겠습니까? 하나님이 우리 편이시면, 누가 우리를 대적하겠습니까? 자기 아들을 아끼지 않으시고, 우리 모두를 위하여 내주신 분이, 어찌 그 아들과 함께 모든 것을 우리에게 선물로 거저 주지 않으시겠습니까?"
(롬 8:31-32, 새번역)

나(잔)는 언젠가 마녀였던 한 여성과 함께 그녀에 대한 하나님의 사랑과 계획에 대해 나누고 있었다. 우리는 공공장소에 있었고 그녀의 동료 마녀들 중 두 명은 옆에 떨어져 서 있었다. 나는 그들의 제스처와 표현들로부터 그들의 친구에게 영향을 주지 못하도록 내가 말하고 있는 것을 막으려 하고 있었다는 것을 알 수 있었다. 나는 조용히 그 원수를 묶고 그 여성에게 계속해서 예수님에 대해, 그리고 그가 그녀를 위해 어떻게 죽었는지를 말해주었다. 나는 그녀를 구원의 기도로 인도할 수 있었다. 만약 당신이 그 자리에 있었다면 예수의 생명이 그녀에게 들어간 것을 볼 수 있었을 것이다.

만일 우리가 그러한 승리를 실제 상황으로 가져오려 한다면 우리는 싸우는 법을 배워야만 한다. 싸움은 쉽지 않을 것이다. 그러나 "우리가 참고 견디면, 우리도 또한 그분과 함께 다스릴 것이요"(딤후 2:12, 새번역), "세상을 이긴 승리는 이것이니, 곧 우리의 믿음입니다"(요일 5:4, 새번역). 그러나 만일 우리가 세상이 만만하기를 기대한다면 우리는 용기를 얻기보다 좌절을 겪을 것이다. 우리는 어린 양의 피와 우리의 증거의 말씀으로 사탄에게 승리를 거둘 수 있을 것이다. 왜냐하면 우리는 죽기까지 목숨을 아끼지 않기 때문이다(계 12:11). 예수님께서는 그 본을 확립하셨다.

"나를 따라오려는 사람은, 자기를 부인하고, 날마다 자기 십자가를 지고, 나를 따라오너라. 누구든지 제 목숨을 구하려고 하는 사람은 잃을 것이요, 누구든지 나를 위하여 제 목숨을 잃는 사람은 목숨을 구할 것이다"(눅 9:23-24, 새번역)

조이스 마이어는 언젠가 우리는 차골(역자 주-새의 흉골 앞에 있는 두 갈래로 난 뼈)이 아니라 척추 뼈가 필요하다고 말했다. 우리를 둘러싸고 있는 환경은 일이 쉽게 되도록 고안되어 있는 것이 아니라 우리에게 인격을 주기 위해서 고안되었다. 하나님께서는 우리에게 말씀하신다.

"내가 너와 함께 있으니, 두려워하지 말아라. 내가 너의 하나님이니, 떨지 말아라. 내가 너를 강하게 하겠다. 내가 너를 도와주고, 내 승리의 오른팔로 너를 붙들어 주겠다"(사 41:10, 새번역)

"너는 나의 철퇴요, 나의 무기다. 나는 너를 시켜서 뭇 민족을 산산이 부수고, 뭇 나라를 멸망시켰다"(렘 51:20, 새번역)

"사랑하는 여러분, 여러분을 시험하려고 시련의 불길이 여러분 가운데 일어나더라도, 무슨 이상한 일이나 생긴 것처럼 놀라지 마십시오. 그만큼 여러분은 그리스도의 고난에 동참하는 것이니, 기뻐하십시오. 그러면 그의 영광이 나타날 때에 여러분은 또한 기뻐 뛰며 즐거워하게 될 것입니다"(벧전 4:12-13, 새번역)

하나님은 세상이 그에 대항하여 일어날 때에 관심이 없다. 그는 천국에 앉아서 웃고 계신다(시 2:4). 모든 것이 어려워질 때조차 우리는 그와 똑같이 해야 한다. 왜냐하면 승리가 우리의 몫이기 때문이다.

● 이 생각은 하나님 나라에 유익한가?

이 세상에는 하나님 나라와 "암흑의 권세"(골 1:13), 두 영역이 있다. 하나님의 나라는 "성령 안에서 누리는 의와 평화와 기쁨"(롬 14:17, 새번역)에 관한 것이다. 우리의 어두운 면은 우리의 권리를 위해 싸우는 것과 사람들과 상황들을 조종하는 것에 관한 것이다. 그것은 두려움과 지위에 대한 욕망으로부터 온다. 실제로는 자신의 왕국은 없다. 왜냐하면 우리는 복종하는 그 사람의 종이 되기 때문이다. 우리는 죽음에 이르게 하는 죄의 종이거나 의에 이르게 하는 순종의 종이다(롬 6:16, 새번역). 우리의 사고와 기억들은 우리의 행동을 결정하고 행동은 결국 우리가 속한 왕국을 결정하게 된다.

사탄은 다만 훔치고 죽이고 파괴하려고 오는 것뿐이다. 예수님은 양들이 생명을 얻고 또 더 넘치게 얻게 하려고 오셨다(요 10:10). 만일 어떤 사고가 궁극적으로 생명을 가져오는 결론에 이른다면 그 사고는 하나님으로부터 온 것이다. 만일 그것이 생명을 얻게 하지 못한다면 그것은 다른 근원으로부터 온 것이다. 야고보는 "위에서 내려온 것이 아닌 지혜는 땅에 속한 것이고, 육신에 속한 것이고, 악마에게 속한 것"(약 3:15)이라고 말한다. 따라서 우리의 육신적인 지혜는 악마에 속한 것일 수 있고 따라서 사망을 초래할 수 있다. 당신은 당신의 배우자와 언쟁을 할 수 있고, 100% 당신이 옳을 수 있지만, 관계에 종말을 초래할 수 있다. 그것은 옳고 그름에 관한 것이 아니다. 그것은 생명과 사망에 관한 것이다. 하나님 나라가 아닌 그 밖의 모든 것은 궁극적으로 사망으로 귀결된다.

세상의 비관주의적 관점은 사망이 생명을 이긴다고 말한다. 그러나 진실은 생명이 사망을 이긴다.

"결국에는 썩을 이 몸이 썩지 않을 것을 입고, 죽을 이 몸이 죽지 않을 것을 입을 그 때에, 이렇게 기록한 성경 말씀이 이루어질 것입니다. '죽음을 삼키고서, 승리를 얻었다'"(고전 15:54, 새번역)

예수님이 선포하셨다. "용기를 내어라. 내가 세상을 이겼다"(요 16:33, 새번역). 올바른 관점을 갖는 것, 즉 사망이 아닌 생명이 이 세상에 존재하는 것의 궁극적인 결말이라는 관점은 스트레스와 불안을 없앤다. "죽음아, 너의 승리가 어디에 있느냐? 죽음아, 너의 독침이 어디에 있느냐?"(고전 15:55, 새번역).

- ✓ 다음과 같은 믿음에서 벗어나라
- ✓ 누구나 나를 잘 대해야 한다.
- ✓ 나는 무엇이나 잘 해내야 한다.
- ✓ 인생이 잘 풀려야 한다.
- ✓ 하나님의 평강을 사용하여 폭풍을 잠재우고 문제들을 결정하라
- ✓ 당신의 사고를 분석하라
- ✓ 이 생각이 나에게 유익한가?
- ✓ 이 생각이 하나님 나라에 유익한가?

제6장

1. "The Cognitive Model," Beck Institute for Cognitive Behavioral Therapy, accessed April 11, 2013, http://www.beckinstitute.org/beck-cbt/.

2. M. Kathleen Holmes, "Aaron Beck, Albert Ellis and Cognitive Psychology," Psychology.info, 2012, accessed April 11, 2013, http://psychology.info/index.php?option=com_content&task=view&id=145&Itemid=2.

3. Ibid

4. Spiros Zodhiates and James Strong, *The Complete Word Study New Testament*(Chattanooga, TN : AMG Publishers, 1991), Offense, #4625.

5. Kristi, "Hurt People, Hurt People?" Courageous Homekeeping, August 2, 2011, accessed April 11, 2013, http://www.courageoushomekeeping.com/featured/hurt-people-hurt-people/.

6. Malcolm Gladwell, Outliers, *The Story of Success*,(USA, Little, Brown and Company, 2008) : Chap 2, "The Ten-Thousand-Hour Rule."

7. Rob McLeod and Blair Winsor, "3M Case Study : Entrepreneurship," Venture Navigator, May 2007, Sticky Stuff, accessed April 11, 2013, http://www.venturenavigator.co.uk/content/74.

8. *The Lord of the Rings : The Two Towers*, dir. Peter Jackson, perf. Elijah Wood, Ian McKellen(New Line, 2002), DVD.

제7장
고통스러운 기억에 대한 대처

공상은 독성이 있다 : 은밀한 학대와 세계대전은 둘 다 그 시작이
뜨겁게 달구어진 뇌에서 출발한다. -엘리자베스 오웬
감정의 정도는 사실에 대한 지식과 정반대로 움직인다. -버트런드 러셀
꽃은 바라보기에 편안하다. 그것들은 감정도 갈등도 없다. -지그문트 프로이트

● 감정이 가득한 사고

내가 이 장을 집필하고 있을 때 전화 한 통을 받고 관계 문제를 가지고 있는 한 친구에게 조언을 해주었다. 하나님은 나에게 그가 어떻게 사랑과 존중의 씨앗을 그의 아내에게 심을 수 있는지에 대한 약간의 통찰력을 주셨다. 또한 하나님 말씀의 능력이 나가는 것과 하나님이 하라고 보낸 일을 성취하는 것(사 55:11, 새번역)에 대한 성경 구절이 떠올랐다. 나는 이것을 잔과 함께 나누었다. 그녀는 나에게 물었다. "당신은 나를 위해 그렇게 할 거예요? 예를 들어 보세요."

나는 즉각 그녀가 내가 다른 사람을 가르치면서 나 자신은 그 일을 행하지 않는다고 나를 비난하고 있다고 생각했다. 나는 그녀가 "아니,

당신은 다른 사람에게 훌륭한 조언을 하고 있지만 당신 자신은 그러한 것을 실천하지 않아요. 당신은 위선자예요"라고 말하는 것 같았다. 사실 그녀는 단순히 씨앗을 심는 것에 대한 조언과 말씀을 전하는 것에 대한 계시가 어떤 것인지에 대해 묻고 있었다. 나는 감정이 올라오는 것을 억제할 수 없어서 그녀에게 날카롭게 말대꾸했다. 내가 보인 반응은 내가 뭔가 잘못했다는 어떠한 지적이나 암시와 연관된 상처를 가지고 있다는 것을 명백하게 드러냈다.

어떠한 갈등에서도 우리 마음속으로 감정의 첫 파도가 밀려올 때 그것에 굴복해서는 안 된다. 그것은 진실이 아니다. 그 파도는 그 순간과 관련된 다년간의 고통스러운 기억들이 합쳐진 것이다. 그것은 낙타의 등뼈를 무너뜨리는 지푸라기 같은 것이다. 지푸라기는 그렇게 무겁지 않지만 짊어지고 있는 다른 모든 무게에 더 해질 때 그것은 붕괴될 수 있다. 우리는 작은 사건 하나가 아무 것도 아닌 것처럼 취급될 수 있도록 우리가 가진 모든 짐을 제거하고 잊어버려야 한다. 우리는 우리가 짊어지고 있는 모든 짐을 벗고 잊어버려서 하나의 작은 사건도 아무 일도 없었던 것처럼 처리되어야 한다.

나는 감정의 화학물질들이 내 혈액으로부터 분해되어 사라지도록 하기 위해 15~20분 정도 떨어져 있어야 했다. 그 다음 나는 진정하고 아내에게 적절한 반응을 보일 수 있었다. 그 후에 나는 제자리로 돌아간 다음 내가 왜 그렇게 어리석게 반응을 하였는지 하나님께 여쭈었다. 나는 내 아버지가 어머니에게 이렇게 얘기하는 것이 떠올랐다. "일이 끝날 때까지 제발 내버려둬. 지금 그것을 처리할 시간이 없어" 나는 내가 조급함에 억

눌려 있었기 때문에 필요한 것을 책임 있게 기꺼이 하려고 하지 않았다는 것을 깨달았다. 벽에 곰팡이가 자라나는 것은 무시하고 반면에 수명이 다한 전구는 계속 교체하는 것과 같다. 즉 일의 우선순위에서 눈앞에 보이는 일은 마음속 깊은 곳으로부터 요구되는 일보다 덜 중요하게 생각한다.

나는 회개했고 하나님의 용서를 구했다. 그러고 나서 나는 내 일을 먼저 끝낸 다음 아내에게 관심을 가질 수 있다는 나의 판단을 다루었다. 성경에 따르면 하나의 판단은 하나의 법을 제정한다.

> "그러므로 남을 심판하는 사람이여, 그대가 누구이든지, 죄가 없다고 변명할 수 없습니다. 그대는 남을 심판하는 일로 결국 자기를 정죄하는 셈입니다. 남을 심판하는 그대도 똑같은 일을 하고 있기 때문입니다"(롬 2:1, 새번역).

나는 아버지를 심판함으로써 나도 그와 똑같은 심판을 받는다는 것을 확실히 보여줬다(갈 6:7).

예수님께서는 이렇게 말씀하셨다. "내가 율법이나 예언자들의 말을 폐하러 온 줄로 생각하지 말아라. 폐하러 온 것이 아니라, 완성하러 왔다"(마 5:17, 새번역). 우리가 어떤 법을 시행하는 일을 할 때 회개하고 용서를 구한다고 그 법이 없어지는 것이 아니다. 우리가 시카고에 있는 시어즈 타워 꼭대기에 올라가서 자살하려고 뛰어내렸는데 중간쯤 내려가다 이건 잘못된 결정이라고 생각한다고 가정해보자. 그 지점에서 내가 회개하고 용서를 구하면 하나님께서 용서해 주실 것이다. 그러나 그런다고 나를 죽음으로 이끄는 중력의 법칙을 중지시킬 수는 없다. 법은 언제나 효력이 있으며 회개한다고 그것에 대해 반응을 보이지 않는다. 그러나 하나님께서는 반응을 보이신다. 하나님은 법을 유보하지 않으시고 예수님을 보내셔서 내가 한 행동에 대한 결과들을 예수님으로 하여금 이행하고 취하게 하신다. 그것이 복음이다. 내가 마땅히 받아야 할 것을 예수님께서 받으시고 예수님께서 마땅히 받으셔야 할 것을 내가 받는다. 이것이 복음이다. 그것이 긍휼과 정의를 둘 다 만족시키는 십자가의 신성한 교훈이다.

그러한 교환은 우리가 우리의 십자가를 받아들이고 예수님께 나아가 그가 지불하신 것과 맞바꿀 때만 유용하다. 우리는 판단을 제거함으로써 예수님의 피를 우리의 상황에 적용할 수 있는 권세를 가지고 있다.

● 판단을 내려놓기

판단과 관련된 거짓말을 버리라

나의 경우에 모든 일을 끝낸 후에야 다른 사람들과 관계를 맺을 수 있었다. 그러나 일은 결코 끝나지 않았으므로 교제할 시간이 전혀 없었다. 판단에는 항상 거짓말이 연결되어 있다. 우리가 '항상' 또는 '결코'라는 단어를 사용할 때는 언제나 판단이 존재한다. 아무것도 '항상' 또는 '결코'가 아니다. 판단된 사건들이 발생했을 수도 있지만 일어난 일에 대한 우리의 인식은 왜곡되어 있기 때문에 진실이 아니다.

　판단을 내린 말과 생각을 부인하고 판단을 내려놓으라
　나는 무엇보다 먼저 일을 마쳐야 한다는 판단을 내려놓아야만 했다. 진실은 아내가 일보다 우선순위에서 더 우위에 있다는 것이다.

　내가 심었던 것들을 거두어 가시도록 예수님께 구하라
　나는 하나님께 내가 아내를 소홀히 했던 결과들을 떠맡아주시고 결혼생활의 기쁨과 부부의 친밀감을 회복해주시도록 요청했다. 예수님께서는 그의 몸으로 우리 죄의 결과들을 짊어지시기 위해서 오셨다. "하나님께서는 우리에게 불리한 조문들이 들어 있는 빚 문서를 지워 버리시고, 그것을 십자가에 못 박으셔서, 우리 가운데서 제거해 버리셨다"(골 2:14, 새번역). 그 결과 우리는 자유롭게 되었다.

　이 견고한 요새를 형성한 원래의 거짓말을 믿도록 해준 당신의 뇌의 구조, 사고방식, 사고패턴, 신경 경로, 홈을 가져가시라고 하나님께 구하라
　나는 나의 우선권을 재설정하고 아내의 필요보다 일이 더 중요하다는 거짓말을 제거해야 했다.

　원래의 판단과 반대되는 것을 믿는 새 마음을 당신에게 달라고 하나님께 구하라

나는 나의 우선권에서 아내가 하나님 다음이라는 것과 만일 내가 나의 최우선권을 제대로 설정했다면 하나님은 그 밖의 모든 것을 처리해주실 것이라는 것을 믿어야 했다. 사실, 일은 해야만 한다. 그러나 아내 없이 사는 것보다 일 없이 사는 것을 택하겠다. 첫 번째로 충족되어야 하는 것은 그녀가 원하는 것이 아니라 그녀의 필요이다. 만일 그녀가 괜찮다면 일의 필요는 적절한 순서대로 충족될 것이다. 그래서 나는 이렇게 기도했다.

"사랑하는 주님, 아내를 위한 시간을 가지기 전에 내 일을 먼저 다 끝내야 한다는 거짓말을 믿은 것을 회개합니다. 일이 아내보다 더 우선한다는 거짓말을 믿은 것을 회개합니다. 나는 내가 말했던 이런 사고와 말들을 부인하며 이러한 판단을 중단합니다. 나는 내가 이러한 말들을 통해 심었던 것과 그로 인한 결과들 사이에 주님의 십자가를 놓습니다. 당신께서 내가 지은 죄의 결과들을 십자가 위에 있는 당신의 몸 안으로 거둬가시기를 요청합니다. 이러한 견고한 요새를 형성한 모든 생각 패턴, 사고방식, 신경 경로, 거짓말들을 제거해주십시오. 저에게 새 마음을 허락하셔서 아내가 일보다 더 중요하고 내가 올바른 순서대로 살고 그녀를 우선적으로 사랑한다면 당신은 내가 하는 일의 환경이 나쁘지 않을 것이라는 것을 보장하실 것이라는 것을 믿게 하여주십시오. 예수님의 이름으로 기도합니다. 아멘"

판단을 내려놓는 것은 우리의 교질 세포들이 우리의 잠재의식 속에 묻혀 있는 거짓말들을 제거하게 하는 가장 빠른 길이다. 일단 거짓말들이 해체되고 제거되면 그 상황으로 인한 스트레스는 사라진다.

무엇이 진리인가?

　우리들 중 많은 사람들이 우리가 생각하는 것을 진리와 혼돈 하고 있다. 우리는 우리 자신의 사고와 감정들을 우상시하고 있다. 우리는 내가 느끼는 것이 진실이라고 실제로 말하고 있다. "내 마음이 작정한 것이다." "나를 사실과 혼돈하지 말라." 만일 우리가 진실을 이러한 감정들에 연관 지으려 한다면 우리는 "온갖 교훈의 풍조나 믿음에 흔들리거나, 이리저리 밀려다니는 어린아이"(엡 4:14, 새번역)처럼 될 것이다. 모든 새로운 사상은 우리의 감정들을 날려 보내고 우리로 하여금 다르게 느끼고 반응하게 한다. 실제로 사실마저도 진리가 되는 것은 아니다. 사실이라는 것은 하나의 주제에 대한 데이터일 뿐이지 그 주제의 현실과는 다르다. 현실에 대한 우리의 인식은 바로 우리의 인식 그 자체에만 늘 국한되어 있다. 마술사나 주식 중개인은 우리의 인식을 쉽게 속일 수 있다고 당신에게 말할 수 있다.

　우리는 이 책을 '진짜'라고 말한다. 왜냐하면 우리는 이 책을 보고 만질 수 있기 때문이다. 그러나 100년 전에는 이 책은 무엇이었을까? 나무, 약간의 흙? 이 책은 또 앞으로 백 년이 지나면 무엇이 되어있을까? 우리가 진짜라고 부르는 것은 단지 사실들이나 분자들을 일정 시간 동안 특정한 패턴으로 배열하는 것에 지나지 않는다. 우리가 볼 수 있는 것은 무엇이든지 과도기 상태로 존재한다. 그것은 과거의 것도 아니고 미래의 것도 아니다. 실재하는 것들은 변하지 않는 것들이다. "보이는 것은 잠깐이지만, 보이지 않는 것은 영원하기 때문입니다"(고후 4:18, 새번역). 우리가 볼 수 없는 것들은 변하지 않으며 우리가 볼 수 있는 것 보다 더 실제적이고 더 참된 것이다.

진리는 실제로 사람인 예수님이다. 그는 결코 변하지 않는다. 그는 "나는 길이요 진리요 생명이다"라고 말씀하셨다. 그는 "나는 길과 진리와 생명을 안다"고 말씀하지 않으셨다. 그는 "나는…이다"(I am…)라고 말했다. 무리들이 그를 체포하러 다가갈 때 예수께서 그들에게 그 구절을 사용하여 "내가 그 사람이다"(I am he) 하고 말씀하시니, 그들은 뒤로 물러나서 땅에 쓰러졌다(요 18:6, 새번역). 단지 하나님의 이름 "나는… 이다"를 사용하였을 뿐인데 그 말이 실제로 그들을 쓰러뜨렸다(출 3:14). 진실은 늘 상황을 변화시키는 힘을 갖고 있다. 우리가 하나님이 보는 방식대로 사물을 볼 때까지 우리는 진실을 알 수 없고 거짓말에 붙들려 있게 될 것이다. 예수께서 말씀하셨다. "너희가 나의 말에 머물러 있으면, 너희는 참으로 나의 제자들이다. 그리고 너희는 진리를 알게 될 것이며, 진리가 너희를 자유롭게 할 것이다"(요 8:31-32, 새번역). 진리는 우리의 고통스러운 기억들을 제거하는데 도움을 줄 것이다.

예수님은 성령을 우리를 모든 진리 가운데로 인도하실 '진리의 영'으로 부르셨다(요 16:13, 새번역). 그러나 우리는 진리의 영과 미혹의 영의 영향을 받을 수 있다(요일 4:6). 베드로는 "선생님은 살아 계신 하나님의 아들 그리스도십니다"(마 16:16, 새번역)라고 선포했다. 예수는 신이 나셔서 베드로가 성령에 의해 그 사실을 알게 되었다고 주장하셨다. 예수님께서 말씀하셨다. "너에게 이것을 알려 주신 분은, 사람이 아니라, 하늘에 계신 나의 아버지시다"(마 16:17, 새번역).

바로 그 후에 베드로는 그가 금방 신이라고 선언했던 예수님을 비난하기 시작했다. 이상하지 않은가! 예수님께서는 이 같은 비난을 하는 원인을 아시고 이렇게 말씀하셨다. "사탄아, 내 뒤로 물러가라. 너는 나에게 걸림돌이다. 너는 하나님의 일을 생각하지 않고, 사람의 일만 생각하는구나!"(마 16:23, 새번역).

우리의 영이 어떤 쪽에 반응하는가가 우리가 받아들일 수 있는 진리의 정도를 결정한다. 잔과 나는 우리 사이에 말다툼이나 논쟁이 있을 때 기도하기로 합의했다. 우리는 너무 심란해서 기도할 수 없는 사람은 악령과 함께 하는 것이라고 농담한다. 그러한 농담은 '악마로부터(생각이) 영향을 받는' 사람이 사탄의 부정적인 생각들을 떨쳐버리고 진리를 받아들이게끔 한다.

다윗은 하나님께 편지를 썼다 "보소서 주께서는 중심이 진실함을 원하시오니 내게 지혜를 은밀히 가르치시리이다"(시 51:6). 그러나 우리의 마음은 우리를 기만할 수 있다. 왜냐하면 "만물보다 거짓되고 심히 부패한 것은 마음이라 아무도 이를 알 수 없기"(렘 17:9) 때문이다.

우리는 하나님께서 우리에게 "지혜와 계시의 영을 주사 하나님을 알게 하시고 너희 마음의 눈을 밝히사 그의 부르심의 소망이 무엇이며 성도 안에서 그 기업의 영광의 풍성함이 무엇인지"(엡 1:17-18) 알게 해주셔야 할 필요가 있다.

보이지 않는 영역의 영적인 힘은 우리들 대부분이 알고 있는 것보다 더 많이 우리에게 영향을 미친다. 그것이 진리를 알기 위해 우리 감정이나 사고 외에 더 많은 것이 필요한 이유이다

"성령께서 가르치신 것으로 하니 영적인 일은 영적인 것으로 분별하느니라 육에 속한 사람은 하나님의 성령의 일들을 받지 아니하나니 이는 그것들이 그에게는 어리석게 보임이요, 또 그는 그것들을 알 수도 없나니 그러한 일은 영적으로 분별되기 때문이라"
(고전 2:13-14)

분별이 안 되는 것은 마치 베일을 통해 보는 것과 같다. 우리는 단지 부분적으로 안다(고전 13:12). 베일은 유대인이 율법이 주어졌을 때 그들의 얼굴 위에 씌워졌었기 때문에 그들은 성령을 알아볼 수 없었다. 그들의 마음은 완고했다. "오늘까지도 구약을 읽을 때에 그 수건이 벗겨지지 아니하고 있으니 그 수건은 그리스도 안에서 없어질 것"(고후 3:14)이기 때문이다. 그 베일을 벗겨주는 예수님 없이는 아무도 볼 수 없다. 성경은 명확하다. 우리가 자신의 눈에 현명하면 할수록 우리는 진실에 대해 눈이 더 멀어진다. 예수님은 말씀하신다.

"천지의 주재이신 아버지여 이것을 지혜롭고 슬기 있는 자들에게는 숨기시고 어린 아이들에게는 나타내심을 감사하나이다… 아버지 외에는 아들이 누구인지 아는 자가 없고 아들과 또 아들의 소원대로 계시를 받는 자 외에는 아버지가 누구인지 아는 자가 없나이다"(눅 10:21-22)

"아무도 자신을 속이지 말라 너희 중에 누구든지 이 세상에서 지혜 있는 줄로 생각하거든 어리석은 자가 되라 그리하여야 지혜로운 자가 되리라 이 세상 지혜는 하나님께 어리석은 것이니 기록된 바 하나님은 지혜 있는 자들로 하여금 자기 꾀에 빠지게 하시는 이라 하였고 또 주께서 지혜 있는 자들의 생각을 헛것으로 아신다 하셨느니라"(고전 3:18-20)

"이는 내 생각이 너희의 생각과 다르며 내 길은 너희의 길과 다름이니라 여호와의 말씀이니라 이는 하늘이 땅보다 높음 같이 내 길은 너희의 길보다 높으며 내 생각은 너희의 생각보다 높음이니라" (사 55:8-9)

빌라도는 예수님께 "진리가 무엇인가?"하고 물었다. 그리고 나서 진리이신 예수님 곁을 떠났다(요 18:38). 진리가 우리를 응시하고 있는데 우리가 진리를 거부하면 우리는 성공적인 삶을 살 수 없다. 하나님이 생각하고 말씀하시는 것이 진리이다. 만일 우리가 우리 삶의 모든 영역, 특히 우리의 정신적인 건강 면에서 잘 되려면 하나님의 말씀을 진리의 다림줄로 받아들이는 것을 배워야 한다. 우리는 하나님께 우리가 하는 모든 것에 대한 그의 관점을 물어보아야만 한다.

"네가 하는 일을 주님께 맡기면(네가 하는 일을 주님께 맡기고 믿으면 그가 너의 생각을 그의 뜻과 일치시킬 것이다) 계획하는 일이 이루어질 것이다" (잠 16:3, 새번역)

● 사고에 감정을 개입시키지 말라

모세는 이스라엘 어린이들을 40년 동안 인도했지만 그들의 애굽에 대한 감정적인 애착과 애굽으로 되돌아가길 열망하는 비현실적이고 낭만적인 기억들에 대한 정서적인 애착을 그들로부터 제거할 수 없었다. 그들의 감정은 좋은 것을 기억해냈지만 나쁜 것은 잊어버렸다. 그들은 그들이 노예였고 그들의 남자아기들이 죽음을 당하였고 매를 맞았으며 애굽 사람들이 "감독들을 그들 위에 세우고 그들에게 무거운 짐을 지워 괴롭게 한 것"(출 1:11)을 잊어버렸다. 그 당시 그들은 울부짖어서 "하나님이 그들의 고통 소리를 들으시고 하나님이 아브라함과 이삭과 야곱에게 세운 그의 언약을 기억하셨다"(출 2:24). 그러나 언젠가 그들이 광야에 있었을 때 그들은 "우리가 애굽에 있을 때에는 값없이 생선과 오이와 참외와 부추와 파와 마늘들을 먹은 것이 생각난다"(민 11:5)고 불평했다. 감정이 인식에 결부되었을 때 그 인식은 사실보다 우선하게 된다.

모세가 그들에게 말했다. "당신들은, 주님께서 용광로와 같은 이집트에서 건져내셔서, 오늘 이렇게 자기의 소유로 삼으신 백성입니다"(신 4:20, 새번역).

"보라 내가 오늘 생명과 복과 사망과 화를 네 앞에 두었나니 그러나 네가 만일 마음을 돌이켜 듣지 아니하고 유혹을 받아 다른 신들에게 절하고 그를 섬기면 내가 오늘 너희에게 선언하노니 너희가 반드시 망할 것이라 나희가 요단을 건너가서 차지할 땅에서 너희의 날이 길지 못할 것이니라 내가 오늘 하늘과 땅을 불러 너희에게 증거를 삼노라 내가 생명과 사망과 복과 저주를 네 앞에 두었은즉 너와 네 자손이 살기 위하여 생명을 택하고"(신 30:15, 17-19)

이것은 옳고 그름, 기억하기나 망각하기에 대한 것이 아니다. 이것은 생명과 죽음에 관한 것이다. 우리의 성공은 옳고 그름에 달려 있지 않고 생명을 발견하느냐 못하느냐에 달려 있다. 최초의 기만은 아담과 하와가 선과 악을 알 수 있는 지식나무를 신뢰하고 자신들을 생명나무로부터 차단하는 것을 선택했을 때 찾아왔다(창 3장 참조). 예수님은 몇몇 바리새인들과 논쟁을 하셨다. 예수께서는 그들의 생각을 알아채시고 말씀하셨다. "어찌하여 너희는 마음속으로 의아하게 생각하느냐?"(눅 5:22, 새번역). 우리의 사고는 우리가 생명을 선택할 수 있도록 우리의 영과 함께 일해야 한다. 이성적인 사고만으로는 충분하지 못하다.

우리는 우리의 사고가 우리에게 유익한지 아닌지를 알려고 노력한다. 즉 우리의 생각들이 생명과 죽음 중에서 어느 것을 가져올지를 알려고 한다. 예수님은 "내가 너희에게 한 이 말은 영이요 생명이다"(요 6:63, 새번역)라고 말씀하셨다. 또 다른 장소에서 그는 이렇게 말씀하셨다.

"너희는, 내가 너희에게 말한 그 말로 말미암아 이미 깨끗하게 되었다. 내 안에 머물러 있어라. 그리하면 나도 너희 안에 머물러 있겠다. 가지가 포도나무에 붙어 있지 아니하면 스스로 열매를 맺을 수 없는 것과 같이, 너희도 내 안에 머물러 있지 아니하면 열매를

맺을 수 없다"(요 15:3-4, 새번역)

열매 있는 삶을 살아가는 능력은 우리 삶에 영향을 주도록 하는 말씀들을 통해 이루어진다. 만일 우리가 패배자이고 부정하다는 것을 믿는다면 우리가 이미 깨끗하다고 말씀하시는 예수님께 직접적으로 반대하는 것이다. 우리의 사고와 감정들은 진리가 아니다. 예수님께서 말씀하시는 것이 진리이다. 만일 우리가 생각하고 느끼는 것을 우상시하고 그것들을 진리의 위상으로 올려놓는다면 말씀은 우리가 세속적이고 육적이라고 말씀하실 것이다.

"육신을 따라 사는 사람은 육신에 속한 것을 생각하나, 성령을 따라 사는 사람은 성령에 속한 것을 생각합니다. 육신에 속한 생각은 죽음입니다. 그러나 성령에 속한 생각은 생명과 평화입니다. 육신에 속한 생각은 하나님께 품는 적대감입니다. 그것은 하나님의 법을 따르지 않으며, 또 복종할 수도 없습니다"(롬 8:5-8, 새번역)

하나님의 관점과 일치하지 않는 사고는 늘 우리에게 스트레스를 준다. 왜냐하면 그러한 생각들은 생명과 부합되지 않기 때문이다.

전 우주는 사탄이 타락하고 하나님의 창조물에 사망을 소개한 이후 지금까지 위축되어 왔다. 그것은 물체의 불확실성과 생물학적 개체의 위축에서 볼 수 있다 : 물건들은 녹이 슬고 사람들은 죽는다. 열역학 제2법칙이 예측하는 것들 중 하나는 우주의 궁극적인 운명은 열역학 에너지가 없으면 엔트로피(역자 주-열 역학상으로 존재하는 추상적인 에너지의 양을 나타내는 척도) 상태가 될 것이라는 점이다.

이 상태에서 우주는 더 이상 움직임이나 생명을 유지할 수 없다.[1] 그러나 성경은 "그리스도 예수 안에 있는 생명의 성령의 법이 죄와 사망의 법에서 너를 해방하였음이라"(롬 8:2)라고 선포한다. 이것이 비관주의자와 낙천주의자의 차이이다. 한 사람은 죽음과 파괴를 보고 다른 사람은 생명과 풍요를 바라본다.

"죽고 사는 것이 혀의 힘에 달렸나니 혀를 쓰기 좋아하는 자는(죽음과 생명에 대한) 혀의 열매를 먹으리라"(잠 18:21)

"육신의 생각은 사망이요 영의 생각은 생명과 평안이니라"(롬 8:6)

● 그곳에 가지 말라

당신의 사고생활에서 스트레스를 털어내는 가장 좋은 방법 중의 하나는 의식적으로 부정적인 사고를 거부하겠다고 결심하는 것이다. 만일 당신이 텔레비전에서 무언가 보고 싶지 않으면 그렇게 하듯이 그냥 채널을 바꾸라. 최근에 나는 한국행 기내에서 내 앞에 앉아 있는 두 어린이들 사이의 상호작용을 지켜보았다. 남동생이 누나에게 몹시 화를 내고 갑자기 그녀를 때리고 그녀가 싫다고 욕을 했다. 누나는 동생의 공격을 무시하는 것 같았고 계속 그들이 하고 있던 비디오 게임을 했다. 30초 안에 동생은 웃으면서 다시 누나에게 도움을 요청했고 누나도 기꺼이 도와주었다. 만일 그 상황이 두 명의 성인 간에 일어났다면 법적이고 관계적인 문제를 일으킬 수 있는 큰 사건으로 귀결될 수 있었을 것이다. 나는 성령께서 내가 금방 목격한 것이 무엇인지에 대해 주님께 질문하라고 명하신 것을 느꼈다. "금방 무슨 일이 벌어진 것인가요?"하고 질문했다.

성령께서 "아이들은 순간에 살고 과거에서 살지 않는다"고 말씀하셨다. 이 구절이 불연듯 생각났다. "진실로 너희에게 이르노니 너희가 돌이켜 어린 아이들과 같이 되지 아니하면 결단코 천국에 들어가지 못하리라"(마 18:3). 돌이킨다는 것은 완전히 돌아서서 당신의 사고와 행동을 바꾸는 것을 의미한다.[2] 이 남매는 어른과 생각하는 방법이 달랐다. 쉽게 갈등을 해결했다. 그들 사이의 갈등을 무시하고 모르는척 했다. 그들 중 누구도 공격하거나 분노를 품지 않고 오히려 감정적으로 고조된 사건을 용서하고 잊어버리는 쪽을 택했다. 누나는 남동생을 사랑했고 그의 나쁜 태도와 어린애 같은 돌발행동을 간과할 수 있었다. 그녀는 성숙했고 그럼에도 용서에 있어서는 어린아이 같았다.

사도 바울은 고린도 사람들에게 이렇게 말했다. "지혜에는 아이가 되지 말고 악에는 어린 아이가 되라"(고전 14:20). 악의는 나쁜 뜻이나 앙심을 품기 쉬운 생각의 악한 습관이다.[3] 어린 아이들은 악의를 방어 전략으로 사용하지 않는다. 그들은 다른 사람들과 그들의 의도에 대해 가장 좋은 것을 생각한다. 그들은 사소한 사건을 악화시켜서 3차 세계대전으로 몰아갈 만큼 겹겹이 쌓인 상처를 갖고 있지 않다. 그들에게는 아직 그들이 사랑하는 사람들에 대한 고통스러운 기억들이 자리 잡지 않았다. 이 것이 예수님께서 제자들에게 "하나님의 나라가 이런 자의 것"(막 10:14)임을 회복하라고 권고하셨던 어린아이 같은 본성이다. 화를 내면서 공격하는 것은 사탄이 우리를 감정의 요새 안에 가두려고 하는 미끼이다. 화내는 것이 없으면 요새가 없고, 요새가 없으면 우리를 유혹하는 미끼가 없고, 미끼가 없으면 함정이 없고, 함정이 없으면 마침내 자유가 찾아온다. 공격을 거부하는데 있어서 어린아이와 어른 중에서 누가 더 성숙할까?

당신의 몸과 혼의 접점인 당신의 마음은 생각해도 되는 것에 대한 중재자가 되어서는 안 된다. 그것은 마치 투수가 자신이 던진 공이 볼인지 스트라이크인지를 판정하도록 허용하는 것과도 같다. 그 투수는 그 상황에 너무나 연결되어 있어서 이성적일 수가 없다. 그리하여 우리의 마음은 우리 영의 평화에 그 지위를 양도하고 그 평화가 우리 마음에 '지속적으로 심판 역할을 하도록' 내주어야 한다. 영은 무엇이 옳고 그른지에 대해 관심이 없고 오히려 무엇이 생명을 가져오고 무엇이 죽음을 가져오는지에 관심이 있다. 영은 당신이 살기 위해서 생명을 택하라고 당신에게 요청한다(신 30:19). 우리는 의지를 다해서 우리가 심사숙고해서 생각해야 할 것이 무엇인지를 우리 영이 결정하도록 하는 훈련을 받아야 한다.

훈련받지 않은 생각은 영적 분별력이 없기 때문에 어떤 사고나 심상(image)이 우리의 상상을 점령하도록 내주게 될 것이다(고전 2:14). 훈련 되지 않은 마음이 사고를 통제하지 못할 경우 우리가 주인 행세를 하여 우리 스스로 "육신의 정욕(우리 부패하고 감각적인 본성에 의해 지배되는 우리 행위)

대로 살고, 육신과 마음이 원하는 대로 행하게 된다"(엡 2:3, 새번역).

우리 생각에 떠오르는 어떤 이미지를 자꾸 곱씹는다는 것은 마치 플라스마 TV 화면에 하나의 그림이 정지된 상태로 오랜 시간 방치됐을 경우 그 그림의 잔상이 영원히 남는 현상과 매우 흡사하다. 우리는 책임감을 갖고 우리가 바라보는 것을 선택해야 한다. 그렇지 않을 경우 우리의 마음이 그것을 선택하게 될 것이다.

훈련이 안된 마음은 마치 훈련 받지 않은 개와 산책하는 것과 같다. 훈련이 받지 않은 개는 오히려 주인을 이리저리 데리고 다니면서 산보시킨다. 개는 자기가 가고 싶은 곳으로 가고 돌아가고 싶을 때 돌아가고 자기를 속박하려는 고삐를 무시하려고 할 것이다. 그러한 개는 기질에 따라 공격하고, 위협하고, 추행하고, 자신이 가는 길로 들어온 사람은 누구든지 달려들려고 할 것이다. 개는 자신이 관심이 가는 것은 무엇이든지 냄새를 맡으려고 이리저리 다니면서 넘어서는 안 될 경계선을 넘게 될 것이다. 그가 자신이 원하는 곳은 어느 장소든 어느 것에든 똥오줌을 싸면서 아랑곳 하지 않고 항상 자신의 영역을 표시하고 다닌다. 그는 그의 주인에게 골칫거리가 되고 그가 가는 길에 마주치는 모든 사람을 짜증나게 하는 원인이 될 수 있다.

훈련받지 않은 마음은 나중에 우리가 후회하게 될 영역이나 상황으로 우리를 몰아가는 것과 똑같은 결과를 초래한다. 마음은 우리 육체의 일부분이다. 만일 마음이 무제한적인 자유를 갖는다면 그 마음은 육체가 원하는 것을 다 받아 줄 것이다. 성경은 우리의 자유를 육체의 정욕을 채우는 기회로 사용해서는 안 된다고 말하고 있다. 우리는 실제로 생각하고 있는 사고들보다 우리가 더 낫다는 견해를 가질 필요가 있다. 성경은 이렇게 말한다.

> "여러분은 지난날의 생활 방식대로 허망한 욕정을 따라 살다가 썩어 없어질 그 옛 사람을 벗어버리고, 마음의 영을 새롭게 하여, 하나님의 형상을 따라 참 의로움과 참 거룩함으로 지으심을 받은 새 사람을 입으십시오."(엡 4:22-24, 새번역)

우리의 마음이 새로워지는 것은 우리가 생각하거나 느끼는 것을 바라보는 것이 아니라 그리스도가 행하신 일을 바라봄으로 이루어진다. 자책감은 우리 자신의 사고나 행동들을 과소평가한다. 우리 자신이 세운 기준에 합당하게 살지 못할 때 우리는 스스로 계속해서 스트레스를 받을 것이다. 우리는 이러한 비난하는 사고에 연연해선 안 된다. 오히려 우리는 우리의 성과가 아닌 예수님이 행하신 일로 판단 받는다고 선포해야 한다.

> "우리의 전쟁 무기는 육신(육신의 무기)에 속하지 아니하고 하나님을 통해 강력하여 강한 요새들도 무너뜨리느니라 우리는 상상하는 것과 또 하나님을 아는 것을 대적하여 스스로를 높이는 모든 높은 것을 무너뜨리고 모든 생각을 사로잡아 그리스도께 순종하게 하며"(고후 10:4-5, 킹제임스 흠정역)

하나님께서 보시는 것은 그리스도의 복종이지 우리의 복종이 아니다. 우리는 늘 가혹하고 비판적인 아버지들로부터 하나님이 가혹한 분이라고 가르침을 받아왔다. 예수님의 비유에서 두려워하는 종이 주인에게 말했다.

"당신은 굳은 사람이라 심지 않은 데서 거두고 헤치지 않은 데서 모으는 줄을 내가 알았으므로 두려워하여 나가서 당신의 달란트를 땅에 감추어 두었었나이다"(마 25:24-25)

주인을 기쁘게 하지 못하는 것에 대한 그의 독성이 있는(toxic) 판단은 그를 두려움에 가두어 놓고, 혁신적이거나 합리적으로 투자전략을 짜는 능력을 봉쇄했다. 거짓말 위에 세워진 자신만의 요새는 하나님이 우리를 위해 미리 정한 약속들과 가능성들로부터 우리를 얼어붙게 만든다. 우리들로 하여금 하나님이 예비하신 가장 좋은 선물들을 받지 못하도록 하는 가장 큰 거짓말들은 우리가 하나님의 놀라운 사랑을 받지 못하고 있고, 진짜로 용서를 받은 것이 아니고, 하나님께서 실제로 통치하고 있는 것이 아니라는 것이다.

모든 스트레스와 모든 죄는 이 세 가지 뿌리로 거슬러 올라갈 수 있다. 모든 다른 거짓말들은 단지 이 세 가지 중 하나가 변형된 것이다.

"너희는 이 세상에 동화되지 말고 오직 너희 생각을 새롭게 함으로 변화를 받아 하나님의 그 선하시고 받으실 만하며 완전하신 뜻

이 무엇인지 입증하도록 하라"(롬 12:2, 킹제임스 흠정역)

하나님의 뜻은 모든 사람이 예수를 믿고 그를 통해 구원을 얻는 것이다. 이 구원은 정신적, 육체적 건강, 의로움, 관계성, 그리고 재정을 회복할 것이다(요 1:7). 하나님 아버지는 당신이 "네 혼이 형통하는 것같이 네가 형통하고 건강하기를"(요삼 1:2, 킹제임스 흠정역) 원하신다. 우리가 하나님의 사고와 일치하는 사고를 하도록 결심하지 않는 한 우리의 혼은 잘 될 수 없다.

"너희를 향해 내가 생각하는 생각을 내가 아노라. 그것은 평안을 주려는 생각이요, 재앙을 주려는 생각이 아니니 곧 기대하던 결말을 너희에게 주려는 것이라. 주가 말하노라"(렘 29:11, 킹제임스 흠정역).

● 사고는 기분을 만들고 기분은 행동을 만든다

만일 우리가 어떠한 희망도 없다면 우리는 우울해지고 모든 것을 부정적인 시각으로 보게 된다. 불쾌한 기분은 불쾌한 사고를 낳는다. 기분은 기억들로부터의 입력되는 자극들에 대해 잠재의식 속에서 반응할 때 변연계에 의해 형성된다. 그리고 기억들로부터 입력된 자극은 계속 감정의 분자들(molecules of emotions)을 편도체 내로 보낸다. 만일 이러한 입력들이 두려움에 기인한 것이라면 악한 세력이 우리 생각에 영향을 주고 있다고 볼 수 있다. 우리는 무언가 불길한 기분을 느끼게 될 것이다. 모든 상황은 그러한 기분을 바탕으로 짐작하게 된다. 우리는 기분이 좋지 않은 상태로 있게 될 것이고 그러한 감정을 우리가 만나는 모든 사람들에게 투영하게 될 것이다.

만일 나의 행동이 변하지 않는다면 내 마음은 점차적으로 내가 느끼고 생각하는 대로 행동하는 생활방식에 정당성을 부여하기 시작할 것이다. 나는 나의 분노를 내 두려움이 아닌 내가 통제할 수 없는 상황 탓으로 돌릴 수 있다. 나는 다음과 같이 말할 것이다. "나는 아일랜드인이야, 그래서 내가 화를 잘 내는 거야." 또는 "내가 아주 엄한 사람처럼 보이는 이유는 내가 독일인이기 때문이야!" 우리는 우리의 양심을 달랠 수 있는 그럴듯한 동기로 탓을 돌림으로써 우리의 행동을 정당화시키고 우리의 신념을 무시하는 것에 대한 이유를 정당화시킨다. "나는 혼전 섹스가 괜찮아요. 엄밀히 따지자면, 우리는 이미 마음으로 결혼한 사이이기 때문이에요." 성경은 이러한 사고에 대해 다음과 같이 말한다.

"그 양심이 증거가 되어 그 생각들이 서로 혹은 고발하며 혹은 변명하여 그 마음에 새긴 율법의 행위를 나타내느니라"(롬 2:15)

우리 자신을 비난하거나 변명하는 것은 우리 양심을 달래거나 우리의 죄가 초래하는 스트레스를 덜어주지 못한다. 사고는 행동을 낳기 때문에 우리의 행동을 바꾸려면 사고방식을 변화시켜야 한다.

그러나 당신은 사고를 다른 사고로 물리칠 수 없다. 당신은 사고를 변명이 아닌 생명을 말하는 하나님의 말씀으로 물리칠 수 있다. 또한 불쾌한 기분에서 벗어나기 위하여 바람직한 사고를 할 필요가 있다.

> "아무것도 염려하지 말고, 모든 일을 오직 기도와 간구로 하고, 여러분이 바라는 것을 감사하는 마음으로 하나님께 아뢰십시오 그리하면 사람의 헤아림을 뛰어 넘는 하나님의 평화가 여러분의 마음과 생각을 그리스도 예수 안에서 지켜 줄 것입니다… 무엇이든지 참된 것과, 무엇이든지 경건한 것과, 무엇이든지 옳은 것과, 무엇이든 순결한 것과, 무엇이든 사랑스러운 것과, 무엇이든지 명예로운 것과, 또 덕이 되고 칭찬할 만한 것이면, 이 모든 것을 생각하십시오"(빌 4:6-8, 새번역)

이것이 하나님의 약속을 기억하는 믿음의 기능이다. 우리는 우리의 믿음을 말로 표현해서 우리의 뇌에 또 다른 입력을 할 필요가 있다. 우리는 다른 사람의 말보다 우리가 하는 말을 더 잘 믿는다. 따라서 우리는 믿음을 말로 표현해야 한다. "주님께 구원받은 사람들아, 대적의 손에서 구원받은 사람들아, 모두 주님께 감사드려라"(시 107:2, 새번역). 우리는 불쾌한 기분이 우리에게 유익하지 않다는 것을 결정하고 그 결정을 통해 우리가 변화하도록 동기를 부여할 수 있어야 한다. 우리는 모든 것이 우리에게 안 좋게 돌아갈 것이고 엄청난 재앙이 찾아 올 것이라는 원수 사탄의 거짓말들을 무장해제 시킬 수 있다. 세상은 부정적인 성향에 번창하며, 나쁜 소식을 절실히 듣고 싶어 한다. 우리는 "애곡 대신 기쁨의 기름을 주며 근심의 영 대신 찬양의 옷을"(사 61:3) 입으라는 말씀을 들었다.

우울과 부정적인 사고는 두려움과 공포증이 우리의 마음에 뿌리를 내리도록 한다. "~하면 어쩌지?"하는 것은 우리에게 건강하지 못한 현실을 받아들이는 것이다. 두려움은 믿음이나 사랑의 사고가 아니다. 우리는 두려움을 우리 자신을 보호하기 위한 불신의 방패로 사용한다. 그 사고는 한 마디로 유비무환으로 정리될 수 있을 것이다. 문제는 유비무환이 지나치면 스트레스를 생성하고 이는 우리가 걱정하는 어떤 것보다도 더 빨리 우리를 죽일수 있다는 데에 있다.

우리가 염려하는 것의 90%는 절대 일어나지 않는다.[4] 윈스턴 처칠은 이렇게 말했다. "내가 이 모든 걱정들을 뒤돌아볼 때 나는 어느 한 노인의 이야기를 떠올린다. 그가 임종 때에 말하기를 자신의 생애에 많은 문제들이 있었었지만 대부분은 일어나지 않았다"고 말했다.[5] "걱정은 흔히 작은 일에 큰 그림자를 드리운다"는 스웨덴 격언이 있다. "만일 당신이 모든 상황을 생과 사의 문제로 다룬다면 자주 여러 번 죽을 것이다"라고 딘 스미스가 말했다.[6] "겁쟁이는 진짜 죽기 전에는 여러 번 죽지만 용감한 사람은 딱 한 번 죽음을 맛본다"는 셰익스피어의 저서 '줄리어스 시저'에 나오는 줄리어스 시저의 말을 상기시킨다.[7]

조이스 마이어는 두려움에 대한 약어를 이용하여 그 뜻을 잘 표현하고 있다 : F.E.A.R.-False Evidence Appearing Real(진짜로 보이는 거짓된 증거). 우리의 두려움은 실제가 아니다. 그것은 불필요한 두려움을 초래하는 고통스러운 기억들을 총체적으로 보여준다. 예수님께서는 우리에게 이렇게 말씀하신다.

"하나님이 지금 행하실 일을 주의하라 내일 일을 염려하지 말라 그 날에 하나님께서 너희를 도와 모든 힘든 일들을 처리하시리라" (마 6:34)

이러한 두려움의 생각들은 다음과 같은 이유에서 건전한 사랑의 사고방식이 아니다.

"사랑 안에 두려움이 없고 온전한 사랑이 두려움을 내쫓나니 두려움에는 형벌이 있음이라 두려워하는 자는 사랑 안에서 온전히 이루지 못하였느니라"(요일 4:18)

두려움으로 인한 괴로움은 몇 년 동안 지속될 수 있다. 요셉의 형들은 그들이 요셉을 노예로 팔아버린 지 40년이 지난 후에도 여전히 하나님께서 자신들을 벌하실 것이라는 피해망상을 가지고 있었다(창 50:15). 그것은 요셉이 그들을 책망했었던 이래로 응징에 대한 두려움이 뇌리에서 떠나지 않았던 긴 시간이었다.

"당신들이 나를 이 곳에 팔았다고 해서 근심하지 마소서 한탄하지 마소서 하나님이 생명을 구원하시려고 나를 당신들보다 먼저 보내셨나이다…나를 이리로 보낸 이는 당신들이 아니요 하나님이시라"(창 45:5, 7-8, 새번역)

요셉으로부터의 이 모든 확약도 그들의 두려움이나 고통을 털어내지 못했다. 그들은 그들의 두려움을 진실로 받아들였으며 그것은 요셉을 대할 때 그들의 믿음 체계가 되었다. 우리는 진실도 아닌 사고나 억측들을 한다. 그것들은 우리를 가두어 놓는 우리 마음속에 있는 견고한 요새이다. 우리는 모든 것을 볼 때 하나님의 관점을 보는 것이 필요하다. "진리를 알지니 진리가 너희를 자유롭게 하리라"(요 8:32). 거식증이 있는 소녀가 거울을 볼 때 비만한 자신이 보인다. 실업자는 자신을 패배자로 본다. 다루기 힘든 아들이 있는 어머니는 자신을 실패한 사람으로 본다. 이러한 것들은 가상현실이며, 진리가 아니다. 진리는 하나님께서 말씀하시는 것이다.

"너희를 향한 나의 생각을 내가 아나니 평안이요 재앙이 아니니라 너희에게 미래와 희망을 주는 것이니라"(렘 29:11)

우리 자신에 대한 고통스러운 사고는 우리를 가두어 놓지만 하나님의 말씀은 "그것은 얻는 자에게 생명이 되며 그의 온 육체의 건강이 된다"(잠 4:22).

"평온한 마음은 육신의 생명이나 시기는 뼈를 썩게 하느니라"(잠 14:30). 건강은 생각의 문제이지 약의 문제가 아니다. 우리는 우리의 건강에 대한 열쇠를 갖고 있고 건강은 우리들에게 영향을 미칠 수 있는 생각들 중에서 어떤 사고를 받아들이느냐 하는 것에 달려 있다. 여유 있는 마음은 육체적인 치유를 증진시킨다. 진정하라! 스트레스를 받지 마라! 우리는 미래를 알 수는 없지만 누가 그 미래를 손에 쥐고 있는지 안다.

"돈을 사랑하지 말고 있는 바를 족한 줄로 알라 그가 친히 말씀하시기를 내가 결코 너희를 버리지 아니하고 너희를 떠나지 아니하리라 하셨느니라"(히 13:5)

이러한 방식으로 말하면 우리 삶에서 모든 긴장과 스트레스를 떨어낼 수가 있다.

- ✔ 당신의 감정과 사고를 우상시하지 말라. 그것들은 틀릴 수 있다.
- ✔ 판단을 내려놓으라. 그것들은 당신이 믿는 것을 좌우할 것이다.
- ✔ 감정은 진실을 판단하는데 있어서 신뢰할만한 근거가 되지 못한다.
- ✔ 당신의 사고를 통제하라. 생각이 당신을 통제하도록 내버려 두지 말라.
- ✔ 당신의 기분을 주의하라. 그것은 당신의 판단을 흐리게 할 것이다.

제7장

1 Lord William T. Kelvin, "On the Dynamical Theory of Heat," Transactions of the Royal Society of Edinburgh, March 1851, accessed April 12, 2013, http://zapatopi.net/kelvin/papers/on_the_dynamical_theory_of_heat.html.

2 Zodhiates, *The Complete Word Study New Testament*, Convert, #4762.

3 Ibid., Malice, #2549.

4 Henrik Edberg, "How to Overcome Your Worries : 5 Timeless Thoughts from the Last 2500 Years," The Positivity Blog, accessed April 12, 2013, http://www.positivityblog.com/index.php/2009/10/23/how-to-overcome-your-worries/.

5 Ibid.

6 Ibid.

7 William Shakespeare, *Julius Caesar*, act 1, scene 2.

스트레스를 해소하기 위해서 원수 사탄이
하는 것을 보지 말고 하나님이 하시는 것을 보라.
그날의 소식은 보통 부정적이고
두려움을 조장할 수 있지만 하나님께서는
사랑이시고 사랑은 두려움을 쫓아낸다.

{ 3부 }

고통스러운 기억의 형성을 예방하기

제8장
우리 생각을 분석하기

알려진 것과 안 알려진 것들 사이에는 인지의 문이 있다. —올더스 헉슬리

나는 하나님의 모든 생각을 알고 싶다. 그 외의 모든 것은 단지 하찮은 것에 지나지 않는다. —알버트 아인슈타인

의견은 전염병이나 지진보다 이 지구상에 더 많은 문제를 일으켜왔다. —볼테르

당신을 곤란에 빠뜨리는 것은 당신의 무지가 아니고 그것이 반드시 그렇지 않다는 것을 확실히 아는 것이다.' —마크 트웨인

그 마음의 생각이 어떠하면 그의 사람됨도 그러하니 (잠 23:7, 새번역)

● 너무 많은 생각

연구에 의하면 어떤 상처나 죄를 반복하여 곱씹으면 그 죄를 범한 사람을 용서하기가 점점 더 어려워진다고 한다. 그러한 연구들에서는 피해자가 그들에게 가해진 공격이나 방법에 대해 많이 생각할수록 그 정신적인 고통과 대인관계에서의 어려움이 더 길어지고 더 깊어졌다. 사람들은 그들이 왜 우울해지고 화가 나는지에 대해 생각할 때 그들은 더 우울해지고 더 화가 나며 그 상태가 더 오래 지속되었다. 그 공격에 대해 많이 곱씹을수록 더 화가 나고 더 용서할 수 없었다.[1]

용서는 그 자체로 분노, 통한, 증오, 억울함, 다시 수모를 당하거나 상처받을 것에 대한 두려움의 독성 혼합물을 제거한다. "이러한 부정적인

감정들은 우리 몸에 영향을 끼쳐서 혈압, 아드레날린, 코티솔 레벨을 올리고 이는 심혈관 질환, 면역 저하, 신경학적 기능과 기억의 손상을 일으킬 수 있다."[2] 그 같은 예로 다음과 같은 표현들이 있다. "그가 내 피를 끓어오르게 한다.""그가 그렇게 했을 때 내 혈압이 치솟아 올랐다.""네가 날 미치게 한다."또는 "넌 나를 정말 질리게 만들어"라고 말한다. 이러한 모든 것은 강한 감정이 신체에 정말로 악영향을 미친다는 것을 가르쳐 주고 있다!

우리는 우리들 사고가 어디서 오는지 이해해야 하고 그 사고를 그냥 받아들일 것이 아니라 그것들을 분석해야만 한다. 그것들은 두려움에서 오는 사고인가? 믿음에서 오는 사고인가? 그것들은 우리의 평온에 도움을 주는가? 아니면 방해를 하는가? 우리의 건강을 위해서 우리는 "악을 버리며 선을 택"(사 7:15)하는 것을 배워야 한다. 고통스러운 기억들이 감정적으로 가득 차 있기 때문에 그것들을 거부하려면 그러한 감정들에 대해 죽어야 한다. 우리는 이러한 감정들을 억누르거나 참지도 않고 또 거부하지도 않는다. 우리는 적극적으로 그 고통스러운 기억들에 반응하기를 거부해야 한다. 오로지 배고프다고 해서 반드시 먹어야 하는 것은 아니다. 피곤하다고 해서 반드시 잠을 자야 한다는 것은 아니다. 화난다고 해서 반드시 실패해야 하는 것은 아니다. 성경은 말한다.

"분을 내어도 죄를 짓지 말며 해가 지도록 분을 품지 말고 마귀에게 틈을 주지 말라"(엡 4:26-27)

두려움을 행동으로 드러내지 말라. "내가 사망의 음침한 골짜기로 다닐지라도 해를 두려워하지 않을 것은 주께서 나와 함께 하심이라"(시 23:4). 우리를 괴롭히는 것은 실제적인 사망이 아니고 단지 사망의 그림자일 뿐이다. 실제는 하나님께서 당신과 함께 하신다. "너희 안에 계신 그리스도니 곧 영광의 소망이니라"(골 1:27). 우리는 두려워 할 수 있다. 두려움은 실제가 아니고 우리의 믿음이 실제이다. 우리의 사고는 우리의 믿음체계에 대한 거울이다. 우리의 말들은 결국 그러한 믿음을 우리의 세상으로 풀어 놓을 것이다.

> "선한 사람은 자기 마음의 선한 보고에서 선한 것을 내고 악한 사람은 자기 마음의 악한 보고에서 악한 것을 내나니 그의 입은 마음에 가득한 것을 말하느니라"(눅 6:45, 킹제임스 흠정역)

우리는 하나님의 형상으로 지음을 받았으며 우리의 말은 하나님의 말씀이 역사하는 것과 똑같이 창조하기 위해서 계획 되었다. "주의 말씀으로 하늘들이 만들어지고 하늘들의 온 군대가 그 분의 입의 숨에 의해 만들어졌도다"(시 33:6, 킹제임스 흠정역). 나는 하나님이 거짓말을 할 수 없는 이유는 "그가 말하는 모든 일이 일어나기 때문이다"라고 말하기를 좋아한다. 만일 우리가 말한 것이 모두 그대로 이루어진다면 우리는 어떻게 할 것인가? 만일 우리가 정말로 그것을 믿는다면 우리는 달리 말할 것이다. 욥은 고통 가운데서 이렇게 말했다. "내가 두려워하는 그것이 내게 임하고 내가 무서워하는 그것이 내 몸에 미쳤구나"(욥 3:25). 우리는 우리가 말하는 것을 후회하지 않도록 하기 위해서 우리가 생각하는 법을 바꿀 필요가 있다.

나(잔)는 어렸을 때 산골짜기에 서 있었던 것을 기억한다. 나는 썰매를 잡아끌고 산 위로 올라가고 나서 또 다시 눈을 타고 내려가기 전에 잠깐 쉬고 있었다. 별이 반짝이는 하늘을 쳐다보면서 때가 섣달그믐이었기 때문에 다음해에 대한 생각을 했다. 나는 추운 가운데 서서 "내가 2000년이 되어도 살아있을까? 전쟁이나 질병이 내 목숨을 앗아가지 않을까? 다음 천년에 내가 계속 살아 있을까?"하고 궁금해 했다. 나는 그 장소를 표시한 것과 내 생각 속에 있던 그 사고가 마치 어제 일처럼 기억난다. 2000년에 나는 내가 암이 있다는 것을 알게 되었다. 우리는 그리스도와 함께 하는 가족으로서 그것과 싸웠고 그것을 이겨냈다. 나는 가끔 "내가 그날 밤 두려움에 대한 공격의 문을 열어 놓았었나?"하고 궁금했다.

● 하나님의 관점에서 기억을 쌓아라

하나님의 선함을 되풀이 하여 말하는 것은 상황에 대한 우리의 사고를 변화시킨다. 우리가 큰 소리로 외칠 때 우리의 뇌량(뇌의 좌측 반구와 우측 반구를 연결해주는 부위)의 활동성이 증가한다. 이러한 것은 청각을 자극해서 어떤 생각을 수용할지 거절할지를 결정하는데 있어 우리에게 더 좋은 관점을 갖게 해준다.[3] 하나님의 진리를 말하는 것은 우리의 관점이 아닌 하나님의 관점에서 기억을 쌓아가도록 우리를 도와주고 우리가 알고 있는 실제가 아니라 진정한 실제로 우리를 연결시켜 준다.

성경은 처한 상황이 진리가 옳다는 것을 보증해 주지 못할 때 믿음을 선택한 승리자로 가득하다. 욥은 자식, 재물, 건강을 잃어버리는 환난 가운데에서 말하기를 "그가 나를 죽이시리니 내가 희망이 없노라 그러나 그의 앞에서 내 행위를 아뢰리라"(욥 13:15). 욥은 그의 재앙적인 상황들에 관계없이 하나님의 인격에 대한 그의 신뢰를 선포하고 있었다. 믿음의 선포들은 단지 건강에 유익한 호르몬을 방출할 뿐 아니라 우리가 선포한 것을 천사들이 이루도록 한다. 내가 암수술로부터 회복하고 있을 때 내가 살든지 죽든지 그의 것이라고 선포하기로 결정하였다. 어떤 상황에 평화를 선포하면 그 환경이 어떠하든지 간에 평화를 불러온다. 평화는 스트레스와 반대이고 치유를 증진시킨다.

어떤 유대인들(사드락, 메삭, 아벳느고)은 바빌론 지역의 사건들에 휘둘리지 않고 바빌로니아 왕의 형상에 절하고 경배하는 것을 거절하였다. 왕은 그들에게 경고했다.

"너희가 만일 절하지 아니하면 즉시 너희를 맹렬히 타는 풀무불 가운데에 던져 넣을 것이니 능히 너희를 내 손에서 건져낼 신이 누구이겠느냐 하니 사드락과 메삭과 아벳느고가 왕에게 대답하여 이르되 느부갓네살이여…우리가 섬기는 하나님이 계시다면 우리를 맹렬히 타는 풀무불 가운데에서 능히 건져내시겠고 왕의 손에서도 건져내시리이다 그렇게 하지 아니하실지라도 왕이여 우리가

왕의 신들을 섬기지도 아니하고 왕이 세우신 금 신상에게 절하지도 아니할 줄을 아옵소서"(단 3:15-18)

사실은 사망을 선포했지만 믿음은 생명을 선포했다.

이 상황에 하나님이 개입하셨다. 그는 위협을 멈추지 않으셨고 그는 그들과 함께 용광로에 들어가셨다. 이러한 우리의 모든 전투에서 하나님의 함께하심은 우리에게 절대적으로 필요하다. 세 사람은 맹렬히 타는 풀무 불 가운데 던져졌지만 왕이 그 안을 들여다보고서는 말했다.

"내가 보니 결박되지 아니한 네 사람이 불 가운데로 다니는데 상하지도 아니하였고 그 넷째의 모양은 신들의 아들과 같도다 하고 느부갓네살이 말하여 이르되 사드락과 메삭과 아벳느고의 하나님을 찬송할지로다 그가 그의 천사를 보내사 자기를 의뢰하고 그들의 몸을 바쳐 왕의 명령을 거역하고 그 하나님 밖에는 다른 신을 섬기지 아니하며 그에게 절하지 아니한 종들을 구원하셨도다 왕이 드디어 사드락과 메삭과 아벳느고를 바벨론 지방에서 더욱 높이니라"(단 3:25, 28, 30)

우리는 하나님께서 하실 수 있다는 것을 안다. 그러나 종종 우리는 하나님이 우리편에 서 계신지, 그가 우리 편에서 개입하길 원하시는지에 대해 의심한다.

"한 나병환자가 나아와 절하며 이르되 주여 원하시면 저를 깨끗하게 하실 수 있나이다 하거늘 예수께서 손을 내밀어 그에게 대시며 이르시되 내가 원하노니 깨끗함을 받으라 하시니 즉시 그의 나병이 깨끗하여진지라"(마 8:2-3)

스트레스를 해소하기 위해서 원수 사탄이 하는 것을 보지 말고 하나님이 하시는 것을 보라. 그날의 소식은 보통 부정적이고 두려움을 조장할 수 있지만 하나님께서는 사랑이시고 사랑은 두려움을 쫓아낸다.

"이로써 사랑이 우리에게 온전히 이루어진 것은 우리로 심판 날에 담대함을 가지게 하려 함이니 주께서 그러하심과 같이 우리도 이 세상에서 그러하니라 사랑 안에 두려움이 없고 온전한 사랑이 두려움을 내쫓나니 두려움에는 형벌이 있음이라 두려워하는 자는 사랑 안에서 온전히 이루지 못하였느니라"(요일 4:17-18)

우리의 사고와 말들은 실체를 갖고 있기 때문에 하나님의 뜻을 말하는 것은 중요하다. 히브리어 'dabar'는 사물과 말로 둘 다 동일하게 번역된다. 말들은 사물들이다. 그것들은 선한 능력과 악한 능력 둘 다 수용하는 용기이다. 말들은 물질을 우리의 사고로 옮기는 운송수단들이다. 우리는 "무엇을 결정하면 이루어질 것"(욥 22:28)이라는 말을 듣는다. 예수님은 거듭해서 그러한 사고를 말씀하셨다,

"누구든지 이 산에게 이르기를 옮겨져서 바다에 빠지라 하며 마음속으로 의심하지 아니하고 자기가 말하는 그것들이 이루어질 줄 믿으면 그가 무엇을 말하든지 다 받으리라"(막 11:23, 킹제임스 흠정역)

그것이 다윗처럼 "내 혼아 네가 어찌하여 낙심하며 어찌하여 내 속에서 불안해 하는가 너는 하나님께 소망을 두라 그가 나타나 도우심으로 말미암아 내 하나님을 여전히 찬송하리로다"(시 43:5)라고 우리 자신이 선포하도록 격려해야 하는 이유이다. 잔과 나는 우리 몸의 여러 부분들에 선포해왔고 결과적으로 건강해졌다. 우리는 이렇게 결론짓는다. "나는 신성한 건강 가운데 산다. 나는 신성한 치료를 받는다." 우리가 말할 때 우리 뇌의 교질세포는 우리의 신경 경로들을 다시 조정하여 우리가 말한 것과 일치시킨다.

나는 뛰어난 운동선수나 음악가를 만드는 중요한 요소들에 대해 토론하는 라디오 프로를 듣고 있었다. 성공의 가장 큰 요소는 재능이 아니라 연습이었다. 같은 동작을 계속 반복하는 것이 시냅스와 신경경로를 강화시켜서 그 사람으로 하여금 뛰어난 능력을 발휘했다. 그와 똑같은 일이 우리에게도 해당된다. 즉 우리가 하나님의 뜻과 일치하는 올바른 것들을 계속해서 반복적으로 말한다면 우리는 축복과 성공의 신경경로들을 만들어 낼 수 있을 것이다. 이것은 긍정적인 사고가 아니라 믿음을 선포하는 것이다.

우리는 하나님께서 하신 말씀을 선포하고 우리 생각을 훈련함으로써 우리가 말하는 것을 믿도록 하고 있다. 우리는 우리의 고백이 능력을 갖기 전에 먼저 믿어야만 한다. 그래서 우리의 첫 선포는 우리 자신의 마음에 하는 것이다(롬 10:10 참조). 일단 우리가 믿음 안에 있으면 우리 권위의 영역 안에서의 우리의 선포는 사물들을 변화시킬 수 있다. 우리는 우리의 환경을 향해 생명을 선포하기도 하고 사망을 선포하기도 한다.

"그가 저주하기를 좋아하더니 그것이 자기에게 임하고 축복하기를 기뻐하지 아니하더니 복이 그를 멀리 떠났으며"(시 109:17)

"죽고 사는 것이 혀의 힘에 달렸나니 혀를 쓰기 좋아하는 자는 혀의 열매를 먹으리라"(잠 18:21)

사망의 열매는 더 많은 사망을 초래하고 생명의 열매는 더 풍성한 생명을 맺는다. 우리의 친구가 호숫가에서 사촌 가족들과 야영하는 동안 그녀의 딸이 경험했던 것에 대한 이야기를 들려주었다. 그녀의 사촌은 그녀의 딸에게 머릿니가 있는 것을 보고 호들갑을 떨었다. 왜냐하면 그들 모두 하나의 머리빗을 같이 사용하고 있었기 때문이었다. 우리 친구는 자기 딸이 이가 생길 리가 없다고 큰 소리로 외쳤다. 나중에 그들 모두 집에 돌아왔을 때 다른 아이들이 정말로 이를 갖게 되었다는 문자 메시지를 받았다. 친구 딸들은 길고 아름다운 머리를 갖고 있었고 같은 머리빗을 사용했지만 어떠한 문제도 없었다. 하나님은 필연적으로 일어날 수밖에 없는 것을 일어날 수 없는 것으로 바꿈으로써 그녀의 말이 보호하는 능력을 갖고 있다는 것을 가르치고 계셨다. 그것이 성경이 우리에게 이렇게 말하는 이유이다.

> "성령으로 충만함을 받으라 시와 찬송과 신령한 노래들로 서로 화답하며 너희의 마음으로 주께 노래하며 찬송하며 범사에 우리 주 예수 그리스도의 이름으로 항상 아버지 하나님께 감사하라"
> (엡 5:18-20)

빛으로 우리 자신을 채우는 것은 어둠을 물리치는 가장 효과적인 방법이다. 우리는 사고와 맞서 싸울 때 사고로 싸우지 않고 생명의 말씀으로 싸운다. 하나님의 영광을 융숭하게 대접하는 것이 우리의 역경을 잊어버리는 가장 좋은 방법이다. 우리 생각 안에서의 칼싸움, 즉 우리를 향한 공격에 대해 어떻게 대응할 것인가 하는 생각은 많은 감정들을 휘저어 놓아서 우리의 평강에 역효과를 낳는다. 예수님은 제자들에게 이렇게 말씀하셨다,

> "사람들이 너희를 끌어다가 넘겨 줄 때에 무슨 말을 할까 미리 염려하지 말고 무엇이든지 그 때에 너희에게 주시는 그 말을 하라 말하는 이는 너희가 아니오 성령이시니라" (막 13:11)

하나님이 "능히 우리를 보호하사 거침이 없게 하시고 우리로 그 영광 앞에 흠이 없이 기쁨으로 서게 하시기"(유 1:24) 때문에 우리는 불안이 아닌 안식처로 들어가기로 예정되어 있다. 우리는 안식처로 들어가기 위해

노력하지 않고 단지 믿고 안식한다. "하나님께서 보내신 이를 믿는 것이 하나님의 일이니라"(요 6:29). 우리가 걱정하면 할수록 우리는 덜 믿고 더 많이 스트레스를 받게 된다.

● 요새를 제거하기

나쁜 사고들을 하려고 하지도 말고 머리에 쑤셔 넣지 말라. 우리는 고통스러운 감정들을 묻어둘 것이 아니라 정화하거나 몰아내야 한다. 만일 우리의 감정들을 머리에 꾹꾹 채워 놓고 그 감정을 부인할 경우 우리는 실제로 느끼는 것을 분별하는 능력을 잃어버릴 것이고 그것을 해소하는 적절한 방법 없이 긴장을 초래할 수 있다. 우리는 우리의 부정적인 사고에 빛을 비추어서 그러한 생각들을 노출시킬 필요가 있다. 어두움에 거하는 것은 어떤 것이든지 어두움의 영향 아래 있게 된다. 사탄은 그러한 영역을 이용하여 당신을 비난하고 속박할 수 있다. 당신의 모든 사고를 진리의 빛에 드러내라. 만일 그 사고가 당신에게 선하다면 그것은 생명을 가지고 있을 것이다. 만일 그 사고가 부정적인 것이라면 그것은 당신의 건강에 해로울 수 있는 부정적인 감정들이 일어나도록 할 것이다.

우리는 그러한 사고를 통제해야 하고 설령 그것들을 수년 동안 품어 왔다 할지라도 그것들을 끊어내야만 한다. 우리는 그러한 사건들이나 상황들이 일어났다는 사실을 부정하는 것이 아니다. 그것은 마법이다. 우리는 하나님이 그 상황 가운데 계셨고 그는 늘 그와 우리의 유익을 위하여 주위의 악한 상황들을 회복시키고 계신다(창 50:20)는 것을 믿기로 선택하고 있는 것이다. 우리는 피해자가 아니라 "이 모든 일에 우리를 사랑하시는 이로 말미암아 우리가 넉넉히 이기느니라"(롬 8:37). "만일 하나님이 우리를 위하시면 누가 우리를 대적하리요"(롬 8:31). 그리스도 안에서 우리의 승리를 방해하는 어떠한 것도 제거되어야 한다.

우리는 우리가 너무나 높게 생각하는 것을 소중하게 여기기 때문에 우리의 부정적인 사고에 매달린다. 우리로 하여금 우리의 사고와 감정들을 우상시하는 소유 효과(Endowment Effect)라고 불리는 원리가 있다. 기본적으로 그 원리는 어떤 것이든지(상품, 집, 주식, 생각, 아이디어) 소유한다는 것은 주인의 눈으로 볼 때 실제 값어치보다 그 가치를 더 크게 보는 것을 말한다.[4] 우리는 우리의 사고가 독성이 있는 것을 깨닫고 그 생각들을 끊을 때까지 우리 생각들을 과대평가 하고 소중히 여길 것이다. 우리가 그 사고를 거부한 후에 그 생각은 그 가치를 잃어버릴 것이며, 우리는 어떻게 하여 우리가 그러한 왜곡된 견해들을 소중히 생각할 수 있었는지 의아해 할 것이다.

나(켄)는 어머니께서 대부분의 재산을 자식들에게 나누어 주셨던 몇 년 전에 이것을 경험한 적이 있었다. 나의 세 여동생들과 나는 어머니와 같이 앉아 있었고 어머니는 각 물품을 살펴보았고 우리는 그 물품들과 연관된 이야기들을 들었다. 그녀는 우리 각자가 원하는 것을 선택할 수 있도록 그 물건들을 정리해 두었다. 우리가 저장물들을 모아 놓고 형 몫을 따로 떼어 놓았을 때 각 물품은 귀하게 여겨졌다. 내가 집으로 가서 내가 받은 모든 것들을 검토했을 때 나는 그 대부분이 별 쓸모가 없는 것들임을 깨달았다. 모든 물건은 한 때 값어치가 있었지만 시간이 지나면서 그 효용성이 떨어졌다. 어떤 것들은 이가 빠져있고 어떤 것은 뚜껑이 없거나 다리가 없었고 어떤 것은 세트의 일부분이 없었다. 무엇이 그것들을 가치 있게 만들었는가? 각 물품과 연결된 어머니의 기억들로 말미암아 우리들 눈에 그것들의 가치가 크게 보였던 것이다. 내가 여동생들에게 전화를 했을 그들 역시 그들이 갖고 있는 것들 대부분이 값어치가 없었다는 것을 알았다. 진정한 가치는 그 물건이 아니라 내 어머니의 기억과 연관되어 있었던 것이다.

● 억눌린 감정과 고통스러운 기억의 징후들

우리가 찾아보려 한다면 억눌린 감정들이 어떤 결과들을 초래하는지 아는 것은 어렵지 않다. 만일 우리가 찾아보려 하지 않는다면 모든 증상들은 다른 누군가의 잘못이나 단지 운이 없는 것으로 무시해버리게 된다. 우리의 감정을 다른 사람의 행동 탓으로 돌린다면 우리는 우리의 권한을 포기하는 것이고 다른 사람이 우리를 조종하도록 내버려 두는 것이다. 나의 감정과 반응들은 실제 나의 감정들과 반응들이다. 아무도 우리를 화나게 만들지 않는다. 우리가 그러한 반응을 선택하는 것이다. 왜냐하면 우리는 오랜 시간 동안 우리 뇌가 그런 방식으로 반응하도록 설정해놨기 때문이다. 공격은 방어의 한 형태이다. 분노는 사람들을 뒤로 물러나게 하고 나의 공간에서 떠나가게 하도록 한다. 우리가 치유받기를 바란다면 우리가 인지하고 반응해야 하는 신호들이 있다.

과민성

과민성은 상처가 있다는 것을 암시하는 지표이다. 앞에서 언급한 것처럼 만일 내가 우연히 또는 아주 부드럽게 당신의 건강한 팔을 만진다면 반응이 없을 것이다. 만일 내가 똑같은 방식으로 당신을 만지는데 당신의 피부에 상처나 염증이 있다면 그러한 접촉은 통증을 일으킬 것이고 당신은 그것에 대해 반응을 보일 것이다. 그것이 많은 사람들이 서로 가까워지는 것을 피하는 이유이다. 내가 멀리 떨어져서 당신을 사랑하는 것은 쉽다. 내가 멀리 떨어진 상태에서 당신의 상처와 부딪치는 일은 결코 없을 것이다. 그러나 내가 당신과 같은 공간에 있고 가까이에서 당신을 사랑하도록 허용이 되면 결국 나는 무언가 당신의 아픈 부위를 건드리게 될 것이다.

하나님은 당신의 삶 가운데 사람들, 특히 당신의 배우자가 당신에게 거슬리도록 고안하셨다. 그것은 그들이 당신을 사랑하지 않아서가 아니라 당신을 사랑하기 때문에 그런 것이다. 하나님은 우리가 치유받기를 원하시고, 그는 비용을 아끼지 않으시고 우리의 벽을 밀치고 우리를 사랑하려는 사람들을 우리 삶 안으로 데리고 오신다. 사람들이 우리를 아프게 할 때 그 사람들을 밀어버리는 우리의 방어 전략은 그 사랑을 받아들이는데 있어서 역효과를 낳는다. 그러한 거절이 감지됨으로 인해 우리에게 더욱 더 많은 상처를 주게 되기 때문이다. 화를 잘 내는 민감한 사람들은 자신의 치유에 도움을 줄 수 있는 사랑하는 사람들을 끌어당기는 대신 밀어내 버린다.

나는 화를 잘 내서 계속 자신의 친구들을 잃어버렸던 한 여성을 알고 있다. 친구들은 그녀에게 솔직하게 무언가를 말하곤 한다. 그러나 그녀는 그것을 잘못된 방향으로 받아들였다. 일단 기분이 상하면 그녀는 용서하는 것을 어려워했고 오랫동안 원한을 품었다. 다른 사람들에 대한 그녀의 기대가 현실과 동떨어졌기 때문에 결국에는 그 관계를 끊게 되었다. 그 결과 그녀는 매우 외로웠다. 그럼에도 바로 그녀 자신이 주위에 있기 어려운 사람인 것을 알지 못하였다.

내가 이 여성을 위해 기도하면 할수록 그녀가 부딪치고 극복해야만 했던 문제들은 더 많아졌다. 하나님은 성경의 다음 구절과 같이 그녀를 강하게 훈련하고 계셨다. "내가 너를 굳세게 하리라 참으로 너를 도와주리라"(사 41:10). 시간이 흘러가면서 그녀는 성숙해지기 시작했고 다른 사람을 더 빨리 용서하기 시작했다. 그녀는 다른 사람들에게 더 많은 은혜를 베풀기 시작했다. 그녀는 친구들과 잘 지내고 심지어 새로운 친구를 사귀기 시작했다. 그녀는 쉽게 화를 내는 것(최악의 상황을 믿는 것)이 자신에게 좋지 않다는 것을 알았다. 우리들도 보다 건강한 사고를 하기 시작해야만 한다.

"끝으로 형제들아 무엇에든지 참되며 무엇에든지 경건하며 무엇에든지 옳으며 무엇에든지 정결하며 무엇에든지 사랑 받을 만하며 무엇에든지 칭찬 받을 만하며 무슨 덕이 있든지 무슨 기림이 있든지 이것들을 생각하라"(빌 4:8)

과민해서 화를 잘 내는 것에 대한 적절한 대응은 그 고통을 촉발한 사람을 멀리하는 대신에 그 고통을 일으키는 상처의 근원을 찾아내는 것이다.

"그러므로 늘어진 손과 연약한 무릎을 일으켜 세우고 너희 발을 위해 곧은 행로들을 만들지니 이것은 저는 것이 길에서 벗어나지 아니하고 고침을 받게 하려 함이라"(히 12:12-13, 킹제임스 흠정역)

옛 상처를 드러내는 것은 고통스럽지만 우리가 치유받기를 원한다면 반드시 필요하다. 하나님은 우리가 과거로 돌아가서 그 원인을 찾고 거기에 관여된 사람을 용서하고 그 상처를 잊고 떨쳐 내버리고 모든 다른 의도보다 우선하는 하나님의 목적으로 기억을 다시 고쳐 쓰기를 원하신다. 당신의 뇌는 잊을 수 있도록 고안되었다. 하나님이 우리의 치유를 위해 우리에게 부여하신 방법을 이용하라. 그것은 다른 누군가의 문제가 아니라 우리의 문제이다. 어느 누구도 당신의 머리 안으로 들어가거나 당신을 위한 결정을 대신 해줄 수 없다. 수동적으로 받아들이는 것은 오직 고통을 초래할 뿐이다.

급한 성격

우리의 기질 가운데 급한 성격은 높은 스트레스 수준을 의미한다. 우리 모두는 분노를 촉발시키는 유발점이나 방아쇠를 갖고 있다. 긴장의 단계를 10 단계로 나눌 때 내가 폭발하려면 10 단계가 필요하다고 치자.

4 단계 수준의 사건은 나를 폭발하게 하지 않는다. 그러나 내가 이미 7단계의 스트레스를 받고 있을 경우 추가로 4단계 수준의 사건이 더해지면 그 사건은 나를 정점(10점)이상의 단계로 끌어올린다. 만일 내가 성미가 급한 사람이라면(무시당하는 것을 눈치 채게 될 때 너무 급하게 반응하는) 나의 장기적인 스트레스 수준은 너무 높아서 살아가면서 발생하는 사소한 문제들도 처리하기 힘들어진다. 스트레스가 85%의 질병을 일으키는 데 기여하기 때문에 낮은 수준의 스트레스 호르몬이라도 지속적으로 우리 몸에서 순환한다면 재앙을 일으키는 보증 수표가 돼버린다. 앞서 이야기한 것처럼 우리에게 스트레스를 주는 것은 우리 삶에서 일어나는 어떤 상황이 아니라 그 상황에 대한 우리의 반응이다.

"노하기를 더디 하는 자는 용사보다 낫고 자기의 마음을 다스리는 자는 성을 빼앗는 자보다 나으니라"(잠 16:32). 하나님은 우리가 무엇을 하는가 보다 우리가 누구인가에 대해 더 많은 관심을 갖고 계신다. 우리가 하는 것은 우리에게 스트레스를 주는 것이고 우리가 누구인가 하는 우리의 존재감은 우리 마음을 가라앉힌다. 성경은 이렇게 촉구한다.

"사람마다 듣기는 속히 하고 말하기는 더디 하며 성내기도 더디 하라 사람이 성내는 것이 하나님의 의를 이루지 못함이라"(약 1:19-20)

더 많은 파리를 잡을 수 있는 것은 식초가 아니라 꿀이라는 오래된 속담이 진실처럼 들린다.

분노는 두려움에 대해 인간이 대응하는 방식이다. 그리고 두려움은 통제하기 위해 고안되었다. 두려움은 단순한 감정이 아니다. 이것도 하나의 영이며 영은 우리를 통제한다. 우리가 영을 통제하는 것이 아니다(딤후 1:7). 만일 우리가 분노 가운데 움직인다면 분노가 우리를 통제할 것이다.

"너희 자신을 종으로 내주어 누구에게 순종하든지 그 순종함을 받는 자의 종이 되는 줄을 너희가 알지 못하느냐 혹은 죄의 종으로 사망에 이르고 혹은 순종의 종으로 의에 이르느니라"(롬 6:16)

하나님께서는 통제하기 위해서 분노나 두려움을 결코 사용하시지 않는다. 그는 사랑과 선함으로 우리를 인도하신다.

"혹 네가 하나님의 인자하심이 너를 인도하여 회개하게 하심을 알지 못하여 그의 인자하심과 용납하심과 길이 참으심이 풍성함을 멸시하느냐"(롬 2:4)

두려움과 분노는 우리를 조종하려는 사탄의 방법이다.

나(켄)는 한때 조종하는 영 아래 놓였던 상황에 처한 적이 있다. 나는 어떤 사람의 불합리한 요구에 완전히 꼼짝할 수 없었고 내가 하지 않았던 어떤 일에 대해 책임을 떠안아야 했다. 잔은 그 문제를 알았고 그 사람들이 떠난 후에 나로 하여금 내 죄를 정면으로 마주하게 했다. 나는 일을 할 때 군림과 협박을 사용했었기 때문에(이세벨의 영, 조종하는 영의 형태) 나 역시 그것에 의해 조종을 받을 수 있었다. 그녀는 기본적으로 나에게 이렇게 말했다.

"네가 하나님의 인자하심이 너를 인도하여 회개하게 하심을 알지 못하여 그의 인자하심과 용납하심과 길이 참으심이 풍성함을 멸시하느냐"(롬 2:4)

우리는 단지 사람을 기쁘게 하기 위해서 변화해서는 안 된다. 또한 단지 누군가가 화를 내기 때문에 책임을 떠맡아서도 안 된다. 사람들을 회개와 변화로 인도하는 것은 우리의 분노나 두려움이 아닌 하나님의 선하심이다. 우리가 삶을 내부에서 통제하지 못하면 우리는 우리 외부의 모든 것을 통제하려 들 것이다. 우리는 외부에 문제가 없다면 내부에 고통이 없을 것이라고 생각한다. 우리 안에 폭풍이 없다면 우리를 향해 다가오는 어떠한 폭풍도 잘 넘어갈 수 있다. 폭풍이 불 때 화를 낸다고 해서 폭풍이 사라지지 않는다. 예수님께서는 평강의 왕으로서 폭풍 위에 그의 평강을 얹어주실 수 있다. 또한 우리가 평화로울 때 폭풍은 우리에게 영향을 미칠 수 없다.

불안

불안이나 두려워하는 감정이나 불길한 예감은 고통스러운 사고의 명백한 증상이다. 성경은 "아무 것도 염려하지 말고 다만 모든 일에 기도와 간구로, 너희 구할 것을 감사함으로 하나님께 아뢰라"(빌 4:6)고 말한다. 미래에 대한 두려움은 미래에 대한 확신을 가질 수 있을 때에만 진정될 수 있다. 예수님은 무서운 상황을 만났을 때 평강을 사용하셨다. 우리는 종종 두려움을 감추기 위해 분노를 사용한다. 예수님은 혈과 육을 함께 지니셨다.

> "죽음을 통하여 죽음의 세력을 잡은 자 곧 마귀를 멸하시며 또 죽기를 무서워하므로 한평생 매여 종 노릇 하는 모든 자들을 놓아 주려 하심이니"(히 2:14-15)

세상은 용감하고 화난 표정으로 말하면서 계속 필연적으로 올 것에 대해 투쟁하고 있다.

> 어두운 밤을 순하게 받아들이지 말아요.
> 나이든 이여, 저물어 가는 빛에 대해 소리치고 저항하세요.
> 분노하고 또 분노하세요. 그 빛이 꺼져가는 것에 대해.[5]

평화는 분노와 투쟁이 아니라 안식하는 것과 받아들임으로 인해 찾아온다. 우리가 하나님을 믿는다면 하나님의 약속은 우리에게 평화를 주고 우리를 두려움에서 벗어나게 할 것이다. 하나님께서는 "네가 사는 날을 따라서 능력이 있으리로다"(신 33:25)라고 약속하셨다. 우리 모두는 죽을 것이다. 그러나 노쇠하고 상한 채로 죽을 필요는 없다. 만일 우리가 믿는다면 우리는 고요하고 능력이 충만한 상태에서 내세에 들어갈 수 있다. 우리는 미래를 알 수 없지만 우리가 미래를 주관하고 있는 분이 누구신지 안다면 우리의 스트레스는 사라질 것이다.

"또 제자들에게 이르시되 그러므로 내가 너희에게 이르노니 너희 목숨을 위하여 무엇을 먹을까 몸을 위하여 무엇을 입을까 염려하지 말라 목숨이 음식보다 중하고 몸이 의복보다 중하니라 까마귀를 생각하라 심지도 아니하고 거두지도 아니하며 골방도 없고 창고도 없으되 하나님이 기르시나니 너희는 새보다 얼마나 더 귀하냐 또 너희 중에 누가 염려함으로 그 키를 한 자라도 더할 수 있느냐 그런즉 가장 작은 일도 하지 못하면서 어찌 다른 일들을 염려하느냐 백합화를 생각하여 보라 실도 만들지 않고 짜지도 아니하느니라 그러나 내가 너희에게 말하노니 솔로몬의 모든 영광으로도 입은 것이 이 꽃 하나만큼 훌륭하지 못하였느니라 오늘 있다가 내일 아궁이에 던져지는 들풀도 하나님이 이렇게 입히시거든 하물며 너희일까보냐 믿음이 작은 자들아 너희는 무엇을 먹을까 무엇을 마실까 하여 구하지 말며 근심하지도 말라 이 모든 것은 세상 백성들이 구하는 것이라 너희 아버지께서는 이런 것이 너희에게 있어야 할 것을 아시느니라 다만 너희는 그의 나라를 구하라 그리하면 이런 것들을 너희에게 더하시리라"(눅 12:22-31)

하나님은 결핍의 계절에 우리가 기도하고 구할 때 늘 공급해주신다. 그는 모든 그의 자녀들을 사랑하고 돌보신다. 당신이 필요한 것을 그에게 요청하라. 당신은 실망하지 않을 것이다.

좌절감

좌절감은 분노가 안으로 향한 것이고 또한 기대가 충족되지 못한 것에 대한 고통스러운 기억이 저장되어 있음을 의미한다. 사실, 좌절감과 분노는 이차적인 감정들이다.[6] 그것들은 다른 상처와 공격들의 표현들이다. 두려움이나 분노를 나타내는 여러 방법들이 있다. 어떤 사람들은 주위 사람 아무에게나 분통을 터뜨리거나 그들의 감정표현을 통해 조종하려 하고 보복하는 '분출하는 타입'(spewers)이다. 또 다른 사람들은 서서히 반항적인 행동을 드러내거나 조금씩 말로 비난하면서 '서서히 본색을 드러내는 타입'(leakers)이다. 또 다른 타입의 사람들은 자신의 감정을 억누르는 '꾹꾹 담아두는 타입'(stuffers)이다. 어떤 사람은 자신이 화내고 있는 것을 부인한다. 또 다른 사람들은 자신이 화내는 것을 인식하지 못하지만 내재화된 분노가 종종 내부에서 발화된다.[7]

우리 생각으로는 화를 내는 것이 나쁜 것이라는 것을 잘 알기 때문에 우리는 분노를 꾹꾹 눌러 담아 둔다. 분노는 나쁜 것이고 내가 화를 내면 나는 나쁜 사람이다. 이러한 논리는 분노라는 나의 죄를 처리하는 것보다 차라리 분노를 담아두고 부인하는 것이 더 낫다고 주장한다. 그러나 하나님께서는 결코 분노가 나쁜 것이라고 말씀하지 않으신다. 실제로 하나님도 화를 내신다(신 22:22). 그는 우리에게 말씀하신다. "분을 내어도 죄를 짓지 말며 해가 지도록 분(당신의 격분, 격렬한 분노 또는 분함)을 품지 말라"(엡 4:26).

분노는 단지 감정이지 죄가 아니다. 그러나 우리가 분노를 처리하는 방식은 분노를 죄나 질병으로 발전시킬 수 있다. 분노를 묻어둠으로써 우리의 육과 혼에 독을 주입하고 있는 것이다. 우리는 분노를 드러내지 않기 위해 감정적으로 마음 문을 닫고 어떤 것이든 표현하기를 꺼릴 것이다. 우리가 다른 사람들이 우리를 짓밟는 것을 허락하는 이유는 그들을 기분 나쁘게 하고 갈등을 일으키는 것을 피하기 위해서일 뿐이다.

위궤양, 두통, 소화기 문제, 근육 긴장, 고혈압 같은 모든 만성질환은 감추어진 분노가 수반된다.[8] 우리는 좌절감을 느낄 때 이를 무언가가 잘못되어 있고 어떤 문제가 다루어질 필요가 있다는 것을 의미하는 하나의 척도로 봐야 한다. 우리의 건강을 유지시켜주는 것은 우리의 영에 기인하기 때문에 만성적인 질환은 우리의 영이 잠을 자거나 완전히 깨어 있지 못한 것을 의미할 수 있다.[9] 당신은 살기 위해서 생명을 선택해야만 한다(신 30:19).

우리를 좌절케 하는 사람들이나 상황들과 맞서는 것을 선택할 때 그것들이 떠올리게 하는 감정들이 우리에게 유익한지 아닌지 판단해야 한다. 우리는 그러한 기억들을 통하여 하나님이 상기시키는 좋은 것과 혼재되어 있는 나쁜 기억들을 용서하고 잊고(묻어버리는 것이 아닌) 다시 고쳐 쓰는 것이 필요하다. 믿음은 지금 좋은 것을 받아들이고 참고 인내하면서 응답을 기다린다. 인내는 좌절감에 대한 해결책이고 참음은 분노에 대한 해결책이다. 둘 다 성령을 통해 나타나는 하나님의 능력의 측면들이다(골 1:11).

당신을 성장시킬 수 있는 상황들을 통과할 때 이러한 영역에서 당신을 강하게 해달라고 하나님께 구하라. "너희에게 인내가 필요함은 너희가 하나님의 뜻을 행한 후에 약속하신 것을 받기 위함이라"(히 10:36). 내

(잔)가 처음 하나님을 만났을 때 나는 과거에 나에게 상처를 주었던 많은 사람들을 용서한 것을 기억한다. 나는 그들을 용서했어야만 할 뿐만 아니라 내가 저질렀던 실수들과 내가 다른 사람들에게 상처를 주었던 시간들에 대해 내 자신을 용서해야만 했다.

두려움과 공포증

우리의 느낌을 알려고 하지 않거나 알 수 없을 때 미지의 것에 대한 두려움과 그로 인한 공포증이 우리의 생각을 지배할 것이다. 두려움과 공포증은 의식이 미칠 수 있는 범위를 넘어서는 뇌의 초인지 영역에 자리하고 있고 묻혀 있는 부정적인 사고다. 비록 그것들이 밖으로 나타날 수 없더라도 이러한 기억들은 독성이 있고 부정적인 감정의 분자들을 뇌 안으로 흘려보낸다. 의식은 이러한 부정적인 감정들을 무언가가 잘못되어있고 그것은 두려워할 수밖에 없다는 것을 암시하는 징후로 이해한다. 그리고 그 생각은 이와 비슷한 부정적인 감정들이 일어날 때 과거에 있었던 상황들을 더듬어 볼 것이다.

만일 우리가 이러한 부정적인 감정들로 인한 스트레스를 받는 상황에서 우연히 어떤 거미를 갑자기 마주 쳤을 때 우리의 생각은 거미를 그러한 감정들을 일으키는 원인으로 파악하고 거미들에 대한 두려움을 강화시키게 된다. 현재 거미가 없다 할지라도 거미를 마주치는 것에 대한 두려움은 증폭되고 실제 그 위험에 비해 두려움이 너무나 크다. 생각은 합리적인 것을 좋아한다. 그리고 위험은 없지만 고통스러운 감정이 지속될 경우 생각은 논리적으로 두려워하는 적을 만들게 된다. 가장 흔한 공포증은 고소, 비행, 대중 연설, 어둠, 거미, 뱀, 거절, 비좁은 폐쇄된 공간, 실패, 열린 공간에 대한 두려움이다.[10]

예수님께서는 우리에게 두려워하지 말라고 여러 번 말씀하신다. 하나님은 결코 빈틈을 보이지 않으신다. 하나님께서는 세상을 따라가지 않으신다. 그는 장차 일어날 모든 일을 아시고 우리가 선택할 수 있는 것들을 미리 준비하신다. 예수님께서 이렇게 말씀하셨다.

"참새 다섯 마리가 두 앗사리온에 팔리는 것이 아니냐 그러나 하나님 앞에는 그 하나도 잊어버리시는 바 되지 아니하는도다 너희에게는 심지어 머리털까지도 다 세신 바 되었나니 두려워하지 말라 너희는 많은 참새보다 더 귀하니라"(눅 12:6-7)

두려움이 하나님의 사랑하는 손길을 제일 먼저 통과하는 것 외에는 아무 것도 우리를 건드릴 수 없다는 것을 인식할 때 두려움은 사라진다.

내(잔)가 하나님을 알기 전에 나는 거의 모든 것에 대해 매우 두려워했다. 내가 말씀을 읽고 하나님의 나에 대한 사랑과 보호를 알기 시작하면서 나는 그가 나를 통제하시도록 나를 내려놓기 시작했다. 통제의 뿌리는 늘 두려움이다. 나는 낯선 나라를 비행기로 여행함으로써 비행에 대한 두려움을 극복했고, 많은 사람들 앞에서 말씀을 전함으로써 대중 연설에 대한 두려움을 극복했다. 하나님께서 하신 일을 되돌아볼 때 나는 내가 과거의 내가 아니라는 것을 알 수 있다. 나를 만나는 대부분의 사람들은 내가 너무 두려워서 이웃이 밖에 나와 있으면 우리 정원으로조차

나갈 수 없었다는 것을 전혀 믿지 못했다. 당신이 두려워하는 것에 대한 근원을 찾아내서 하나님께 올려드리고 그것을 당신의 생각에서 추방하라. 명심하라! 두려움은 실제가 아니다. 두려움은 진짜로 보이는 거짓된 증거(F.E.A.R. : False Evidence Appearing Real)이고 당신이 그것에 힘을 부여하는 만큼만 힘이 있다.

욥이 자녀들에게 일어날 것을 두려워함으로 인해 사탄의 손에 자신을 맡겼음에도 불구하고 하나님은 사탄이 욥에게 행사했던 힘을 제한하셨다.

> "욥이 그들을 불러다가 성결하게 하되 아침에 일어나서 그들의 명수대로 번제를 드렸으니 이는 욥이 말하기를 혹시 내 아들들이 죄를 범하여 마음으로 하나님을 욕되게 하였을까 함이라 욥의 행위가 항상 이러하였더라"(욥 1:5)

욥은 자녀들이 죄를 범하고 심판을 받을 수 있다는 두려움이 있었다. 그는 믿음으로 제물을 바치지 않고 두려움으로 바쳤다. "여호와께서 사탄에게 이르시되 내가 그의 소유물을 다 네 손에 맡기노라 다만 그의 몸에는 네 손을 대지 말지니라"(욥 1:12). 하나님은 욥을 사탄의 권세 아래 두지 않으셨으나 욥은 두려움에 대해 말로 표현하고 행동함으로서 사탄의 권세 아래 놓였다. 욥은 겨우 그것을 이해했다. 나중에 그는 "내가 두려워하는 그것이 내게 임하고 내가 무서워하는 그것이 내 몸에 미쳤구나"(욥 3:25)라고 말했다.

앞서 말했듯이 우리가 내부 통제가 되지 않을 때(두려워할 때) 우리는 외부를 통제하려고 시도하게 된다. 통제는 두려움의 산물이다. 우리는 우리를 둘러싸고 있는 사람들과 상황들을 얼마나 많이 통제하려고 하는가를 통해 언제 고통스러운 기억들이 생기는지 알 수 있다. 나에게 영향을 미치는 모든 것들을 통제할 수 있다면 내가 두려워하는 것들은 무력해지게 된다는 것은 당연한 귀결이다. 진실은 만일 우리가 하나님께 통제권을 넘겨드리지 않는다면 우리의 두려움은 우리가 두려워하는 것들에게 실제가 되도록 힘을 부여하게 된다는 것이다.

하나님께서는 말씀으로 세상을 창조하셨다. "믿음으로 모든 세계가 하나님의 말씀으로 지어진 줄을 우리가 아나니 보이는 것은 나타난 것으로 말미암아 된 것이 아니니라"(히 11:3). 우리도 똑같은 방식으로 창조하도록 만들어졌다. 그것이 우리가 두려움을 표출해서는 안 되고 오히려 그것들과 맞서고 우리에 대한 두려움의 권세를 제거해야 하는 이유이다.

나(켄)는 현장의 안전회의에서 있었던 재미있는 상황을 기억한다. 관리자가 약간의 안전규칙을 위반한 것에 대해 모두를 호되게 꾸짖고 협박을 하고 있었다. 분위기는 매우 긴장된 상태였다. 그 때 한 사람이 일어서서 "두려움! 그것은 과거의 것이고 나에게는 연금이 있다"고 말하자 관리자까지도 웃기 시작했고 협박의 힘은 증발해버렸다. 두려움이 힘을 잃어버릴 때 우리는 자유롭게 된다.

질병

만성질환은 고통스러운 기억들이 우리 육체에 스트레스를 가하고 있다는 또 다른 신호이다. 스트레스라는 용어는 캐나다 과학자인 한스 셀리에 의해 처음 소개되었다(1936). 그는 스트레스를 평범하지 않은 놀라운 상황이 발생할 때 이에 대해 우리 몸의 방어기전을 동원하도록 의도된 신경생리학적인 긴장에 대한 반응으로 기술했다. 보통 수준의 신경생리학적인 긴장은 감정적이거나 창의적인 흥분을 일으킨다. 그러나 과도하거나 오래 지속되는 스트레스(만성적인 스트레스)는 뇌 활동의 감소를 초래한다. 그것은 결국 에너지 소모와 내부 기관의 기능의 보상작용의 상실로 이어진다. 이러한 면에서 신경증과 고혈압이 발생하기에 좋은 조건이 된다.[11]

이러한 장기적인 스트레스는 일단 조치가 필요하지만 긴급성이 사라지고 나서도 오래 지속되는 어떤 상황에 대해 우리 몸이 지속적으로 반응함으로 인해 나타난다. 그것은 정신적인 영역에만 존재하는 어떤 문제를 바로 잡기 위해 육체적인 영역에서 분투하는 것이다. 스트레스는 휴식의 정 반대이다. 스트레스는 우리 자신을 존재하지 않는 적으로부터 보호하기 위해 싸우는 것이다. 거짓말은 그 상황이 아직도 행동이나 생각이나 걱정이 필요하다는 것이다. 만일 진리가 당신을 자유롭게 할 수 있다면 거짓말은 당신을 속박할 것이다(요 8:32). 걱정은 우리를 속박하는 거짓말이다.

예수님은 우리가 무언가 필요하다고 느낄 때 구하고 찾고 두드리라고 촉구하신다. 그러면 우리는 받을 것이다(마 7:7-8). 왜냐하면 하늘에 계신 우리 아버지는 구하는 자에게 좋은 것을 주시기 때문이다(마 7:11). 우리가 무언가를 원할 때 자연적인 방법은 그것을 얻기 위해 스트레스를 받고 노력하는 것이다. 예수님은 그의 제자들에게 이렇게 요구하셨다.

"좁은 문으로 들어가라 멸망으로 인도하는 문은 크고 그 길이 넓어 그리로 들어가는 자가 많고 생명으로 인도하는 문은 좁고 길이 협착하여 찾는 자가 적음이라"(마 7:13-14)

안식하고 받아들이는 좁은 길은 생명으로 인도한다. 반면에 스트레스를 받고 걱정하는 넓은 길은 육체적, 정신적인 멸망으로 인도한다.

원죄로 말미암아 아담은 이마에 땀을 흘려야 먹을 것을 생산할 수 있게 되었다(창 3:19 참조). 땀은 저주의 한 부분이고 안식은 축복의 한 부분이다. "가는 베 관을 머리에 쓰며 가는 베 바지를 입고 땀이 나게 하는 것으로 허리를 동이지 말라"(겔 44:18)고 제사장들은 지시를 받았다. 내가 읽은 어떤 생존을 위한 책의 뒷표지에 다음과 같은 문장이 있었다. "당신은 땀을 흘리고 결국 죽는다."[12] 하나님께서는 땀을 흘리지 않는 승리로 우리를 부르신다. 그는 이미 겟세마네 동산에서 핏방울 같은 많은 땀을 흘리셨기 때문에 우리는 땀을 흘릴 필요가 없게 되었다. 만일 당신이 계속해서 일이 이루어지도록 걱정하고 애를 쓴다면 당신이 저주 아래 있게 되고 결과적으로 당신의 몸에 스트레스를 주기 때문에 이것은 그리스도가 당신에게 아무런 영향을 끼치지 못하게 만드는 것이다. 안식은 하나님을 신뢰하는 것이다.

자기 의심

자기 의심은 고통스러운 기억을 가리키는 커다란 지표이다. 비난하고 과소평가하는 소리들은 자신을 지지해주거나 격려해주었어야 하는 사람들에 의해 오래 전에 심겨진 씨앗으로부터 온다. 상처를 받은 사람들이 넘쳐난다. 상처를 받는 순환 고리를 차단하는 유일한 방법은 치유 받는 것이다. 그러한 고통스러운 기억들을 찾아내서 용서하고 잊어버리고 다시 고쳐 쓰라. 어렸을 때 "몽둥이나 돌멩이는 내 뼈를 부러뜨릴 수 있지만 말로는 내가 상처 입지 않는다"라고 하면서 공격을 무시하곤 했다. 그러나 애석하게도 이러한 방식은 상처 주는 말들과 그 말들이 만들어 내는 부정적인 인식들을 처리하는데 효과적인 방법이 아니다.

어린 아이들은 그들이 사랑받는 것을 알 때 많은 위험을 무릅쓴다. 내가 아이들을 상점에 데리고 갈 때 그들은 어느 쪽으로 달려가든 문제가 전혀 없었다. 그들은 내가 같이 있었기 때문에 두려움이 없었다. 그러나 만일 그들이 버려졌다고 느끼거나 길을 잃었을 때 그들은 '내가 어디 있을까'하고 궁금해 하면서 비명을 질렀다. 하나님이 당신을 사랑하는 것을 알게 되면 삶에서 오는 모든 스트레스가 사라진다. 당신의 배우자가 당신을 사랑하는 것을 알게 되면 결혼 생활에서 오는 모든 스트레스가 없어진다.

만일 이것이 당신에게 해당된다면 이 기도로 나와 함께 기도하길 바란다.

"주님, 두려움의 영으로 살아가고 당신을 신뢰하지 못한 것에 대한 당신의 용서를 받아들입니다. 나는 지금 두려움을 내 삶에서 쫓아냅니다. 예수님은 저를 사랑하셨습니다. 그렇기에 나는 더 이상 두려움의 영이 필요 없습니다. 나는 두려움으로부터 자유함을 선포합니다."

우리들 대부분은 실수하고 잘못된 길로 가는 것에 대한 스트레스를 받는다. 이러한 생각들은 우리로 하여금 쉽게 결정을 내리지 못하게 하고 이리저리 분석만하다 아무것도 할 수 없는 무력증에 빠지게 하며, 늘 뒤늦게 자신을 비판하게 한다. 나(켄)는 내가 실수를 하거나 사고를 치면 나는 형편없는 놈이라고 가르침을 받았다. 내가 무언가를 깨뜨렸을 때 "이 나쁜 놈아, 네가 한 짓을 봐라"또는 "너는 무슨 생각을 하고 있는 거야? 너 멍청이 아니니?"라고 비난이 따라왔다. 나는 결국 비난을 면하기 위해 일들에 대해 거짓말을 하는 지경에 이르게 되었다. 실수가 거짓말보다 더 큰 죄가 되었다. 그런 마음 자세는 완벽을 요구했다. 그것이 아니면 나는 형편없는 놈이었다.

나는 완벽해야만 했다. 만일 내가 누군가를 이런 사고방식으로 상담을 하고 있었다면 나는 그들이 모든 것을 올바르게 해야 하는 성과주의를 지향하도록 이야기 했을 것이다. 이것은 어느 누구도 모든 것을 완벽하게 할 수 없기 때문에 엄청난 스트레스를 초래하게 될 것이다. 나는 봅 존스가 할 만한 가치가 있는 것은 무엇이든지 서툴게 할 필요가 있다고 말하는 것을 들었을 때 이런 고통스러운 사고로부터 자유롭게 되었다. 그는 우리가 잘 하고 싶어 하는 것들은 처음에는 서툴 수밖에 없다는 뜻으로 말했던 것이다. 나는 아기였을 때 처음에는 말하고 걷는 것이 서툴렀다. 성공은 실패를 안 하는 것이 아니고 실패를 극복하는 것이다.

새로운 언어를 배우는 이민자들은 멍청이처럼 보이는 것을 마다하지 않을수록 실력이 는다. 실제로 성인이 아이들보다 언어를 더 빨리 배울 수는 있지만 일반적으로 아이들이 부모보다 훨씬 더 말을 능숙하게 한다는 연구 결과들이 있다.[13] 단지 서로 이야기하고 어울리고 싶어 하는 어린이들은 6개월 이내에 능숙하게 말하게 된다. 아버지인 경우 만일 그가 직장을 다니고 새로운 언어로 의사소통해야 한다면 그 언어를 익히는데 약 2년이 걸린다. 어머니인 경우 만일 가정주부이고 가끔 집 밖에서 의사소통한다면 능숙하게 말하려면 10년 이상 걸린다. 그녀는 언어를 올바르게 구사하려고 애쓰고 있는 것이며, 다른 사람들은 단지 말하고 있는 것이다. 자기 회의는 자아상이 낮은 것을 나타내며 우리의 발전과 성장을 저해하거나 마비시킨다. 자아상을 치유하고 회복과정에 힘을 실어라.

나와 함께 다음과 같이 기도하자!

"주님, 나는 내가 일을 완벽하게 해야만 한다는 거짓말을 믿은 것에 대한 당신의 용서를 받아들입니다. 당신은 일을 완벽하게 하셨고 나의 완벽은 당신 안에 있는 것이지 내가 할 수 있는 것이 아닙니다."

● 요새를 빛에 드러내라

전쟁을 치르기 전에 정찰 팀이 적을 탐색하고 위치를 파악하고 그들의 약점들을 알아보기 위해 파견된다. 사탄이 우리에게 그렇게 한다. 그러나 예를 들어, 우리들의 꿈이나 두려움이나 질병의 공격을 통해 사탄의 정찰대와 맞닥뜨리면 우리는 그가 어디를 공격하려 하는지 알게 된다. 사탄은 늘 자기 역량을 과신한다. 우리가 원수 사탄과 조우하고 그의 계책을 받아들이는 곳마다 그 영역이 하나님 아버지의 통치 아래 있지 않다는 것을 알게 된다.

성경은 단호하게 말한다. "하나님께로부터 난 자마다 죄를 짓지 아니하나니 이는 하나님의 씨가 그의 속에 거함이요 그도 범죄 하지 못하는 것은 하나님께로부터 났음이라"(요일 3:9). 그 전에 요한은 이렇게 말했다. "만일 우리가 죄가 없다고 말하면 스스로 속이고 또 진리가 우리 속에 있지 아니할 것이요"(요일 1:8). 나는 하나님으로부터 태어났지만 분명히 죄를 짓는다. 따라서 나는 이 구절들을 연결시키는데 문제가 있었다. 나는 무엇이 진리인지 하나님께 질문을 드렸다. 그는 문제는 성령이 계신 곳은 어디든지 사탄이 있을 수 없다는 전통적인 교리에 있다고 말씀하셨다. 이것은 진실이다. 하지만 성령이 있는 곳이 어디인지 혼란스러워 하게 된다.

예수님은 우리가 단지 하나의 구획으로만 이루어진 커다란 풍선과 같은 것이 아니라 여러 방들(혼의 많은 영역들)로 이루어져 있다고 나에게 설명해주셨다. 이러한 영역들 중 어떤 영역에서는 우리가 예수님께 보좌를 내드렸고 그는 그곳에 그의 씨앗을 두셨다. 다른 영역에서는 우리가 예수님이나 예수님의 말씀과 일치를 이루지 못하였고 아직도 우리가 그 보좌를 차지하고 있고 본질적으로는 마귀가 그 영역들에 접근할 수 있도록 허용했다.[14]

이것은 구원과 관계가 없는 것이다. 만일 우리가 회개했다면 "그 아들 예수의 피가 우리를 모든 죄에서 깨끗하게 하실 것"(요일 1:7)이다. 그 피가 한번 뿌려지면 영원히 우리의 모든 죄를 덮는다. 우리의 본성을 처리하는 십자가는 매일 적용되어야 한다. 다시 말해서 우리의 혼 안에는 예수님의 주권 아래 놓여있는 영역들이 있고 육체나 악령체계가 다스리고 있고 성령과 일치가 이루어지도록 개조될 필요가 있는 또 다른 영역들이 있다. 우리의 혼에 대한 이러한 이분법은 우리가 말을 할 때 분명해진다.

"한 입에서 찬송과 저주가 나오는도다 내 형제들아 이것이 마땅하지 아니하니라 샘이 한 구멍으로 어찌 단 물과 쓴 물을 내겠느냐 내 형제들아 어찌 무화과나무가 감람 열매를, 포도나무가 무화과를 맺겠느냐 이와 같이 짠 물이 단 물을 내지 못하느니라"(약 3:10-12)

분명한 것은 우리는 한 입에서 선한 것과 악한 것 둘 다 내뱉는 많은 샘을 갖고 있다는 것이다.

2차 세계대전, 스탈린그라드 전투 당시에 전투는 두 집 사이에서가 아닌 두 방 사이에서 일어났다. 러시아 사람들은 부엌에 있었고 독일 사람들은 거실에 있었다. 그것은 우리와 비슷하다. 예수님께서는 오직 우리가 예수님이 접근할 수 있도록 내어드린 방에만 거주하신다. 예수님께서 그 방들 안에 그의 씨앗을 두시면 우리는 그곳에서 죄를 짓지 않는다. 신성화되지 않은 방이나 구조들은 하늘로부터 온 것이 아닌 세속적이고, 자연 발생적이며, 악령적인 사고패턴들로 이루어져 있다.

"너희 마음속에 독한 시기와 다툼이 있으면 자랑하지 말라 진리를 거슬러 거짓말하지 말라 이러한 지혜는 위로부터 내려온 것이 아니요 땅 위의 것이요 정욕의 것이요 귀신의 것이니"(약 3:14-15)

우리의 사고 패턴들과 기억들은 대개 세 살이 되면 자리를 잡기 때문에[15] 우리가 하나님의 지혜를 접하기 아주 오래 전부터 이와 같은 악마의 체계들이 우리 사고의 근간을 형성한다. 만 2세 이전에 있었던 충격적인 사건들은 미래에도 행동에 계속 영향을 미칠 수 있다고 하더라도 그것들이 의식적인 자서전적 기억체계(autobiographical memory system)의 일부분이 될 수 있다고 하는 것은 의심할 여지가 있다는 연구 결과가 있다.[16] 만일 그것들이 의식 안에 있지 않음에도 불구하고 행동에 영향을 미치고 있다면 그것들은 잠재의식 가운데 묻혀 있는 것이다. 그것들은 우리가 기억을 회상할 수 있는 범위를 넘어서는 것이지만 전혀 접근할 수 없는 것은 아니다. 하나님의 도움이 있으면 우리는 그것들을 우리의 의식 수준으로 끌어올릴 수 있고 그것들을 건강한 방식으로 다시 고쳐 쓸 수 있다.

우리는 우리가 생각하는 사고와 우리가 말하는 지혜를 통해 성령이 통제하는 곳이 어디인지를 말할 수 있다. 성경은 "오직 위로부터 난 지혜는 첫째 성결하고 다음에 화평하고 관용하고 양순하며 긍휼과 선한 열매가 가득하고 편견과 거짓이 없다"(약 3:17)고 말한다. 만일 열매가 악하다면 뿌리가 악한 것이다. "자기 마음의 악한 보고에서 악한 것을 내나니 그의 입은 마음에 가득한 것을 말하느니라"(눅 6:45, 킹제임스 흠정역).

우리가 재차 강조하는 것은 하나님은 따라잡기 놀이를 하시지 않는다는 것이다. 예수님은 "창세 이후로 죽임을 당한 어린 양"(계 13:8)이시다. 그의 생명과 죽음은 세상이 창조되기도 전에 계획되었기 때문에 우리의 삶 역시 하나님은 아신다.

"그의 날들이 정하여졌고 그의 달수도 주께 있으므로 주께서 그의 한계를 정하사 그가 넘어가지 못하게 하셨사오니"(욥 14:5, 킹제임스 흠정역)

하나님은 우리가 내리는 모든 결정, 우리가 가야 할 방향, 우리가 견 뎌내야 할 모든 공격들에 대한 계획을 세우셨다. 심지어 우리의 실수나 패배까지도 우리의 목적지까지 도달할 수 있도록 감안되어 있다.

"우리가 사랑 안에서 자신 앞에 거룩하고 흠이 없게 하시려고 세상의 창건 이전에 그분 안에서 우리를 택하셨으며 자신의 크게 기뻐하시는 뜻에 따라 우리를 예정하사 예수 그리스도를 통해 자신의 아이로 입양하심으로써"(엡 1:4-5, 킹제임스 흠정역)

하나님께서는 결코 우리들에게 환멸을 느끼지 않으신다. 그는 우리들에 대한 어떠한 망상도 결코 갖지 않으셨다. 그는 "능히 너희를 보호하사 넘어지지 아니하게 하시고 넘치는 기쁨으로 자신의 영광이 있는 곳 앞에 흠 없이 너희를 제시하시는 분"(유 1:24, 킹제임스 흠정역)이시다. 만일 하나님이 우리에게 화가 나지 않으셨다면, "우리가 긍휼을 얻고 필요한 때에 도우시는 은혜를 얻기 위하여 은혜의 왕좌로 담대히 갈 것이니라"(히 4:16). 우리가 실수를 할 때 슬그머니 도망쳐서 수치심과 죄책감 안으로 숨을 필요가 없다. 우리가 죄를 지을 때 하나님이 우리에게 화내신다는 것은 거짓말이다. 왜냐하면 그는 사랑하는 아버지이시기 때문이다.

그는 예수님이 십자가에 매달렸을 때 이미 예수님께 화를 내셨다. 왜냐하면 그는 "우리를 위해 저주를 받은바 되사… 기록된바 나무에 달린 자마다 저주 아래 있기"(갈 3:13) 때문이다. 그가 우리가 받을 심판을 대신 받으셨기 때문에 우리는 그의 은혜 안에서 살아갈 수 있다.

거짓말은 진실이 아니지만 여전히 우리를 죽일 수 있다. 당신은 수심이 얕다고 들었던 강물 속에 빠져 죽을 수 있다. 안전하다고 들었던 투자에서 돈을 잃을 수 있다. 안전하다고 들었던 독성이 있는 식물로 인해 죽을 수 있다. 그것이 원수 사탄으로부터 온 거짓말을 품고 있는 우리 생각들 안에 있는 모든 영역들을 가져와서 그것들을 전환하고 새로워지도록 하여 우리가 진리를 분별할 수 있도록 해야 하는 이유이다. 그러한 모든 영역들은 독성이 있고 해로운 기억들을 품고 있으며, 열매가 맺도록 허락할 경우 우리를 파멸시킬 것이다.

이러한 영역들을 빛으로 가져오는 것은 거짓말을 드러나게 한다. 학교 시험은 우리가 공부한 과목을 얼마나 잘 이해하고 있는지를 알아보기 위한 것이지 우리가 얼마나 멍청한지를 드러내기 위한 것이 아니다. 나(켄)는 아직도 나의 실수를 드러냄으로써 나의 무지를 드러내는 것을 싫어한다. 나는 멍청한 것처럼 보이는 것을 싫어한다. 실수하는 것을 허락하지 않음으로써 나는 내 자신이 진리를 보지 못하게 하고 그 진리로 들어가는 길을 봉쇄해왔다. 에드먼드 버크는 "역사를 모르는 사람들은 그 일을 반복하게 되어 있다."고 말했다. 만일 우리가 정직하게 우리 자신의 역사를 보지 못한다면 우리도 그것을 반복하게 될 것이다.

앞에서 다루었던 것처럼 교질세포들은 우리가 고통스러운 기억들을 빛에 드러내고 그것들이 담고 있는 거짓말들을 믿은 것을 회개한다면 단 며칠 내로 그 고통스러운 기억들을 제거하도록 고안되었다. 이 중 많은 것은 우리가 잠자는 동안 이루어진다. 솔로몬은 꿈을 통해 지혜(거짓말로부터의 자유)를 받았다.

하나님께서 그에게 말씀하셨다.

"내가 네 말대로 하여 네게 지혜롭고 총명한 마음을 주노니 네 앞에도 너와 같은 자가 없었거니와 네 뒤에도 너와 같은 자가 일어남이 없으리라 내가 또 네가 구하지 아니한 부귀와 영광도 네게 주노니 네 평생에 왕들 중에 너와 같은 자가 없을 것이라 내가 만일 네 아버지 다윗이 행함 같이 내 길로 행하며 내 법도와 명령을 지키면 내가 또 네 날을 길게 하리라 솔로몬이 깨어 보니 꿈이더라 이에 예루살렘에 이르러 여호와의 언약궤 앞에 서서 번제와 감사의 제물을 드리고 모든 신하들을 위하여 잔치하였더라"(왕상 3:12-15)

우리 기억의 90%는 의식이 접근할 수 없는 초인지 수준에서 잠재의식 속에 감추어져 있다. 우리의 꿈과 직관적 사고는 우리의 의식이 미치지 못하는 것을 살짝 들여다 볼 수 있게 해준다. 그러나 우리는 그러한 규정하기 힘든 이미지들을 우리의 의식 안으로 끌어 와서 우리의 사고방식을 진정으로 살펴볼 필요가 있다. 예수님께서는 다음과 같이 말씀하셨다.

"보혜사 곧 아버지께서 내 이름으로 보내실 성령 그가 너희에게 모든 것을 가르치시고 내가 너희에게 말한 모든 것을 생각나게 하시리라"(요 14:26)

하나님께서는 우리가 그것을 다루려고 할 때 우리로 하여금 기억할 수 있게 하시고 솔로몬에게 하신 것처럼 우리에게 필요한 지혜를 주실 것이다. 만일 우리가 그것을 다룰 준비가 되어 있지 않으면 그는 우리에게 은총을 보여줄 수 있다는 것을 우리가 알지 못하도록 하실 것이다. 만일 우리가 알면서도 거역한다면 우리는 심판의 위험에 놓이게 된다. 그러나 만일 우리가 깨닫지 못하고 믿음이 없다면 하나님은 우리에게 자비를 보여주실 수 있다.

"형제들아 너희가 스스로 지혜로운 것으로 여기지 않게 하기 위하여 이 신비에 대하여 너희가 모르기를 내가 원치 아니하노니 그것은 곧 이방인들의 충만함이 이를 때까지 일부가 눈머는 일이 이스라엘에게 생긴다는 것이라… 하나님께서 그들 모두를 믿지 아니하는 데 가두어 두신 것은 친히 모든 사람에게 긍휼을 베풀고자 하심이라. 오, 깊도다 하나님의 지혜와 지식의 부요함이여! 그분의 판단들은 헤아릴 수 없으며 그분의 길들은 찾지 못할 것이로다"
(롬 11:25, 32-33, 킹제임스 흠정역)

● 안식하는 것을 배우기

관계들 안에서 스트레스를 일으키는 생각들 중 많은 것은 우리가 용서하고 잊어버리지 못해서 오는 것이다. 사람들은 흔히 "나는 용서하겠지만 잊지 않을 것이다"라고 말한다. 그러한 태도는 상처받는 것을 피하는 현명한 태도로 보이지만 하나님이 대처하는 방법이 아니다. 또한 그것은 앞에서 언급한 것처럼 우리로 하여금 마귀의 영향력에 문을 열어준다.

만일 우리가 우리의 사고를 하나님의 사고와 일치시키지 않는다면 우리는 거짓말과 동조하게 되고 우리 자신을 죽음으로 몰아가게 될 것이다. 예수님은 "나는 길이요, 진리요, 생명이다"라고 말씀하셨다(요 14:6). 그분 외의 모든 것은 잘못된 길이요, 거짓말이요, 죽음을 초래한다.

우리가 올바른 삶을 살기를 바란다면 우리의 사고를 하나님의 사고에 일치시켜야 한다. 용서가 우리의 정신적, 육체적 건강에 이롭다는 것을 보여주는 많은 연구들이 있다.[17]

용서하기 위해서는 다른 사람들을 생각할 때 그 사람들의 입장을 공감하면서 바라보아야 한다. 어떤 결정이 타당한 것인지 아닌지를 판단하는 것이 반드시 인간적인 요소들을 가져오고 친 사회적 감정들을 증진시켜 주는 것은 아니다.[18]

그것은 옳고 그름, 공정 불공정의 문제가 아니다. 그것은 우리의 생명과 죽음에 관한 것이다.

베드로는 대인 관계 면에서 고삐 풀린 망아지 같았고 누구보다 더 많은 용서가 필요했고, 또한 용서하는 것을 매우 어려워했다. 그는 용서를 언제까지 해줘야 하는지 알기 원했다.

"주여 형제가 내게 죄를 범하면 몇 번이나 용서하여 주리이까 일곱 번까지 하오리이까 예수께서 이르시되 네게 이르노니 일곱 번뿐 아니라 일곱 번을 일흔 번까지라도 할지니라"(마 18:21-22)

일흔 번씩 일곱 번은 하루 깨어 있는 16시간 동안 누군가를 2분마다 용서하는 것에 해당한다. 예수님은 그분께서 하신 것처럼 계속해서 용서하기를 원하신다. 우리가 용서할 수 없을 때 우리는 우리의 마음을 살펴보고 왜 용서가 안 되는지 살펴보아야 한다. 우리와 예수님과의 관계 그리고 우리의 건강은 그 용서에 달려 있다. 성경이 우리에게 용서하라고 명령하는 것과 마찬가지로 우리도 "아무 것도 염려하지 말고 오직 모든 일에 기도와 간구로, 너희 구할 것을 감사함으로 하나님께 아뢰라 그리하면 모든 지각에 뛰어난 하나님의 평강이 그리스도 예수 안에서 너희 마음과 생각을 지키시리라"(빌 4:6-7)고 명령을 받는다.

걱정하거나 곰곰이 되씹는 것은 우울증, 부정적인 자기 평가, 비관주의 그리고 소외감을 초래할 수 있다. 염려에 대한 하나님의 해결책은 다음과 같다.

"그러므로 하나님의 능하신 손 아래에서 겸손하라 때가 되면 너희를 높이시리라 너희 염려를 다 주께 맡기라 이는 그가 너희를 돌보심이라"(벧전 5:6-7)

우리는 과거의 사고방식으로 되돌아가는 것을 저지하기 위해서 우리 스스로 겸손해야 한다.[19]

"그들이 의의 길을 안 뒤에 자기들에게 전달된 거룩한 명령에서 돌아서는 것보다 차라리 그것을 알지 못한 것이 그들에게 더 나았으리라. 그러나 개는 자기가 토한 것으로 되돌아가고 씻긴 돼지는 진창 속에서 뒹군다, 하는 참된 잠언에 따라 그 일이 그들에게 일어났도다"(벧후 2:21-22, 킹제임스 흠정역)

우리는 의도적으로 사고를 바꾸는 결단을 해야 한다. 또한 우리의 생각이 과거, 현재, 미래의 환경에 대한 피동적인 태도로 스트레스를 받지 않도록 해야 한다. 예수님께서는 결코 우리에게 무엇이든지 애를 쓰면서 하라고 요구하지 않으신다. 그는 우리에게 명령하신다. 우리는 순종이나 불순종, 믿음이나 불신앙을 선택하지만 그가 명령하는 그곳에 그는 권능을 부여하신다. 우리는 그가 말하는 것은 무엇이든지 할 수 있다. 그러나 그가 우리에게 주기 원하시는 권능을 갖기 위해 우리가 생각하는 법을 바꾸어야 한다. 예수님께서는 이렇게 말씀하셨다.

"새 포도주를 낡은 가죽 부대에 넣지 아니하나니 그렇게 하면 부대가 터져 포도주도 쏟아지고 부대도 버리게 됨이라 새 포도주는 새 부대에 넣어야 둘이 다 보전되느니라"(마 9:17).

하나님은 우리와 우리 안에 두신 성령을 보존하기 원하신다. 하지만 우리는 기꺼이 우리 자신의 아이디어나 감정을 우상시하는 것을 버려야 한다. 그렇게 하지 않으면 우리는 모든 것을 잃게 될 것이다.

하나님은 우리에게 스트레스를 주기 원하지 않으시며, 우리를 구하기를 원하신다. 그는 우리 짐을 지기 원하신다. 그러나 우리가 그것들을 내려놓지 않으면 그는 그것들을 가지고 갈 수 없다. 예수님은 제자들에게 그들이 하나님의 나라를 세상에 가지고 오는 것에 대한 대가를 치를 것이라고 말씀하셨다. "그들이 내 이름으로 인하여 너희에게 손을 대어 너희를 핍박하며 회당과 감옥에 넘겨주며 왕들과 치리자들 앞에 끌어 갈 것이다"(눅 21:12, 킹제임스 흠정역). 그는 그들이 직면할 모든 문제들을 말씀하시고 나서 바로 그들에게 전략을 주셨다.

> "그것이 너희에게 증언의 기회로 바꾸리라 그러므로 너희가 대답할 것을 미리 궁리하지 않으리라고 마음속에 정하라 너희의 모든 대적들이 능히 반박하거나 대항하지 못할 입과 지혜를 내가 너희에게 주리라 또 부모와 형제와 친척과 친구들이 너희를 배반하고 넘겨주어 너희 중의 몇 사람을 죽게 하며 또 너희가 내 이름으로 인하여 모든 사람에게 미움을 받을 터이나 너희 머리털 하나도 없어지지 아니하리라 너희는 인내로 너희 혼을 소유하라"(눅 21:13-19, 킹제임스 흠정역)

변명을 하려고 하지 말라! 만일 내가 변명하려고 한 말에 따라서 내일 죽을 것이라면 나는 단순한 변명이 아닌 모면할 계획을 세우려고 생각할 것이다. 그러나 하나님은 말씀하셨다. "나에게는 더 좋은 계획이 있다. 나를 믿어라. 내가 너를 돌볼 것이기 때문이다." 우리 모두는 죽을 것이다. 여기서 살아나갈 수 있는 사람은 아무도 없다. 사도 바울은 분명히 말하였다. "부끄러워하지 아니하노니 나는 내가 믿어 온 분을 알며 또 내가 그 날을 대비하여 그분께 맡긴 것을 그분께서 능히 지키실 줄 확신하노라"(딤후 1:12). 그는 그가 믿어왔던 것에 의존하고 있지 않았다. 그는 그가 믿었던 사람을 의존하고 있었고 그분이 자신을 지킬 수 있다는 것을 알았다. 우리의 염려, 계획, 스트레스는 우리를 구제하지 못하지만 우리의 하나님께서는 하실 수 있다.

- ✓ 고통스러운 기억들을 반복해서 말하지 말라
- ✓ 하나님의 관점에서 기억들을 세우고 선포하라
- ✓ 참고 억누르지 말고 고통스러운 기억들을 제거하라
- ✓ 성미가 급한 것은 스트레스가 있음을 가리킨다.
- ✓ 불안과 걱정은 고통스러운 기억이 있음을 가리킨다.
- ✓ 내면을 향한 분노는 당신을 병들게 한다.
- ✓ 당신의 혼의 영역에 하나님의 씨앗을 심으면 죄의 능력이 제거된다.
- ✓ 고통스러운 기억들을 빛에 드러내고 거짓말을 물리치라

제8장

1 Michael E. McCullough, Giacomo Bono, and Lindsey M. Root, "Rumination, Emotion, and Forgiveness : Three Longitudinal Studies," Journal of Personality and Social Psychology 92, no. 3(2007) : 502, accessed April 13, 2013, doi:10.1037/0022-3514.92.3.490.

2 Terrie H. Rizzo, "The Healing Power of Forgiveness," IDEA Health and Fitness Association, September 2006, A Hot Field in Clinical Psychology, accessed April 13, 2013, http://www.ideafit.com/fitness-library/healing-power-forgiveness.

3 Leaf, Who Switched off My Brain?, 112.

4 Daniel Kahneman, Jack L. Knetsch, and Richard H. Thaler, "Experimental Tests of the Endowment Effect and the Coase Theorem," Journal of Political Economy 98, no. 6(1990) : 1325, oi:10.1086/261737.

5 Dylan Thomas, "Do Not Go Gentle into That Good Night," st. 1, lines 1-3.

6 Chip Ingram and Becca C. Johnson, Overcoming Emotions That Destroy(Grand Rapids, MI : Baker Books, 2009), 77.

7 Ibid., 49, 66, 57.

8 Ibid., 61-63.

9 Sandford, Healing the Wounded Spirit, 120.

10 "Top 10 Common Phobias of the World," Panic Goodbye, September 14, 2010, accessed April 13, 2013, http://panicgoodbye.com/blog/top-10-common-phobias-of-the-world.html.

11 "Anti-stress(somnipathy)," Deta-Elis, accessed April 13, 2013, http://a-ll.dk/Bioresonance_therapy/DETA-Ritm/Guidelines/9.Anti-stress.htm.

12 Les Stroud, Survive(Canada : Harper Collins Publishers Ltd, 2008).

13 Chilton Tippin, "Why Adults Can Learn Languages More Easily Than Children," AccuConference, August 26, 2011, accessed April 14, 2013, http://www.accuconference.com/blog/Why-Adults-Can-Learn-Languages-More-Easily-Than-Children.aspx.

14 Paul K. Davis, Thrones of Our Soul(Lake Mary, FL : Creation House Press, 2003), 53.

15 I. Cordón, "Memory for Traumatic Experiences in Early Childhood," Developmental Review 24, no. 1(2004) : 118-119, doi:10.1016/j.dr.2003.09.003.

16 Ibid., 122.

17 Sandi Dolbee, "The Healing Power of Forgiveness," The San Diego UnionTribune, August 16, 2008, accessed April 14, 2013, http://www.utsandiego.com/uniontrib/20080816/news_1c16forgivem.html.

18 Everett L. Worthington et al., "Forgiveness, Health, and Well-Being : A Review of Evidence…" Journal of Behavioral Medicine 30, no. 4(2007) : 294, doi:10.1007/s10865-007-9105-8.

19 Berit Ingersoll-Dayton, Cynthia Torges, and Neal Krause, "Unforgiveness, Rumination, and Depressive Symptoms among Older Adults," Aging and Mental Health 14, no. 4(May 2010) : 439-449, doi:10.1080/13607860903483136.

제9장
문제 : 우리의 운명으로 들어가는 문

만일 당신이 사물을 바라보는 방식을 바꾼다면 당신이 바라보는 사물들이 변한다. - 웨인 다이어

성공과 마찬가지로 실패는 많은 사람들에게 많은 의미가 있다. 정신 자세가 긍정적이면 실패는 또 다시 시도하고 준비하기 위해서 하나의 학습 경험, 사닥다리의 한 단계, 당신의 사고를 정리할 기간이 된다. - W. 클레멘트 스톤

나는 만일 우리가 우리의 마음을 더 많이 열면 많은 문제들이 해결될 것이라고 믿는다. - 치프 조셉

● 웅덩이의 쓴 물

이스라엘이 애굽을 떠났을 때 그들이 기대했었던 것처럼 그들의 모든 문제는 없어지지 않았다. 심지어 노예에서 풀려 자유의 몸이 되었지만 그 자체도 문제와 스트레스를 가지고 있었다. 그들은 세상에서 가장 강력한 국가의 노예들이었지만 지금 그들은 스스로 알아서 앞가림을 해야만 했다. 이스라엘은 애굽의 막강한 군사력 뒤에 숨어서 다른 나라와의 전쟁을 피할 수 있었고 한 가족에서 한 나라로 성장했다. 그들이 출애굽 하기 전까지 경험한 문제들은 애굽 노예생활의 문제들이 전부였다. 그러므로 하나님은 다음과 같은 방법을 사용하셨다.

"바로가 백성을 보낸 후에 블레셋 사람의 땅의 길은 가까울지라도 하나님이 그들을 그 길로 인도하지 아니하셨으니 이는 하나님이 말씀하시기를 이 백성이 전쟁을 하게 되면 마음을 돌이켜 애굽으로 돌아갈까 하셨음이라"(출 13:17)

정상적으로는 시내 산에서 약속의 땅으로 가는데 11일이 걸렸을 것이다. 그러나 그들이 마침내 여리고 맞은편에 있는 요단강에 도착하였을 때는 이스라엘 사람들이 애굽을 떠나고 40년이 지난 후였다. 왜 그렇게 오래 걸렸을까? 그것은 1세대들이 그들이 마주했던 모든 문제들에 대해 불평과 불만을 그치지 않았기 때문이다. 하나님은 "이같이 열 번이나 나를 시험한 저 모든 사람들로 인하여… 그들은 내가 그들의 조상들에게 맹세한 땅을 결코 보지 못할 것이요"(민 14:22-23, 킹제임스 흠정역)하고 말씀하셨다. 그 열 번의 시험 중에서 아홉 번은 벌어지고 있는 일에 대한 불평과 불만으로 귀결되었고 그들의 불신앙을 드러냈으며 하나님께 영광을 돌리지 못했다.

그들이 직면했던 문제들은 진정한 어려움이 아니었다. 오히려 문제를 해결해 주심으로 자신을 계시해 주시기 위해 계획된 하나님의 기회였다. 하나님은 이 우주에서 가장 의도적이고 계획적인 분이시다. 나중에 생각이 나거나, 우연히, 어떠한 반응으로 이루어진 것은 아무것도 없다. 그는 최종적인 결말에서부터 시작을 아시고 우리가 그의 계획이 우리에게 좋은 것임을 믿기를 원하신다. 하나님은 우리가 그분과 친밀해져서 그분이 하시는 일의 일부분이 되길 원하신다. 하나님은 이스라엘이 노예의 육체적인 족쇄를 떨쳐낸 후에 바로 이 계시를 주시기 시작하셨다.

"이스라엘이 수르 광야로 들어가서 거기서 사흘 길을 걸었으나 물을 얻지 못하고 마라에 이르렀더니 그곳 물이 써서 마시지 못하겠으므로 그 이름을 마라라 하였더라"(출 15:22-23)

"모세가 여호와께 부르짖었더니 여호와께서 그에게 한 나무를 가리키시니 그가 물에 던지니 물이 달게 되었더라 거기서 여호와께서 그들을 위하여 법도와 율례를 정하시고 그들을 시험하실새 이르시되 너희가 너희 하나님 나 여호와의 말을 들어 순종하고 내가 보기에 의를 행하며 내 계명에 귀를 기울이며 내 모든 규례를 지키면 내가 애굽 사람에게 내린 모든 질병 중 하나도 너희에게 내리지 아니하리니 나는 너희를 치료하는 여호와임이라"(출 15:25-26)

하나님께서는 마라의 쓰디 쓴 웅덩이 물을 회복시켜서 자신을 치료자로 계시하셨다. 이스라엘은 하나님께서 하신 말씀을 믿도록 부르심을 받았다. "내가 이 땅을 애굽 강에서부터 그 큰 강 유브라데까지 네 자손에게 주노니"(창 15:18). 하나님은 그들에게 그 땅을 주시겠다고 말씀하셨다. 그들의 일은 말씀을 믿는 것이었고 하나님의 일은 그 일을 행하는 것이었다. 그 역할을 담당하기 위해서 그들은 그들의 생각 안에 하나님을 담기 위해 만들었던 상자보다 훨씬 더 큰 분으로 하나님을 바라보아야만 했다. 그렇게 하기 위해서 계시가 필요했고 문제는 그러한 계시를 나타내도록 하기 위해 계획된 것이었다.

우리는 웅덩이의 쓴 물을 마주치게 될 때 우리의 마음을 드러내고 우리가 진정으로 믿는 것을 보여주게 된다. 그 웅덩이들은 결혼, 사업, 재정, 사역에서의 실망으로 인해 더 쓰디 쓸 수 있다. 그 쓴 웅덩이 물은 우리의 육체적 건강, 정신적 건강의 좌절이거나 꿈과 소망의 상실일 수 있다. 그 당시에는 이것들 중 어느 것도 긍정적이거나 유익한 것처럼 보이지 않지만 하나님이 그 해답이다.

욥이 자신의 모든 자녀들, 건강, 재물을 잃어버렸을 때 그는 완전히 공황상태에 빠졌고 어떻게 해서 이런 일이 자기에게 일어날 수 있는지 의아해했다. 그를 위로하는 사람들은 나쁜 일은 나쁜 사람들에게만 일어나기 때문에 그것은 욥의 책임임이 틀림없다고 주장했다. 욥은 자신이 거의 완벽했기 때문에 그것은 불가능하다고 반박했다. 결국 욥은 하나님이 모든 것을 회복시킬 수 있는 구세주라는 계시를 받았다. 욥이 그의 잘못된 생각을 깨달았을 때 이렇게 울부짖었다. "내가 귀로 듣는 것을 통해 주께 대하여 들었사오나 이제는 내 눈으로 주를 뵈옵나이다. 그러므로 내가 내 자신을 몹시 싫어하고 티끌과 재속에서 회개하나이다, 하니라" (욥 42:5-6, 킹제임스 흠정역). 문제가 없다면 우리는 진리에 대한 계시를 받거나 자발적으로 우리의 생각을 바꾸거나 회개할 수 없을 것이다.

돌아온 탕자는 기근을 견디고 돈과 친구를 잃어버려야만 했다.

"그가 정신을 차리고 이르되 내 아버지께는 빵이 풍족하여 나누어 줄 수 있는 품꾼이 얼마나 많은가! 그런데 나는 굶어 죽는구나. 내가 일어나 내 아버지께 가서 이르기를 아버지 내가 하늘과 아버지께 죄를 지었사오니"(눅 15:17-18, 킹제임스 흠정역)

그는 품꾼 중 한 사람으로 돌아가려 했다. 그러나 아버지는 자신의 계획을 가지고 계셨으며 자신을 용서하고 사랑하고 관계를 갈망하는 사람으로 드러내 보였다.

"아버지는 종들에게 이르되 우리가 먹고 즐기자 이 내 아들은 죽었다가 다시 살아났으며 내가 잃었다가 다시 얻었노라"(눅 15:22-24)

당신이 실망을 느낄 때마다 하나님은 당신을 재임명하기 원하신다. 문제가 있을 때 하나님은 "너는 내게 부르짖으라 내가 네게 응답하겠고 네가 알지 못하는 크고 비밀한 일을 네게 보이리라"(렘 33:3)고 말씀하신다.

가장 좋은 학교의 수업료는 결코 싸지 않다. 그러나 만일 우리가 아무 것도 배우지 못한다면 그것은 단지 낭비일 뿐이다.

● 여호와 라파

우리는 눈으로 보는 것이 아닌 믿음으로 하나님의 일에 접근하는 것을 배운다. 사탄은 종종 그의 계획과 힘을 보여줌으로써 우리를 꼼짝 못하게 하려고 한다. 열 명의 정탐꾼이 약속받은 땅을 둘러보고 곧 닥칠 문제들을 본 다음에 안 좋은 보고를 가지고 돌아왔다. 정탐꾼들은 그 땅에서 거인들을 보았다. 또한 그들은 여전히 자신의 능력의 미약함만을 보았기 때문에 그 땅과 그 거민이 사람들을 집어삼킬 것이라고 했다.

> "그 땅을 정탐한 자 중 눈의 아들 여호수아와 여분네의 아들 갈렙이 자기들의 옷을 찢고 이스라엘 자손의 온 회중에게 말하여 이르되 우리가 두루 다니며 정탐한 땅은 심히 아름다운 땅이라 여호와께서 우리를 기뻐하시면 우리를 그 땅으로 인도하여 들이시고 그 땅을 우리에게 주시리라 이는 과연 젖과 꿀이 흐르는 땅이니라 다만 여호와를 거역하지는 말라 또 그 땅 백성을 두려워하지 말라 그들은 우리의 먹이라 그들의 보호자는 그들에게서 떠났고 여호와는 우리와 함께 하시느니라 그들을 두려워하지 말라"(민 14:6-9)

거인들이 그들의 '떡'이나 '보급품'이라고 말함으로써 그들은 무엇을 말하고자 하였는가? 그 거인들은 이스라엘이 그들의 보급품을 얻으려는 것에 대한 방해요소가 되려고 하는 것처럼 보였다. 그 해답은 우리가 다른 말씀과 비교할 때 발견된다. 예수님은 수로보니게 여인에게 그녀의 딸을 치료하는 것이 마치 개에게 아이들의 떡을 던져주는 것과 같기 때문에 그녀의 딸을 치료해줄 수 없다고 말씀하셨다(막 7:27 참조). 그는 치료(healing)를 어린아이들의 떡이라고 불렀다. 치료(healing)의 히브리어 원문은 라파(râphâ)이고 '고치거나 치료하는 것'을 의미한다.[1] 거인(giant)이나 르파임(Rephaim)의 어근은 역시 라파(râphâ)로 "힘 또는 에너지를 준다"라는 뜻이 있다. 다른 민족들이 그 거인들을 '아나킴'(Anakim)이나 '에민'(Emin)으로 부른 반면 모세는 그 거인들을 '르파임'이라 불렀다.

하나님의 이름들 중 하나는 우리의 치료자 주 '여호와 라파'(Jehovah Râphâ)이다. 갈렙은 그 땅의 거인들이 방해가 되는 것이 아니라 그들을 위한 보급품이 된다는 것을 알았다. 그들은 보급품이 될 수 있고 그들의 믿음을 훈련하고 그 땅을 차지하도록 하는데 상당한 활력이 될 수 있다. 정탐꾼들은 그 문제를 보았고 여호수아와 갈렙은 그들과 다른 영과 다른 사고방식을 갖고 있어서 그 문제를 보급품으로 보았다(민 14:24 참조). 그 거인들은 이스라엘을 삼키기로 돼 있는 것이 아니었다. 오히려 이스라엘이 그들을 잡아먹을 운명이었던 것이다.

● 소망

갈렙은 결국에는 승리할 것을 미리 보았기 때문에 흥분되었을 것이다. 우리는 그와 똑같은 영을 갖고 문제해결을 받았을 때뿐만 아니라 우리의 시험 가운데서도 기뻐하는 법을 배워야 한다. 어느 광산 건설 일을 할 때 나(켄)는 회사에서 윗사람들의 정치적인 논쟁으로 인해 관리자에서 일반 감독자로 강등되었다. 그 당시에는 이러한 강등이 패배한 것처럼 보였고 며칠 동안 나를 힘들게 하였다. 새 관리자가 자신의 일반 감독자를 데리고 오려고 했을 때 나는 내가 그 프로젝트에서 완전히 나와야 될 것처럼 보였다. 잔과 나는 기도했고 우리는 모든 것이 잘될 것이라는 평강을 찾았다.

그 프로젝트 공급자와 광산 소유자들이 개입했고 내가 그대로 일반 감독자로 남아줄 것을 요청했다. 나는 관리자로서의 급여를 받고 있었지만 지금은 일반 감독으로서 시간당 급여 패키지로 전환되었다. 일도 주 5일 근무에서 주 7일 근무로 바뀌었다. 그 최종 결과는 나의 강등으로 말미암아 강등되기 전보다 25,000 달러를 더 받게 되었다. 하나님은 문제를 통하여 우리에게 필요를 채워주신다. 따라서 상황을 믿지 말고 하나님을 믿으라.

믿음은 주님의 말씀을 이미 성취된 말씀으로 취하고 그에 따라 기쁨으로 행동한다. 사단은 두려움과 염려를 사용한다. 그는 하나님이 말씀하신 것과는 반대를 말한다. 이를 통해 그는 성도들을 기진맥진하게 만들려고 한다(단 7:25). 문제가 닥칠 때 우리가 하나님의 성품을 기억해 내지 못한다면 모든 장애물들은 패배처럼 보일 것이다. 우리의 아들 섀논은 예수전도단과 함께 6개월간의 전도여행을 가려고 저축했던 돈을 도난 당했다. 우리는 기도했고 하나님께서는 우리에게 여행경비를 지불하라고 말씀하셨다. 이틀 후에 켄은 실직했다. 이것은 우리에게 엎친 데 덮친 격의 문제였지만 하나님께는 기회였다.

그보다 몇 개월 전에 켄은 그가 일해주길 원하는 어느 회사와 이야기를 했었다. 그들이 켄의 결정을 위해 준비했던 날은 그가 실직한 뒤 그 다음 월요일이었다. 켄은 그의 연장들을 들고 새로운 일을 시작했고, 모든 일은 매끄럽게 이어져서 전에 받았던 월급의 두 배를 받게 되었다. 모든 것을 하나님의 관점에서 보고, 우리의 문제들을 스트레스가 되는 것이 아니라 필요를 공급해주는 문으로 볼 필요가 있다. 문제는 우리의 떡이고 그것으로 인해 우리는 하나님께 영광을 돌릴 수 있다.

예레미야는 이스라엘이 심판 아래 있고 적들이 그들 위에 군림하고 있는 시대에 살았다. 그는 탄원을 하였으나 아무것도 변한 것이 없었다. 애가에서 예레미야는 비통해하는 것의 목록을 살펴보았다. 그는 이렇게 부르짖었다.

"나는 그분의 진노의 막대기로 말미암아 고난을 본 자로다 그분께서 나를 인도하사 어둠 속으로 데려가시고 빛 속으로 데려가지 아니하셨으며 친히 돌이키사 확실히 나를 치시고 자신의 손을 돌리사 종일토록 나를 치시는도다 그분께서 나의 살과 피부를 낡게 하시고 나의 뼈들을 꺾으시며 나를 치시려고 산들을 쌓으시고 쓸개와 산고로 나를 에워싸시며 죽은 지 오랜 자들 같이 나를 어두운 곳들에 두셨도다 그분께서 내 둘레에 울타리를 치사 내가 나가지 못하게 하시며 내 사슬을 무겁게 하시고 또한 내가 부르짖으며 소리를 질러도 내 기도를 물리치시고 다듬은 돌로 내 길들을 에워싸시며 내 행로들을 굽게 하셨도다 그분께서는 내게 마치 숨어 기다리는 곰과 은밀한 곳에 있는 사자 같으사 내 길들을 옆으로 돌리시며 나를 찢으시고 황폐하게 하셨도다 그분께서 자신의 활을 당기시고 나를 화살의 과녁으로 삼으셨으며 자신의 화살통의 화살들로 하여금 내 콩팥 속으로 들어가게 하셨도다 내가 내 온 백성에게 조롱거리가 되었으니 곧 종일토록 그들의 노랫거리가 되었도다 그분께서 나를 쓴 것으로 배불리시고 쑥으로 취하게 하셨으며 또 조약돌로 내 이를 부러뜨리시고 재로 나를 덮으셨도다 주께서 내 혼을 평강에서 멀리 떠나게 하시니 내가 형통함을 잊었나이다 내가 이르기를 나의 힘과 나의 소망이 주를 떠나 사라졌다 하였도다 내가 나의 고난과 나의 재난 곧 쑥과 쓸개를 기억하소서"(애 3:1-19, 킹제임스 흠정역)

와! 얼마나 비통함을 장황하게 늘어놓는가! 예레미야는 그의 삶 속에서 일어나고 있는 재난과 고통 때문에 완전히 압도당했다. 그러나 갑자기 기분이 변했다. 그는 이렇게 말했다.

"내가 이것을 내 마음에서 생각하므로 내게 소망이 있도다 주의 긍휼로 말미암아 우리가 소멸되지 아니하였으니 그분의 불쌍히 여기심은 끝이 없도다 그것들이 아침마다 새로우니 주의 신실하심은 크시나이다 내 혼이 이르기를 주는 나의 몫이오니 그러므로 내가 그분께 소망을 두리로다 하는도다"(애 3:21-24)

그는 그의 문제들을 회상하였고 모든 것이 바닥을 쳤기 때문에 지금은 하나님으로만 소망이 있다는 것을 알았다. 소망과 믿음은 항상 밀접하게 연관이 되어 일하며 약속된 것을 이룬다.

정탐꾼들이 거인들이 그들의 목표를 향해 가는데 방해가 된다고 생각한 것처럼 우리는 늘 반대를 나쁜 것으로 본다. 그러나 성경은 하나님께서 "아골 골짜기로 소망의 문을 삼아 주실"(호 2:15) 것이라고 분명하게 말하고 있다.

하나님께서 소망의 문을 여시는 때는 바로 문제의 한 가운데 있을 때이다. 우리는 그것을 알고 돌파하여 우리의 문제에서 벗어나야 한다. 하나님은 이스라엘을 마치 '악마와 깊고 푸른 바다 사이'에 가둬놓은 것처럼 홍해 바닷가로 인도하셨다. 그가 이렇게 말씀하셨다.

"내가 바로의 마음을 완악하게 한즉 바로가 그들의 뒤를 따르리니 내가 그와 그의 온 군대로 말미암아 영광을 얻어 애굽 사람들이 나를 여호와인 줄 알게 하리라"(출 14:4)

하나님께서는 적을 무찌르기 위해서 문제를 가져오셨다. 이스라엘에게 심적 고통을 주기 위한 것이 아니었다. 하나님은 이스라엘이 만날 모든 적들이 바로와 그의 군대에게 어떤 일이 벌어졌는지를 기억하기를 원하셨다. 기생 라합은 두 정탐꾼에게 여리고 사람들이 이스라엘의 하나님이 하신일을 듣고 어떻게 생각했는지에 대해 말했다.

"이는 너희가 애굽에서 나올 때에 여호와께서 너희 앞에서 홍해 물을 마르게 하신 일과 너희가 요단 저쪽에 있는 아모리 사람의 두 왕 시혼과 옥에게 행한 일 곧 그들을 전멸시킨 일을 우리가 들었음이니라 우리가 듣자 곧 마음이 녹았고 너희로 말미암아 사람이 정신을 잃었나니 너희의 하나님 여호와는 위로는 하늘에서도 아

래로는 땅에서도 하나님이시니라"(수 2:10-11)

하나님은 적들이 당신을 두려워하길 원하신다. 따라서 그 분은 그의 권능을 보이시기 위해 극한의 상황들을 준비하신다. 그는 우리를 '갇혀 있으나 소망을 품은 자'가 되게 해서 그 전의 풍요로움의 두 배로 회복시키신다(슥 9:12). 만일 우리가 모든 손실이 두 배로 회복될 수 있다는 것을 이해한다면 우리는 "와라. 덤빌 테면 덤벼봐"라고 말할 수 있을 것이고 어떠한 반대 세력에도 웃을 수 있을 것이다. 하나님은 이렇게 대응하신다.

"세상의 군왕들이 나서며 관원들이 서로 꾀하여 여호와와 그의 기름 부음 받은 자를 대적하며 우리가 그들의 맨 것을 끊고 그의 결박을 벗어 버리자 하는도다 하늘에 계신 이가 웃으심이여 주께서 그들을 비웃으시리로다"(시 2:2-4)

만일 우리가 하나님과 같이 되기를 원한다면 하나님과 같이 생각하고 행동해야 한다. 우리는 우리가 처하는 상황들을 좋아하지 않을 수 있지만 하나님을 신뢰하는 것은 우리의 믿음을 보여주고 하나님으로 하여금 우리 안에서 그리고 세상 안에서 그의 뜻을 이루시도록 한다. 예수님은 그의 생명을 아버지의 손에 위탁하심으로써 하나님을 영예롭게 하셨다. "그는 그 앞에 있는 기쁨을 위하여 십자가를 참으사 부끄러움을 개의치 아니하시더니 하나님 보좌 우편에 앉으셨느니라"(히 12:2). 그는 그 앞에 놓여 있는 전투를 알고 있었지만 앞으로 올 즐거움을 위하여 고통을 참을 수 있었다.

우리는 퀜이 실직할 때마다 품위 있는 식당에서 식사를 하고 축하하는 습관이 있다. 우리는 우리의 필요를 공급해주는 직업에 더 이상 의존하지 않았다. 우리는 하나님께서 공급하실 것을 믿었다. 우리는 잃어버린 것을 슬퍼하는 것이 아니라 그가 하실 일을 축하하고 있었다. 하나님께서 해마다 공급하셨고 전혀 부족함이나 실패가 없었다. 우리 자신의 방법에 의존했을 때보다 그의 손 안에 있을 때가 더 좋았다. 그를 신뢰하라. 그러면 당신에게 마음의 평안을 줄 것이다.

● 전화위복

요셉은 형들의 질투 때문에 자신을 노예로 팔아넘긴 형들의 위험한 행동의 결과들을 참았다. 요셉은 그의 형들의 행동 때문에 크나큰 고난을 겪어야만 했다. 성경은 다음과 같이 말한다.

"그들이 그의 발을 족쇄로 상하게 하고 그를 쇠 안에 넣어 두되 그분의 말씀이 임할 때까지 그리하였도다 주의 말씀이 그를 단련하였도다"(시 105:18-19, AMP)

감옥의 그 쇠는 곧바로 그의 혼 안으로 들어갔다. 그는 우울해졌고 소망이 없었다. 요셉이 만사에 하나님의 손을 보고 "기근을 불러 그 땅에 임하게 하여 그 의뢰하는 양식을 다 끊으셨도다. 한 사람을 앞서 보내신" 것은 바로 하나님이었다는 것을 깨달은 것은 한참 지난 후였다(시 105:16-17).

나중에 요셉은 다음과 같이 말할 수 있었다.

"당신들은 나를 해하려 하였으나 하나님은 그것을 선으로 바꾸사 오늘과 같이 많은 백성의 생명을 구원하게 하시려 하셨나니" (창 50:20)

우리는 하나님에 대해 너무 작은 견해를 갖고 있다. 우리는 그가 정말로 통제하고 있다는 것을 믿지 않는다. 만일 하나님이 전능하시고 온전히 사랑하시는 분이라면 다음과 같이 고백할 수 있을 것이다.

"우리가 알거니와 하나님을 사랑하는 자 곧 그의 뜻대로 부르심을 입은 자들에게는 모든 것이 합력하여 선을 이루느니라"(롬 8:28)

예수님께서 이렇게 말씀하셨다.

"이것을 너희에게 이르는 것은 너희로 내 안에서 평안을 누리게 하려 함이라 세상에서는 너희가 환난을 당하나 담대하라 내가 세상을 이기었노라(내가 세상이 너희를 해치지 못하도록 그 힘을 빼앗았으며, 너희를 대신하여 정복했다) 하시니라"(요 16:33).

바울은 초대 그리스도인들에게 이렇게 말했다. "너희가 갇힌 자를 동정하고 너희 소유를 빼앗기는 것도 기쁘게 당한 것은 더 낫고 영구한 소유가 있는 줄 앎이라"(히 10:34). 나는 언젠가 하나님께 질문했다. "모든 것을 도난당했을 때 어떻게 기뻐할 수 있나요?" 그는 "네가 빼앗긴 모든 것에 대해 두 배로 되돌려 받는다는 것을 믿는다면 너는 기뻐할 수 있다"고 말씀하셨다. 모세는 "그 도적이 잡히면 갑절을 배상할 것이요"(출 22:7)라고 말했다. 만일 우리가 도둑맞은 모든 것을 하나님이 회복시켜 주신다면 일시적으로 차질이 생긴 것은 스트레스가 되지 않는다.

몇 년 전에 나(켄)는 돈을 빌려서 투자를 했다가 10만 달러 이상 손해를 봤다. 잔은 그 회사가 지나친 확장으로 인해 재정적인 문제가 발생할 것이라고 경고 했었지만 나는 그녀의 경고를 무시했다. 나로 하여금 분명한 것을 보지 못하게 하고 주님이 아내를 통해 경고하신 것을 듣지도 못하게 한 것은 나의 어리석음과 탐욕이었다. 예상됐던 대로 그 문제가 발생하였고 우리는 돈을 잃었다. 하나님께서 스스로를 만회하는 하나님이시라고 말씀할 때까지 나는 모든 것을 잃어버렸다고 생각했다. 나는 너무나 율법주의적이었고, 일 지향적이었기 때문에 그것이 애초에 나의 잘못이라면 왜 하나님이 그 상황을 고치시는지 이해할 수 없었다. 하나님은 예를 들어 그가 어떻게 만회하시는지를 설명해 주셨다.

내가 약간의 돈을 누군가 꺼낼 수 있도록 내 우편함에 넣어두었다고 상상해보라. 그것은 바보 같은 짓이지만 도둑이 그것을 보지 못했다면 그 돈은 안전할 것이다. 도둑이 훔쳐갔기 때문에 그 돈이 없어졌다는 사실이 나의 어리석음으로 인해 바뀌는 것은 아니다. 그것은 투자에 있어서도 마찬가지이다. 내가 욕심이 많고 어리석다고 해서 그 도둑질이 불법이라는 사실이 없어지는 것은 아니다. 사탄이 최고의 도둑이기 때문에 내가 그에게 절도에 대해 말하고 우리 돈을 되돌려 달라고 요구해야 한다고 하나님은 말씀하셨다(요 10:10 참조). 나는 그렇게 했고 비록 본래의 투자로부터는 아니지만 1년이 안 되서 그 돈 전액을 되찾게 되었다. 나는 하나님 아버지가 나의 필요를 채워주지 않는다는 것을 믿도록 했던 나의 고통스러운 기억들을 극복해야만 했다. 우리는 그가 회복의 하나님이라는 하나님의 말씀을 통해 그러한 사고를 극복했다.

하나님께서 나에게 말씀하셨다. "이미 변기통 아래로 내려가 버린 것을 되찾으려고 변기통으로 내려가지 말고 그냥 떠내려가게 내버려 두라. 잃어버린 것을 위해 새로운 원천으로부터 도둑맞은 것을 되찾을 것을 생각하라." 그레이엄 쿡은 하나님은 '문제'를 가져다가 '특징'으로 만드시는 것을 좋아하신다고 이야기했다. 하나님은 종종 문제나 상황을 제거하지 않으시고 그의 영광을 위한 일에 그것을 포함시켜서 사용하신다. 우리는 부엌을 개조했을 때 그 원리를 사용했다. 작고 보기 싫은 문이 없는 그릇장이 있었는데 거기에는 오븐 통풍구가 있었다. 우리는 구멍 위에 문을 달았고 잔은 그것을 분위기 있게 꾸미고 문에는 포도 모자이크를 만들었다. 이제는 그 문제 덩어리가 우리 부엌의 특징이 되었다. 하나님은 우리의 모든 문제들을 취해서 그의 선하심을 드러내는 특징이나 증거가 되게 하신다. 우리가 할 일은 그의 말씀을 가지고 문제들을 다른 시각으로 보는 것이다.

최근 우리는 밴쿠버의 매춘부들과 함께 사역하는 구세군 지도자에 대한 이야기를 들었다. 그녀는 너무나 성공적이어서 구세군이 그녀를 호주로 보내어 비슷한 상황을 해결하도록 했다. 호주는 18년 전에 매춘을 합법화시켰으며, 지금에 와서 그것이 인신매매가 늘어나는 원인이 될 수 있다는 것을 깨달았다. 캐나다와 호주 구세군 팀의 지도자는 어떤 전략을 위해 기도하고 있었을 때 72세 인 할머니로부터 전화를 받았다. 그녀는 자신의 집 근처에 있는 매춘 업을 하는 집에 대해 우려하고 있었고 누군가와 이야기하고 싶어 했다. 그 지도자와 그 할머니는 약속을 하고 차를 마시면서 이야기를 나누었다.

그녀에 의하면 그 매춘 업을 하는 집의 전화번호는 그녀의 집 전화번호와 너무나 유사해서 그녀와 그녀의 남편은 그 매춘 업을 하는 집을 찾는 남자들로부터 계속해서 전화를 받고 있었다. 그들은 전화번호 바꾸는 것을 고려했지만 어느날 아침 하나님께서는 그녀를 저지하셨다. 하나님은 "나는 네가 전화번호를 바꾸기를 원치 않는다. 나는 네가 그 상황을 바꾸기를 원한다"고 말씀하셨다. 그녀는 무엇을 해야 할지 몰랐다. 그래서 구세군에 전화를 했던 것이다.

그 지도자도 어떻게 해야 할지 몰랐지만 갑자기 질문이 떠올랐다. "또 다른 당신의 이웃이 문제가 있다면 당신은 어떻게 하시겠습니까?" 할머니는 잠시 생각하고 바로 "그들을 위해 컵케이크를 굽겠어요"라고 대답했다.

그래서 다음날 그들 두 사람이 컵케이크 한 접시를 들고 그 집을 향해 걸어가고 있을 때 할머니가 멈춰 서서 "이 일은 내가 해야 해요. 왜냐하면 내가 이웃이니까요"라고 말했다.

그 지도자는 동의했고 차 있는 데로 돌아가서 할머니가 그 집 문에 들어섰을 때 열심히 기도했다. 그녀는 벨을 눌러서 그 집 관리인이 문을 열었을 때 그 케이크 접시를 내밀었다. 성매매업소의 문간에 서 있었던 적이 없었던 그녀는 "안녕하세요. 제가 당신을 위해 컵케이크를 만들었어요"하고 불쑥 말했다. 어떤 할머니가 컵케이크를 들고 성매매업소 문으로 들어오게 해본 적이 없던 그 관리인은 그녀를 안으로 초대했다. 그녀는 그 집에서 나오기 전에 모든 소녀들을 만났고 그들의 이름, 휴대전화번호, 생일을 알아냈다. 심지어 그녀는 다음 주에도 다시 오도록 초대를 받았다. 할머니는 금세 모든 소녀들의 절친한 친구가 되었다.

결국에는 호주 정부위원회가 의견을 구하고 있을 때 그녀만이 이 모든 소녀들이 직면하고 있는 실제 상황들을 알기 때문에 할머니를 불러오게 하였다. 그녀는 어떤 하나의 문제를 바꾸기 위해서 컵케이크를 사용함으로써 한 국가에 영향을 미칠 수 있었고 마귀의 근거지에 한 방을 먹일 수 있었다. 당신은 어떤 문제에 직면해 있는가? 당신의 손에는 무엇이 있는가? 하나님은 당신의 신음소리를 가져다가 그것을 간증거리로 만드신다. 문제를 두려워하지 마라. 당신의 태도를 바꾸라. 왜냐하면 그 문제는 이미 당신의 권한 아래 있기 때문이다. 우리는 사랑받고 있기 때문에 두려워할 필요가 없다. "사랑 안에 두려움이 없고 온전한 사랑이 두려움을 내쫓나니 두려움에는 형벌이 있음이라"(요일 4:18). 만약 당신이 두렵다면 하나님이 당신을 얼마나 사랑하는지 알지 못하는 것이다.

승리는 이미 우리의 것이기 때문에 두려워할 것이 없다.

"아무 것도 염려하지 말고 다만 모든 일에 기도와 간구로, 너희 구할 것을 감사함으로 하나님께 아뢰라"(빌 4:6)

"모든 일을 원망과 시비가 없이 하라 이는 너희가 흠이 없고 순전하여 어그러지고 거스르는 세대 가운데서 하나님의 흠 없는 자녀로 세상에서 그들 가운데 빛들로 나타내며"(빌 2:14-15)

하나님께서는 우리에게 승리를 주시기 위해서 우리의 태도를 바꾸고 계신다.

● 태도는 고도를 결정한다.

하나님은 오직 우리의 능력이 아니라 우리의 태도에 의해 제한받으신다. 이스라엘의 자손들은 "돌이켜 하나님을 재삼 시험하며 이스라엘의 거룩한 자를 격동하였다"(시 78:41). limit의 원어는 히브리어로 tâvâh이며 이는 '긁다' 또는 '표시를 하다'라는 의미이다.[2] 다른 말로 이스라엘은 "여기까지 더 이상은 안 돼"하면서 모래를 파내면서 선을 그었다. 우리는 늘 우리의 태도를 살펴서 우리 자신의 구제를 막아선 안 된다. 왜냐하면 하나님은 우리의 의지를 무시하는 것을 좋아하지 않으시기 때문이다. 심지어 예수님도 십자가를 피하길 원하셨지만 그는 "내 아버지여 만일 할 만하시거든 이 잔을 내게서 지나가게 하옵소서 그러나 나의 원대로 마시옵고 아버지의 원대로 하옵소서"(마 26:39) 하시고 복종하셨다. 우리가 하나님을 믿는다면 그는 냉혹한 공사 감독이 아니라 우리의 친구라는 것을 믿어야 한다.

문제가 발생하게 되면 우리의 헌신의 정도가 드러나게 되고 만사가 계획했던 대로 풀리지 않을 때 실족하게 된다. 침(세)례 요한은 하나님 나라를 공표하고 예수님을 이스라엘에 소개하는 특권을 가졌지만 그의 사역은 오래 가지 못했다. 사실상 그는 단 5개월간의 사역 후에 감옥에 갇히는 신세가 되었다. 그것은 그가 기대했던 것이 아니었으며 그의 믿음을 뒤흔들어 놓았다. 그는 벌어지는 상황에 대해 몹시 힘들어 했고 제자들 몇 명을 예수님께 보내서 그가 예수님에 대해 들었던 것이 맞는지 알아보게 하였다. 예수님께서는 요한의 사자에게 말씀하셨다.

"너희가 가서 듣고 보는 것을 요한에게 알리되 맹인이 보며 못 걷는 사람이 걸으며 나병환자가 깨끗함을 받으며 못 듣는 자가 들으며 죽은 자가 살아나며 가난한 자에게 복음이 전파된다 하라 누구든지 나로 말미암아 실족하지 아니하는 자는 복이 있도다 하시니라"(마 11:4-6)

요한은 자신의 일을 충실히 감당하였기 때문에 하나님 나라에서 자신의 위치를 기대했었다. 그러나 그의 아이디어는 하나님의 계획과 다른 것이었다. 우리는 시작과 끝을 알지 못하지만 하나님은 아신다. 문제는 모든 것이 잘못될 때에도 하나님을 신뢰하라고 가르친다. 왜냐하면 그분은 신실하시기 때문이다. 예수님께서는 요한의 무례함에 화내지 않으셨다. 그는 요한을 사랑하셨고 그에 대해서 "여자가 낳은 자 중에 요한보다 큰 자가 없도다"(눅 7:28)라고 말씀하셨다. 예수님이 요한을 다른 선지자들과 비교한 것을 고려할 때 그것은 아주 굉장한 칭찬이다. 요한은 기분이 상했을 때 올바르게 처신했다. 그는 하나님께 진리에 대해 여쭈었다. 진리는 우리의 감정을 상하게 하는 것들을 떨쳐버리고 우리에게 평화를 준다.

우리가 상처받는 주된 이유는 우리가 하나님의 사랑 안에 깊숙이 뿌리내리지 못했기 때문이다. 예수님께서는 사람들에게 이렇게 말씀하셨다.

"이들은 말씀을 들을 때에 즉시 기쁨으로 받으나 그 속에 뿌리가 없어 잠깐 견디다가 말씀으로 인하여 환난이나 박해가 일어나는 때에는 곧 넘어지는(화내고, 분개하고, 억울해하는) 자요"(막 4:16-17)

물은 여전히 깊은 곳에서 흐른다. 우리 모두는 흥분해서 감정이 솟구칠 때 그 영역에서의 우리의 헌신이나 성격에 대해 잘 알지 못했던 것들이 드러나는 계기가 된다. 나(켄)는 내가 어떤 프로젝트나 계획에 대하여 흥분하면 할수록 그것은 나의 육신에서 나온 것일 가능성이 더 높다는 것을 알게 되었다. 만일 우리가 실망한다면 우리는 잘못된 것을 믿고 있었던 것이다. 왜냐하면 하나님은 결코 실망시키는 분이 아니기 때문이다.

"성경에 이르되 누구든지 그를 믿는 자는 부끄러움을 당하지 아니하리라"(롬 10:11)

밥 멈포드는 하나님은 "우리를 고치기 위해서 해결책을 준비하신다. 그러나 만일 우리가 고침 받기 전에 해결책을 알아내면 하나님은 우리를 고치시기 위해서 또 다른 해결책을 준비하신다."고 말했다. 하나님이 관심을 기울이는 것은 우리의 상황이 아니고 우리 자신이다. 하나님은 우리에게 승리를 주시려고 마귀에게 싸움을 거신다(출 14:4 참조).

"다만 이뿐 아니라 우리가 환난 중에도 즐거워하나니 이는 환난은 인내를 인내는 연단을 연단은 소망을 이루는 줄 앎이로다"(롬 5:3-4)

사도 베드로는 항상 효과가 있는 우리의 태도에 대한 하나의 공식을 제시하고 있다. 그는 "너희가 너희 잘못으로 인하여 매를 맞고 참으면 그것이 무슨 영광이냐? 그러나 너희가 잘 행하고도 그것으로 인해 고난을 당하고 끈기 있게 그것을 견디면 이것은 하나님께서 받으실 만한 것이니라"(벧전 2:20, 킹제임스 흠정역)라고 말한다. 옳은 일을 행하는 것은 우리의 책임이다. 거기에 걸맞은 대우를 받는 것은 우리의 권리이다. 따라서 이 공식은 책임-권리+인내=하나님의 은혜이다. 나는 나의 권리보다 오히려 은혜를 원한다. 왜냐면 권리는 책임에 대한 대가로 주어지는 것으로 그것은 확실히 은혜가 아니기 때문이다.

우리는 우리 삶에서 이 원리를 여러 번 적용했었다. 우리는 종종 사람들을 상담하는데 몇 달, 심지어 1년까지도 시간을 투자했었다. 우리는 주님 안에서 그들을 도와줄 책임이 있다. 그러나 많은 사람들은 거기에 들이는 시간과 노력을 고마워하지 않는다. 우리는 배관수리, 집수리, 소득세 신고 같은 일반적인 것들에서도 그들을 돕기도 했다. 그러나 우리는 인정받을 권리를 요구하지 않는다. 많은 사람들이 저녁식사를 하자거나 우리에게 특별한 무언가를 해주겠다고 약속한다. 그러나 그런 일은 거의 일어나지 않는다. 사실상, 많은 사람들은 당신이 그들의 어두운 비밀들을 들은 후에는 당신을 피하려고 한다. 왜냐하면 그들은 당신이 그들을 판단하고 있다고 생각하기 때문이다. 기쁨으로 주고 어떤 보상이 돌아올 것에 관심을 두지 않음으로써 우리는 주님으로 인한 큰 은혜 가운데서 살아갈 수 있었다. 예수님은 "너희가 거저 받았으니 거저 주라"(마 10:8)고 말씀하신다. 우리는 늘 우리가 하는 일에 대해서 보상을 원치 않는다고 말한다. 왜냐하면 하나님께서 어느 누구보다 더 많은 방법으로 대가를 지불하시기 때문이다. 만일 우리가 우리의 보상에 대해 하나님을 신뢰하고자 한다면 태도 전환이 필요하다.

● 완벽

"비록 주께서 너희에게 역경의 빵과 고난의 물을 주시나 다시는 네 선생들을 구석진 곳으로 옮기지 아니하시리니 네 눈이 네 선생들을 보리라"(사 30:20)

고난은 우리가 하나님으로부터 버림을 받았다는 것을 의미하지 않는다. 예수님이 폭풍 가운데 잠을 자고 있고 배는 가라앉을 위기에 처했을 때 제자들은 어쩔 줄 몰라 하면서 부르짖었다. "선생님이여 우리가 죽게 된 것을 돌보지 아니하시나이까 하니"(막 4:38). 우리는 고난이 마치 가혹한 처벌인 것처럼 우리에게 어떤 교훈을 가르치기 위해서 주어진다고 생각한다. 하지만 하나님이 고난을 통해 우리에게 주시는 가르침은 하나님이 우리의 구원자가 되신다는 사실이다. 우리는 여러 해 동안 많은 시험과 고난들이 있었고 동시에 우리는 커다란 은혜 가운데 살아왔다. 하나가 다른 하나를 배제하는 것이 아니고 오히려 그것들은 서로 같이 간다. 만일 우리가 이것을 믿는다면 우리의 반응은 다음과 같아야 한다.

"내 형제들아 너희가 여러 가지 시험에 빠질 때에 그것을 다 기쁨으로 여기라 너희 믿음의 단련이 인내를 이루는 줄 너희가 아느니라 오직 인내를 완전히 이루라. 이것은 너희로 완전하고 완벽하여 아무것도 부족함이 없게 하려 함이라"(약 1:2-4, 킹제임스 흠정역)

우리가 고난을 예수님과 함께 나누어 가질 때 우리는 주님을 닮아가게 될 것이다. 예수님은 "그가 아들이시라도 받으신 고난으로 순종함을 배우셨다"(히 5:8).

"많은 아들들을 이끌어 영광에 들어가게 하시는 일에 그들의 구원의 창시자를 고난을 통하여 온전하게 하심이 합당하도다 거룩하게 하시는 이와 거룩하게 함을 입은 자들이 다 한 근원에서 난지라"(히 2:10-11)

그가 우리와 같은 인성을 갖고 계시기 때문에 우리는 그의 영광을 함께 공유한다. 우리에게 닥친 많은 문제들을 하나님께서는 모두 사용하셨다.

"두려워하지 말라 내가 너와 함께 함이라 놀라지 말라 나는 네 하나님이 됨이라 내가 너를 굳세게 하리라 참으로 너를 도와 주리라 참으로 나의 의로운 오른손으로 너를 붙들리라"(사 41:10)

아들이 받았던 정신분열증 진단은 우리가 겪었던 가장 어려운 상황들 중 하나였다. 그 문제는 우리가 하나님께 나아가게 했다. 그 시련 가운데서 하나님은 자신을 구원자로 드러내셨고, 우리가 '저주에서 축복으로'라는 책을 집필하게 하셨다. 우리가 경험한 그 독성 있는 상황으로 인해 세계 각처에 있는 수천 명의 사람들이 해방과 자유를 경험했다.

● 권위

바울은 그의 권위의 근거를 자신의 능력, 자신이 행한 이적들, 그가 쓴 편지들, 그가 받은 계시들이나 그의 경험에 두지 않았다. 그는 자신의 권위를 자신의 고난 받은 것들에 근거를 두었다. 도전을 받고 다른 사람들과 비교되었을 때 그는 이렇게 말했다.

"그들이 그리스도의 일꾼이냐 정신 없는 말을 하거니와 나는 더욱 그러하도다 내가 수고를 넘치도록 하고 옥에 갇히기도 더 많이 하고 매도 수없이 맞고 여러 번 죽을 뻔하였으니 유대인들에게 사십에서 하나 감한 매를 다섯 번 맞았으며 세 번 태장으로 맞고 한 번 돌로 맞고 세 번 파선하고 일 주야를 깊은 바다에서 지냈으며… 또 수고하며 애쓰고 여러 번 자지 못하고 주리며 목마르고 여러 번 굶고 춥고 헐벗었노라 이 외의 일은 고사하고 아직도 날마다 내 속에 눌리는 일이 있으니 곧 모든 교회를 위하여 염려하는 것이라"(고후 11:23-28)

우리들 대부분은 고난을 겪고 싶어 하지 않지만 하나님은 우리가 몇몇 적들을 물리치기 전까지는 그가 우리를 위해 예비해 두신 목적을 이룰 수 없다는 것을 아신다. 하나님은 이스라엘의 자녀들을 노예근성에서 나오게 하신 것이 아니라 노예 환경에서 나오게 하셨다. 하나님은 이미 애굽을 심하게 파괴 하셨기 때문에 애굽 사람들은 이스라엘을 두려워하였고 "(애굽 사람들이) 그들이 구하는 대로 주게 하시므로 그들이 애굽 사람의 물품을 취하였다!"(출 12:36). 그들은 자유로웠고, 부유했으며, 치유되었다(시 105:37 참조). 그들은 약속의 땅으로 향했지만 하나님은 그들을 멀리 돌아가는 길로 인도하셨다. 그것은 바로를 기만했고 어리석은 선택을 하게 했다. "그들이 그 땅에서 멀리 떠나 광야에 갇힌바 되었다 하리라 내가 바로의 마음을 완악하게 한즉 바로가 그들의 뒤를 따르리니"(출 14:3-4).

만일 내가 400년의 노예생활을 막 벗어나고 애굽을 약탈한 이스라엘이라면 바로의 군대가 격분하면서 나를 쫓아오는 것을 결코 바라지 않을 것이다. 그러나 하나님께서는 약간의 충돌을 두려워하지 않으신다. 오히려 그들을 향해 비웃음을 날리신다. "어찌하여 이방 나라들이 분노하며 민족들이 헛된 일을 꾸미는가 세상의 군왕들이 나서며 관원들이 서로 꾀하여 여호와와 그의 기름 부음 받은 자를 대적하며 우리가 그들의 맨 것을 끊고 그의 결박을 벗어 버리자 하는도다 하늘에 계신 이가 웃으심이여 주께서 그들을 비웃으시리로다"(시 2:1-4). 하나님이 속이 빤히 보이는 공갈에 대해 웃으신다면 우리는 불평하지 말고, 하나님의 시류에 편승하고, 그것을 즐겨야 한다. 하나님께서 모세에게 이렇게 말씀하셨다.

"내가 그(바로)와 그의 온 군대로 말미암아 영광을 얻어 애굽 사람들이 나를 여호와인 줄 알게 하리라 하시매 무리가 그대로 행하니라"(출 14:4)

그러나 이스라엘 백성들의 반응은 이러했다.

"바로가 가까이 올 때에 이스라엘 자손이 눈을 들어 본즉 애굽 사람들이 자기들 뒤에 이른지라 이스라엘 자손이 심히 두려워하여 여호와께 부르짖고 그들이 또 모세에게 이르되 애굽에 매장지가 없어서 당신이 우리를 이끌어 내어 이 광야에서 죽게 하느냐 어찌하여 당신이 우리를 애굽에서 이끌어 내어 우리에게 이같이 하느냐 우리가 애굽에서 당신에게 이른 말이 이것이 아니냐 이르기를 우리를 내버려 두라 우리가 애굽 사람을 섬길 것이라 하지 아니하더냐 애굽 사람을 섬기는 것이 광야에서 죽는 것보다 낫겠노라"
(출 14:10-12)

우리가 알고 있는 것처럼 여전히 그들의 생각을 지배하고 있는 것은 하나님의 영광이 아니고 노예근성이었다. 이스라엘은 하나님의 영광보다 그들의 안락에 더 관심이 있었다.

우리들 대부분은 하나님을 고난에서 구출해주는 우리의 구원자임을 동의한다. 하지만 그 분이 우리를 어려운 상황에 처하게 하실 때 그 분에 대한 우리의 반응은, 우리가 그 분을 주로 시인하고 우리의 삶을 다스리시는 분으로 만드는 데에는 그다지 내켜 하지 않는다는 것을 보여준다. 하나님은 그가 하는 모든 일에 목적을 갖고 계시다. 그가 영광을 취하려 한다면 그 영광은 우리에게 흘러넘칠 것이다. 하나님은 점잖게 우리가 "참으면 또한(우리도) 함께 왕 노릇할 것"(딤후 2:12)을 믿도록 역사하신다. 우리는 우리의 세상적인 생각과 노예근성을 벗어버리고 하나님 아버지를 우리의 문제에 대한 해결책으로서 받아들여야 한다.

"여호와께서 모세에게 이르시되 너는 어찌하여 내게 부르짖느냐 이스라엘 자손에게 명령하여 앞으로 나아가게 하고 지팡이를 들고 손을 바다 위로 내밀어 그것이 갈라지게 하라 이스라엘 자손이 바다 가운데서 마른 땅으로 행하리라 내가 애굽 사람들의 마음을 완악하게 할 것인즉 그들이 그 뒤를 따라 들어갈 것이라 내가 바로와 그의 모든 군대와 그의 병거와 마병으로 말미암아 영광을 얻으리니 내가 바로와 그의 병거와 마병으로 말미암아 영광을 얻을 때에야 애굽 사람들이 나를 여호와인 줄 알리라 하시더니"(출 14:15-18)

가끔 우리의 상황에 대해 호소하고 거기서 벗어나게 해달라고 할 필요가 있을 때 우리는 하나님께 구해달라고 부르짖는다. 하나님은 모세를 사용하지 않고 홍해를 가르실 수 있었다. 그는 모세를 쓰지 않고 바로의 군대를 무찌르실 수 있었다. 그러나 하나님은 그의 승리를 모세와 함께 나눌 수 있도록 모세를 택하여 사용하셨다.

"이스라엘이 여호와께서 애굽 사람들에게 행하신 그 큰 능력을 보았으므로 백성이 여호와를 경외하며 여호와와 그의 종 모세를 믿었더라"(출 14:31)

만일 우리가 권위의 자리에 서 있기를 원한다면 우리는 일이 잘못될 때 몸부림칠 수 없다. 하나님은 이미 당신이 적을 무찌르고 승리하는데 필요한 모든 것을 당신의 손에 이미 주셨다. 이와 정반대의 이야기를 하는 것은 우리의 고통스러운 기억들이다.

몇 년 전에 우리는 시골을 여행하다가 차축이 진흙탕에 빠져 꼼짝할 수 없게 되었던 적이 있었다. 차가 옴짝달싹 못하게 되어 우리는 차를 버리고 야영지로 걸어서 돌아갔다. 그 시절에 우리는 견인차를 부를 돈도 없었다. 그러나 일을 위해 나는 차가 필요했다. 우리는 기도했고 하나님은 동풍에 대한 한 마디를 말씀하셨다. 앨버타에서는 동풍이 항상 우리에게 불필요한 습기를 가져온다. 그러나 이번은 건조한 동풍이 강하게 불었다. 다음날 우리는 차가 처박혀 있던 길로 다시 갔다. 바람은 진흙을 마르게 했고 내가 뒤에서 좀 밀고 잔이 운전해서 빠져 나올 수 있었다. 문젯거리는 하나님의 능력을 보여주고 우리의 믿음과 권위를 세워주기 위해 계획된 것이다. 우리의 권위는 믿음으로 행사하면 우리를 적이 따라 올 수 없는 곳으로 데리고 간다.

"믿음으로 그들은 홍해를 육지 같이 건넜으나 애굽 사람들은 이것을 시험하다가 빠져 죽었으며"(히 11:29)

우리는 문제가 우리의 앞길을 가로막는 것이라고 생각한다. 그러나 하나님은 우리의 성공을 보장하기 위해서 우리가 걸어가는 길에 문젯거리를 두신다.

"의를 위하여 박해를 받은 자는 복이 있나니 천국이 그들의 것임이라 나로 말미암아 너희를 욕하고 박해하고 거짓으로 너희를 거슬러 모든 악한 말을 할 때에는 너희에게 복이 있나니 기뻐하고 즐거워하라 하늘에서 너희의 상이 큼이라 너희 전에 있던 선지자들도 이같이 박해하였느니라"(마 5:10-12)

예수님은 "하늘과 땅의 모든 권세를 내게 주셨다"(마 28:18)고 말씀하셨다. 모든 권세는 말 그대로 '모든 권세'를 의미한다. 만일 공기가 권세이고 예수님이 한 방에 있는 모든 공기를 가지셨다면 다른 누군가를 위한 공기가 얼마나 남아 있을까? 아무것도 남아있지 않을 것이다. 예수님은 이 우주에 있는 모든 권세를 통제하시고 그가 원하는 사람에게 권세를 주신다. 사탄은 아담의 몫을 훔쳤다. 그러나 예수님은 그것을 돌려받고 그의 몸인 우리에게 되돌려 주시고 계신다(골 1:24).

● 전쟁을 가르침

우리를 죽이지 못하는 시련과 고난은 결국 극복될 것이고 그것은 나를 강하게 만들 뿐 좌절하게 하거나 포기하게 하진 못한다는 오래된 격언이 있다. 나에게는 그것을 믿는 미식축구 코치가 있었고 그는 시합 경기보다 훨씬 더 힘든 훈련을 시켰다. 그는 슈퍼볼을 우승한 그린베이 패커스 팀의 감독인 빈스 롬바르디의 철학을 잘 이해했다. 그는 "피로는 우리 모두를 겁쟁이로 만든다"고 말했다. 그래서 그는 "나는 너희를 혹독하게 훈련시켜서 막상 경기는 소풍가는 것 처럼 보이게 하겠다. 너희는 어떠한 적보다도 더 나를 두려워하게 될 것이다"라고 말했다. 두려움은 악마적 구조이지만 적을 무용지물로 만드는 원리는 견고하고 평화롭다.

하나님의 방법은 우리를 너무 사랑해서 두려움이 끼어들 여지가 없도록 하는 것이다. 왜냐하면 "온전한 사랑은 두려움을 내쫓기 때문이다" (요일 4:18). 그래서 하나님께서는 여호수아에게 이렇게 명령하셨다. "내가 네게 명령한 것이 아니냐 강하고 담대하라 두려워하지 말며 놀라지 말라 네가 어디로 가든지 네 하나님 여호와가 너와 함께 하느니라 하시니라" (수 1:9). 하나님은 결코 우리가 무언가 하도록 요청하거나 부추기지 않으신다. 그는 우리에게 명령하신다. 또한 그가 명령하시면 그가 공급하신다. 이스라엘이 순종하지 않고 가나안에서 열국을 몰아내지 않았을 때 하나님 역시 그들을 몰아내는 것을 중지하셨다. 그는 "이스라엘 자손의 세대 중에 아직 전쟁을 알지 못하는 자들에게 그것을 가르쳐 알게 하려 하사"(삿 3:2) 열국을 남겨두셨다. 하나님께서는 또한 우리가 싸우는 법을 배우도록 하기 위해 적들을 남겨두셨다.

> "우리의 씨름은 혈과 육을 상대하는 것이 아니요 통치자들과 권세들과 이 어둠의 세상 주관자들과 하늘에 있는 악의 영들을 상대함이라"(엡 6:12)

우리의 전쟁터는 우리 생각 안에 있다. 왜냐하면 그것이 사탄이 하와를 패배시킨 최초의 영역이고 그가 지금도 여전히 그곳에서 전투를 벌이고 있기 때문이다. 사탄은 거짓말들과 미묘한 제안들을 사용하여 하나님의 온전함, 선하심, 우리를 향한 사랑을 의심케 한다. 우리의 싸움은 거짓말을 거부하고 그러한 거짓말에 동의하는 우리 안의 견고한 요새를 해체하는 것이다.

하나님은 우리 편이다. 그는 우리에게 화를 내는 것이 아니다. 하나님은 이미 예수님께 화를 내셨고 그의 진노를 십자가에서 예수님께 쏟아 부으셨다. 예수님께서는 우리의 죄로 인해 고통을 받으셨기 때문에 우리는 그럴 필요가 없다. 그리고 이것을 알면 우리는 초대 교회 그리스도인들과 같이 인내할 수 있다.

> "또 어떤 이들은 더 좋은 부활을 얻고자 하여 심한 고문을 받되 구차히 풀려나기를 원하지 아니하였으며 또 어떤 이들은 조롱과 채찍질뿐 아니라 결박과 옥에 갇히는 시련도 받았으며 돌로 치는 것과 톱으로 켜는 것과 시험과 칼로 죽임을 당하고 양과 염소의 가죽을 입고 유리하여 궁핍과 환난과 학대를 받았으니"(히 11:35-37)

"형제들아 주의 이름으로 말한 선지자들을 고난과 오래 참음의 본으로 삼으라 보라 인내하는 자를 우리가 복되다 하나니 너희가 욥의 인내를 들었고 주께서 주신 결말을 보았거니와 주는 가장 자비하시고 긍휼히 여기시는 이시니라"(약 5:10-11).

전쟁에는 항상 사상자가 있다. 그러나 만일 우리가 상처를 입으면 치유받을 것이다. 우리가 죽는다면 부활할 것이다. 그것이 "무궁한 생명의 능력"이다(히 7:16). 이러한 무궁한 생명의 능력으로 우리의 모든 문제 덩

어리들은 피해야할 것이 아니고 사랑을 하고 위업을 쌓을 기회이다. 왜냐하면 아무것도 우리를 해치지 못하기 때문이다.

● 영광

"사랑하는 자들아 너희를 단련하려고 오는 불같은 시련에 관하여는 마치 이상한 일이 너희에게 일어난 것 같이 이상히 여기지 말고 오히려 너희가 그리스도의 고난에 참여하는 자가 되었으므로 기뻐하라. 이것은 그분의 영광이 드러날 때에 너희가 넘치는 기쁨으로 또한 즐거워하게 하려 함이라 너희가 그리스도의 이름으로 인해 비방을 받으면 행복한 자로다 영광의 영 곧 하나님의 영께서 너희 위에 머물러 계심이라"(벧전 4:12-14 킹제임스 흠정역)

하나님은 그의 영광을 같이 나누어 가지는 것을 좋아하신다. 특히 우리가 그의 고난에 참여할 때 더욱 그러하다. 예수님께서는 그의 제자들과 관련하여 이렇게 말씀하셨다.

"내게 주신 영광을 내가 그들에게 주었사오니 이는 우리가 하나가 된 것 같이 그들도 하나가 되게 하려 함이니이다"(요 17:22)

"그러나 우리가 이 보배를 질그릇 안에 가지고 있나니 이것은 뛰어난 권능이 하나님에게서 나며 우리에게서 나지 아니하게 하려 함이라 우리가 사방에서 고난을 당하나 괴로워하지 아니하며 난처한 일을 당하나 절망하지 아니하고 핍박을 받으나 버림받지 아니하며 거꾸러뜨림을 당하나 망하지 아니하고 우리가 항상 주 예수님의 죽으심을 몸에 짊어짐은 예수님의 생명 또한 우리 몸에 나타나게 하려 함이라 살아있는 우리가 예수님으로 인하여 항상 죽음에 넘겨짐은 예수님의 생명 또한 우리의 죽을 육체 안에 나타나게 하려 함이라"(고후 4:7-11, 킹제임스 흠정역)

우리에게 찾아오는 것은 무엇이든지 간에 우리는 패배당하지 않을 것이다. 그러한 태도로는 우리는 사방으로 우겨 쌈을 당하거나 답답한 일을 당하거나, 핍박을 당하거나, 거꾸러뜨림을 당하고, 또한 스트레스를 받지 않거나 혹은 평안을 잃을 수도 있다. 예수님의 부활과 승리하는 생명은 우리를 통해서 빛을 발하고 세상은 그것을 보게 될 것이다. 문젯거리는 우리에게 우리의 고통스러운 기억들로부터 자유하게 될 기회를 제공해준다. 다른 사람들에게 생명을 전하는 사역을 하기 위해 우리가 해야 할 최선의 것은 우리 자신에 대하여 죽는 것이다. 즉 우리의 두려움, 죄책감, 핍박에 대해 죽는 것이다. "사망은 우리 안에서 일하고 생명은 너희 안에서 일하느니라"(고후 4:12, 킹제임스 흠정역).

"그가 우리를 위하여 목숨을 버리셨으니 우리가 이로써 사랑을 알고 우리도 형제들을 위하여 목숨을 버리는 것이 마땅하니라" (요일 3:16)

예수님은 말씀하실 때 진리를 반복하셨다.

"내가 진실로 진실로 너희에게 이르노니 한 알의 밀이 땅에 떨어져 죽지 아니하면 한 알 그대로 있고 죽으면 많은 열매를 맺느니라 자기의 생명을 사랑하는 자는 잃어버릴 것이요 이 세상에서 자기의 생명을 미워하는 자는 영생하도록 보전하리라"(요 12:24-25)

고통스러운 기억들은 계속해서 그것들을 바라봄으로써 강화된다. 고통스러운 기억들이 우리의 생각에 고착되지 못하게 하는 가장 좋은 방법은 다른 사람들을 섬김으로써 그것들로부터 우리의 생각을 벗어나게 하는 것이다. "나는 발이 없는 사람을 만나기 전까지는 나에게 신발이 없다는 사실에 화가 났다"는 속담이 떠오른다.

우리들보다 더 환경이 좋지 않고 우리의 도움을 필요로 하는 사람은 항상 어딘가에 있다. 우리는 사람들이 그들의 삶에 긴급한 문제로 전화를 해올 때 우리의 계획을 변경했을 때가 여러 번 있었다. 우리는 기꺼이 우리 계획을 변경했고 그들을 돕기 위해 우리가 원했던 것을 포기했다.

어느 날 동시에 두 가정이 급한 문제로 우리 집을 찾아 왔다. 한 가족은 가족실로 다른 한 가족은 거실로 안내했다. 한 가족은 심지어 아이들까지 데리고 왔다. 우리는 아이를 봐 주는 사람을 구하고 모두를 점심과 저녁을 먹이고 그들을 상담했다. 마지막 가족은 저녁 9시에 떠났다. 우리는 그들에게 우리의 온전한 하루를 제공했고 두 부부의 결혼 파탄을 막았다. 나중에 그 사람들 중 한 남성이 우리가 그에게 사역을 했던 방법에 대해 불평했고 우리를 헐뜯었다. 우리의 수고에 대해 감사하다는 말도 보수 없었고 단지 불평과 비난만 있었다. 우리는 그 상황을 드러내서는 안 되었기 때문에 비난에 대해 방어조차 할 수 없었다. 진실은 하나님 외에 아무도 모른다. "이 일에 대하여 우리가 무슨 말 하리요 만일 하나님이 우리를 위하시면 누가 우리를 대적하리요"(롬 8:31).

● 은혜가 족하다

일이 잘 안 풀릴 때 오늘 일진이 안 좋다고 하고 일이 잘 되어가는 날은 오늘 일진이 좋다고 생각한다. 만일 우리가 갈등과 시험을 받아들이면 심지어 나쁜 날도 좋은 날이 된다. '위 워 솔저스'(We were Soldiers)라는 영화에서 바실 프럼리 상사는 베트남 이아드랑 전투에서 싸운 제7기병 연대 1대대의 매우 엄격한 사람이었다. 훈련하는 동안 한 군인이 "좋은 아침입니다. 상사님"하고 기분 좋게 인사하면 프럼리는 뒤돌아서서 "누가 너를 일기예보관으로 만들었어?"하며 호통을 쳤다. 나중에 이아드랑 전투가 가장 치열했을 때 그 상사는 포탄소리에 놀라서 어쩔 줄 모르는 그 군인에게 침착하고 조용히 돌아보고 이렇게 말했다 "바로 오늘

이 좋은 날이야." 올바른 태도를 가지면 어떤 날도 좋은 날이 될 수 있다.

사실은 좋은 날, 나쁜 날이 없고 모든 날이 은혜의 날이다. 어떤 날은 은혜 가운데 기쁜 날이고 어떤 날은 은혜 가운데 인내하는 날이다. 따라서 우리는 성경을 통해 예수님의 삶의 태도를 배워야 한다.

> "인내로 우리 앞에 놓인 경주를 달리며 우리의 믿음의 창시자요 또 완성자이신 예수님을 바라보자 그분께서는 자기 앞에 놓인 기쁨으로 인해 십자가를 견디사 그 수치를 멸시하시더니 이제 하나님의 왕좌 오른 편에 앉으셨느니라"(히 12:1-2, 킹제임스 흠정역)

예수님은 그의 눈을 상에 고정시켰기 때문에 인내할 수 있으셨다. 우리는 인내할만한 강인한 성격이나 행동력을 가지고 있지 못할 수도 있다. 그러나 하나님이 우리를 이끄시며 역사하신다.

사도 바울은 너무나 많은 계시를 받고 있었기 때문에 교만이 그 마음 속에서 올라오기 시작하였다. 우리가 하나님으로부터 받는 모든 것과 마찬가지로 계시는 은혜의 역할 중 하나이다. 우리가 너무 똑똑하거나 너무 거룩해서 계시를 받는 것이 아니다. 하나님이 우리에게 계시를 주시기로 작정하셨기 때문에 우리가 계시를 받는 것이다. 바울은 다음과 같이 말했다. "너무 자만하지 않게 하시려고 내 육체에 가시 곧 사탄의 사자를 주셨으니 이는 나를 쳐서 너무 자만하지 않게 하려 하심이라"(고후 12:7). 이것은 질병이 아니었다. 하나님께서는 그의 자녀를 아프게 하지 않으신다. 하나님께서는 항상 선하시다. 우리는 자기 아이들을 가르치기 위해서 독을 주는 사람을 감옥에 보낼 것이다. 하나님을 그러한 비열한 행동을 한다고 비난하는 것은 그에게 모욕이 되는 것만이 아니라 우리의 유독한 교리들이 얼마나 왜곡되었는가를 보여준다. 바울은 그의 육체에 있는 가시에 대해 이렇게 말했다.

"여러 계시를 받은 것이 지극히 크므로 너무 자만하지 않게 하시려고 내 육체에 가시 곧 사탄의 사자를 주셨으니 이는 나를 쳐서 너무 자만하지 않게 하려 하심이라 이것이 내게서 떠나가게 하기 위하여 내가 세 번 주께 간구하였더니(고후 12:7-8)

나에게 이르시기를 내 은혜가 네게 족하도다 이는 내 능력이 약한 데서 온전하여짐이라 하신지라 그러므로 도리어 크게 기뻐함으로 나의 여러 약한 것들에 대하여 자랑하리니 이는 그리스도의 능력이 내게 머물게 하려 함이라 그러므로 내가 그리스도를 위하여 약한 것들과 능욕과 궁핍과 박해와 곤고를 기뻐하노니 이는 내가 약한 그 때에 강함이라"(고후 12:9-10)

하나님은 바울에게 벌을 주거나 아프게 하려는 것이 아니었다. 그는 악령으로부터 영감을 받은 그의 모든 적대세력들과 함께 사탄이 공격하도록 허용하고 있었다. 예수님은 똑같은 것을 처리해야만 했었고 우리도 그렇게 해야 한다. 적대세력은 바울의 경우와 마찬가지로 우리를 하나님 아버지와 더 친밀하게 하려고 계획된 것이다.

바울은 그에 대해 음모를 꾸미고 있었던 것에 대해 화내지 않았다. 왜냐하면 그는 다음과 같이 말하였기 때문이다.

"누가 우리를 그리스도의 사랑에서 끊으리요 환난이나 곤고나 박해나 기근이나 적신이나 위험이나 칼이랴 기록된 바 우리가 종일 주를 위하여 죽임을 당하게 되며 도살당할 양 같이 여김을 받았나이다 함과 같으니라 그러나 이 모든 일에 우리를 사랑하시는 이로 말미암아 우리가 넉넉히 이기느니라 내가 확신하노니 사망이나 생명이나 천사들이나 권세자들이나 현재 일이나 장래 일이나 능력이나 높음이나 깊음이나 다른 어떤 피조물이라도 우리를 우리 주 그리스도 예수 안에 있는 하나님의 사랑에서 끊을 수 없으리라"(롬 8:35-39)

가끔 하나님께서 나(잔)에게 무언가를 하라고 요구하셨을 때 나는 드릴 것이 아무것도 없음으로 인해 나의 무능함을 느낀다. 그때 나는 "내게 능력 주시는 자 안에서 내가 모든 것을 할 수 있느니라"(빌 4:13), 하는 성경구절을 떠올린다. 그 후에 하나님이 나의 힘이 되심으로 인하여 그 일이 잘 풀리는지 것을 볼 때 나는 놀라지 않을 수 없다.

● 변하는 법

우리가 상황을 다르게 바라볼 때 우리가 변하게 되고 우리의 상황들이 변한다. 욥은 하나님의 계시를 받았고 그리고 나서 그의 '친구들'을 위해 중재에 나설 수 있었다. "욥이 그의 친구들을 위하여 기도할 때 여호와께서 욥의 곤경을 돌이키시고 여호와께서 욥에게 이전 모든 소유보다 갑절이나 주신지라"(욥 42:10). 우리의 고난은 우리가 죄 가운데 있기 때문이 아니고 우리가 전쟁 중에 있기 때문에 찾아온다. 우리의 승리는 우리가 주님을 바라보고 그의 평강 가운데로 들어감으로 인해 찾아온다. 그러기 위해서는 우리의 사고와 행동들의 변화가 필요하다.

나(잔)는 종종 이러한 이야기를 개인적으로 받아들인 적이 있었고 우리가 처한 상황이 친구들보다 훨씬 안 좋은데도 도움을 요청하는 친구들을 위해 기도했다. 나는 내가 다른 누군가의 도움을 충족시켰을 때 하나님은 나의 필요를 채우신다는 것을 젊었을 때 깨달았다. 내가 처음으로 설교를 요청받았던 날, 어떤 사람으로부터 자신을 위해 기도해달라는 전화를 받았다. 그도 역시 어느 교회에서 말씀을 전해야 했기 때문이었다. 그는 종종 사역을 했었지만 더 많은 기도의 필요성을 느꼈다. 나는 나 역시 말씀을 전할 예정인데 걱정된다고 그에게 말하지 않았다. 나는 바로 그를 위해 기도하겠다고 동의하였고 내 자신에 대한 문제는 하나님께 맡겨드렸다. 하나님께서는 구원과 치유를 베푸셨고, 사람들은 성령으로 충만해졌다. 내가 다른 사람의 필요를 보살폈기 때문에 하나님께서는 나의 필요를 돌보셨다.

시편 작가 아삽은 하나님의 관점을 "감사로 제사를 드리는 자가 나를 영화롭게 하나니 그의 행위(conduct)를 옳게 하는 자에게 내가 하나님의 구원을 보이리라"(시 50:23)고 말했다. 행위(conduct)는 대화(conversation)

나 말(speech)로 번역될 수 있다.³ 하나님께서는 우리의 믿음에 반응하신다. 우리가 말하는 방식은 우리의 믿음과 생각하는 방식을 나타낸다. 만일 우리가 고난 가운데서 찬양을 드릴 수 있다면 우리는 하나님에 대한 우리의 믿음과 신뢰를 보여주는 것이다. 만일 우리가 투덜거리고 불평한다면 하나님의 전능하신 능력과 우리를 향한 그의 사랑에 대해 우리의 믿음이 부족함을 드러내는 것이다.

우리의 친구, 유창수는 최근에 중국 상하이에서 열린 한국 기독실업인 회의에 초청 연사의 손님으로 참석했다. 창수는 투자상담사이지만 그와 그의 동료들은 그가 일하던 서울에서 막 영업을 중단했었기 때문에 그의 명함에 뭐라고 쓸까 고민하고 있었다. 그는 아직 홍콩 지사 책임자였고 명함에 그것을 적기 원했다. 그러나 하나님께서는 다른 계획을 가지고 계셨다. 하나님께서는 창수에게 단순히 손으로 이름, 전화번호를 써 넣고 그 외의 다른 것(지위, 관계, 사업 정보)은 아무것도 쓰지 말라고 하셨다.

창수가 상하이에 도착했을 때 그는 자신이 중국을 외국인들에게 개방했던 1992년에 중국에 진출한 첫 외국인 은행가였다는 사실을 깨달았다. 하나님은 그에게 그가 미래에 맡게 될 중요한 역할을 말씀하고 계셨다. 그러나 그 컨퍼런스에서 가장 힘이 있고 영향력 있는 사업가들 중에서 그는 보잘 것 없었다. 그는 사람들이 그와 사업정보가 적히지 않은 명함을 평가하려고 했기 때문에 사람들이 그를 이상하게 쳐다보았다고 말했다. 더구나 그가 그리스도인이 된지 10년 밖에 안 되었다는 것을 알고는 더 헷갈려했다. 그에게는 중요한 사업이나 기독교 네트워크가 없는 것처럼 보였지만 주요 연사에 의해 이 기독 실업인 회의에 초대되었다. 그들은 창수를 어떤 자리에도 앉힐 수 없었기 때문에 그를 무시하기로 했다.

"일을 숨기는 것은 하나님의 영광이요 문제를 찾아내는 것은 왕들의 영예니라"(잠 25:2, 킹제임스 흠정역). 비록 하나님이 창수를 감추었지만 하나님은 그를 잊지 않았다. 일련의 기이한 상황을 통해 창수는 20억 달러 이상의 값어치가 있는 아시아 국가에서의 광산 채굴권을 개발하는데 관여하게 되었다. 그는 하나님의 말씀에 순종함으로써 그 회의에서 인적 관계를 형성하지 못하였다. 그러나 또한 그의 순종은 하나님께서 그를 위한 연줄을 만드시는 것을 가능케 하였다. 만일 우리가 행실을 바르게 한다면 하나님은 우리의 구원을 보이실 것이다(시 50:23). 만일 우리가 그것을 믿고 그렇게 산다면 출세하려고 애쓰는 모든 스트레스가 사라질 것이다.

그리스도를 위해 온전히 헌신하기를 원하는 사람은 누구나 많은 문제들 가운데 놓이게 되고 그것을 피할 길이 없다(딤후 3:12).

"아무도 이 여러 환난 중에 흔들리지 않게 하려 함이라 우리가 이것을 위하여 세움 받은 줄을 너희가 친히 알리라 우리가 너희와 함께 있을 때에 장차 받을 환난을 너희에게 미리 말하였는데 과연 그렇게 된 것을 너희가 아느니라"(살전 3:3-4)

원수 사탄은 우리를 문제로 끌어들일 수 있지만 우리는 그 문제 아래에 있을 필요가 없다.

"함께 일으키사 그리스도 예수님 안에서 우리를 하늘의 처소들에 함께 앉히셨으니"(엡 2:6, 킹제임스 흠정역)

"모든 정사와 권능과 강력과 통치와 이 세상뿐만 아니라 오는 세상에서 불리는 모든 이름보다 훨씬 위에 두셨고"(엡 1:21, 킹제임스 흠정역)

굴 안으로 들어오는 모래알은 굴에 상처를 낸다. 이 같은 상처를 보호하기 위해 굴은 이물질을 분비하고 이것이 쌓여서 진주층을 형성한다. 이러한 모래알이 주는 고통은 아름다운 것을 만들어 낸다. 그러나 굴은 모래를 완전히 제거하려고 한다. 가끔 원수 사탄의 영향을 완전히 제거하는 것은 불가능하다. 그러나 만일 그렇지 않다면 하나님은 그 장애물을 사용하여 우리를 위한 디딤돌이 되게 하신다. 하나님은 문제를 다루려고 하거나 그 영향을 제한하려고 하지 않으신다. 하나님의 관심은 변화와 구제에 있다.

하나님은 우리가 수도원에 들어가서 세상으로부터 받는 영향을 제한하기를 원치 않으신다. 하나님은 우리가 그분 안에 살게 하시고(그분 안에 거하고) 그가 자신의 몸 안에서 적의 공격을 받기를 원하신다(마 8:17 참조). 우리는 "안녕하세요. 나는 켄입니다. 나는 죄인입니다"라고 신고하도록 하는 알코올 중독자 협회의 어떤 종교적인 형태가 아니다. 나는 죄인이었다. 그러나 지금은 "예수는 하나님으로부터 나와서 우리에게 지혜와 의로움과 거룩함과 구원함이 되셨다"(고전 1:30). 하나님은 행동 수정이 아닌 마음의 변화에 관심이 있으시다. 고난은 우리로 하여금 그 고난에 대한 우리의 반응을 보게 하고, 이에 따라서 우리의 마음과 정신 자세를 살펴보게 한다.

우리의 마음이 변화되는 유일한 길은 예수님을 바라보는 것이다. 만일 우리가 환경을 바라보게 되면 우리는 낙망하게 될 것이다. 우리가 우리 자신, 우리 행동, 우리의 사고를 들여다보게 되면 우리는 비난을 받게 될 것이다. 만일 우리가 성경을 원리와 원칙의 책으로 보면 우리는 그것을 이행할 능력이 없음으로 인해 소망을 잃을것이다. 그러나 우리 안에 있는 예수를 바라볼 때 우리는 성경이 말하는 다음과 같은 소망을 갖게 된다.

"우리는 다 가리지 않은 얼굴로 거울을 보는 것 같이 주의 영광을 바라보며 같은 형상으로 변화되어 영광에서 영광에 이르렀나니 이것은 곧 주의 영으로 말미암은 것이니라"(고후 3:18, 킹제임스 흠정역)

만일 우리가 거울에 있는 영광을 바라보고 있다면 우리는 그 영광이 우리로부터 빛이 발하는 것을 볼 것이다. "도가니는 은을, 용광로는 금을 제련하거니와 주께서는 마음을 단련하시느니라"(잠 17:3, 킹제임스 흠정역). 고난은 하나님이 우리 안에 있는 찌꺼기를 겉으로 드러나게 하기 위해 사용하시는 불이다. 찌꺼기가 겉으로 드러나면 제련공은 그것을 긁어낸다. 은은 거울을 만들 때 뒤판의 재료로 사용되기 때문에 제련공은 자신의 얼굴이 잘 보이는지 알기 위해 은을 들여다본다. 만일 은이 전혀 오염되지 않고 순수하다면 거울은 깨끗하게 비칠 것이다. 만일 그렇지 않다면 더 열을 가할 것이다. 더 많은 찌꺼기가 표면에 올라오게 되면 그는 그것을 긁어내고 다시 쳐다본다. 그는 자신의 모습이 깨끗하게 보일 때 비로소 만족한다. 우리는 은이고 하나님은 제련사이고 고난은 용광로이다. "우리가 다 수건을 벗은 얼굴로 거울을 보는 것 같이 주의 영광을 보매 그와 같은 형상으로 변화하여 영광으로 영광에 이르니 곧 주의 영으로 말미암음이니라"(고후 3:18). 고난을 받아들이라. 하나님께서는 우리들 안에서 그의 아들의 얼굴을 보고 싶어 하신다.

"너희는 세상의 빛이라 산 위에 있는 동네가 숨겨지지 못할 것이요 사람이 등불을 켜서 말 아래에 두지 아니하고 등경 위에 두나니 이러므로 집 안 모든 사람에게 비치느니라 이같이 너희 빛이 사람 앞에 비치게 하여 그들로 너희 착한 행실을 보고 하늘에 계신 너희 아버지께 영광을 돌리게 하라"(마 5:14-16)

빛은 어둠에서 더욱 밝게 빛난다. 어두움이 올 때 체념하지 말라. 오히려 하나님의 영광을 극대화하기 위해 그것을 사용하라.

- ✔ 해답은 하나님이라는 것을 드러내기 위해 당신의 문제를 사용하라.
- ✔ 우리의 문제들은 하나님께서 우리의 필요를 공급하시기 위한 것이다.
- ✔ 우리가 만나는 문제들 가운데 우리의 소망이 있다.
- ✔ 하나님께서는 우리를 위해 악을 선으로 바꾸실 수 있다.
- ✔ 우리의 태도가 하나님이 우리의 문제를 가지고 무엇을 할 수 있는지를 좌우한다.
- ✔ 문제가 아무리 통제 불능으로 보일지라도 하나님이 통제하고 계시다.
- ✔ 하나님을 알면 역경 가운데서도 기쁨을 드러낼 수 있다.
- ✔ 고난은 우리 죄가 아닌 우리 권세의 징후이다.
- ✔ 우리는 고난을 통해서 원수 사탄을 물리치는 법을 배울 수 있다.
- ✔ 만일 우리가 예수님과 고난을 함께 한다면 우리는 예수님과 함께 다스리게 될 것이다.
- ✔ 고난을 통해서 우리는 하나님의 은혜가 족하다는 것을 알게 된다.
- ✔ 고난은 우리가 변화하도록 동기를 부여한다.
- ✔ 문제를 보지 말고 하나님께 초점을 맞추라. 가능성을 보고 문제를 보지 말라.

제9장

1 Zodhiates, *The Complete Word Study Old Testament*, "Heal," #7495; "Giant," #7497.
2 Ibid., "Scratch," #8427.
3 Ibid., "Conversation," #1870.

제10장
예수를 바라보라, 새로운 당신을 보라

당신이 흙 속에 파묻혀 있을 때에는 오직 흙만 보인다. 만일 당신이 어떻게든
그 흙 위를 떠다니면 여전히 흙이 보이지만 그것을 다른 시각으로 보게 된다.
그리고 다른 것들도 보게 될 것이다. –데이비드 크로넌버그
중요한 것은 당신이 바라보는 것이 아니고 당신이 보는 것이다. –헨리 데이비드 소로
믿음은 계단 전체가 보이지 않더라도 첫 걸음을 내딛는 것이다. –마틴 루터 킹

구릿빛 뱀은 사방에 있었으며, 스르르 기어 다니다가 움직이는 것은 무엇이든지 공격했다. 사람들은 지팡이와 막대기로 그것들을 때려서 가까이 다가오지 못하게 했다. 그러나 그 뱀들은 너무 재빠르고 유독해서 그것들이 사람을 물자 많은 이스라엘 사람들이 죽었다(민 21:6). 그들은 무엇을 해야 했나? 이 치명적인 문젯거리는 어디에서부터 왔는가? 그 대답은 명백했다. 그들이 툴툴거리면서 다음과 같이 불평해댔기 때문이다.

"백성이 하나님과 모세를 향하여 원망하되 어찌하여 우리를 애굽에서 인도해 내어 이 광야에서 죽게 하는가 이 곳에는 먹을 것도 없고 물도 없도다 우리 마음이 이 하찮은 음식을 싫어하노라 하매"(민 21:5)

많은 사람들이 뱀에게 물려서 죽어가고 있었기 때문에 이제 그들의 말이 예언적으로 입증되었다.

"백성이 모세에게 이르러 말하되 우리가 여호와와 당신을 향하여 원망함으로 범죄하였사오니 여호와께 기도하여 이 뱀들을 우리에게서 떠나게 하소서 모세가 백성을 위하여 기도하매 여호와께서 모세에게 이르시되 불뱀을 만들어 장대 위에 매달아라 물린 자마다 그것을 보면 살리라 모세가 놋뱀을 만들어 장대 위에 다니 뱀에게 물린 자가 놋뱀을 쳐다본즉 모두 살더라"(민 21:7-9)

● 바라보면 산다

예수님께서는 유대인의 지도자 니고데모에게 말씀하시면서 이 이야기를 반복하셨다.

"모세가 광야에서 뱀을 든 것 같이 인자도 들려야 하리니 이는 그를 믿는 자마다 영생을 얻게 하려 하심이니라"(요 3:14-15)

이것은 성경에서 영생에 대해 처음으로 언급한 것이다. 따라서 우리는 예수님께서 충만한 영생으로 들어가기 위해서 어떻게 이 주제를 소개하셨는지를 들여다 볼 필요가 있다. 이스라엘은 만나를 경멸했고 내용이 빈약하다고 하면서 싫어했다. 그들은 "천사의 음식을 먹었다"(시 78:25 MSG). 그럼에도 불구하고 그것을 경멸했다.

이스라엘은 그렇게 말할 것이 아니라 더 잘 알았어야만 했다. 뱀과 맞닥뜨리게 된 것은 약속의 땅에 들어가기 전 이스라엘의 광야 생활이 끝날 때 즈음에 일어났다. 그들이 하는 말을 통해 하나님이 그들을 위해 행하신 모든 기적들에도 불구하고 한 가지 고통스러운 기억이 남아있음을 알 수 있다. 그것은 그들이 홍해를 건너기 전에 "어째서 당신은 우리를 이끌어 내어 이 광야에서 죽게 하느냐"(출 14:11), 하고 불평했을 때 처음으로 드러났다. 그 때부터 계속 그들이 어려운 상황을 만날 때마다 똑같은 불평과 똑같은 두려움을 불러일으켰다. 이 같은 두려움과 불평이 뱀의 공격에 문을 열어주었던 것이다.

뱀은 언제나 광야에 있어왔다. 그러나 하나님은 보이지 않는 방어벽을 세우셔서 뱀이 이스라엘을 공격하지 못하도록 막아주셨다. 그들이 광야에서 죽게 될 거라고 예상하는 유독한 생각과 그들의 음식을 불평하는 말들은 결국 그들의 울타리를 파괴하였다. 이스라엘은 그러한 보호에 전혀 감사하지 않았으며 하나님이 그들을 돌보셨다는 것을 인정하지도 않았다. 그들은 40년 동안 낮에는 구름기둥, 밤에는 불기둥, 하나님의 인도하심, 하나님께서 주시는 건강, 하나님께서 주시는 음식과 물을 공급받았다. 그들의 옷은 전혀 닳지 않았고 매일 아침 그 날의 양식이 하늘에서 내려왔다. 그러나 하나의 고통스러운 사고가 하나님의 공급을 인정하지 못하게 방해했고 뱀의 공격에 문을 활짝 열었다.

뱀의 공격을 받는 동안 이스라엘은 모세에게 빌었다. "여호와께 기도

하여 이 뱀들을 우리에게서 떠나게 하소서"(민 21:7). 이것이 문제들을 다루는 세상의 방식이다. 즉 그 문제들을 제거하는 것이다. 그것은 회피의 한 형태이다. "붙잡지도 말고 맛보지도 말고 만지지도 말라"(골 2:21). 그러나 문제를 회피하거나 제거하는 것은 과거에 물렸었던 사람을 도울 수 없고, 또한 우리 안에 좋지 않은 경험들로 인해 독을 지니게 된 지금 이미 물린 사람을 도울 수도 없을 것이다. 하나님은 사탄의 뱀 공격에 대응하는데 있어서 근본적으로 다른 접근을 하셨다.

"모세가 놋뱀을 만들어 장대 위에 다니 뱀에게 물린 자가 놋뱀을(유심히, 기대하며, 강렬하고 몰입하는 시선으로) 쳐다본즉 모두 살더라"(민 21:9)

뱀에게 물린 후의 우리의 자연스러운 반응은 뱀에게 물린 자국을 쳐다보는 것이다. 그러나 그것은 원수 사탄의 전략이며 우리로 하여금 치료가 아니라 상처에 몰두하게 한다. 그러나 모세는 이스라엘에게 가르쳐 놋뱀을 유심히, 기대하며, 강렬하고 몰입하는 시선으로 바라보라고 했다. 명백히 이것은 단순히 대충 한 번 쳐다보는 것이 아니다. 구원할 수 있는 눈길은 하나님께 고정되고, 믿음으로 충만하며, 하나님이 그의 약속을 지키시고 그들을 구원하실 것임을 믿고 있었다.

흥미롭게도 문다(bite)라는 단어는 히브리어로 나삭(nâshak)이라고 하는데 그 뜻은 '치다'이다. 그러나 그것은 또한 대출이자로 압박을 주는 것을 의미하기도 한다.[1] 우리들 중 많은 사람들이 잘못된 투자, 자동차 대출, 신용카드 대출, 과도한 주택담보 대출, 지불 불가능한 대출한도,

개인 대출들에 물려 있어서 우리가 감당할 수 없는 이자 지불로 압박을 받는다. 재정으로 인한 스트레스는 결혼이 파경에 이르게 하는 가장 큰 원인이다.[2] 이는 부부가 해결책을 위해 하나님을 바라보는 대신 문제에 집착하기 때문이다.

80년대에 이자율이 급등할 때 우리는 주택담보대출의 부담에서 벗어나야겠다는 생각이 들었다. 우리는 막대한 빚을 바라보는 대신 하나님께 나아가서 우리의 재정에 대한 전략을 구하였다. 해마다 하나님께서는 그 당시 불가능한 것으로 보이는 특정 지불액을 주셨고 그것은 우리의 결혼기념일 때 즈음 기적적으로 이루어졌다. 우리는 기도하는데 있어서 우리가 필요한 정확한 액수에 대해 구체적이어야 한다는 것을 배웠다. 4년 만에 우리는 주택담보대출을 갚았고 빚에서 자유로워졌다. 당신을 압도하는 뱀에 물린 상처를 쳐다보지 말라. 주님을 바라보면 그분은 죽어가는 막다른 상황에 생명을 불어넣어 주실 것이다.

나(켄)는 우리 회사가 드래그라인 붐을 낮게 내리는 것을 도와주고 있을 때 어떤 일의 결정적인 시기에 아들 마이크가 되돌려 보내졌을 때를 기억한다. 그는 우리에게 전화하여 또 다른 회사가 붐 작업을 지원할 준비가 될 때까지 우리가 며칠동안 돌아오지 않기를 바란다고 말했다. 우리에게는 일하는 사람이 여럿이었기 때문에 이로 인해 예산에 없었던 수천 달러의 비용을 떠안게 되었다. 나는 아들이 집으로 되돌려보내진 것에 대해 화가 났고 흥분했던 기억이 난다.

다음 날, 그들이 문제를 겪고 있어서 채석장으로 다시 와 달라는 전화를 받았다. 마이크와 그 팀이 집으로 돌아가야 했을 때에는 크레인이

거의 완전히 아래로 내려져 있어서 수리하는 동안 크레인을 지탱해줄 나무 받침대에서 몇 인치되지 않는 높이까지 내려와 있는 상태였다. 우리 대신 투입된 회사는 경험히 현저히 부족했다. 그리고 그들은 크레인이 바닥에 내려앉을 때 케이블이 하중을 버티지 못하고 풀어지면 케이블을 잡고 있는 도르래가 파손되면서 크레인이 돌아가버릴 것이라는 사실조차 알지 못하고 있었다.

그 결과 오래된 라인들은 활차가 빙글 빙글 돌아갈 때 훼손되었기 때문에 새 라인들을 구멍에 꿰어 넣는 데 추가로 일주일이 더 걸렸다. 우리가 잃어버린 수천 달러(칭얼거림, 불평)는 수만 달러(주님을 찬양)의 이득으로 돌아왔다. 진정한 믿음은 모든 것이 잘못되어 가고 있을 때 하나님을 신뢰하는 것이다. 상황은 우리를 변화시키지 못하고 우리를 구원하지 못하지만 하나님은 우리를 구원하시고 상황을 변화시키신다. 그때 이후로 우리 회사의 모토는 "혼란은 돈이다"가 되었다.

십자가 복음은 하나님이 우리를 죄, 질병 그리고 재정의 위기에서 구원한다는 것이다. 우리는 "그 앞에 있는 즐거움을 위하여 십자가를 참으신 믿음의 창시자요 완성자이신 예수에 우리 눈을 고정시킴"(히 12:2, NASB)으로 인해 뱀에 물린 상처로부터 독의 영향을 제거할 수 있다. 진정한 십자가의 계시는 예수님이 단지 우리를 위해서 죽기만 하신 것이 아니라 우리로써 죽으신 것이다. 따라서 우리는 그를 위하여 사는 것이 아니고 그로써 사는 것이다(롬 6:8). 만일 우리가 그로써 살려고 한다면 우리가 누구인지 알기 위하여 그가 누구인지 알아야만 한다. 왜냐하면 "그분께서 어떠하신 것 같이 우리도 이 세상에서 그러하기"(요일 4:17, 킹제임스 흠정역)때문이다. 스트레스를 풀기 위해서 우리는 우리 자신, 우리의 나쁜 환경, 우리의 상처, 우리의 결핍을 바라보지 말아야 한다. "믿음의 주요 또 온전하게 하시는 이인 예수를 바라보자"(히 12:2). 바라보면 산다!

● 신성한 교환

우리의 스트레스는 늘 사람들을 기쁘게 하기 위해 우리 자신이나 어떤 상황을 변화시키려고 할 때 찾아온다. 우리가 할 일은 어떤 것들을 변화시키는 것이 아니다. 예수님 존재의 모든 것을 우리 존재의 모든 것으로 바꾸는 것이다. 그럴 때 우리는 그분과 같아짐으로써 안식할 수 있게 된다. 예수가 십자가에 달렸을 때 그는 우리로써 거기에 매달렸다. 예수님은 이렇게 외쳤다. "나의 하나님, 나의 하나님, 어찌하여 나를 버리셨나이까?"(마 27:46). 예수님이 하나님을 하나님으로 부른 것은 그때가 유일했다. 다른 때는 언제나 하나님을 아버지라 불렀다. 이때 거기에 매달린 것은 당신과 나였고 예수님은 우리로써 외쳤다. 무섭고, 버림받은 상태로, 무슨 일이 일어나고 있는지 궁금해 하면서 말이다. 우리는 그와 함께 거기에 매달려 있었기 때문에 우리에 대한 율법의 요구사항들과 형벌은 모두 이행되었다. 우리가 이러한 신성한 교환을 받아들일 때 과거의 모든 기억들은 우리들의 미래에 영향을 끼치지 못한다.

하나님은 "죄를 알지도 못하신" 예수님을 우리를 위해 "그 안에서 하나님의 의가 되게 하기 위하여"(고후 5:21) 죄가 되게 하셨다. 우리는 단순히 은혜로 구원받은 죄인들이 아니다. 우리는 예수님 안에서 하나님의 의가 되고 평강 안에서 살 수 있게 되었다. 모든 종교는 우리에게 우리의 죄에 대한 대가를 지불해야만 한다고 말한다. 예수님은 우리에게 그가 지불했기 때문에 우리가 그것을 받아들인다면 우리는 자유롭다고 말한다.

예수님은 그의 생명과 건강을 우리의 질병과 맞바꾸셨다. "우리 연약한 것을 친히 담당하시고 질병을 짊어지셨도다"(마 8:17).

성경은 예수님을 이렇게 소개한다. "부요하셨으나 너희를 위하여 가난하게 되심은 자신의 가난으로 말미암아 너희를 부요하게 하려 하심이라"(고후 8:9, 킹제임스 흠정역). 예수님은 가난하지 않으셨지만 그는 죄가 된 것과 마찬가지로 가난하게 되셨다. 그의 부요함은 우리가 부나 세상이 가지고 싶어 하는 것(금, 여자, 영광)에 대한 욕구로부터 우리를 자유롭게 한다. 우리에게는 매우 부유하고 많은 '장난감들'을 가지고 있는 친구가 있었다. 그는 그 장난감들이 제대로 작동하고 다른 모든 사람이 즐길 수 있도록 하는데 그의 모든 시간을 보냈다. 그 장난감들은 그러한 모든 고통을 치를 만한 값어치가 없었다.

예수님께서는 우리가 받아야 할 부끄러움을 다 받으시고 그가 소유한 모든 영광을 우리에게 주셨다. 하늘의 모든 영광을 가지신 그가 "십자가를 참으사 부끄러움을 개의치 아니하셨다"(히 12:2). 그는 멍하니 자신을 쳐다보면서 비웃는 사람들 모두를 위해 십자가에서 벌거벗긴 채 매달려 있었고, 자신을 가릴 수 없었다. 그분은 우리가 달려있어야만 하는 그 곳에 매달려계셨다. 예수님은 우리를 소중하게 여기기 때문에 우리가 노출되지 않도록 우리의 죄를 덮어 주셨다.

예수님께서는 우리의 실수와 죄를 그의 완벽함과 맞바꾸셨다. 이러한 교환을 믿는 믿음은 우리가 비록 완벽하게 행하지 않더라도 우리를 완벽하게 해준다. 놋뱀은 그 십자가 위의 예수님을 상징하고 죄와 질병이 십자가에서 심판받았음을 예언적으로 선포했다. 죄와 질병이 이미 심판을 받았기 때문에 우리는 자유롭다. 우리는 우리의 옛 삶을 그의 새 삶과 맞바꿀 수 있다. 우리가 사랑받는 것을 알게 되면 우리는 완벽해질 필요가 없다. "내가 그리스도와 함께 십자가에 못 박혔나니 그런즉 이제는 내가 사는 것이 아니요 오직 내 안에 그리스도께서 사시는 것이라"(갈 2:20).

● 문제나 죄

우리 삶의 독성영역에 대해 이야기 할 때 우리는 종종 "나에게는~한 문제가 있어"라고 말한다. 그러나 만일 우리에게 어떤 문제가 있으면 우리는 평생 어떤 문제를 가지고 있게 된다. 만일 우리에게 어떤 죄가 있다면, 오늘 그 죄를 없애버릴 수 있다. 우리가 해야 할 최선의 일은 회개이며 하나님의 용서를 받아들이는 것이다. 헬라어로 '회개'를 '메타노이아' (μετάνοια)라고 한다.[3] 그것은 다르게 생각하거나 재고하는 것을 의미한다. 회개는 눈물을 흘리고 울부짖고 이를 가는 것이 아니고 단지 생각을 바꾸는 것이다. 만일 우리가 파괴적인 습관을 없애려 한다면 우리의 생각을 바꾸어야만 한다. 우리가 차를 운전하고 있을 때 방향이 잘못 된 것을 알면 우리는 목적지로 가기 위해 방향을 바꾸어야 한다. 하나님이 당신을 위한 위대한 운명을 가지고 있다는 것을 믿기 위해서는 기꺼이 당신의 생각을 바꾸라.

습관은 일정 기간 동안 계속해서 선택하는 것이다. 이 습관들은 우리의 행동과 사고에 깊이 배어 들어있기 때문에 결국에는 그 습관들이 우리 생각 안에 견고한 요새를 형성한다. 그 견고한 요새들은 우리 뇌에 바퀴자국들이 연결되어 있는 것과 같은 신경 시냅스들의 실제적인 구조들이다. 이러한 고통스러운 경로들은 보통 비난을 잘하는 부모, 선생, 형제, 코치, 배우자, 상사들이 하는 부정적인 말에서 비롯된다. 우리가 우리의 요새와 비슷한 상황을 만나게 될 때마다 우리는 결국 판에 박힌 듯 똑같이 늘 하던 대로의 습관적인 생각을 하게 되어 우리 자신이 거기에서 빠져나올 수 없게 된다.

우리는 "그게 바로 나야" 또는 "나는 어쩔 수 없는 놈이야", "내가 왜 그랬는지 몰라", "내가 무슨 생각을 했는지 모르겠어. 나도 모르게 그냥 반응한 거야"하고 말하면서 우리의 행동을 정당화하려고 할 수 있다. 우리의 신경경로들이 거절, 비난, 숨기, 두려움, 자기연민 등과 같은 조건화된 반응들을 뿜어내는 자동조종장치가 작동할 때 우리는 이런 식으로 반응을 하게 된다. 우리는 자신에게 탓을 돌리는 것이 아니라 용서를 받아들여야 한다. 자신을 용서하는 가장 쉬운 방법은 우선 우리의 잘못 때문에 예수님께서 그의 생명을 지불하신 것을 받아들임으로써 하나님의 용서를 받아들이는 것이다.

기도

"주님, 내가 판단의 영을 받아들인 것을 회개합니다. 그리고 예수님의 이름으로 이 영들이 내 삶에서 나가도록 명령합니다. 나 또한 자기연민, 거절, 두려움과 연관된 내 자신에 대한 모든 사고와 비판을 거절하며, 나는 능력이 있고, 한심한 사람이 아니며, 오히려 남들로부터 인정받고 있으며, 두려울 것이 없다고 선포합니다."

우리의 눈으로 자신을 보지 말고 하나님의 눈을 통해 보아야 한다. 그분은 우리를 보는 것이 아니라 우리 안에 예수님을 보신다. 하나님께서는 우리를 예수님과 같이 보기 때문에 우리의 문제들에 대해 비판하지 않으시고, 오히려 우리의 운명을 아시기에 신나 하신다. 하나님께서는 우리가 사랑받을 만한 가치가 있다고 결정하셨다.

영화 아포칼립토에서 주인공인 재규어 포는 복수를 위해 그를 죽이려는 마야인들로부터 살기 위해 달아나고 있었다. 재규어 포는 두려움과 무력감을 느껴서 아무것도 하지 못하고 도망을 가다 자신의 부족이 있는 숲속으로 들어갔다. 바로 그 때 그는 그의 가족의 운명을 떠올린다. 그는 그와 그의 후손들이 여기서 영원히 사냥하게 될 것이라고 선포한다. 그는 자신의 말의 예언적 영향을 인식하면서 주먹을 들어 올리고 외친다. "난 두렵지 않아!" 이 관점에서 보면 비록 그는 여전히 떠돌아다녀야 하지만 두려움 가운데 사는 것이 아니라 전략적으로 승리를 계획하는 목적을 가지고 살아가고 있는 것이다. 우리 역시 우리의 생각을 변화시켜서 우리의 운명을 봐야 하고 우리의 환경을 바꾸어야 한다.

선포하라

나는 완전히 용서받았고 몹시 사랑받고 있으며 하나님이 섭리하고 계시기 때문에 두렵지 않다.

> "만일 하나님이 우리를 위하시면 누가 우리를 대적하리요 자기 아들을 아끼지 아니하시고 우리 모든 사람을 위하여 내주신 이가 어찌 그 아들과 함께 모든 것을 우리에게 주시지 아니하겠느냐"
> (롬 8:31-32)

하나님께서는 우리를 매우 값어치 있게 여기셔서 우리를 위해 이 우주에서 가장 소중한 그의 아들을 주셨다. 만일 우리가 그렇게 소중하다면 예수님께서 희생을 치르면서까지 우리를 위해 예비하신 목적을 이루는 데 필요한 것은 무엇이든지 우리에게 주실 것이라는 것을 알도록 우리의 생각을 맞추어야 한다.

사도 베드로는 자신이 감옥에 가는 것이 두렵지 않고 심지어 예수님과 함께 죽게 될 것이라는 것을 알았다(눅 22:33 참조). 그는 자신이 예수님을 부인할 것이라고 예수님께서 말씀하셨을 때 믿지 않았다. 베드로는 예수님께서 능력을 발휘하실 것이라고 생각했다. 왜냐하면 그것이 가장 좋은 아이디어였기 때문이었다. 일이 뒤틀리고 예수님이 잡혀가게 되었을 때 베드로는 이것을 하나님의 계획의 일환으로 보지 못하고 그의 믿음이 흔들리면서 감정과 두려움에 붙들렸다. 그는 그 안에 있는 모든 것이 하나님의 계획과 일치하는 것은 아니라는 것을 인식하지 못하였다.

그는 자신 안의 생각이나 감정들이 영에서 비롯된 것인지 육에서 비롯된 것인지 알지 못했다.

우리 역시 우리 안에 여전히 정화되지 않은 영역들이 많이 있다. 이처럼 여전히 육에 의해 지배받는 영역들은 예수님처럼 생각할 수 있도록 바뀌어져야 한다. 언젠가 나(켄)는 하나님께 이렇게 말했다. "만일 당신이 내가 당신처럼 행동하기 원한다면 나는 당신처럼 생각해야 할 것입니다. 만일 내가 당신처럼 생각하려 한다면 나는 모든 사물을 당신이 보는 방식으로 보아야 할 것입니다." 나의 제한된 관점은 나의 사고와 나의 삶을 낮은 수준에서 머물게 했다. 하나님께서는 우리를 위해 더 높은 계획을 갖고 계신다. 그러나 우리는 어떻게 치유 받고 삶에 대한 더 나은 관점을 가질 수 있을까? 우리는 어떻게 예수님과 같은 방식으로 사물을 볼 수 있을까? 부정적인 관점 대신 긍정적인 관점을 기르도록 하라. 악마가 하는 것을 보지 말고 하나님이 하는 것을 보라.

● 일하시는 하나님

우리는 우리에게 좋은 것이 무엇이고 나쁜 것이 무엇인지 모른다. 로라 클라크는 뉴욕의 웨스트 빌리지에서 길을 건너고 있을 때 영화배우 기네스 팰트로가 교차로에서 SUV를 탄 상태로 멈춰 서 있는 것을 보았다. 클라크는 팰트로의 차 쪽으로 걸어갔다. 둘은 서로 인사를 나누었다. 그렇게 잠깐 지체하는 사이에 클라크는 출근 열차를 놓쳤다. 그녀는 세계무역센터 제2빌딩 77층에서 근무했다.

클라크는 그 열차를 놓쳐서 당황 했으며 금방 마주쳤던 동료에게 급하게 전화했다. 그녀는 다음 열차를 탔다. 그녀가 도착했을 때 그녀는 첫 번째 비행기가 세계무역센터 건물에 충돌하는 것을 보았다. "만일 내가 그 열차를 놓치지 않고 제 시간에 탔다면 난 세계무역센터 제2빌딩 77층 내 자리에 앉아있었을 텐데"하고 클라크는 말했다.[4] 하나님께서는 항상 우리의 유익을 위해 상황들을 바꾸시기 위해 일하신다.

예수님은 그가 하신 일을 우리도 할 수 있다고 말씀하셨다(요 14:12). 우리는 한 가지를 제외하고는 예수님과 같다. 예수님은 몸이 있고 우리도 몸을 가지고 있다. 예수님은 혼이 있고 우리도 혼을 가지고 있다. 예수님은 하나님의 영이고 우리도 하나님의 영을 가지고 있다(롬 8:9). 그러나 예수님은 하나님의 성령에 의해 수태되었고 성령이 그를 인도하였고 그가 수태되었을 때부터 그의 기본적인 사고에 영향을 미쳤다. 반면에 우리는 아마도 5세, 10세, 20세 혹은 40세가 되어서야 하나님을 알게 되었다. 우리와 예수님 사이에 유일한 차이점은 예수님은 오직 거룩한 기억들과 사고 패턴을 가지고 있고 우리는 고통스러운 기억들과 사고 패턴으로 인해 지장을 받는다는 점이다. 따라서 예수님은 스트레스가 되는 상황을 접했을 때 그는 하나님의 지혜인 진리와 하나님의 구제에 대한 그의 경험에 의지하여 그 상황으로 인한 스트레스를 줄일 수 있었다.

우리의 영은 우리의 생각이 인지나 직관을 받아들일 수 있을 만큼 충분히 발달할 때까지 우리의 사고를 지도한다. 우리의 영은 예수님을 영접하기까지 새로 갱신될 수 없기 때문에 우리의 기본적인 사고는 세상적인 지혜에 바탕을 두고 이루어진다. 야고보는 "이러한 지혜는 위로부터 내려온 것이 아니요 땅 위의 것이요 정욕의 것이요 귀신의 것이니"(약 3:15)라고 말한다. 우리가 진리이신 예수님과 연결되지 않았을 때 우리는 거짓말들에 묶이게 된다. 이러한 거짓말들은 뇌의 신경 경로들을 통해 우리의 사고 과정(우리가 생각하는 기본적인 방식)에 여전히 단단히 박혀있다. 따라서 우리가 스트레스가 많은 상황에 처할 때 우리는 과거에 우리를 괴롭혔던 모든 두려움과 염려들을 떠올리고 이제 똑같은 일이 일어날 것을 예상한다.

나(잔)는 하나님을 믿지 않는 한 여성과 그녀의 가족을 보호하기 위해 그 여성에게 사역을 했었다. 많은 기도 후에 하나님께서는 그녀가 6살 때 하나님을 비판했었다는 것을 우리에게 보여주셨다. 그녀는 한 사악한 집단이 어느 기독교인 가정을 그들의 이동식 주택에서 불을 질러 죽이는 영화를 본 적이 있었다. 이 때 그녀에게는 사탄이 하나님보다 강하고 하나님은 악마의 공격으로부터 그녀의 가족을 지켜줄 수 없다는 것을 믿는 요새가 형성되었다. 그녀는 자신을 보호하는 수단으로 걱정과 두려움을 사용하기 시작했다. 즉 그녀가 필요한 만큼 충분히 두려워하고 걱정한다면 그녀는 그 공격을 피할 수 있을 것이라 생각했던 것이다. 하나의 두려움이 여러 가지의 두려움으로 발전되었고 나중에는 거의 모든 문제들에 대해 염려와 걱정을 했기 때문에 체중감소와 위장장애가 초래되었다. 그녀가 그러한 생각을 회개하고 끊어낸 다음 걱정하지 않고 두려워하지 않기로 마음먹고 계속하여 그러한 습관을 들였을 때 모든 것들이 변하기 시작했다. 그녀가 하나님을 보호자로서 신뢰했을 때 그녀는 모든 종류의 두려움으로부터 해방될 수 있었고 그녀의 건강이 회복되었다. "사람의 심령은 그의 병을 능히 이기려니와 심령이 상하면 그것을 누가 일으키겠느냐"(잠 18:14).

예수님과 달리 우리들 대부분의 기본적인 사고는 거룩하지 않다. 우리의 기억들 역시 거룩하지 않기 때문에 우리의 몸과 생각에 해롭다. 만일 우리의 기억들이 치유될 수 있다면 건강하지 못한 결정을 내리는 패턴들로부터 우리의 생각은 자유로울 수 있을 것이다. 하나님께서 우리 안에서 일하고 계시다는 올바른 사고의 회복은 우리의 건강, 번영, 그리고 완전한 하나님과의 관계와 교감을 위해 필요하다. 우리가 예수님의 마음을 가지지 못한다면 하나님과 보조를 맞추어 걸어갈 수 없다. 그러나 우리가 영 안에서 우리의 생각들이 새로워진다면 우리는 고통스러운 기억들로부터 해방될 것이다(고전 2:16; 엡 4:23).

당신의 생각은 이러한 고통스러운 기억들을 함께 엮어서 사고의 근거지를 형성한다. 우리 모두는 삶에 대처해 나가기 위해 개발한 수십 가지의 사고방식들을 가지고 있다. 불행히도 그것들 대부분은 거룩하지 않다. 그러한 방식을 사용하는 것은 우리를 비탄에 빠지게 만들 뿐이다. 일련의 거절들을 통해 나(켄)는 더 많은 거절로부터 나를 보호하기 위한 견고한 요새를 개발했다. 나는 방어 수단으로 공격을 사용했다. 나는 사람들을 공격하고 나에게 상처를 줄 만큼 가까이 오기 전에 그들을 쫓아냈다. 또한 나는 자존감의 상실을 보상하기 위한 하나의 방법으로 일을 이용하려고 시도했다. 만일 내가 모든 사람보다 일을 많이 해서 이길 수 있다면 나는 인정받을 것이다. 이러한 체계는 효과가 있다. 그러기에 우리는 이러한 방법들을 사용하지만 결국에는 그것들이 우리에게 문제를 일으킨다. 반면에 "여호와께서 주시는 복은 사람을 부하게 하고 근심을 겸하여 주지 아니하시느니라"(잠 10:22).

● 독성 거짓말들을 꼼짝 못하게 하는 진리들

① 내가 틀려도 괜찮다.

우리 생각들에 깊이 뿌리 박혀있는 가장 큰 거짓말 중 하나는 "만일 내가 무언가 잘못한다면 나는 나쁜 사람이다"라는 것이다. 그러한 사고는 나의 가치를 나의 수행 능력에 근거를 두게 한다. 사탄은 주제넘게도 예수님이 그와 같은 착각에 사로잡혀 있다고 생각했음에 틀림없다. 왜냐면 그가 예수님을 시험하였을 때 그가 그 추론을 따랐기 때문이다. 사탄은 예수가 과제를 수행하게 하도록 꾀하였다.

> "사탄이 예수께 나아와서 이르되 네가 만일 하나님의 아들이어든 명하여 이 돌들로 떡덩이가 되게 하라"(마 4:3)

> "네가 만일 하나님의 아들이어든 뛰어내리라"(마 4:6)

> "마귀가 또 천하만국과 그 영광을 보여 이르되 만일 내게 엎드려 경배하면 이 모든 것을 네게 주리라"(마 4:8-9)

사탄은 예수님이 무엇이 되거나 얻기 위해서 노력할 필요가 없다는 것을 이해하지 못했다. 예수님은 이미 하나님께서 인정하시는 것을 들었다. 며칠 전, 예수님이 침(세)례를 받을 때 하나님은 "이는 내 사랑하는 아들이요 내 기뻐하는 자라"(마 3:17)라고 선포하셨다. 예수님은 예수님 그 자체로 사랑을 받았다. 그가 행한 것으로 사랑을 받은 것이 아니었다. 그리스도가 당신 안에 살고 있기 때문에 당신은 똑같은 방식으로 단지 당신 자체로 사랑받는 것이다(골 1:27).

우리의 생각은 우리가 보는 것 보다 우리가 믿는 것에 더 잘 반응하도록 설계되어 있다. 거식증 환자는 거울에 비치는 자신의 모습이 빼빼 마르게 보여도 자신이 뚱뚱하다고 믿는다. 어떤 소녀는 그녀가 아름다워도 자신이 추하게 생겼다고 믿을 수 있다. 만일 당신이 멍청하다는 말을 수없이 듣는다면 비록 전 과목에서 A학점을 받는다고 해도 여전히 당신은 자신이 똑똑하다고 느끼지 않을 것이다. 우리 각자는 우리가 세상과 소통하고 이해하는 방식에 근거해서 우리 자신의 패러다임을 형성한다. 기억은 우리로 하여금 지금까지 겪었던 모든 사건들에 대해 느꼈던 감정들에 묶이게 해서 우리의 지각을 흐리게 한다.

철강 근로자 노조원으로서 나(켄)는 내가 알지 못하는 회사의 대표 감독으로서 일하기 위해 노조회관에서 종종 고용되었다. 그들은 평판이나 노조회관의 배치담당자의 추천으로 나를 뽑았다. 그들은 나의 경력 때문에 그 일을 할 수 있으리라고 생각했다. 나는 내 경험에 비추어 내 일을 수행하는데 어려움이 따를 것을 예상했다. 왜냐하면 내가 경험했던 것은 철강공사나 감독을 했던 경험보다 내 자신을 의심했던 경험이었기 때문이다. 나는 40년 이상의 철강공사 경험을 갖고 있지만 60년 이상 자기회의와 두려움을 가지고 있다.

나는 모든 일을 할 때마다 예민해지고 두려워했다. 내가 무엇을 하고 있는지 모른다고 생각했다. 모든 사람들이 나의 부족함을 알고 있다고 여겨 두려워 하고 수치심을 느꼈다. 나는 열등감을 떨쳐버리고 실제로는 내 전공 구직 사이트에 올라 있는 다른 누구보다도 더 많이 안다는 것을 인식하기까지 보통 2~3일이 걸렸다. 일단 부정적인 사고를 떨쳐버리면 내가 전혀 경험해보지 않았던 것까지도 시도해보려는 사고가 솟구쳐 올라왔다. 나의 개인적인 가치에 대한 거짓말들이 오랜 기간에 걸쳐 습득한 철강공사에 대한 전문기술에 대한 나의 자신감보다 우선했다. 워즈워스는 이를 잘 표현했다. "아이는 어른의 아버지이다."[5] 아이들 안에 심겨진 씨앗들은 어른이 되어 수확된다. 부정적 사고에 대한 승리를 경험하고자 하는가? 그렇다면 우리가 심어왔던 것을 예수님께 거두어달라고 요청하라! 그리고 더 이상 악한 거짓말을 믿지 말라!

편도체(아미그달라, 모든 감정들이 저장된 도서관과 같음)는 불행하게도 우리가 주의 깊게 읽고 음미한 것에 대해 기억하고 있는 사실들을 그냥 지나치지 않고 우리가 결정을 내린 것과 관련이 있는 감정들을 끄집어낸다. 진실은 더 이상 문제가 되지 않고 우리의 감정이 진실이 된다. 그래서 옛 속담에 "저를 헷갈리게 하지 마세요. 난 이미 결정 했어요"라는 말이 있다. 하나님은 우리에게 계시를 주셔서 우리가 과거에 내린 결정을 되돌아보고 그 결정들과 연결되어 있는 감정들이 생명이 있는지 살펴보라고 하신다. 만일 그 감정들이 생명을 가지고 있지 않다면 그 감정들은 죽음을 초래할 것이고 우리는 그러한 것들을 생각하기를 거절해야만 한다. 이 시점에서 우리는 용서하고 잊고 그러한 기억들을 고쳐 쓰고 또한 우리의 감정에 붙들릴 것인지 아닌지를 결정해야 한다.

　우리는 간통으로 인해 신뢰와 사랑이 깨어진 부부에게 사역한 적이 있었다. 어떤 부부들은 용서가 회복되고 사랑이 다시 불붙는 경우가 있다. 또 다른 부부들은 배신과 상처를 잊어버리지 못한다. 그 상처가 너무 고통스럽기 때문이다. 당신의 감정은 단지 당신의 몸에 흐르는 화학물질에 대한 반응일 뿐이다. 그것들은 매우 강력하지만 당신이 그 감정들을 촉발한 사건들을 되새김질하여 계속해서 그 화학물질의 분비를 자극하지 않는다면 그 영향력은 영구히 지속되지 않는다. 사고들을 중지하라 그리하면 고통스러운 감정들이 사라진다.

　하나님께서는 우리의 사고들을 선택할 수 있는 능력을 우리에게 부여하셨다. 우리가 사고를 중지 할 수 없는 것이 아니라 우리가 생각을 중지하려고 하지 않는 것이다. "나는 당신을 용서 하겠다"라고 말한다면 그것은 내가 당신을 용서하려는 의지가 있다는 것을 의미한다. 만일 내가 용서할 수 있다면 또한 나는 용서하려 하지 않을 수도 있다. 용서는 선택이지 감정이 아니다. 감정은 우리가 하려고 하는 것과 믿으려고 하는 것으로부터 나오게 된다. 우리들 대부분은 우리가 생각하기를 원하는 것만 생각하도록 우리의 생각을 훈련해 본 적이 없었다. 앞에서 언급한 것처럼 훈련이 안 된 생각은 훈련받지 못한 개와 비슷하다. 개는 자기가 원하는 곳으로 멋대로 주인을 질질 끌고 다닌다. 개는 무엇이든지 짖어대고 어느 것에나 오줌을 싸기 때문에 주인을 난처하게 만든다. 개나 생각은 훈련이 필요하다 그럴 경우 그것은 당신의 가장 훌륭한 친구와 동반자가 될 수 있다.

그것은 옳고 그름에 관한 것이 아니고 생명이나 죽음이냐에 관한 문제이다. 우리의 기억의 감정적인 요소를 전달하는 화학물질은 우리의 몸과 생각에 생명을 줄 수도 있고 치명적인 손상을 줄 수도 있다. 만일 우리가 해로운 기억들이 우리의 생각을 지배하도록 놔두면 우리는 병이 들게 된다.

하나님께서는 우리에게 이렇게 말씀하신다.

"무엇에든지 참되며 무엇에든지 경건하며 무엇에든지 옳으며 무엇에든지 정결하며 무엇에든지 사랑받을 만하며 무엇에든지 칭찬받을 만하며 무슨 덕이 있든지 무슨 기림이 있든지 이것들을 생각하라"(빌 4:8)

이것은 지나친 낙천주의자의 사고방식이 아니고 생명을 주는 사고방식이다. 생명을 가져오는 것은 올바른 믿음이지 행함이 아니다. 하나님께서는 우리가 믿음으로 살아가는 사람이 되기를 원하시지 과제를 잘 수행하는 사람이 되기를 원하시는 것이 아니다.

② **규칙이 나를 좌지우지하게 해서는 안 된다**

"모든 일을 올바르게 행해야지 우리가 하나님 앞에서 의롭게 될 수 있다"라는 것은 새빨간 거짓말이다. 진실은 예수님이 우리를 하나님 앞에 의롭게 하신다는 것이다. 우리는 우리의 행위로 하나님 앞에서 의롭게 될 수 있다는 거짓말을 막연히 믿어왔고 우리가 스스로 정한 법을 따를 경우 우리의 부정적인 행동들을 물리칠 수 있다고 추론해왔다. 그러나 그와 정반대가 진리이다. 어떠한 법이든 "죄의 권능은 율법"(고전 15:56)이기 때문이다. 우리는 법 아래에 있기 위해서 십계명을 지킬 필요가 없다. 우리는 언제든 동일하게 따를 수 없는 우리 자신의 법을 계속 만들어 낸다. 이것이 문제의 핵심이다. 우리의 양심은 우리가 우리 자신이 만든 법을 위반할 때 우리를 고소한다. 그러나 우리는 우리가 잘 하면 그 고소는 그칠 것이라고 생각한다. 문제는 우리가 계속 다른 사람들에게 상처를 주거나 우리의 양심을 저버림으로서 죄의식을 느끼고 스트레스를 받음에 있다. 우리의 잠재의식은 우리가 매일 우리의 결점이 드러나지 않도록 하기 위해 우리의 실패에 대한 기억들을 묻어둔다. 그러나 그러한 계책은 단지 우리 몸에 장기적으로 스트레스를 가중시킬 뿐이다.

나(잔)는 늘 하루에 많은 것들을 하려고 하지만 종종 문제가 있는 사람들로부터 오는 전화로 인해 방해를 받는다. 내가 계획했던 일을 끝내지 못한 날은 내 목표를 달성하지 못하였기 때문에 나는 자주 죄의식을 느낀다. 나는 사람들을 돕는 것이 업무를 완수하는 것과 마찬가지로 중요하다는 것을 알게 되었다. 지금에 와서 나는 일손을 잠깐 멈추거나 휴식을 취하는 것이 건강에 좋고 또한 내가 수행하는 일 만큼 하나님을 기쁘시게 해드린다는 것을 안다. 예수님께서는 그의 능력을 받을 수 있는 열쇠는 얼마나 유연하고 적응을 잘할 수 있는가 하는데 달려 있다고 말씀하셨다. 만일 우리가 하나님을 위해 무언가를 하기 원하지만 유연하지 않다면 하나님의 능력은 우리에게 스트레스를 가하게 되고 우리는 실제로 병들게 된다(눅 5:36-38).

사도 바울 역시 규칙들과 싸웠다. 그는 이렇게 말했다.

"내가 선을 행하기 원할 때에 악이 나와 함께 있는 것이로다. 내가 속사람을 따라 하나님의 법을 즐거워하나 내 지체들 안에서 다른 법이 내 생각의 법과 싸워 내 지체들 안에 있는 죄의 법에게로 나를 사로잡아 가는 것을 내가 보는도다 오 나는 비참한 사람이로다 이 사망의 몸에서 누가 나를 건져내랴 예수 그리스도 우리 주를 통하여 내가 하나님께 감사하노라 그런즉 이와 같이 내 자신이 생각으로는 하나님의 법을 섬기되 육신으로는 죄의 법을 섬기노라"
(롬 7:21-25, 킹제임스 흠정역)

우리의 탈출구는 십자가에서 심판을 받음으로써 놋뱀의 죄성을 떠안으신 예수님을 바라보는 것이다. 만일 예수님이 그의 몸 안에서 우리에 대한 심판을 받아들였다면 우리의 몸은 값을 치를 필요가 없다.

예수님은 나로써 죽었기 때문에 나는 이제 법을 위반한 죄에서 해방되었고 은혜 아래 있다. 성경은 이렇게 말하고 있다. "죄가 너희를 주장하지 못하리니 이는 너희가 법 아래에 있지 아니하고 은혜 아래에 있음이라"(롬 6:14). 만일 당신이 자신을 법 아래에 둔다면, "죄가 당신을 지배할 것이다." 반대로 죄가 당신을 지배한다면, 당신은 스스로를 성과(performance)를 요구하는 법 아래에 두어야만 한다. 우리 스스로 또는 다른 사람들에 의해 부과된 임무 수행을 하게 하는 압력은 당신을 법 아래에 두게 되고 결국 당신은 죄를 짓게 될 것이다. 그것이 우리가 사람들과 건강한 울타리를 유지하고 그들이 그 울타리를 넘어가려 할 때 그들을 용서해야만 하는 이유이다. 우리의 정신적, 육체적 건강은 받을 자격이 없는 예수님의 은혜를 믿는 것과 어떤 인위적인 법 아래에 묶임 당하는 것을 피하는 것에 달려 있다.

③ 예수님은 고통스러운 기억보다 더 강력하다

우리는 우리의 육체를 바꿀 수 없다. 그러나 우리는 우리의 고통스러운 기억들을 치유하고 하나님의 말씀의 씨앗을 받아들임으로써 우리의 생각들을 바꿀 수 있다. 죄를 이기고 제거하는 길은 우리의 타고난 죄성을 하나님의 본성으로 바꾸는 것이다. 성경은 "하나님께로부터 난 자마다 죄를 짓지 아니하나니 이는 하나님의 씨가 그의 속에 거함이요 그도 범죄 하지 못한다"(요일 3:9)고 말한다. 하나님의 씨를 가지고 있는 우리의 혼의 모든 영역은 하나님의 본성인 그 씨 때문에 죄를 지을 수 없다. 어떤 영역에 씨를 갖고 있는 것은 그 영역에서 변화가 이루어지고 생명이 살아나는 것을 의미한다. 하나님이 그 영역 안에 있고 하나님의 빛이 그 영역 안에 있기 때문에 우리는 그 영역에서 하나님처럼 될 수 있다. 빛이 있는 곳에는 어둠이 없고 어둠이 없는 곳에는 죄가 없다.

우리가 법을 어기고 우리의 양심에 어긋나게 하는 영역에는 하나님의 씨가 아직 그 곳에 자리를 잡지 못한 것이고 우리는 변화될 필요가 있다. 바울은 "그런즉 내 자신이 생각으로는 하나님의 법을 육신으로는 죄의 법을 섬기노라"(롬 7:25)고 말했다. 우리가 어떤 상황에서 하나님의 구원의 손길이 더해져서 우리의 사고를 바꾼다면 그 기억들은 더 이상 해가 되지 않는다. 그리고 우리는 요셉과 함께 "당신들은 나를 해하려 하였으나 하나님은 그것을 선으로 바꾸셨다"(창 50:20)고 말할 수 있다. 우리가 용서하고 잊을 수 있다면 우리는 정말로 우리를 아프게 하는 사람들을 사랑할 수 있을 것이다.

④ 의는 일을 올바르게 하는 것과 관계가 없다

이 말은 우리 생각으로는 도출해낼 수 없는 말이다. 그것은 우리들이 믿고 있었던 가장 큰 거짓말들 중 하나, 즉 옳지 못한 일을 더 이상 하지 않을 때 의가 이루어진다는 것을 부정하는 것이다. 죄는 아담이 인류에게 가져온 것이고 의는 예수님이 가져온 것이다. "한 사람(아담)이 순종하지 아니함으로 많은 사람이 죄인 된 것 같이 한 사람(그리스도)이 순종하심으로 많은 사람이 의인이 되리라"(롬 5:19). 우리가 옳은 일을 해야만 한다는 우리의 생각을 떨쳐버림에 따라 우리가 옳지 못한 일을 한 것과 관련된 고통스러운 기억들을 없앨 수 있다. 예수님은 일을 올바르게 하셨고 여전히 우리가 잘못한 것에 대한 우리의 죄책감을 떠안으시기 위해 오셨다. 그 죄책감은 우리의 기억에 저장되어 있다. 우리가 기억을 지워버림에 따라 그 죄책감 역시 소멸된다.

고통스러운 기억으로부터 기인하는 죄의식은 인간의 감정들 중에서 가장 파괴적이다. 그것은 근본적으로 자기주도형 분노이다. 즉 무언가 옳지 않은 일을 한 것으로 인해 당신 자신을 나쁜 사람으로 본다. 죄의식은 우리 내면에서부터 우리를 파괴하여 우리로 하여금 열등의식을 느끼게 하고, 자신감을 잃게 하고, 불안정한 사람이 되게 할 수 있다. 죄의식이 있는 사람은 자신의 죄의식을 누그러뜨리기 위한 방법으로써 종종 완벽주의를 추구한다. 그들은 또한 스트레스 관련 질환에 걸릴 수도 있다.[6]

하나님 아버지께서는 우리의 선한 행위나 우리의 악한 행위를 주목하지 않으시고 예수님의 의로운 행위를 주목하신다. 많은 고통스러운 기억들은 우리의 아버지들이나 우리의 아버지상인 하나님을 기쁘게 하려고 노력하는 우리의 사고와 연관되어 있다. 예수님은 아버지를 기쁘게 하셨기 때문에 만일 우리가 예수 안에 있다면 우리는 아버지를 기쁘게 하고 있는 것이다. 그러한 사고를 믿으면 우리가 우리의 아버지들을 불쾌하게 했던 과거의 잘못으로 인한 많은 상처들이 치유될 것이다.

나(잔)의 아버지는 엄하고 비판적인 사람이었다. 그는 경제, 정치, 의사, 변호사나 지도자들을 동일하게 업신여기면서 큰 소리로 비판하곤 했다. 그를 기쁘게 하는 것은 매우 어려운 일이었다. 좋은 성적을 받아오는 것은 아버지에게는 결코 충분하지 않았다. 아버지는 언제나 내가 그것보다 더 잘 할 수 있었다고 생각했다. 나의 아버지는 나를 딸로서 나에게 입을 맞추고 안아주거나 칭찬해준 적이 없었다. 그는 나를 사랑했지만 내가 소중하게 여기는 이러한 가치를 강화시켜주지 못했다. 결국, 나는 탐탁하지 않다고 느꼈다. 내가 예수님을 만났을 때 하나님은 내가 얼마나 많이 사랑받고 있는지 그리고 하나님께서 나를 얼마나 자랑스러워하는지 알도록 하기 위해서 나의 생각에 대해 일련의 작업을 하기 시작하셨다.

진실은 하나님이 당신을 그의 형상대로 창조하셨기 때문에 당신은 가치 있는 사람(어떤 일을 수행하는 사람이 아닌)이라는 것이다. 그분께서는 당신을 너무 사랑하셔서 그의 아들 예수를 보내셔서 우리를 위해 죽게 하셨다. 당신은 그에게 기쁨을 주고 우리는 성도 안에서 그의 영광스러운 기업이다(엡 1:18 참조).

우리는 예수님의 의로움이 우리의 의로움이고 그의 은혜는 우리의 은혜이고 그의 순종은 우리의 순종이라는 것을 믿도록 우리의 생각을 다시 훈련시켜야 한다. 우리는 우리의 순종에 대한 모든 부정적인 사고를 사로잡아 그리스도에게 복종하게 해야 한다(고후 10:5 참조). 우리는 그리스도의 순종을 그 해결책으로 보아야 한다. 우리는 보통 우리가 의롭지 않은 행위들로 말미암아 의롭지 않게 된다고 가르침을 받아왔기 때문에 우리가 의롭다는 것을 믿지 않는다. 우리는 생각을 바꾸어야 한다. 우리의 불순종으로 인해 우리가 하나님을 불쾌하게 하는 것이 아니고 우리의 순종이 우리로 하여금 하나님을 더 기쁘게 하지 못한다. 하나님께서 보고 계신 것은 예수님의 행위들이고 예수님이 하나님을 기쁘시게 하고 계신다. 우리는 고통스러운 기억들로부터 해방되어야 한다. 왜냐하면 고통스러운 기억들은 우리로 하여금 성령이 그리스도 안에서 우리가 의롭다고 확신을 준 것을 받아들이지 못하게 하기 때문이다(요 16:10 참조).

⑤ 우리는 잘못할 수 있지만 여전히 하나님을 기쁘게 할 수 있다

의무가 열정에 대한 것과 마찬가지로 종교는 관계에 대한 좋지 못한 대체물이다. 종교는 행동을 수정하는 것에 관한 것이고 예수님은 마음을 변화시키는 것에 관한 것이다. 우리는 우리의 행동들을 변화시킬 수 있으면서도 우리의 마음을 변화시키지 않을 수 있다. 우리는 우리의 행동을 바꿈으로써가 아니라 우리의 사고를 바꿈으로써 변화된다. "너희는 오직 마음을 새롭게 함으로 변화를 받아 하나님의 선하시고 기뻐하시고 온전하신 뜻이 무엇인지 분별하도록 하라"(롬 12:2). 법은 당신이 가지고 있는 모든 결점을 당신에게 보여주는 거울과 같다. 우리는 거울을 보고 우리 얼굴에 있는 반점을 볼 수 있지만 우리의 얼굴을 씻기 위해서 거울을 사용하지 않는다. 거울은 단순히 드러내기 위해서 고안된 것이지 문제(반점)를 바로잡기 위해서 있는 것이 아니다.

우리가 순종하려 하는 법들은 우리를 새롭게 할 수 없다. 그 법들은 오직 우리를 비난할 뿐이다. "하나님이 그 아들을 세상에 보내신 것은 세상을 심판하려 하심이 아니요 그로 말미암아 세상이 구원을 받게 하려 하심이라"(요 3:17). 예수님의 십자가 공로를 바라보면 하나님의 사랑이 우리 안으로 들어와서 우리를 변화시키고 비난으로 인한 고통스러운 기억을 제거시켜 준다. 나(잔)는 무서워서 집 밖에 나갈 수가 없었다. 지금 나는 전 세계를 다니면서 많은 청중 앞에서 말씀을 전한다. 하나님께서 나를 사랑하시고 나를 보호하신다는 것을 알게 되면서 내가 그의 뜻 가운데 있다는 것을 알고 있을 때 나의 두려움이 사라지는 것을 알게 되었다. 나(켄)는 독립적인 스타일이었기 때문에 남편으로서 적절하게 이야기할 수 없었고, 심지어 누군가가 힘들어 하고 있을 때 공감해줄 수도 없었다. 예수님이 그가 만났던 모든 사람을 사랑하고 돌보시는 것을 볼 때 나의 벽은 허물어졌고 예수님께서 그와 똑같은 방식으로 나를 통해서

하실 수 있도록 내드릴 수 있었다.

마치 거울이 우리 얼굴에 있는 모든 결점을 알 수 있게 하는 것처럼 "율법이 하는 일은 사람으로 하여금 죄를 깨닫게 하는 것이다"(롬 3:20, AMP). 의로운 것조차도 우리를 의롭게 하지 못한다. 우리는 배우자와의 논쟁에서 100% 옳을 수 있지만 관계에 파국을 가져올 수 있다. 그것은 옳고 그름의 문제가 아니고 생명과 죽음에 관한 것이다. 다윗은 잘못된 장소에서 잘못된 재료로 성막을 세웠고, 죄를 지은 사람들이 드나들도록 허용했고, 잘못된 예배를 드렸고, 하나님의 궤 앞에서 베일을 완전히 누락했다. 그러나 그 중심이 생명을 창조하신 주님께 향해 있었기 때문에 거기에는 생명이 있었다. 양식을 보면 모든 것이 잘못되었다. 그러나 거기에는 생명이 있었고 하나님께서는 그것을 사랑하셨다. 다윗의 성막은 그 성막에 들어오는 모든 사람이 주님과 주님의 선하심을 의식하도록 만들었다.

모세의 성막은 건축학상 완벽했고 예배가 완벽했고 희생제물이 완벽했다. 그러나 그것은 생명이 아니라 사망을 중심으로 만들어졌다(출 25:9). 하나님은 생명이시며 "이 후에 내가 돌아와서 다윗의 무너진 장막을 다시 지으며 또 그 허물어진 것을 다시 지어 일으키겠다"(행 15:16)고 결정하셨다. 하나님은 다윗이 잘못한 것에 대해 걱정하지 않으셨다. 그는 다윗의 마음에 관심이 있으셨다. 다윗은 많은 죄와 실수를 저질렀다. 그러나 하나님의 판단은 "내가 이새의 아들 다윗을 만나니 내 마음에 맞는 사람이다"(행 13:22)였다. "사람은 외모를 보거니와 나 여호와는 중심을 보느니라"(삼상 16:7). 우리가 하나님으로 하여금 우리의 마음을 변화시키시도록 내 드린다면 생명은 자라나고 우리 자신에 대한 고통스러운 기억은 자랄 수 없다.

⑥ 용서를 받아들이면 우리의 사랑이 확대된다

예수님은 바리새인인 시몬의 집에 저녁식사를 하러 가셨다.

"그 동네에 죄를 지은 한 여자가 있어 예수께서 바리새인의 집에 앉아계심을 알고 향유 담은 옥합을 가지고 와서 예수의 뒤로 그 발 곁에 서서 울며 눈물로 그 발을 적시고 자기 머리털로 닦고 그 발에 입 맞추고 향유를 부으니 예수를 청한 바리새인이 그것을 보고 마음에 이르되 이 사람이 만일 선지자라면 자기를 만지는 이 여자가 누구며 어떠한 자 곧 죄인인 줄을 알았으리라"(눅 7:37-39)

바리새인은 우리의 죄를 보고 있다. 예수님께서는 우리의 가능성을 보신다. 예수님은 시몬이 마음에 품은 비난을 아셨고 그에게 한 가지 비유를 들어 그의 잘못된 생각을 바로잡으려 하셨다.

"예수께서 대답하여 이르시되 시몬아 내가 네게 이를 말이 있다 하시니 그가 이르되 선생님 말씀하소서 이르시되 빚 주는 사람에게 빚진 자가 둘이 있어 하나는 오백 데나리온을 졌고 하나는 오십 데나리온을 졌는데 갚을 것이 없으므로 둘 다 탕감하여 주었으니 둘 중에 누가 그를 더 사랑하겠느냐 시몬이 대답하여 이르되 내 생각에는 많이 탕감함을 받은 자니이다 이르시되 네 판단이 옳다 하시고 그 여자를 돌아보시며 시몬에게 이르시되 이 여자를 보느냐 내가 네 집에 들어올 때 너는 내게 발 씻을 물도 주지 아니하였으되 이 여자는 눈물로 내 발을 적시고 그 머리털로 닦았으며 너는 내게 입 맞추지 아니하였으되 그는 내가 들어올 때로부터 내 발에 (간헐적으로) 입 맞추기를 그치지 아니하였으며 너는 내 머리에(값싸고 평범한) 감람유도 붓지 아니하였으되 그는(비싸고 희귀한) 향유를 내 발에 부었느니라 이러므로 내가 네게 말하노니 그의 많은 죄가 사하여졌도다 이는 그의 사랑함이 많음이라 사함을 받은 일이 적은 자는 적게 사랑하느니라"(눅 7:40-47)

우리가 하나님을 사랑할 수 있는 것은 우리가 얼마나 많은 용서를 받았는가를 아는 것에 달려 있다. "사랑은 여기 있으니 우리가 하나님을 사랑한 것이 아니요 하나님이 우리를 사랑하셨다"(요일 4:10). 율법은 우리가 하나님과 다른 사람들을 사랑하는 것에 관한 것이고, 은혜는 우리가 사랑을 받는 것에 관한 것이다. 우리는 결코 우리의 마음과 혼과 생각과 힘을 다해 사랑해보고 이웃을 우리 자신과 같이 사랑해본 적이 없다. 그것은 하나님의 특혜이다. 그는 우리를 그의 마음과 혼과 생각과 힘을 다해 사랑하셨고 그의 이웃을 그 자신과 같이 사랑하셨다. 하나님에 대한 우리의 사랑을 확대하는 방법은 그의 사랑과 용서를 받아들이고 우리가 잘못한 것에 대한 우리의 죄의식을 거부하는 것이다. 우리는 우리의 사고방식을 완전히 바꿔야 한다. 예수 그리스도의 의로움이 우리 죄를 완전히 해결했음을 믿어야 한다.

어떤 사람(로이라고 부르자)이 그가 자신에 대한 하나님의 사랑을 깨달았을 때 얼마나 변화하였는가에 대해 우리에게 이야기하였다. 로이는 체격이 크고 거칠었다. 그리고 이제 막 자신의 마음을 주님께 드린 아내가 있었다. 로이는 그의 아내를 예수님께로 인도한 것으로 인해 목사를 질투하고 비난했다. 그는 목사한테 달려갈 때마다 거칠게 대하고 위협을 가했다. 그의 아내는 여전히 사랑스럽고 그에게 충실했음에도 불구하고 로이는 그녀가 예수와 사랑에 빠졌다는 사실 자체를 싫어했다. 그의 아내가 기도모임에 가려고 할 때 그는 자신이 트럭을 운전하면서 옆에 앉은 아내를 나무랐다. 그는 트럭으로 그녀를 살짝 치면서 그녀가 수마일을 걸어서 교회에 가도록 했다.

전 교인이 로이를 위해 기도했지만 그는 더욱 완강해졌다. 그 주 주말쯤 그는 식료품 가게에서 목사와 우연히 마주쳤고, 그를 선반 쪽으로 밀치면서 그만 두지 않으면 죽이겠다고 말했다. 로이는 점점 더 화가 났지만 또한 점점 우울해졌다. 결국 그의 아내가 주중 기도모임에 간 후에 로이는 소총을 들고 숲으로 차를 몰았고 총을 그의 턱에 대고 자살을 하려고 결심하였다. 그가 방아쇠를 잡아 당겼을 때 총이 고장났다.

그 순간 로이는 깨졌다! 하나님의 사랑이 그를 압도하였고 그는 울기 시작하였다. 로이는 픽업트럭을 다시 올라타고 교회로 향했다. 눈물이 계속 그의 뺨을 타고 흘러내리는 상태로 트럭에서 뛰어내려 교회로 뛰어 들어갔다. 잠깐! 로이는 트럭에서 내릴 때 총을 움켜쥐고 있었고 울고 소리 지르면서, 총을 흔들면서 교회 앞으로 달려가고 있었던 것이다. 로이의 갑작스런 마음의 변화를 알지 못했던 목사는 그의 영혼을 하나님께 맡겨드리면서 그의 마지막 기도를 드렸다. 놀랍게도 로이는 목사를 붙들고 용서를 구하고 어떻게 하면 자신의 마음을 예수님께 드릴 수 있는지 물었다. 그것은 수년 전의 일이었다. 로이는 그 이후 세계를 돌아다니면서 하나님의 사랑을 예언적으로 전하고 있다. 그는 엄청난 용서를 받았으며 지금은 많은 사랑을 할 수 있다는 것을 알았다.

나의 아들은 안 좋은 시기를 지나고 있었다. 그가 교회에서 로이의 설교를 듣고 있을 때 문득 그가 쓸모없는 사람이라는 생각이 머리를 스쳤다. 내가 로이를 데리고 점심 식사하러 가는 길에 내 아들이 교회 주차장 쪽으로 터덜터덜 걸어가는 것을 보고 차를 세우게 했다. 그는 차 창문을 내리고 그가 누군지 몰랐기 때문에 손을 흔들어 내 아들을 불렀다. 그는 자신의 부드러운 방법으로 "애야, 하나님께서 너는 쓸모없는 사람이 아니라고 너에게 말하라고 말씀하신다. 그는 너를 사랑하신다!"라고 말했다. 그 간단한 말만 하고 우리는 차를 몰고 떠났다. 나중에 내 아들이 하나님 아버지에게로 돌아가는 여정을 시작했을 때 그 모든 이야기를 나에게 했다. 하나님은 우리를 사랑하신다. 그 분은 우리가 잘못된 길을 걸어갈 때에도 우리를 찾으신다.

하나님의 사랑은 우리가 일을 잘하는가 못하는가에 좌우되지 않는다. 사도 바울은 심지어 "만일 내가 원하지 아니하는 그것을 하면 이를 행하는 자는 내가 아니요 내 속에 거하는 죄이다"(롬 7:20) 라는 믿음을 가졌다. 다른 말로 하면, "그것은 내가 아니라 다른 놈이 한 짓이야." 그것은 마치 구실을 대고 꽁무니를 빼는 변명 같지만 그것은 하나님의 말씀이다. 바울은 예수님이 이미 값을 지불한 그의 행위에 대한 책임을 지기를 거부하고 있었다. 바울은 자신을 "죄에 대하여는 죽은 자요 그리스도 예수 안에서 하나님께 대하여는 살아 있는 자"로 여겼다(롬 6:11).

하나님은 "너희가 죽었고 너희 생명이 그리스도와 함께 하나님 안에 감추어져 있다"(골 3:3)라고 하시면서 우리 자신을 그런 방식으로 보게 하신다. 만일 우리가 용서받은 것을 알게 되면 우리는 죄책감을 받을 필요가 없다. 우리는 쓸모없이 버려진 사람들이 아니고 오히려 하나님의 놀라운 사랑을 받고 있는 자녀들이다.

⑦ 죄의식은 우리의 자격을 박탈하지 못한다

죄의식은 우리가 예수님의 자녀임을 망각하게 하고 예수님처럼 행동하지 못하게 만든다. 죄의식의 가장 강력한 무기는 죽음과 정죄의 직분을 담당하는 율법이다(고후 3:7,9). 죄의식은 타인 혹은 우리의 양심을 이용하여 우리를 비난할 것이다. 그러나 하나님께서는 그의 은혜를 사용하여 우리에게 자격을 부여함으로써 죄의식의 전략에 대응하시기를 좋아하신다.

잔과 나는 특별한 삶을 살아가는 평범한 사람들이다. 예수님의 대사로서 우리는 병원에서, 라디오와 텔레비전에서, 컨설턴트 회사 그리고 외국의 장군들과 함께 예수님의 사랑을 나눴다. 우리는 많은 나라의 교회에서 말씀을 전하는 영광을 누렸다. 우리 둘 다 목회 훈련이나 성경학교 훈련을 받지 않았지만 상처로 얼룩진 세상에 사랑의 하나님을 드러내도록 선택받았다. 당신의 과거에 대한 죄의식이 당신의 미래에 영향을 주지 못하게 하라. 당신의 과거를 하나님의 은혜를 증거하기 위해 사용하라.

"하나님께서 세상의 미련한 것들을 택하사 지혜 있는 자들을 부끄럽게 하려 하시고 세상의 약한 것들을 택하사 강한 것들을 부끄럽게 하려 하시며 하나님께서 세상의 천한 것들과 멸시 받는 것들과 없는 것들을 택하사 있는 것들을 폐하려 하시나니 이는 아무 육체도 하나님 앞에서 자랑하지 못하게 하려 하심이라. 너희는 하나님으로부터 나서 그리스도 예수 안에 있고"(고전 1:27-30)

예수님의 계보를 보면 사실 특별한 점이 있다. 예수님의 조상의 혈통에는 42대에 걸쳐 남자가 언급되어 있지만(마 1:1-17) 그 외에 다말, 라합, 룻, 밧세바와 마리아를 포함한 단지 다섯 명의 여자가 언급되고 있다. 그들의 삶의 모습은 사람들이 보기에 예수의 족보에 오를 자격이 없어보인다. 그렇지만 하나님은 이들을 예수님의 족보에 올려주셨다.

- 다말의 아들 베레스는 유다와 근친상간으로 인해 태어났다.
- 라합은 매춘부였다.
- 룻은 이스라엘의 약속에서 소외된 모압 여인이었다(신 23:3 참조).
- 밧세바는 다윗과 간통을 범한 여자였다.
- 마리아는 간통의 의심을 받고 있었다. 왜냐하면 요셉이 예수님의 생물학적 아버지가 아니었기 때문이다.

율법은 우리 모두를 자격이 없다고 할 수 있지만 하나님께서는 우리에게 다시 자격을 부여하시는 일을 하신다. 따라서 우리는 우리에게 쏟아지는 해롭고 부정적인 말들 즉 쓸모가 없고, 일이 서툴고, 게으르고, 소망이 없고, 어리석고, 빈껍데기 같다는 말들을 떨쳐 버릴 수 있다. "아무도 너희를 심판하게 하거나 너희가 상을 받을 만한 가치가 없고 자격이 없다고 속이지 못하게 하라"(골 2:18, AMP). 우리는 자격을 얻어야 할 필요가 없고 예수님께서 이미 우리에게 자격을 부여하셨다. 그가 부여하신 자격을 받음으로 인해서 우리는 모든 비난으로부터 생긴 우리의 고통스러운 기억들을 치유할 수 있다.

베드로가 예수님을 배신하기 전에 예수님은 베드로가 그의 사고방식을 바꾸고 그의 형제들을 굳게 할 것이라는 것을 예언하셨다(눅 22:32). 예수님은 베드로가 실패했을 때 환멸을 느끼지 않으셨다. 그는 결코 베드로에 대해 어떠한 환상도 가진 적이 없으셨다. 그래서 예수님이 부활 후에 베드로를 만났을 때 그를 판단하거나 질책하지 않고 그의 사역에 대해 다시 권위를 부여하셨다. 예수님이 베드로에게 그가 예수님을 사랑하느냐고 물으셨을 때 예수님은 하나님의 사랑이라는 뜻을 지닌 '아가페'(agape)라는 단어를 사용하셨다. 베드로는 형제간의 사랑 또는 친절을 의미하는 '필레오'(phileo)로 대답했다. 그 대화는 다음과 같았다.

예수님 : "네가 나를 사랑하느냐(love)?"
베드로 : "내가 주님을 좋아합니다(like)."
예수님 : "내 어린 양을 먹이라. 네가 나를 사랑하느냐(love)?"

베드로 : "내가 주님을 좋아합니다(like)."

예수님 : "내 양을 치라. 네가 나를 좋아하느냐(like)?"

베드로 : "당신이 아시나이다."

예수님 : "내 양을 먹이라"(요 21:15-17).

예수님은 베드로에 대한 자신의 요구를 '사랑하느냐?'에서 '좋아하느냐?'로 낮추었지만 베드로의 운명에 대한 그의 계획을 결코 낮추지 않으셨다. 예수님은 베드로를 사랑하기 때문에 회복시키셨다. 우리는 우리의 마음 깊은 곳에서 우리가 완전한 용서를 받아 주님의 보호아래 있음을 알아야 한다.

선언

하나님께서는 당신을 위한 계획을 가지고 계신다. 당신의 실패와 죄의식은 당신의 운명으로부터 당신을 방해하지 못한다. 하나님은 예수님이 당신을 위해 죽으셨기 때문에 당신이 매우 소중하다고 언명하셨다.

⑧ **사랑을 받아들이면 친밀해진다.**

우리가 사용하는 어떠한 기준으로 봐도 베드로는 예수님을 부인함으로써 자기 자신의 자격을 박탈하였다. 베드로는 종종 육적인 사고방식으로 행동했고 지속적인 수정이 필요했다. 베드로는 늘 대담한 행동을 통해 예수님의 마음에 들려고 노력하고 진급을 위해 자격을 갖추려고 애썼다. 그러나 그의 자신감에도 불구하고 베드로는 전혀 예수님과 가깝게 느껴지지 않았다. 그는 늘 예수님에 대한 자신의 사랑을 떠벌리고 다녔다. 그러나 자신에 대한 예수님의 사랑을 확신하는 또 다른 제자가 있었다.

요한은 예수님이 사랑하는 제자로 불렸다(요 20:2). 성경에서 다섯 번이나 이 구절이 사용되었다. 재미있는 것은 다섯 번 모두 요한복음에 쓰여 있다는 것이다. 예수님이 요한을 더 사랑한 것은 아니었다. 요한은 자신이 사랑받고 있다는 것을 더 잘 알고 있었던 것이다. 이것을 알았기에 요한은 그의 부정적 사고를 쫓아내고 주님과 친밀해지도록 자신을 내드렸다.

나(켄)는 내가 하는 일에 대해서만 인정을 받는다는 독성 믿음을 하나님과 함께 걸어가는 여정에서도 똑같이 이해했다. 나는 우리가 처음 결혼했을 때 잔에게 만일 하나님께서 나를 부르신다면 선교사로 아프리카로 가야만 한다고 말했다. 실제로 그것은 하나님의 부르심이 아니었다. 나의 치명적이고 독자적인 순교자 콤플렉스가 나를 몰고 갔던 것이었다. 만일 나의 사고와 계획이 하나님께로부터 나온 것이라면 그것들은 생명과 평강이 있을 것이다. 만일 그것들이 우리의 죄의식으로부터 나온 것이라면 그것들은 갈등, 혼란 그리고 모든 악한 일을 불러 오게 될 것이다. 하나님은 결코 우리로 하여금 아내와 가족을 포기하게 하지 않으신다. 하나님은 우리를 그들과 함께하는 파트너로 부르셨다. 내가 하나님의 사랑 안에서 성장함에 따라 나는 내 아내를 더욱 사랑하게 되었다. 지금 우리는 설령 우리가 따로 사역을 하고 있다 하더라도 우리가 하는 모든 일에서 동역자이다.

베드로는 그의 노력에도 불구하고 예수님과 충분히 가까워졌다고 자신하지 못했다. 12명 중에서 한 명이 그를 배반하리라는 것을 밝혔던 최후의 만찬에서 베드로는 그가 누구인지 예수님께 주저하면서 질문했다. "예수의 제자 중 하나 곧 그가 사랑하시는 자가 예수의 품에 의지하여 누웠는지라. 시몬 베드로가 머릿짓을 하여 말하되 말씀하신 자가 누구인지 말하라 하였다"(요 13:23-24). 베드로는 두 피트 떨어져 있었지만 자신이 물어볼 만큼 친밀하게 느끼지 못했다. 그는 그가 누구인지 요한에게 예수님께 여쭈어보라고 요청해야만 했다. 예수님을 사랑하려는 베드로의 시도는 그로 하여금 가깝게 느끼게 할 수 없었다. 반면에 요한은 예수님의 사랑을 받아들였기 때문에 그는 자신을 갖고 예수님의 품에 의지하여 누울 수 있었다.

우리 모두는 우리가 사랑하는 사람으로부터 사랑 받지 못하거나 거절당한 기억들을 갖고 있다. 그러한 고통스러운 기억들은 하나님이 우리를 얼마나 많이 사랑하는지를 받아들임에 따라 긍정적인 기억들로 대체될 수 있다.

심사숙고하라

심호흡을 하고 거절에 대한 모든 사고를 떨쳐버리라. 지금 하나님이 당신을 사랑할 수 있도록 마음 문을 열어두라. 당신의 가치를 왕의 자녀로 받아들이라. 그러한 치유력이 있는 사고로 인해 당신이 사랑받을 만한 가치가 있다는 것을 알게 될 것이다.

⑨ 우리가 약할 때 하나님은 강하시다.

하나님은 우리의 힘을 의지하지 않고 우리의 약한 것을 대신해서 채워 주시고 계신다. 예수님은 우리의 모든 약점을 알고 계시며 우리의 힘이 되길 원하신다. 그 분은 우리를 위해 친히 기도하신다. 예수님은 베드로에게 "사탄이 너희를 밀 까부르듯 하려고 요구하였으나 그러나 내가 너를 위하여 네 믿음이 떨어지지 않기를 기도하였다"(눅 22:31-32)고 말씀하셨다. 예수님은 공격을 멈추게 하지 않으시고 시험을 제한하지 않으셨다. 그는 공격이 효과가 없을 것이라는 약속조차 하지 않았다. 그는 단순히 베드로가 실패할지라도 베드로의 믿음이 떨어지지 아니하도록 기도하였다. 실패는 종종 성공에 방해가 되는 것이 아니라 성공을 위한 필수 과정이다. 실패는 우리 자신을 신뢰하는 것에서 벗어나서 예수님을 신뢰하게 만든다.

아브라함 링컨은 어떤 실패를 만나든지 간에 결코 포기하지 않았다. 여기서 링컨이 미국 대통령이 될 때까지 링컨의 삶을 잠깐 살펴보도록 하자.

- 1816 : 그의 가족은 집에서 쫓겨났다. 그는 가족을 부양하기 위해 일을 해야만 했다.
- 1818 : 그의 어머니가 사망했다.
- 1831 : 그는 사업에 실패했다.
- 1832 : 그는 주 의회에 출마했으나 낙선했다
- 1832 : 그는 같은 해에 직장을 잃었다; 그는 로스쿨에 입학하기를 원했지만 들어갈 수 없었다.
- 1833 : 친구로부터 약간의 돈을 빌려서 사업을 시작하였고 그 해 말에 17년 동안

갚아야 할 빚을 떠안고 파산했다.
- 1834 : 주 의회에 다시 출마해서 이번에는 당선되었다.
- 1835 : 그는 결혼하기 위해서 약혼을 했으나 그의 연인은 사망했다.
- 1836 : 심한 신경쇠약에 걸려서 6개월 동안 누워 지냈다.
- 1838 : 주 의회 대변인이 되려고 했으나 실패했다.
- 1840 : 선거인이 되고자 했으나 무산되었다.
- 1843 : 국회의원에 출마했으나 낙선했다.
- 1846 : 국회의원에 다시 출마했고 이번에는 당선되었다.
- 1848 : 국회에 재선되기 위해 재출마했으나 낙선했다.
- 1849 : 그의 고향에서 국유지 관리국의 임원이 되기 위해 지원했으나 거부되었다.
- 1854 : 미국 상원에 출마했으나 낙선했다.
- 1856 : 그의 정당 전당대회에서 부의장 지명을 원했으나 100표도 못 얻었다.
- 1858 : 미국 상원에 재출마했으나 다시 낙선했다.
- 1860 : 그는 미국 대통령에 당선되었다.[7]

링컨은 "성공은 열정을 잃지 않고 실패를 거듭하면서 이루어진다"고 말했다. 그런 자세로 링컨은 그의 실패를 극복했고 어떠한 고통스러운 기억에도 지배 받기를 거부했다. 당신은 실패할 수 있다. 그러나 당신은 실패작이 아니다. 성공을 위한 공식은 늘 그 안에 실패의 요소를 가지고 있다. 우리의 성공이 우리가 성취한 것에 좌우되지 않는다면 우리는 우리의 힘의 진정한 원천인 하나님의 사랑과 인정에 자유롭게 의지하게 된다.

⑩ **겸손이 약함을 의미하지 않는다.**

겸손해지기 위해 그리스도인으로서 "우리의 시민권이 하늘에 있다"라는 계시가 필요하다(빌 3:20). 하늘이 그것을 알고, 지옥도 그것을 안다. 그러나 우리는 자주 그 사실을 잊고 산다. 우리는 하늘의 시민이기 때문에 우리의 제사 직분은 그리스도와 마찬가지로 "불멸의 생명의 능력을 따라"(히 7:16) 온 것이다. 예수님은 니고데모에게 하나님을 믿는 자마다 멸망하지 않고 영생을 얻는다(요 3:16 참조)고 분명히 말씀하셨다.

이 멸망하지 않는 영원한 생명의 능력을 통해 우리 모두는 위업을 이룰 수 있다. 우리는 예수님으로 인해 영원한 생명을 얻은 자들이다. 우리는 이것을 알아야 한다. 만약 당신이 누구인지 정확하게 안다면 당신의 가치에 대한 모든 고통스러운 기억을 쫓아내고 위대한 업적을 이룰 수 있을 것이다.

세상은 영웅을 필요로 하지만 영웅은 단지 용감한 일을 하고 행복한 결말을 맺는 것이 아니다. 진정한 영웅은 쓰레기를 가져다 버리고, 아기 엉덩이를 닦아준다거나, 아기들이 지쳐 잠들 때까지 이야기를 들려주는 것 같은 시시하게 여겨지는 일들을 기꺼이 하려고 한다. 예수는 자신이 누구인지, 어디서 왔는지를 알고 있었으며 겸손하게 제자들의 발을 씻기를 원했다(요 13:5 참조).

우리가 누구인지 알게 되면 우리는 더 겸손하게 행동할 수 있다. 우리가 누구인지 모른다면 우리는 자만과 오만에 빠져들게 되고 마치 자신이 왕인 양 행동하고 다른 사람이 우리를 섬기라고 요구하게 된다. 우리의 고통스러운 기억들 중 많은 부분이 우리의 교만이 드러나는 상황에서 온다. 우리가 누구인지 안다면 우리가 자존심을 내세우고 싶어 하는 마음을 참을 수 있게 되고 다른 사람이 자존심을 내세울 때 그에게 연민을 갖게 된다.

● 예수님을 바라보고, 우리 자신을 바라보라

성령은 예수님을 아버지의 사랑받는 아들로 계시하기 위해서 오셨다. 만일 우리가 예수님을 고귀한 신분으로 볼 수 있다면 우리도 우리 자신을 그 위치에 있다고 볼 수 있다. "주께서 그러하심과 같이 우리도 이 세상에서 그러하기"(요일 4:17) 때문이다. 하늘에서 예수님은 하나님 아버지로부터 사랑을 받고 있고 우리도 세상에서 하나님 아버지로부터 사랑을 받고 있다. 하늘에서 예수님은 권위를 가지고 있고 우리도 세상에서 권위를 가지고 있다. 하늘에서 예수님은 의롭고 우리도 세상에서 의롭다.

우리가 누구인지 그리고 우리의 유업이 무엇인지 알기 위해 우리는 예수님을 바라보아야 한다. 만일 우리가 그렇게 한다면 우리가 여전히 힘으로 군림하고 있는 중에도 겸손히 종의 역할을 감당할 수 있다. 우리는 하나님이 우리와 어떻게 관계하시는지 그리고 하나님이 우리의 죄를 어떻게 다루시는지에 대해 우리의 생각을 바꿔야 한다. 우리는 하나님께서 예수님을 보시는 것 같이 우리를 바라보시며 우리는 놀라운 사랑을 받고 있으며 진짜로 용서받았다는 것을 기억할 필요가 있다. 이러한 진실을 알고 하나님이 모든 것을 완전히 통제하신다는 것을 인정한다면 우리는 우리의 모든 고통스러운 기억들의 근원에서부터 자유롭게 될 것이다.

- ✓ 치유의 열쇠는 우리의 아픔이나 질병을 십자가에서 심판 받은 것으로 보는 것이다.
- ✓ 예수님은 단지 우리를 위해서 죽은 것이 아니고 우리로써 죽었다. 바라보면 산다.
- ✓ 세상은 회피를 사용한다 : 하나님의 나라는 치유와 구원에 의존한다.
- ✓ 예수님께서는 그 분의 모든 것과 우리의 모든 것을 맞바꾸셨다.
- ✓ 우리의 말에는 권능이 있고 우리는 그것을 생산적으로 사용해야 한다.
- ✓ 회개는 우리의 생각을 바꾸는 것이다.
- ✓ 우리의 고통스러운 기억들의 뿌리는 우리가 믿고 있는 거짓말들에 묻혀 있다. 만일 우리가 우리의 생각을 바꾼다면 우리는 우리의 행동을 바꿀 수 있다.
- ✓ 의는 우리의 행위에 관한 것이 아니고 예수님의 행위에 관한 것이다.
- ✓ 율법은 완벽하지만 그것이 당신을 완벽하게 만들 수 없다.
- ✓ 하나님 아버지가 우리를 보실 때 그는 예수님을 보신다.
- ✓ 하나님은 우리가 자격이 없다고 느낄 때조차 늘 우리에게 자격을 부여하신다.
- ✓ 우리가 약할 때 하나님은 강하시다.
- ✓ 우리는 하나님의 안식에 들어가려고 애써야 한다.
- ✓ 우리가 누구이고 어디서 왔는지를 앎으로써 우리는 다른 사람들을 겸손하게 섬길 수 있다.

제10장

1 Zodhiates, *The Complete Word Study Old Testament*, "Bite," #5391.

2 David Centeno, "Top 10 Reasons Why Marriages Fail," Uncontested Divorce NY, April 5, 2011, Financial Stress, accessed April 16, 2013, https://nyuncontesteddivorceattorney.com/top-10-reasons-why-marriages-fail/.

3 Zodhiates, *The Complete Word Study New Testament*, "Repent," #3340.

4 Patrick Weidinger, "10 Famous People Who Avoided Death on 9/11," Listverse, December 12, 2011, Gwyneth Paltrow, accessed April 16, 2013, http://listverse.com/2011/12/12/10-famous-people-who-avoided-death-on-911/.

5 Wordsworth, W., *Ode : Intimations of Immortality*, http://www.artofeurope.com/wordsworth/wor3.htm.

6 Cleanzclover, "Cope with Guilt or It Will Destroy You," HubPages, November 30, 2010, accessed April 16, 2013, http://cleanclover.hubpages.com/hub/guiltcope.

7 "Lincoln Never Quits," Rogerknapp.com, accessed April 17, 2013, http://www.rogerknapp.com/inspire/lincoln.htm.

제11장
진리

나는 사고들과 감정들이 살고 있는 조그만 왕국을 소유하고 있다.
그러나 그것을 잘 다스리는 것은 매우 어렵다. —루이자 메이 올컷

만일 당신이 먼저 하나님 나라를 선택하지 않았다면 그 대신 선택한 것은
결국에는 중요한 것이 아니다. —윌리엄 로

믿음은 당신이 볼 수 없는 것을 믿는 것이다.
이러한 믿음에 대한 보상은 당신이 믿는 것을 보는 것이다. —성 어거스틴

● 드러냄과 치유

하나님은 우리의 상처나 건강하지 못한 사고를 덮거나 묻어버리는 것을 원치 않으신다. 하나님께서는 우리의 문제나 사고를 우리가 처리하기를 원치 않으신다. 그는 우리로부터 그것들을 제거하고, 우리를 치유하고, 우리의 생각을 고치기를 원하신다. 하나님께서는 우리에게 이렇게 말씀하신다.

"너희는 이 세상에 동화되지 말고 오직 너희 생각을 새롭게 함으로 변화를 받아 하나님의 선하시고 받으실만하며 완전하신 뜻이 무엇인지 입증하도록 하라"(롬 12:2. 킹제임스 흠정역)

일단 묻히면, 생각의 무의식의 영역이 묻힌 정서적인 고통을 알아채지 못하도록 의식적인 생각의 주의를 다른 데로 돌리게 하기 위한 목적으로 실제로 몸에서 육체적인 통증을 일으키게 된다. 이러한 것을 긴장성 근염 증후군(TMS, tension myositis syndrome)이라 부르며 뇌가 신호를 보내 우리 몸의 특정 부위로 가는 혈류를 감소시킬 때 그 증상이 나타난다. 그처럼 우리 몸에서 혈류가 감소되는 부위는 약간의 산소 결핍과 통증 및 기타 증상들이 나타나게 된다.[1] 만일 그 증상들이 치료되면 잠재의식은 주의를 다른 데로 돌리기 위해 통증을 또 다른 부위로 돌린다. 육체는 마치 '2001 : 스페이스 오디세이'에 나오는 컴퓨터 HAL처럼 된다. 그것은 안에 숨겨진 진실을 드러내지 않고 오히려 우리에게 거짓말을 하고 행동이 야기하는 스트레스를 해소하기 위해 우리를 죽이려 들 것이다.

이와 같은 정신 신체장애는 마치 세균성 질환 같은 유행성 전염병처럼 사람들에게 급속이 확산될 수 있다. 재미있게도 이 질환들이 유행하고, 그 사회에서 잘 알려져 있을 경우 급속히 확산되는 경향이 있다. 그들의 잠재의식 가운데 정신적인 고통이 있는 사람들은 종종 무의식적으로 요통, 건초열, 손목터널증후군, 습진 같은 흔한 질환들에 걸리게 된다.[2] 이것이 그냥 상처를 묻어버리는 것이 얼마나 위험한지를 말해준다.

이렇게 억눌린 감정들이 의식적으로 알아채거나 발산하지 못할 경우 평생 우리 안에 남아 있게 될 것이다. 평생에 걸쳐 감정이 억눌리면 서서히 신경계를 자극하게 된다. 수년 이상 지속적으로 신경계가 자극되면 고혈압과 심장질환을 초래한다. 우리가 묻어버린 감정들은 종종 우리가 의식하고 있는 감정들보다 더 강력하고 고통스럽다. 그것들은 우리가 느끼는 감정들보다 더 위험하다. 왜냐하면 묻힌 감정들은 우리가 억눌러 왔고 알아챌 수 없는 감정들이기 때문에 우리가 그것들을 스스로 제거할 수 없기 때문이다.[3] 우리는 이러한 고통스러운 기억들로부터 해방되어야 한다. 왜냐하면 이것들이 우리 몸을 공격하는 대부분의 독성 화학 물질들의 근원이기 때문이다. 오직 하나님만이 우리 마음에 감추어져 있는 것들을 드러내주셔서 우리가 그것들을 놓아주고 치유될 수 있도록 하실 수 있다. 주님이 오실 때 그가 "어둠의 감추어진 일들을 빛으로 가져가 드러내시고 마음의 의도들을 드러내실 것이다"(고전 4:5, 킹제임스 흠정역).

비록 예수님이 부활하실 때 상처가 아물지 않고 개방된 상태로 있었지만 그 상처들은 피 흘리거나 그에게 해가 되지 않았다. 상처 입지 않은 예수님의 몸이 영광 받으신 것과 마찬가지로 그 상처들도 영광 받았다(고전 15:41-43). 구약에서는 아물지 않은 상처가 있으면 제사장들은 제사를 드릴 자격이 박탈되었다(레 21:17-21). 신약에선 그가 입은 상처로 말미암아 당신이 치유되었기 때문에 예수님의 부활을 입은 상처들은 그가 치유 사역을 할 수 있도록 권능을 부여하였다. 왜냐하면 "그분께서 채찍을 맞음으로 너희가 고침을 받았기"(벧전 2:24, 킹제임스 흠정역) 때문이다. 우리의 상처들은 치유되지 않을 경우 우리를 병들게 한다. 만일 그 상처들이 치유 받을 경우 그 상처들은 우리에게 우리 자신과 다른 사람들을 치유할 수 있도록 권능을 부여할 것이다.

예수님이 육신을 입고 부활하신 것을 아는 것은 우리에게 "그리스도 예수를 죽은 자 가운데서 살리신 이가 너희 안에 거하시는 그의 영으로 말미암아 너희 죽을 몸도 살리실 것이"(롬 8:11)라는 말씀을 믿는 믿음을 준다. 우리의 생활 습관을 바꾸는 것은 약간의 유익이 있지만 궁극적으로 우리의 건강은 예수님의 몸에 생명을 준 성령이 우리 몸에 생명을 줄 수 있다는 것을 믿는 우리의 믿음에 달려 있다(우리가 부활의 몸을 입을 때만이 아니라 아직 죽을 몸을 입고 있는 지금도 마찬가지다.).

● 혼합

우리의 믿음이 흔들리면 우리의 생각 뿐 아니라 우리의 몸에도 혼란을 야기하게 된다. 건강해지려면 우리의 몸이 우리의 영이나 생각들과 하나가 되어야 한다. 만일 우리의 모든 영역에서 일치되지 않는다면 긴장과 스트레스가 유발된다. 이러한 긴장은 이중적인 생각으로 인해 발생된다. 이는 우리의 결정을 내리지 못하는 무능과 부수적인 추측을 통해 알 수 있다. 이것은 또한 우리의 기도 생활과 우리의 불신에서 명백히 드러난다. 우리가 기도할 때 믿음이 필요하다.

"믿음으로 구하고 조금도 의심하지 말라 의심하는 자는 마치 바람에 밀려 요동하는 바다 물결 같으니 이런 사람은 무엇이든지 주께 얻기를 생각하지 말라 두 마음을 품어 모든 일에 정함이 없는 자로다"(약 1:6-8)

혼돈은 사고의 혼합으로 인해 오지만 "하나님은 무질서의 하나님이 아니시요 오직 화평의 하나님이시니라"(고전 14:33). 는 말씀을 기억해야 한다. 그는 순전함을 사랑하시고 혼합물을 싫어하신다. 예수님께서는 바리새인에게 이렇게 물으셨다.

"생베 조각을 낡은 옷에 붙이는 자가 없나니 이는 기운 것이 그 옷을 당기어 해어짐이 더하게 됨이요 새 포도주를 낡은 가죽 부대에 넣지 아니하나니 그렇게 하면 부대가 터져 포도주도 쏟아지고 부대도 버리게 됨이라 새 포도주는 새 부대에 넣어야 둘이 다 보전되느니라"(마 9:16-17)

우리는 생명이 있는 아이디어들을 우리의 전통적인 사고방식 안에 넣을 수가 없다. 안 그러면 우리는 흥분하여 어쩔 줄 모를 것이다. 우리는 낡은 사고방식과 기억들을 지우고 그것들을 새로운 사고방식과 기억들로 대체해야 한다. 그렇지 않으면 이에 뒤따르는 스트레스로 우리는 우리의 생각들과 기억들을 둘 다 잃어버리게 될 것이다,

예수님은 요한계시록을 통하여 마지막 교회에게 다음과 같이 말씀하셨다.

"내가 네 행위를 아노니 네가 차지도 아니하고 뜨겁지도 아니하도다 네가 차든지 뜨겁든지 하기를 원하노라 네가 이같이 미지근하여 뜨겁지도 아니하고 차지도 아니하니 내 입에서 너를 토하여 버

리리라"(계 3:15-16)

뜨거움(열정적으로 하나님을 추구하는 것)은 하나님을 강렬하게 사랑하는 것을 의미한다고 종종 가르침을 받아 왔다. 차가움은 하나님에게 대항하는 것이며 자기중심적이고 이기적인 삶을 사는 것을 의미한다. 그러나 그러한 정의는 이치에 맞지 않는다. 차가운 것에서 뜨거운 것으로 가려면 미지근한 것을 거치지 않고서는 물리적으로 불가능하다. 만일 우리가 그러한 추론 방식을 따른다면 이기적인 삶을 살아가는 사람이 하나님을 이제 막 찾기 시작하고 그들이 현재 하고 있는 것을 싫어하기 시작하는 사람보다 하나님을 더 기쁘게 해드릴 것이다. 하나님은 미성숙한 사랑의 표현을 싫어하지는 않지만 성장하는 것을 보면 기뻐하신다. 왜냐하면 성장은 생명이 있음을 암시하기 때문이다. 오히려 여기서 뜨거움과 차가움은 우리와 하나님과의 관계를 의미한다.

우리가 누군가에 대해 뜨거우면 우리는 그들과 친밀해지기를 원한다. 만일 우리가 차가우면 우리는 그들에게 냉담한 태도를 보이고 단지 평범한 관계로 지내게 될 것이다. 차가움은 율법을 의미한다. 즉, 기쁨이 아닌 의무; 사랑이 아닌 봉사; 친밀함이 아닌 거리감을 의미한다. 율법이 시내산에서 주어졌을 때 사람들은 "너희는 삼가 산에 오르거나 그 경계를 침범하지 말지니 산을 침범하는 자는 반드시 죽임을 당할 것이다"(출 19:12)라는 말을 들었다. 은혜 아래서 하나님은 우리에게 "긍휼하심을 받고 때를 따라 돕는 은혜를 얻기 위하여 은혜의 보좌 앞에 담대히 나아가라"(히 4:16)고 명령하셨다. 율법은 거리감을 만들지만 은혜는 우리를 친밀함 가운데로 이끈다. 하나님이 싫어하는 미지근함은 율법주의(차가움)와 은혜(뜨거움)의 혼합물이다. 이 둘을 혼합하려 하는 것은 미지근함, 우유부단함, 불륜의 관계를 만들어 낸다. 하나님께서는 율법을 주시고 은혜를 주셨지만 이 두 가지의 혼합물을 주신 것이 아니다.

> "율법이 우리를 그리스도께로 인도하는 초등교사가 되어 우리로 하여금 믿음으로 말미암아 의롭다 함을 얻게 하려 함이라 믿음이 온 후로는 우리가 초등교사 아래에 있지 아니하도다 너희가 다 믿음으로 말미암아 그리스도 예수 안에서 하나님의 아들이 되었으니"(갈 3:24-26)

일단 우리가 그리스도 앞에 나아가면 우리는 일을 제대로 하려고 노력하는 율법과 이혼해야 한다. 율법을 우리를 죄의 나라에서 그리스도 안에 생명의 나라로 이끄는 다리로 생각하라. 만일 그리스도에게로 간 후에 우리가 다리로 뒤돌아간다면 그 다리가 우리를 인도하는 곳은 오직 죄가 지배하는 곳 밖에 없다. 우리는 제대로 행하는 것과 결혼할지 예수님과 결혼할지를 선택해야 한다(롬 7:4). 율법주의와 그로 인한 죄의식은 우리에게 고통을 주는 고통스러운 기억들 가운데 중요한 원인들 중 하나이다. 마치 간통 사건이 스트레스와 혼란을 가져오는 것처럼 자유와 율법주의 사이의 망설임은 우리의 죄의식과 자기혐오를 심화시킨다.

우리가 변화하는 법

자기노력, 자기 개선으로는 우리를 변화시킬 수 없다. 왜냐하면 율법(제대로 행하는 것)은 결코 아무것도 완전하게 하지 못하기 때문이다(히 7:19 참조).

- 기부한다고 탐욕이 없어지지 않는다.
- 간통을 범하지 않는다고 내 아내를 사랑하게 되는 것이 아니다.
- 요구하고 싸우지 않는다고 분노가 없어지는 것이 아니다.
- 좀 더 겸손하게 행동한다고 교만이 없어지지 않는다.
- 도둑질 하지 않는다고 탐욕이 사라지지 않는다.
- 간통을 하지 않는다고 욕정이 없어지지 않는다.

"이런 것들은 다 한때에 쓰다가 없어지는 것으로서 사람의 규정과 교훈을 따른 것입니다 이런 것들은 꾸며낸 경건과 겸손과 몸을 학대하는 데는 지혜를 나타내 보이지만 육체의 욕망을 억제하는 데는 아무런 유익이 없습니다"(골 2:22-23, 새번역)

우리의 행동은 우리 안에 있는 뿌리의 열매들이다. 열매를 가지치는 것은 결과적으로 뿌리를 튼튼히 함으로서 열매를 더 잘 맺게 하는 결과를 낳는다.

우리 존재의 흐름은 마치 강물과 같다. 당신은 단순히 댐을 건설한다고 해서 강물을 막지 못한다. 그 흐름은 일시적으로 멎을 수 있지만 그 강물이 마르지 않으면 강물은 새로운 수로를 찾아 흘러가거나 수압의 증가로 인해 댐을 무너뜨릴 것이다. 어느 경우든지 간에 그 피해는 막심할 것이다. 우리의 행동은 마치 그 강물과 같다. 단순히 우리의 행동이 발산할 수단을 막아버리면 우리는 스트레스를 받게 된다. 우리는 강물을 원천(우리의 사고)에서 막아야 한다. 우리의 행동을 바꾼다고 우리의 생각을 바꿀 수 있는 것은 아니지만 우리의 생각들을 바꾸게 되면 우리의 행동이 바뀔 수 있다.

- '내가 가진 모든 것은 하나님께 속한 것이다'라고 깨닫게 되면 그가 원하는 곳에 기꺼이 드릴 수 있게 된다.
- 내 아내의 좋은 특성을 생각하면 그녀를 더 좋아하게 된다.
- 다른 사람을 나보다 더 훌륭하게 여기면 내 자신의 방식을 요구하지 않게 된다.
- 내가 사랑받고 용서받고 있는 것을 안다면 기꺼이 겸손해질 수 있다.
- 다른 사람을 소중하게 여기면 내가 그들로부터 훔칠 수 없게 된다.
- 내 몸이 성령의 성전인 것을 알면 내 몸을 거룩하게 대할 것이다.

뿌리를 근절시키면 나쁜 열매는 떨어진다. 뿌리는 우리 마음에 있다.

"입에서 나오는 것들은 마음에서 나오나니 이것이야말로 사람을 더럽게 하느니라. 마음에서 나오는 것은 악한 생각과 살인과 간음과 음란과 도둑질과 거짓 증언과 비방이니"(마 15:18-19)

우리는 우리가 무엇에 대하여 생각하고 있는지에 대해 생각하고 우리가 원하지 않는 것을 말로써 끊어야 할 필요가 있다. 우리의 행동은 우리가 말하는 것을 따르게 된다. 우리가 영으로 선포함을 통해 우리는 느낌에 따라 즉흥적으로 행하는 것을 극복할 수 있다. 우리가 기억을 다시 고쳐 씀에 따라 우리는 긍정적인 감정들에 대한 표현을 하도록 하는 신경 경로들을 개발하게 된다.

다시 고쳐 쓰는 것(새로운 신경 경로들을 개발하는 것)은 단지 하나의 사고를 또 다른 것으로 대체하는 것이 아니다. 다시 고쳐 쓰려면 하나님을 큰 그림에서 볼 수 있어야 한다. 예수님은 영적인 영역을 간과하였기 때문에 물리적인 세계의 한계를 초월할 수 있었다. 우리가 모든 상황에서 예수님을 바라보게 되면 우리는 위로 올라가서 우리 사고의 한계를 뛰어넘을 수 있다. 우리의 스트레스는 우리가 통제할 수 없는 것들과 싸울 때 발생한다. 만일 예수님이 하늘과 땅의 모든 권세를 받으신 것을 우리가 안다면 그를 통해 우리 역시 그와 같은 권세를 가지게 된다(마 28:18). 하나님이 통제하고 있는 것을 알면 알수록 우리가 홀로 있다고 생각했던 곳에서조차 하나님의 임재하심을 더 느낄 수 있다.

최근에 우리의 자선단체 정관에서 한 조항을 바꾸어야 했다. 공교롭게도 그 자선 단체를 우리가 원하는 방향으로 이끌어나가기 위한 허가를 받으려면 법원의 인가를 받아야 했다. 나(켄)는 그것을 어떻게 진행해야 할지 몰라서 막막했다. 나는 인터넷을 보고, 전화 통화를 하고, 심지어 지방 법원 서기에게 찾아가서 얘기를 해보았지만 소용이 없었다. 우리는 바로 인가를 받기 위한 특별 결의안을 통과시키기 위해서 이사회 일정을 잡았다. 마침내 우리가 접촉한 사람들 중 한 사람이 이메일을 통해 약간의 지시사항을 보내왔다.

나는 바로 다음 날 아침 8시에 법정으로 달려갔다. 몇 번 길을 잘못 안

내 받고, 여러 줄에 서서 기다린 끝에 법정의 상세한 진행과정을 아는 전직 법원 서기를 만날 수 있었다. 보조원들 그 누구도 우리의 특수한 문제를 본 적이 없었지만 그들은 필요한 서류를 전부 작성하여 오전 10시에 판사 앞에 서게 해주었다. 그들이 나에게 귀띔해주기를 판사는 변호사가 아닌 사람이 법인을 대표하는 것에 대해 부정적일 것이라고 경고해주었다. 그러나 운이 좋으면 판사가 그것을 허락해 줄 수도 있었다.

내가 법정에 앉아 있을 때 스트레스 때문에 내 가슴이 답답해지는 것을 느꼈다. 나는 내가 기대했던 것보다 일을 더 많이 진행했지만 내가 직면하고 있는 이 문제를 해결하기 위해 더 많은 은혜가 필요했다. 물론 판사는 나를 탐탁치 않게 여겼다. 또한 그는 내가 하려는 것들의 순서도 잘못됐으며 내가 준비한 서류 중 한 페이지가 누락되었다고도 말했다. 또한 여직원들이 내가 서류를 제출하기 전 판사가 먼저 사인을 해야 한다고 했던 반면, 그와 반대로 판사는 자신이 서명하기 전에 내가 서류를 제출해야 한다고 말했다. 내가 준비한 서류로는 아무것도 진행될 수 없었다. 그런데 판사가 갑자기 결정을 바꿔 누락된 서류 한 페이지만 가져오면 자신이 서명해주겠다고 말했다.

나는 돌아서 나를 도와줄 담당직원을 찾으러 급하게 나가봤지만, 결국 나는 대기자명단 맨 아래에 또 다시 내 이름을 적고 기다려야 했다. 내 앞에 네 사람이 더 기다리고 있었고 나를 도와주었던 여성의 사무실 문은 닫혀 있었다. 내가 빨리 서류 문제를 해결하지 않으면 법정은 문을 닫을 것이고, 판사는 가버릴 것이고, 아무런 진전도 없이 붕 뜬 상태가 될 것이었다. 나는 급하게 도움을 요청하는 기도를 짧게 했다. 마침 나를 도와주었던 서기가 그녀의 사무실을 나가면서 갑자기 그 줄에 내 앞에 있던 두 사람이 동시에 호명이 되었다. 그녀가 대기표에 있는 다음 두 사람의 이름을 호명했지만 아무도 응답하지 않았기 때문에 나는 그녀와 다시 일을 볼 수 있었다.

내 담당 서기가 누락된 페이지를 복사하러 나갔을 때 대기자 명단에서 내 앞에 있던 사람들 중 한 사람이 그녀를 알아보고, 그녀에게 시간이 있는지 물었다. 그녀가 호명을 했었지만 그는 듣지 못했었다. 심지어 그 대기실이 도서관처럼 조용했고, 그가 그녀가 호명을 한 곳에서 단지 20피트 떨어진 곳에 앉아 있었는데도 그는 듣지 못했다. 그녀는 미안하지만 지금 내 문제를 처리 중이라고 말했다. 분명한 것은 잠깐 졸면 기회를 놓친다는 것이다. 한 시간 후에 법원명령이 서명되었고 제출된 상태에서 나는 법정을 떠났으며, 주차 요금 징수기에는 2분이 남아 있었다.

내가 집에 도착했을 때 이 메일이 와있었다. 서류를 제출하는데 필요한 적절한 절차를 알려주는 내용이었다. 우선 등기소에 가서 법원에 가기 전에 변동 사항을 처리하는데 10일 간의 시간을 주라는 것이었다. 나는 담당 직원에게 전화를 걸어 이미 법원 명령을 받았다고 설명했다. 그녀는 미심쩍어 하며, 나에게 그 서류를 메일로 보내라고 말했다. 그녀는 내가 처리했던 일 덕분에 아마도 등기하는 데만 1주일이 앞당겨질 것이라고 말했다.

나는 변호사에게 천 달러 이상의 비용을 들여야 했던 상황이 벌어졌었는데 2 주일이 소요되는 법원 명령을 세 시간 만에 얻었고 10일이 소요되는 등기 시간을 줄일 수 있었고, 점심을 먹을 시간에 집에 도착했다.

내가 도대체 무슨 일을 하는지 도무지 모르는 가운데 내가 미로처럼 얽히고설킨 법적인 문제를 잘 통과하도록 하기 위해서 하나님이 개입한 다섯 가지 경우를 헤아려봤다. 예수님은 "내가 결코 너희를 버리지 아니하고 너희를 떠나지 아니하리라"(히 13:5)고 약속하셨다. 통제할 수 없었던 상황에서 하나님이 그 상황을 통제하지 않으셨더라면 나는 스트레스로 인해 견딜 수 없었을 것이다. "감사합니다, 예수님."

"너희가 성경에서 영생을 얻는 줄 생각하고 성경을 연구하거니와 이 성경이 곧 내게 대하여 증언하는 것이니라"(요 5:39)

"우리가 다 수건을 벗은 얼굴로 거울을 보는 것 같이 주의 영광을 보매 그와 같은 형상으로 변화하여"(고후 3:18)

성경 안에서와 우리의 상황 안에서 예수를 바라보는 것이 우리의 사고방식을 바꾸고 변화시킬 수 있는 방법이다. 성경은 그 안에 원칙과 규칙들이 있고 본보기가 되는 사례들이 있다. 그러나 그것은 하나님의 말씀이고 예수님은 바로 그 말씀이다. 성경은 하나님의 아름다움, 권위, 권능, 그리고 성품을 보여준다.

"빛에게 명령하사 어두움 속에서 빛을 비추게 하신 하나님께서 우리 마음에 빛을 비추사 예수 그리스도의 얼굴에 있는 하나님의 영광을 아는 빛을 주셨느니라"(고후 4:6)

우리가 성경에서 예수님을 보는 것 같이 우리는 하나님을 볼 수 있다. 그리고 우리의 사고와 인지는 하나님의 사고와 지혜로 바뀔 수 있다. 우리의 고통스러운 사고는 우리에 대한 하나님의 말씀과 사랑으로 대체될 수 있다.

● 땅에 대한 권세

그러한 변화가 이루어지면 우리는 권세를 볼 수 있게 된다. "하늘은 여호와의 하늘이라도 땅은 사람에게 주셨도다"(시 115:16). 우리는 땅에 대한 권세를 가지고 있고 하나님은 권능을 가지고 계신다. 사탄은 우리가 그에게 허락하는 것 외에는 이 땅에서 일할 권리나 권세가 없다. 그는 오직 '세상의 신'이다. 왜냐하면 믿지 아니하는 마음이 혼미한 자들이 그에게 권세를 양도했기 때문이다. 사탄이 반역했을 때 천국에 올라갈 수 있는 출입권을 잃어버렸지만 아담의 지위를 도둑질하여 은밀히 그 출입권을 되찾았다. 예수님이 70명의 제자들을 임명하자마자 그들은 사탄을 대적할 수 있는 권세를 가졌다.

"칠십 인이 기뻐하며 돌아와 이르되 주여 주의 이름이면 귀신들도 우리에게 항복하더이다 예수께서 이르시되 사탄이 하늘로부터 번개 같이 떨어지는 것을 내가 보았노라 내가 너희에게 뱀과 전갈을 밟으며 원수의 모든 능력을 제어할 권능을 주었으니 너희를 해칠

자가 결코 없으리라"(눅 10:17-19)

제자들이 예수님의 권세를 그들의 권세로 받아들였을 때 사탄은 하늘에 올라갈 권한을 잃어버리기 시작했다. 예수님은 죽은 자 가운데서 살아나셨을 때 완전한 승리를 거두셨다. 그 때 한 천사가 "이제 우리 하나님의 구원과 능력과 나라와 또 그의 그리스도의 권세가 나타났으니 우리 형제들을 참소하던 자 곧 우리 하나님 앞에서 밤낮 참소하던 자가 쫓겨났다"(계 12:10)고 큰소리로 말했다.

지금 사탄이 참소를 할 수 있는 유일한 장소는 우리의 생각 안이다. 만일 우리가 그 참소를 거절하면 그는 우리에게 해로운 사고를 집어넣을 수 없고 우리가 예수의 권세 안에서 처신할 때 우리는 평강을 소유할 수 있게 될 것이다.

우리가 외국에서 사역할 때 누군가에게 한 마디 말을 전했지만 그 말은 받아들여지지 않은 것처럼 보였다. 그 사람은 결혼생활에 문제가 있었는데 우리가 한 그 말에 전혀 반응하지 않았다. 우리가 건넨 그 한 마디가 부적절하거나 심지어 잘못되었을지 모른다고 바로 공격받았다. 그 날 저녁 우리는 함께 이야기 하면서 그 말을 하나님께 올려드리기로 결정하였고 평안해졌다. 만일 우리가 틀렸다면 우리는 그것을 받아들이고 회개 했을 것이다. 1년 후에 우리가 했던 그 한마디 말이 그들의 결혼에 매우 큰 영향을 주었고 그들을 치유하였다는 소식을 들었다. 처음에는 반응이 없었기 때문에 솔직히 놀랐지만 기뻤다. 사탄의 참소는 뿌리를 내리지 못했다. 왜냐하면 우리는 그 참소를 받아들이지 않았기 때문이다.

기도

"주님 아직도 사탄이 우리 위에 권위를 가지고 있다고 믿은 것을 회개합니다. 그리고 예수님이 이 세상에서 사탄에게 권세를 갖고 계신 것처럼 우리도 그들 위에 권세를 갖고 있습니다. 아멘"(요일 4:17 참조).

우리 역시 기적을 행할 수 있는 권세를 받았다. 예수님은 "나를 믿는 자는 내가 하는 일을 그도 할 것이요 또한 그보다 큰일도 할 것이다"(요 14:12)라고 말씀하셨다. 기적은 경이로운 것처럼 보인다. 왜냐하면 자연의 법칙을 무시하는 그 기적을 지배하는 법을 이해하지 못하기 때문이다. 예수님께서는 놀랍게도 물위를 걸으시고 벽을 통과하셨다(마 4:25-29 참조). 하나님은 나에게 이러한 기적들조차 더 높은 법 안에서 역사함을 보여주셨다.

예수님은 부활 후에 제자들이 문을 잠근 채 모여 있던 윗방의 벽을 통해서 들어오셨다.

"예수께서 친히 그들 가운데 서서 이르시되 너희에게 평강이 있을지어다 하시니 그들이 놀라고 무서워하여 그 보는 것을 영으로 생각하는지라 예수께서 이르시되 어찌하여 두려워하며 어찌하여 마음에 의심이 일어나느냐 내 손과 발을 보고 나인 줄 알라 또 나를 만져 보라 영은 살과 뼈가 없으되 너희 보는 바와 같이 나는 있느니라"(눅 24:36-39).

예수님은 벽을 구성하는 분자들을 자신의 분자 구조와 일치시키고 쉽게 벽에 있는 공간을 통해 이동했다.

이와 반대로 예수님은 물 분자를 자신의 분자와 성질이 정 반대로 다르게 함으로 물 위를 걸으셨다. 그 물 분자들은 고체가 되어서 예수님을 떠받칠 수 있었다. 베드로 역시 믿음으로 물위를 걸어갈 수 있었다. 그가 예수님으로부터 눈을 떼었을 때 그는 예수님과 일치하지 못했기 때문에 물과 일치하지 못해서 결국 가라앉고 말았다. 하나님은 물의 구조를 바꾸는데 있어서 온도를 이용한 방법보다 더 많은 방법을 가지고 계신다. 하나님은 우리의 믿음과 권세를 강화시켜서 그가 명령하는 것은 무엇이든지 것을 할 수 있게 하신다. 하나님은 그의 목적을 이루시기 위하여 그가 창조하신 우주 만물을 이용하여 우리와 함께 조화를 이루시면서 일하신다. 우리는 우리의 목적을 이루지 못하도록 하기 위해 모든 것이 우리에게 안 좋게 돌아간다고 하는 어떠한 사고들도 다 내던져 버려야 한다. 진실은 하나님께서 "하나님을 사랑하는 자들에게는 모든 것이 합력하여 선을 이룬다"(롬 8:28)고 정하셨다는 것이다.

● 믿음

믿음은 살아가면서 가장 많이 논의되고 가장 이해하기 어려운 것들 중 하나이다. 따라서 많은 실망과 혼란, 스트레스를 초래해 왔다. 믿음은 구약에서는 두 번만 언급이 되었기 때문에 믿음을 실행하는 것은 예수님이 실제로 오신 것과 연관이 있다. 예수님은 아버지를 우리에게 나타내려 오셨고 믿음은 그러한 관계의 한 측면이다. 결혼 관계는 두 사람 다 행복하지 않으면 지속될 수 없다. 만일 한 사람이 화를 내면 그 친밀함은 깨지고 평화는 사라진다. 무엇이 상대방을 화나게 하는지를 모를 때는 희망이 없다.

그것이 하나님께서 믿음 없이는 하나님을 기쁘시게 하지 못한다는 것을 분명히 하신 이유이다. 믿음이 작동하기 위해서 우리는 하나님에 대해서 최상의 것을 믿어야 한다.

"하나님은 사람이 아니시니 거짓말을 하지 않으시고 인생이 아니시니 후회가 없으시도다 어찌 그 말씀하신 바를 행하지 않으시며 하신 말씀을 실행하지 않으시랴"(민 23:19)

하나님을 기쁘시게 하는 것은 결과에 대한 믿음이 아니라 하나님의 성품에 대한 믿음이다. 하나님이 우리로 인해 기뻐하신다는 것을 알게 되면 우리 삶에서 대부분의 스트레스는 사라지게 될 것이다.

우리는 큰 믿음은 즉각적인 응답을 받을 수 있다고 생각하는 경향이 있다. 그러나 믿음의 조상인 아브라함은 응답을 얻기 위해 25년을 기다렸다. 만일 우리가 믿음이 어떻게 일하는지를 안다면 우리와 하나님과의 관계에 대한 우리의 해로운 사고는 치유될 수 있다. 예수님은 자신이 큰 믿음을 가졌다고 말씀하신 두 사람을 언급하셨다. 한 사람은 로마의 백부장이고 또 다른 사람은 가나안 여인이었다. 그들은 한 가지를 공통적으로 가지고 있었다. 그들 둘 다 율법 아래 있는 유대인이 아니었다. 하나님의 은혜를 얻기 위해 올바르게 행하려고 노력하는 것은 믿음을 취하지 못한다. 왜냐하면 '율법은 믿음에서 난 것이 아니기'때문이다.

이 두 사람은 그들이 원하는 것을 받을 만한 가치가 없다는 것을 알았다. 처음에 예수님은 가나안 여인에게 그녀의 딸을 치료해 준다고도 하지 않으셨다. 심지어 예수님은 자녀의 떡을 취하여 개들에게 던짐이 옳지 않다고 말씀하셨다(마 15:26). 그러한 모욕에도 불구하고 그녀는 예수님께 간구한다. "여자가 와서 예수께 절하며 이르되 주여 저를 도우소서"(마 15:25).

그 여자는 그러한 모욕을 자신을 겸손케 하는 기회로 삼았으며 그 상황으로부터 자신을 분리시키고 "주여 옳소이다마는 개들도 제 주인의 상에서 떨어지는 부스러기를 먹나이다"(마 15:27)라고 답했다. 그 여인은 완벽한 기적을 바라서는 안 된다는 것을 알았으며 주인의 상으로부터 약간의 부스러기라도 떨어지기를 바랐다. 진정한 믿음은 결과에 대한 확신을 갖는 것이 아니고 주님에 대한 확신을 갖는 것이다.

똑같이 겸손한 백부장은 예수님께 나아갈만한 자격이 없다고 생각해서 "유대인의 장로 몇 사람을 예수께 보내어 오셔서 그 종을 구해 주시기를 청하였다"(눅 7:3). 예수님은 기꺼이 응하셨다.

"예수께서 함께 가실 새 이에 그 집이 멀지 아니하여 백부장이 벗들을 보내어 이르되 주여 수고하시지 마옵소서 내 집에 들어오심을 나는 감당하지 못하겠나이다. 말씀만 하사 내 하인을 낫게 하

소서"(눅 7:6-7)

"예수께서 들으시고 그를 놀랍게 여겨 돌이키사 따르는 무리에게 이르시되 내가 너희에게 이르노니 이스라엘 중에서도 이만한 믿음은 만나보지 못하였노라 하시더라"(눅 7:9)

백부장은 예수님의 말씀인 씨앗으로 만족했다. 그리고 예수님께 와서 기적을 베풀어 달라고 요구하지 않았다. 기적은 예수님의 가치나 성품과는 아무 관계가 없다. 씨앗은 예수님의 성품에 관한 것이다. 우리는 너무 오랫동안 하나님이 우리보고 그가 하고 계신 일에 보탬이 되길 요구하신다고 생각해왔다. 우리는 보탤 수 없다. 우리는 단지 받을 뿐이다.

엘리사 때 나아만이라는 시리아 장군이 나병을 앓고 있었다. 그는 자신의 히브리 여종으로부터 이스라엘의 하나님의 치유 능력에 대하여 들었다. 그는 원래 기적이 일어나기 위해서는 선지자가 뭔가 놀라운 일을 해야 한다고 생각했다.

"내 생각에는 그가 내게로 나와 서서 그의 하나님 여호와의 이름을 부르고 그의 손을 그 부위 위에 흔들어 나병을 고칠까 하였도다"(왕하 5:11)

그러나 엘리사는 그와 얘기하러 나오지도 않았다. 그는 단지 그의 하인을 보내 그에게 요단강에 일곱 번 물에 담그라는 말만 전했다.

"그가 몸을 돌려 분노하여 떠나니 그의 종들이 나아와서 말하여 이르되 내 아버지여 선지자가 당신에게 큰일을 행하라 말하였더면 행하지 아니하였으리이까 하물며 당신에게 이르기를 씻어 깨끗하게 하라 함이리이까 하니 나아만이 이에 내려가서 하나님의 사람의 말대로 요단강에 일곱 번 몸을 잠그니 그의 살이 어린 아이의 살 같이 회복되어 깨끗하게 되었더라"(왕하 5:12-14)

단순한 순종이 나병의 완전한 치유를 가져왔다.

나아만은 위대한 기적은 위대한 행동을 필요로 한다고 생각했다. 우리가 순순히 씨앗을 심을 때 믿음의 작은 씨앗들이 자라서 커다란 기적을 일으킬 수 있다는 것을 하나님은 그에게 보여주기를 원하셨다. 우리의 고통스러운 기억들이 우리로 하여금 하나님의 능력이나 우리를 도우려는 하나님의 의지를 의심하게 할 때 우리는 씨앗들을 심지 않을 것이다. 이러한 사람들은 각자 올바르게 반응하기 위해서 그들 자신의 편견이나 의심을 극복해야만 한다. 예수님은 믿음이 어떻게 일하는지, 즉 작은 씨앗을 취하고 필요한 것을 만들어내기 위해 그 씨앗을 사용하시는 하나님의 능력에 대한 믿음의 본보기로 그들을 언급하셨다. 언젠가 제자들이 예수님께 그들의 믿음을 더하게 해달라고 요구했다.

"사도들이 주께 여짜오되 우리에게 믿음을 더하소서 하니 주께서 이르시되 너희에게 겨자씨 한 알만한 믿음이 있었더라면 이 뽕나무더러 뿌리가 뽑혀 바다에 심기어라 하였을 것이요 그것이 너희

에게 순종하였으리라"(눅 17:5-6)

예수님께서는 제자들에게 "너희에게 필요한 것은 오직 씨앗이다"라고 말씀하셨다. 그들은 또 더 큰 믿음을 가짐으로 기적을 일으킬 수 있기를 바랐다. 그러나 예수님께서는 그들에게 더 큰 믿음을 얻을 수 있는 씨앗을 바라보라고 하셨다. 그리고 그는 그가 말하고자 하는 요점을 비유를 들어 말씀하셨다,

"너희 중 누구에게 밭을 갈거나 양을 치거나 하는 종이 있어 밭에서 돌아오면 그더러 곧 와 앉아서 먹으라 말할 자가 있느냐 도리어 그더러 내 먹을 것을 준비하고 띠를 띠고 내가 먹고 마시는 동안에 수종들고 너는 그 후에 먹고 마시라 하지 않겠느냐 명한 대로 하였다고 종에게 감사하겠느냐 이와 같이 너희도 명령 받은 것을 다 행한 후에 이르기를 우리는 무익한 종이라 우리가 하여야 할 일을 한 것뿐이라 할지니라"(눅 17:7-10)

예수님은 믿음은 우리에 대한 것이 아니라 그 분에 관한 것이라고 반복하여 말씀하신다. 비록 그 믿음이 씨앗만큼 작은 것이라도 말이다. 예수님은 제자들이 자신들로부터 눈을 떼기를 원하셨다. 바로 위의 누가복음의 종처럼 말이다. 종은 비록 자신이 아무리 무익하다 해도 주인을 섬기고 기쁘게 할 수 있고, 또한 그가 지시받은 것은 무엇이든지 할 것이라는 것을 알았다. 믿음에 관해 우리는 이렇게 이야기 해야 한다. 믿음은

나에게 달린 것이나, 혹은 내가 어떻게 그 믿음을 얻는가에 관한 것이 아니다. 우리가(믿음으로) 돌파하지 못하도록 가로막는 것은 고통스러운 거짓말이다. 자격이 있는 사람만이 기도응답을 받는다고 믿게 되면, 우리는 마치 우리가 기대에 미치지 못하기 때문에 하나님이 우리에게 실망하고 화를 내는 것이라고 여기게 될 것이다. 우리들 중 어느 누구도 하나님으로부터 무엇이든 받을 자격이 있는 사람은 없다. 믿음은 우리들의 가치에 관한 것이 아니고, 예수님의 가치에 관한 것이다. 믿음은 얻어지는 것이 아니다. 우리는 단지 믿음을 받고 그 믿음을 실행하는 것이다.

기도

주님, 나는 내가 당신의 손으로부터 기적을 얻어내기 위한 목적으로 믿음을 사용해야 한다고 믿은 것을 회개합니다. 나는 내가 당신을 기쁘시게 해드리지 못하기 때문에 당신이 내 기도를 응답하지 않을 것이라고 믿은 것을 회개합니다. 나는 내가 의롭지 못하기 때문에 당신이 나의 기도를 응답하지 않으실 것이라고 믿은 것을 회개합니다. 나는 내가 성과를 내지 못하기 때문에 당신이 응답하지 않는다고 믿은 것을 회개합니다. 나는 하나님께서 예수님을 사랑하는 것과 같이 나를 사랑하고 계심과 나에게 가장 좋은 것으로 응답하실 것을 선포합니다. 내가 당신을 부르기 전에 당신이 응답하시고 내가 말을 마치기 전에 당신이 들으실 것이라고(사 65:24) 당신이 선포하신 것처럼 나도 선포합니다. 주님, 나는 나의 믿음을 당신에게 두고 기도의 징후에 두지 않겠습니다. 당신은 항상 선하시며 "너는 내게 부르짖으라 내가 네게 응답하겠고 네가 알지 못하는 크고 은밀한 일을 네게 보이리라"(렘 33:3)고 말씀하십니다. 나는 당신을 신뢰합니다.

● 믿음의 씨앗

믿음은 단지 우리가 믿는다는 것뿐 아니라 우리가 말하는 것도 포함한다. "믿음에서 난 의는 말한다"(롬 10:6, 킹제임스 흠정역). 말을 해서 강화하지 않으면 사고는 사라지거나 교질세포에 의해서 제거된다. 예수님이 제자들에게 어떻게 걱정하는 것에서 벗어날 수 있는지에 대해 가르치고 계실 때 그는 "염려하여 이르기를 무엇을 먹을까 무엇을 마실까 무엇을 입을까 하지 말라"(마 6:31) 고 말씀하셨다. 말은 의심의 씨앗을 심거나 믿음의 씨앗을 심는다. 하나님이 우리에게 말씀하시는 것을 말함으로써 환경에 좌우되지 않는 씨앗이 심겨지고 그 씨앗은 그 씨앗 안에 있는 생명에 좌우된다. 그리하여 믿는 자는 누구나 "말하는 그것들이 이루어질 것"(막 11:23)을 믿는다.

우리가 심고 있는 믿음의 씨앗은 실제로는 씨앗 형태의 예수님이다. "믿음은 바라는 것들의 실상이요 보이지 않는 것들의 증거니"(히 11:1). 실상(substance)은 희랍어 휘포스타시스(ὑπόστασις)에서 유래한 것이다. 이 단어는 이전에 히브리서에서 "하나님의 영광의 광채시요 그 본체의 형상"(히 1:3)이신 예수님과 관련해서 사용된다. Person이란 단어 역시 휘포스타시스(ὑπόστασις)이다. '따라서 믿음의 실상은 예수님의 본체이다.'

그는 우리가 바라는 것들을 만들 수 있는 씨앗이다.

마리아는 하나님을 씨앗의 형태로 그녀의 태 안에 받아들였을 때 그녀의 믿음을 활성화시켰다. 그녀는 하나님이 그의 DNA를 자신의 태중에 착상하는 것을 허용하도록 말했다. 하나님의 씨앗이 자라서 아기 예수가 되었다. 그녀의 믿음에 의해 임신된 아기는 그의 운명의 시점에 도달했을 때 죄, 사탄, 지옥, 사망을 정복했다. 그와 똑같은 일이 우리에게 벌어진다. 우리는 기도하고 하나님께서는 말씀을 통해 응답하시고, 우리는 믿고 그 상황 안으로 예수의 씨앗을 받아들이고 그 씨앗은 자라서 결국에는 우리가 믿는 것이 나타나게 된다. 우리가 할 일은 출산할 때 까지 말씀(예수)을 받아들이고 품고 있는 것이다. 하나님의 말씀으로 돌아가는 것은 마리아가 예수님의 출생을 둘러싸고 있던 비난으로부터 괴로움을 당하거나 상처받지 않도록 막아주었다.

하나님은 내가 집필하기 10년 전에 내가 책을 쓸 것이라고 말씀하셨다. 그 시간이 되었을 때 나는 45분에 걸친 다운로드를 통해 우리의 첫 번째 책인 두 권의 책에 대한 윤곽(개요)을 받았다. 언젠가 내가 직장을 잃고 불안해하고 있었을 때 하나님은 내가 곧 또 다른 새로운 직장이 생길 것이기 때문에 염려하지 말라고 말씀하셨다. 그 밤이 다 지나가기 전에 새로운 일자리가 나를 찾아왔다. 그 직장의 급여는 전에 다니던 직장의 두 배가 되었다. 하나님께서는 자신이 하신 말씀에 대해 신실하시다!

하나님은 나(잔)에게 유방조영술에서 두 개의 혹이 나타났지만 그것은 암이 아니라고 말씀하셨다. 나는 하나님의 말씀에 일치시키면서 검사실에서 큰 소리로 "그건 별거 아니야"하고 선포했다. 그 다음 유방조영

술의 결과는 그 말씀과 일치했고 아무런 혹도 발견되지 않았다.

생명은 씨앗 안에 있다. 우리는 하나님께서 어떻게 그 일을 하시는가를 이해할 필요가 없다. 우리는 그저 우리의 믿음을 실행(씨앗을 심는 것)하고 그 믿음을 말씀과 결부시켜서 우리의 마음에 대고 말하기만 하면 된다. 이스라엘은 약속의 땅을 소유할 수 있는 말씀을 들었다. "그러나 들은 바 그 말씀이 그들에게 유익하지 못한 것은 듣는 자가 믿음과 결부시키지 아니함이라"(히 4:2). 우리의 불신은 직접적으로 우리의 고통스러운 기억들로 연결된다. 만일 우리가 우리의 기억 속에 묻혀 있는 거짓말들을 믿는다면 우리는 하나님께서 선포하신 진리를 믿을 수 없을 것이다. 진정한 믿음은 결과에 대한 믿음이 아니고 씨앗, 즉 하나님의 말씀이신 예수를 믿는 것이다.

내 엄지발가락에 12년째 통풍을 앓고 있다. 나는 수년 동안 기도했지만 아무런 일도 일어나지 않았다. 나는 회개하고 금식하고 용서를 구하고, 모든 것을 내려놓고, 질책하고, 선포하고, 믿고, 저주하고, 묶임 당하고, 해방되고, 치유를 선포하고, 현재의 증상들을 부인하였다. 그러나 통풍은 여전히 지속되었다. 나는 결국 노력했던 것을 멈추고 통풍에 대해 기도하는 것도 전부 그만 두었다. 그러나 내가 통풍에 대해 잊어버리고 주님께 집중하면서 나는 의식하지 못했지만 그 씨앗은 자라고 있었다. 심겨졌던 치유의 말씀에 대한 응답을 의식하는 것과 열매를 맺는 능력과는 거리가 멀었다.

어느 날 밤 나는 깜짝 놀라서 깨어났다. 천사가 나를 쿡 찔렀는지 아니면 누가 금방 내 방에 들어왔는지 몰랐지만 무언가 나를 놀라게 하면서 잠을 깨웠다. 누가 잠을 깨웠는가 하고 주위를 두리번거리다가 나는 내 발가락이 아프지 않고 자유롭게 꼼지락거릴 수 있는 것을 발견했다. 다 나았던 것이다. 나는 2년 이상 발가락을 위해 기도하지 않았다. 예수님은 12년 전에 내가 기도로 심었던 것을 치유로 분명하게 드러내셨다. 그는 우리가 바라는 것의 실상이며 만일 우리가 그를 믿음으로 우리의 상황 가운데 심는다면 그는 분명히 응답하실 것이다. 하나님에 대한 믿음은 어떤 문제에 대한 모든 노력이나 걱정을 사라지게 한다. 믿음은 우리의 노력이나 능력이 아니라 단순히 하나님의 선한 생각과 그의 능력을 소유함으로써 그 신뢰를 활성화시킨다.

● 베일을 벗은 예수님은 왕국으로 들어가는 문을 여신다.

나는 얼마 전에 혼잡한 주차장에서 내 차가 있는 쪽으로 다가가면서 자동차 키의 잠금 해제 버튼을 눌렀다 그러나 문은 열리지 않았다. 나는 다시 시도했으나 여전히 반응이 없었다. 자동잠금장치에 문제가 생겼다고 생각한 나는 차 문을 수동으로 열기위해 열쇠를 넣었다. 그리고 그 순간 그 차가 내 차가 아님을 알았다. 그 차는 내 차와 똑같은 모델이었고 똑같은 색깔이었지만 내 차는 아니었던 것이다. 내 차는 두 칸이나 떨어져서 있었다. 하나님께서는 우리에게 많은 열쇠를 주셨다. 그러나 우리는 종종 잘못된 구멍에 열쇠를 집어넣는 실수를 한다.

예수님은 "내가 문이니 누구든지 나로 말미암아 들어가면 구원을 받고 또는 들어가며 나오며 꼴을 얻으리라"(요 10:9)고 말씀하셨다. 사람들이 천국을 제 집드나들듯이 하지 못하므로 이 말씀의 의미는 천국 보다는 하나님께 나가는 문일 것이다. 하나님께서는 예수님이 십자가 위에서 그의 영을 떠나 보내셨을 때 그 문을 여셨다. 그리고 예수님은 "마지막 숨을 거두셨다. 이에 성소 휘장이 위로부터 아래까지 찢어져 둘이 되었다"(마 27:50-51). 예수님은 하나님의 임재가 있는 언약궤를 덮고 있는 휘장을 찢음으로써 그에게 나아갈 수 있는 문을 여셨다. 자, "우리가 예수의 피를 힘입어 성소에 들어갈 담력을 얻었나니 그 길은 우리를 위하여 휘장 가운데로 열어 놓으신 새로운 살 길이요 휘장은 곧 그의 육체니라" (히 10:19-20). 우리는 자격이 없고 하나님의 임재 안으로 들어갈 수 없게 만드는 우리의 고통스러운 기억들에 대해 치유를 받을 필요가 있다. 실제로 우리는 자격이 없다. 그러나 예수는 자격이 있으시며 우리에게 그 길을 열어주셨다.

우리 안에 하나님의 임재를 확대하는 열쇠는 예수님을 주님으로 드러내는 것이다. 우리의 죄를 드러내는 것은 단지 우리에게 죄의식을 느끼게 할 뿐 우리의 기억들을 바꾸거나 치유하지 못한다. 예수님을 드러내는 것은 우리로 하나님을 의식하게 하고 성령이 우리의 머리와 마음 안으로 들어오시도록 내드리는 것이다

"우리가 다 수건을 벗은 얼굴로 거울을 보는 것 같이 주의 영광을 보매 그와 같은 형상으로 변화하여 영광에서 영광에 이르니 곧 주의 영으로 말미암음이니라"(고후 3:18)

우리의 고통스러운 기억들은 우리를 비난하고 우리로 하여금 다시 베일을 가리게 하고 우리를 하나님의 임재로부터 가로막는다. 우리가 생각하는 것을 바꾸면 우리는 진리를 알게 되고 진리는 당신을 자유하게 한다.

- ✓ 하나님은 그의 창조물의 육체적, 영적인 영역 모두를 사랑하신다.
- ✓ 상처를 숨기지 말고 하나님께서 치유하시도록 내드려라
- ✓ 우리의 건강은 예수님의 육체적인 부활을 믿는데 기초한다.
- ✓ 하나님은 우리가 성취와 은혜를 혼합하는 것을 싫어하신다.
- ✓ 율법은 다른 무엇보다도 예수님이 가장 필요하다는 것을 알게 해준다.
- ✓ 율법 자체는 거룩하지만 율법이 우리를 거룩하게 하지 못한다.
- ✓ 우리는 땅에 대한 권세를 가지고 있지만 사탄은 단지 우리가 그에게 양도하는 권세만 사용할 수 있다.
- ✓ 성취는 믿음과 결부 되지 않는다.
- ✓ 큰 믿음은 우리에 대한 것이 아니고 말씀을 씨의 형태로 받아들이는 것이다.
- ✓ 믿음의 씨앗은 상황 속에 숨어있는 예수님이다.
- ✓ 믿음이 힘을 얻으려면 선포되어야 한다.
- ✓ 성공에 대한 열쇠는 예수님을 드러내는 것이다.

제11장

1 John E. Sarno, *The Divided Mind : The Epidemic of Mindbody Disorders*(NewYork, NY : HarperCollins Publishers, 2007), 11.
2 Ibid.
3 Ibid., 198.

제12장
감사하는 마음, 평화로운 안식

> 당신이 소유하고 있는 가장 가치 있는 재산은 열린 마음이다.
> 당신의 가장 강력한 무기는 평강이다. −칼로스 산타나
>
> 하나님은 두 개의 거처를 갖고 계신다.
> 하나는 하늘에 있고 다른 하나는 온화하고 감사하는 마음이다. −아이작 월튼
>
> 항상 당신의 눈이 당신의 자비함에 주목하게 하라. 감사할 줄 모르는 사람은
> 마치 일생 동안 잠을 자고 있는 것과 같다. −로버트 루이 스티븐슨

● 감사하고 감사하라

여호와께 감사하라 그는 선하시며 그의 인자하심이 영원함이로다(대상 16:34). 우리는 하나님께서 선하시기 때문에 그에게 감사하는 것이지 그가 반드시 선한 일을 하시기 때문에 감사하는 것이 아니다. 우리는 하나님의 자비가 영원하시기 때문에 감사하는 것이지 그가 반드시 자비하시기 때문에 감사하는 것이 아니다. 감사는 어떤 사고방식으로부터 나오는 것이지 반드시 호의적인 상황에 대한 반응으로 오는 것이 아니다. 레위인들은 주님의 집에서 모든 책무를 돌보기로 정해졌다. "아침과 저녁마다 서서 여호와께 감사하고 찬송하며"(대상 23:30). 그들은 아침에 아무런 일도 일어나기 전에, 그리고 저녁에 어떤 일이 일어났든 상관없이

찬송하고 감사를 드렸다.

추수감사절이라는 말은 히브리어 어근 yâdâh에서 유래하고, 그 뜻은 "넓게 펼쳐진 손을 내밀다"이다.[1] 이 단어는 칭찬을 표현하는 의미로도 사용되고 있으며 죄를 고백하는 데에도 사용된다. 이것으로 미루어 볼 때 우리는 회개하지 않는 사람들은 감사하지 않는다고 짐작할 수 있다. 우리는 생각을 바꿔서(회개) 어떤 일이 일어나든지 간에 감사해야 한다. 어떤 일이 일어나든지 간에 하나님은 항상 선하시다는 것을 믿어야 한다. 우리는 회개하고 어떤 일이 일어나든지 간에 하나님은 자비로우시다는 것을 믿어야 한다.

만일 우리가 악마가 하는 일을 보고 있다면 계속 불안하고 걱정할 것이다. 그러나 우리가 하나님께서 하시는 일을 보고 있다면 우리는 고마움, 평강, 감사로 충만할 것이다. 감사는 때때로 열리는 어떤 행사가 아니라 생활 방식이다. 우리의 대부분의 기도는 어떤 상황이나 환경을 바꾸어 달라고 소원하는 것이다. 우리가 주님을 바라보는 것이 아니라 문제를 바라보는 것이 문제이다. 이스라엘의 자손들이 광야에서 뱀에 물렸을 때 그들은 치유를 위해 상처에서 눈을 떼고 놋뱀을 바라봐야만 했다.

문제거리들이 우상이 될 수 있다. 만일 우리가 그 우상들로 하여금 우리의 정체성을 결정하도록 내버려 둔다면 그 우상들은 우리의 에너지와 주의를 쏟아붓게 만들 것이다. 만일 우리가 계속해서 우리의 문젯거리들을 우리의 일부분으로 바라본다면 우리는 그 우상들처럼 될 것이다. 우리는 마비될 것이고, 말할 수도 볼 수도, 들을 수도, 하나님과 보조를 맞출 수도 없을 것이다(시 115:4-8). 롯의 아내는 뒤로 돌아서서 소돔과 고모라가 파괴되는 것을 보았고, 파멸되었다(창 19:26). 우리는 우리가 시선을 고정하고 있는 것이 된다. 만일 당신이 뱀에게 물렸다면 예수님을 바라보라. "뱀에게 물린 자가 놋뱀을 쳐다본즉 모두 살더라"(민 21:9).

나(잔)는 남편이 브라질에서 일하고 있는 여자 친구를 사역하고 있었다. 그 남편은 브라질에 있었을 때 마술을 하는 어떤 사람과 일을 시작했다. 내가 손을 내 친구 위에 얹었을 때 갑자기 전기가 나를 통과하는 것을 느꼈다. 그리고 내 영은 한 마리의 큰 장어를 보았다. 그것이 무엇을 의미하는지를 몰랐지만 나는 양해를 구하고 백과사전 세트를 찾으러 갔다.(이 때는 인터넷이 없을 때였다) 나는 남아메리카의 어떤 장어들은 그들이 잡은 먹잇감을 꼼짝달싹하지 못하게 하기 위하여 강한 전기충격을 사용한다는 것을 발견하였다

내가 받은 충격과 그 그림은 일치했다. 내 친구는 그녀의 삶에서 일어나고 있는 일에 대해 매우 두려워해서 공포로 마비되었다. 나는 마술을 거는 여자가 내 친구를 향해 기도하고 있었다는 것을 알았다. 그래서 나는 친구로 하여금 두려움이 그녀에게 들어오게 허용한 것을 회개하게 했다. 그녀에게 행해졌던 사악한 기도를 결박하고 두려움을 끊어냈다. 그녀는 즉각 그 두려움에서 해방되었고 그녀는 정상적인 삶을 다시 시작할 수 있었다. 사탄은 우리로 하여금 그가 하는 일을 보게 하여 우리를 마비시키려고 온갖 애를 쓰고 있다.

예수님은 나병 환자 열 명에게 사역하시고 그들을 제사장에게 보내서 만나게 하셨다.

"그들이 가다가 깨끗함을 받은지라 그 중의 한 사람이 자기가 나은 것을 보고 큰 소리로 하나님께 영광을 돌리며 돌아와 예수의 발 아래에 엎드리어 감사하니 그는 사마리아 사람이라"(눅 17:14-16)

예수님께서는 단지 한 사람만이 돌아와서 감사하는 것을 보시고 놀라셨다.

"열 사람이 다 깨끗함을 받지 아니하였느냐 그 아홉은 어디 있느냐 이 이방인 외에는 하나님께 영광을 돌리러 돌아온 자가 없느냐 하시고 그에게 이르시되 일어나 가라 네 믿음이 너를 구원하였느니라 하시더라"(눅 17:17-19)

열 사람이 깨끗해졌지만 오직 한 사람만이 온전해졌다. Whole이라는 단어는 희랍어로 '소조'(σωζω)이며 이는 '구원하다'는 뜻을 지니고 있다.[2] 우리는 단지 우리의 문제가 해결되기만 바라서는 안 된다. 몸과 혼과 영의 완전한 구원을 추구해야 한다. 만일 우리의 문제가 해결되어도 우리가 변화되지 않으면 불행히도 어쩔 수 없이 똑같은 잘못을 반복하게 된다. 항상 예수님께 감사하고 예수님만 바라본다면 하나님께서는 단지 우리를 위해 일하시는 것이 아니라 우리 안에서 일하신다. 그러나 이런 일은 유다의 왕 중 한 명이 병에 걸렸을 때 일어나지 않았다.

"그 때에 히스기야가 병들어 죽게 되었으므로 여호와께 기도하매 여호와께서 그에게 대답하시고 또 이적을 보이셨으나 히스기야가 마음이 교만하여 그 받은 은혜를 보답하지 아니하므로 진노가 그와 유다와 예루살렘에 내리게 되었더니"(대하 32:24-25)

하나님께서는 그를 치료하셨고 이적을 보이셨다. 그러나 히스기야는 감사할 줄 몰랐다. 나중에 히스기야는 이사야가 바벨론의 사자들에 대해 꾸짖었을 때 그의 마음 상태를 드러냈다. 히스기야는 그 사자들에게 그의 왕궁의 모든 보물들을 보여주고 이 사절들이 첩자인 것을 전혀 의심하지 않았다. 이사야는 장차 이 왕궁에 있는 모든 것들이 바벨론으로 옮겨질 것이라고 예언을 하면서 체념했다.

"네 집에 있는 모든 소유와 네 조상들이 오늘까지 쌓아 둔 것이 모두 바벨론으로 옮긴바 되고 남을 것이 없으리라 여호와의 말이니라 또 네게서 태어날 자손 중에서 몇이 사로잡혀 바벨론 왕궁의 환관이 되리라 하셨나이다 하니 히스기야가 이사야에게 이르되 당신이 이른 바 여호와의 말씀이 좋소이다 하고 또 이르되 내 생전에는 평안과 견고함이 있으리로다 하니라"(사 39:6-8)

히스기야는 치료되었지만 변화되지도 않았고 감사하지도 않았으며 온전해지지도 않았다. 그는 그의 가족들과 격리되었으나 그 재앙이 자신에게는 일어나지 않았기 때문에 그들에게 재앙이 오는 것을 걱정하지 않았다. 그러한 자세는 그의 자녀들, 특히 히스기야가 덤으로 16년을 더 살았을 때 태어났던 그의 아들 므낫세에 영향을 미쳤다(사 38:5; 왕하 21:9).

므낫세는 '망각'(Manasseh)을 의미한다. 므낫세는 그의 아버지의 업적을 잊었다.[3] 히스기야는 위대한 왕이었다. 오직 또 다른 한 왕만이 산당을 부수고 유월절을 기념하였다. 그럼에도 그는 감사하지 않았고 히스기야는 그가 받은 혜택을 돌려주지 않았다. 그는 감사하지 않았기 때문에 가족에 대한 그의 이기적인 본성을 회개하거나 변화시킬 수 없었다. 이것은 므낫세에게 분노와 원망을 낳게 했고 그는 고통스러운 기억에 의해 타락하여 유다가 배출한 왕들 중에서 가장 잔인하고 가장 반역적인 왕이 되었다. 히스기야는 유다의 위대한 왕들 중 한 명이었지만 그는 자신의 사고를 바꿀 수 없었기 때문에 다음 세대로 유업을 넘기지 못했다. 하나님이 그의 마음을 시험하였을 때 히스기야에게서 가족에 대한 연민뿐 아니라 하나님에 대한 감사에 있어서 문제가 발견되었다.

그처럼 고마워하거나 감사할 줄 모르는 자세는 후손들에게 전염되어 이스라엘이 출애굽 하자마자 곧 그 영향이 나타났다. 그들이 음식 부족으로 불평했을 때 하나님은 그들에게 만나를 보내주셨다. 이스라엘은 하나님께서 하늘에서 내려온 떡과 힘센 자의 떡이라고 하셨던 만나에 대해 결점을 찾아내고 불평했다(출 16:4; 시 78:25).[4] "이스라엘 족속이 그 이름을 만나(그것이 무엇이지?) 라 하였으며"(출 16:31). 그 후 40년 동안 그들은 그것이 무엇인지 잘 몰랐지만 그 음식을 먹으면서 또한 그것을 경멸하였다. "그들은 힘센 자의 떡을 먹었다." 그러나 그것을 하찮은 음식이라고 했다(시 78:25; 민 21:5). 40년 동안 그런 배은망덕한 자세는 그들이 어려움을 만날 때마다 계속 불평하면서 그들을 오염시켰다. 그들은 자신들이 노예였고 그들의 자손들이 죽임을 당하고 충분한 양을 생산하지 못하면 매를 맞았던 것을 잊었다. 그들은 나쁜 기억들을 차단했고 미래의 삶에 대한 환상을 가졌다.

남편으로부터 신체적인 학대를 받은 여성들이 남편을 떠났다가 남편이 자신들이 변했다고 설득하면 많은 여성들이 남편에게 돌아오는 경우들을 볼 수 있다. 그 여성들은 그 어려운 시절들을 용서하고 잊고 그들의 이상적인 가족상을 그려본다. 친구들과 가족은 그 여성들에게 돌아가지 말라고 충고한다. 불행하게도 어떤 여성들은 남편의 폭력이 통제가 안 될 때 결국에는 살해당하는 경우도 있었다. 이 여성들은 그들의 남편의 정신 상태를 제대로 알고 있는 것보다 잘못 알고 있는 것이 더 많았다. 우리가 진실을 파악하려면 우리는 거짓된 기억에서 해방되어야 한다.

"그들 중에 섞여 사는 다른 인종들이 탐욕을 품으매 이스라엘 자손도 다시 울며 이르되 누가 우리에게 고기를 주어 먹게 하랴 우리가 애굽에 있을 때에는 값없이 생선과 오이와 참외와 부추와 파와 마늘들을 먹은 것이 생각나거늘 이제는 우리의 기력이 다하여 이 만나 외에는 보이는 것이 아무 것도 없도다 하니"(민 11:4-6)

그들은 선택적으로 좋은 것을 기억했고 나쁜 것을 잊었다. 그들은 열 번이나 하나님을 시험했고 일이 그들 뜻대로 굴러가지 않으면 투덜대고 불평하고 배은망덕함으로써 하나님을 멸시하였다(민 14:22-23).

우리는 컵에 물이 반쯤 찼다고 보는가? 아니면 반이나 비어있다고 보는가? 감사와 불평은 마음가짐의 문제이다. 우리는 사람들이 늙어감에 따라 그들의 감정을 숨기려 들지 않는다는 것을 알고 있다. 그들은 자신들이 원하는 것을 말하고 누가 듣는지에는 관심이 없다. 그들은 두 가지 흐름 중 부지중에 어느 한 쪽으로 흘러가는 경향이 있다. 즉 그들은 더 힘들어지거나 더 잘된다. 그들은 심술궂고 불평을 달고 살거나 또는 상냥하고 감사해한다. 우리 모두는 그러한 종착지 중 어느 한 쪽을 향해 가고 있다. 우리는 "너희 죄를 서로 고백하며 병이 낫기를 위하여 서로 기도"(약 5:16)해야 한다. 만일 우리가 감정이 억눌린 상태로 두면 우리는 그것을 그냥 쌓아두고 있다가 마음이 불편할 때 코르크 마개가 뽑히게 된다. 당신의 고통스러운 기억을 지금 고백하라. 그러면 당신은 나중에 감사할 수 있다.

만족은 우리가 고마워하는지 고마워하지 않는지 알 수 있는 다림줄이다. 성경에서 바울은 말했다.

"어떠한 형편에든지 나는 자족하기를 배웠노니 나는 비천에 처할 줄도 알고 풍부에 처할 줄도 알아 모든 일 곧 배부름과 배고픔과 풍부와 궁핍에도 처할 줄 아는 일체의 비결을 배웠노라 내게 능력 주시는 자 안에서 내가 모든 것을 할 수 있느니라"(빌 4:11-13)

바울은 어떠한 상황에서도 만족하기 위해서 예수님의 능력을 동원하여 그에게 부어지도록 했다.

우리가 우리의 상황에 만족하지 않을 때 우리는 다른 누군가의 지위, 상황, 소유물을 갖고 싶어 하는 질투의 문을 열게 된다. 바리새인들은 예수님이 자신을 하나님과 동일시함으로 하나님을 모독하였기 때문에 십자가에 못 박히기를 원한다고 주장하였다. 그러나 빌라도는 "그들의 시기로 예수를 넘겨 준 줄 알았다"(마 27:18). 시기가 예수님을 십자가 위에 매달리게 했다. 단지 바리새인의 시기만이 아니라 우리의 시기가 그렇게 한 것이다. 그는 우리 때문에 죽었다.

우리의 첫 번째 집은 800제곱 피트 밖에 되지 않았지만 우리에게는 궁전이었다. 비가 오면 지하에 물이 샜지만 우리는 집을 소유한 것으로 인해 너무 감사해서 그것은 문제가 되지 않았다. 나(켄)는 하나님으로부터 그 문제에 대한 해결책을 받았기 때문에 그 문제에 대해 하나님께 감사 드렸다. 이것이 하나님께서 우리에게 주시기로 한 많은 꿈들과 말씀들의 출발점이었다. 이 말씀들은 내가 종종 아무것도 모른다 할지라도 내가 마치 전문가인 것처럼 보이도록 했다. 지금 우리는 여러 편의시설이 갖춰진 훨씬 더 큰 집에 살고 있다. 그러나 우리는 작은 집에 살 때와 비교해서 행복함에 있어서 차이가 없다. 우리는 항상 감사한 마음을 가져 왔고 그로 인해 하나님께서는 우리에게 많은 것을 주셨다. 만일 우리가 하나님이 이미 주신 것에 대해 불평한다면 하나님께서 당신에게 주실 것을 기대해서는 안 된다. 왜냐하면 당신은 더 많은 불평을 할 것이기 때문이다.

시기는 사탄의 즉각적인 반란을 촉발했다. 사탄은 "가장 높은 구름에 올라가 지극히 높은 이와 같아지리라"(사 14:14)고 말했다. 시기는 하와로 하여금 죄를 짓게 했다. 왜냐하면 악마가 "너희가 그것을 먹는 날에는 너희 눈이 밝아져 하나님과 같이 될 것"(창 3:5)이라고 하면서 그녀를 기만했기 때문이다. 가인이 아벨을 살인한 것도 시기가 초래한 결과였다(창 4:3-5).

> "너희 마음속에 독한 시기와 다툼이 있으면 자랑하지 말라 이러한 지혜는 땅 위의 것이요 정욕의 것이요 귀신의 것이니 시기와 다툼이 있는 곳에는 혼란과 모든 악한 일이 있음이라"(약 3:14-16)

시기는 우리 생각에 혼란을 초래하고 만족은 하나님이 보는 것처럼 우리도 분명히 볼 수 있게 한다.

기도

주님 내가 배은망덕하고 감사할 줄 모르고 시기와 질투가 내 삶에 들어오도록 문을 열어준 것을 용서하여 주십시오. 내가 처한 상황에 대한 나의 사고를 회개하고 바꾸길 원합니다. 또한 당신이 나에게 주신 풍요로운 삶에 만족하기 원합니다. 내 힘으로 할 수 없으니 예수님 도우소서. 나는 나보다 더 많은 것을 가진 사람들을 축복합니다.

● 상 주시는 분이신 하나님

이스라엘은 40년 동안 일한 적이 없고 옷과 신발이 닳지 않았으며 하나님이 음식과 물을 공급해주셨고 그들의 적을 물리치셨으며 낮에는 구름 기둥, 밤에는 불기둥을 공급하셨다는 것을 망각했다. 그들은 모든 것이 옛날이 더 좋았다는 왜곡된 시각과 사고를 가졌다. 그들의 부정은 하나의 집단으로서 이스라엘 민족의 모든 나쁜 경험들과 감정들을 잠재의식 속으로 밀어 넣는 억압의 한 형태였다.[5]

그들이 하나님을 신뢰하고 순종했었다면 하나님은 그들을 치유하실 수 있었지만 그들은 그러지 않았다. 하나님은 그들에게 다음과 같이 경고하셨다.

"네가 모든 것이 풍족하여도 기쁨과 즐거운 마음으로 네 하나님 여호와를 섬기지 아니함으로 말미암아 네가 주리고 목마르고 헐벗고 모든 것이 부족한 중에서 여호와께서 보내사 너를 치게 하실 적군을 섬기게 될 것이니 그가 철 멍에를 네 목에 메워 마침내 너를 멸할 것이라"(신 28:47-48)

그들은 계속해서 그들이 믿고 있는 거짓말들, 즉 그들이 노예로 있었을 때가 더 좋았다는 것을 퍼뜨렸다. 기뻐하고 감사하는 마음가짐은 우리의 마음과 입술에 마귀의 사고방식이 침범하지 못하게 함으로써 우리의 삶에서 마귀가 활동할 틈을 주지 않게 문을 닫아버리는 효과가 있다.

우리의 아들 마이클은 어렸을 때 어머니 날 대회에 참가했고 우리는 그가 상을 받을 수 있도록 기도했다. 그 상은 우리 가족이 좋아하는 식당에서 사용할 수 있는 상품권이었다. 일주일 후에 우리는 우리 아들이 그 상을 탔다는 전화를 받았다. 곧바로 그는 머리를 숙이고 하나님께 감사드렸다. 할아버지, 할머니를 포함해서 전 가족이 어머니날에 근사한 만찬을 하러 외출했다. 아이들은 디저트를 포함해서 그들이 원하는 모든 것을 주문했는데도 그 상금 액수를 아직도 전부 사용하지 못했다. 그것은 눈물을 자아내는 은혜였다. 하나님이 우리를 축복해주신 것에 대해 감사했다.

하나님께서는 노예를 원치 않으신다. 그는 자신과 함께 왕 노릇 할 수 있는 아들과 딸들을 원하신다(딤후 2:12). "하나님께 나아가는 자(아들)는 반드시 그가 계신 것과 또한 그가 자기를 찾는 자들에게 상 주시는 이심을 믿어야 할지니라"(히 11:6). 예수님은 제자들에게 이렇게 말씀하셨다.

"내가 진실로 너희에게 이르노니 나와 복음을 위하여 집이나 형제나 자매나 어머니나 아버지나 자식이나 전토를 버린 자는 현세에 있어 집과 형제와 자매와 어머니와 자식과 전토를 백 배나 받되 박해를 겸하여 받고 내세에 영생을 받지 못할 자가 없느니라"
(막 10:29-30)

우리는 우리가 믿는 것을 바꾸어야 한다. 우리는 유업을 받기 위해 일하는 것이 아니라 단지 유업을 받을 뿐이다. 하나님께서는 다윗의 간통과 살인에 대해 다윗을 고치시려고 했을 때 이렇게 말씀하셨다.

> "네 주인의 집을 네게 주고 네 주인의 아내들을 네 품에 두고 이스라엘과 유다 족속을 네게 맡겼느니라 만일 그것이 부족하였을 것 같으면 내가 네게 이것저것을 더 주었으리라 그러한데 어찌하여 네가 여호와의 말씀을 업신여기고 나 보기에 악을 행하였느냐 네가 칼로 헷 사람 우리아를 치되 암몬 자손의 칼로 죽이고 그의 아내를 빼앗아 네 아내로 삼았도다"(삼하 12:8-9)

다윗은 그가 원하는 것을 가지는데 있어서 마치 왕처럼 행동했다. 하나님은 그가 아들처럼 행동하고 그가 원하는 것에 대해 하나님 아버지께 요청하길 원하셨다. 다윗은 이미 그가 필요한 것 이상을 가졌다. 그는 성전을 짓기 위하여 자신의 보고에서 금 2000억 달러, 은 450억 달러 이상에 해당하는 것을 주었다(대상 22:14). 그것은 모든 철과 동과 재목과 돌은 포함시키지 않은 것이었고 너무 많아서 무게를 달수가 없었다. 다윗은 억만장자였지만 하나님은 "만일 그것이 부족했다면 너에게 더 많은 것을 주었을 것이다"라고 말씀하셨다.

나는 모든 크리스천들이 백만장자가 되어야 한다는 것을 말하는 것이 아니다. 그러나 그들의 신분이 어떠하던 간에 모든 믿는 자는 열매가 있어야 한다는 것이다. 하나님은 재정이 부족한 분이 아니시고 그의 자녀들에게 인색하지 않으시다. 우리를 묶고 있는 빈곤의 마음자세는 어떤 것이든 끊고 회개하고 하나님을 믿어야 한다.

"우리 가운데서 역사하시는 능력대로 우리가 구하거나 생각하는 모든 것에 더 넘치도록 능히 하실"(엡 3 : 20)

하나님 나라는 이미 우리에게 속해 있다. 우리는 그 나라를 구하려고 애쓸 필요가 없다(눅 12:32).

안식하지 못하는 것은 다가오는 미래에 대해서 하나님을 신뢰하지 못하는 것이다. 하나님의 공급하심에 있어서 항상 애쓰고 안식하지 못하는 것은 이스라엘이 약속의 땅에서 쫓겨나게 되는 가장 중요한 원인이었다. 그들이 쫓겨나게 된 원인은 죄 때문이 아니었고 그들의 불성실함도 아니었으며 사회정의의 결여도 아니었다. 그들의 운명을 결정지은 것은 안식일에 안식하려고 하지 않은 것이었다. 노예에서 벗어난 후에 하나님은 그들에게 7년 마다 땅을 쉬게 하라고 말씀하셨다. 490년 동안 그들은 하나님을 신뢰하지 않았기 때문에 그 명령에 순종할 수 없었다.

70년의 포로 기간은 이스라엘이 받아들이기를 거부했던(490을 7로 나누면 70이 된다) 잃어버린 안식일에 상당한 기간이었다. 그들이 하나님과 맺었던 계약은 7년 마다 땅을 쉬게 하는 것이었다. 비록 하나님이 여섯째 해에 3년 동안 쓰기에 충분한 양식을 공급하셨음에도 불구하고 그들은 아들의 풍요로운 마음자세를 소유하지 못했기 때문에 일곱째 해에 쉴 수가 없었다. 그들은 궁핍한 노예근성에서 여전히 벗어나지 못하였다. 하나님은 여섯째 해에 3배의 수확을 공급하셨다. 그러나 그들은 하나님께 의존하는 사고를 싫어했다. 그들은 너무 많은 것을 가졌다. 그러나 노예 입장에서 볼 때 필요한 만큼 충분히 있을 때에도 과연 충분하다고 생각할까? 결코 그렇지 않다!

"너의 행사를 여호와께 맡기라(너의 행사를 완전히 하나님께 맡기고 신뢰하라. 그가 너의 사고를 그의 뜻에 일치되도록 할 것이다.) 그리하면 네가 경영하는 것이 이루어지리라"(잠 16:3, AMP)

만일 우리가 하나님께서 하시도록 맡겨드리면 하나님의 사고는 우리의 사고가 되고 우리는 걱정에서 벗어나게 될 것이다. 하나님의 사고는 무엇인가? 평안이요 재앙이 아니다. 당신에게 미래와 희망을 주는 것이다(렘 29:11). "주의 생각이 내게 어찌 그리 보배로우신지요 그 수가 어찌 그리 많은지요"(시 139:17). 우리는 하나님께서 "우리 가운데서 역사하시는 능력대로 우리가 구하거나 생각하는 모든 것에 더 넘치도록 능히 하시도록"(엡 3:20)하여 하나님으로부터 받는 것을 배워야 한다. 우리는 하나님을 안식의 아버지로서 아는 것이 중요하다. 예수님께서는 이렇게 말씀하셨다.

"수고하고 무거운 짐 진 자들아 다 내게로 오라 내가 너희를 쉬게 하리라 나는 마음이 온유하고 겸손하니 나의 멍에를 메고 내게 배우라 그리하면 너희 마음이 쉼을 얻으리니 이는 내 멍에는 쉽고 내 짐은 가벼움이라 하시니라"(마 11:28-30)

세상은 안식이 없다 왜냐하면 그들에게는 그들을 돌봐주는 아버지가 없기 때문이다. 우리에게는 우리를 사랑하는 아버지가 있다. 만일 우리가 육신적인 아버지들에 대한 고통스러운 기억들로부터 해방될 수 있다면 우리는 하나님 아버지의 사랑 안에서 안식하고 그의 공급하심에 대해 걱정하지 않을 수 있다.

"너희는 무엇을 먹을까 무엇을 마실까 하여 구하지 말며 근심하지도 말라 이 모든 것은 세상 백성들이 구하는 것이라 너희 아버지께서는 이런 것이 너희에게 있어야 할 것을 아시느니라 다만 너희는 그의 나라를 구하라 그리하면 이런 것들을 너희에게 더하시리라" (눅 12:29-31)

만일 우리가 하나님 안에서 안식하고 있다면 하나님이 지켜보고 계시는 것을 알고, 우리는 새로운 일을 하는 모험을 감행할 수 있다. 베드로는 물 위를 걷고 있을 때 공황상태에 빠졌다. "그가 발밑에 파도가 출렁이는 것을 내려다 봤을 때 무서워 가라앉기 시작했다. 소리 질러 이르되 주여 나를 구원하소서"(마 14:30).

베드로는 바람과 파도를 보았을 때 겁에 질렸다. 그러나 바람과 파도는 단지 집중을 방해할 뿐 실제 위험한 것은 아니었다. 만약 베드로가 바람과 파도가 없는 자연 상태에 있었다고 하더라도 물 위를 걸을 수 없었을 것이다. 사탄은 우리의 관심을 분산시킴으로써 우리의 눈을 예수님께 고정시키지 못하게 한다. 집중을 방해하는 것이 문제가 아니고, 질병이 문제가 아니며, 재정적인 어려움이 문제가 아니다. 문제는 우리가 사탄이 하고 있는 것(바람과 파도를 일으키는 것)을 바라볼 때 문제가 생기고 우리의 눈이 주님과 주님이 하고 계시는 일에서 벗어나게 된다는 것이다.

"모든 무거운 것과 얽매이기 쉬운 죄를 벗어 버리고 인내로써 우리 앞에 당한 경주를 하며 믿음의 주요 또 온전하게 하시는 이인 예수를 바라보자"(히 12:1-2)

우리의 눈을 우리 자신으로부터 예수님께로 돌리게 되면 우리의 생각을 올바른 관점으로 유지할 수 있다.

사탄은 세상을 파괴하기 위해 왔다. 그러나 하나님은 "그로 말미암아 세상이 구원을 받게 하려"(요 3:17)고 우리를 그리스도를 위한 사신으로 위임하셨다(고후 5:20). 만일 우리가 제대로 된 사신이 되려면 우리는 왕의 뜻을 알아야 하고, 왕 같이 생각하고 말해야 한다. 우리는 이미 그리스도의 마음을 가졌기 때문에 그렇게 할 수 있다(고전 2:16). 우리가 우리의 운명으로 들어가기 위해 남겨진 모든 것들은 우리의 고통스러운 기억으로부터 이미 해방된 것들이다. 우리가 하나님의 신실하심과 자비의 빛 가운데 그러한 기억들을 용서하고 잊고 다시 고쳐 쓸 때 하나님은 우리를 위해 그렇게 하실 것이다.

"비록 무화과나무가 무성하지 못하며 포도나무에 열매가 없으며 감람나무에 소출이 없으며 밭에 먹을 것이 없으며 우리에 양이 없으며 외양간에 소가 없을지라도 나는 여호와로 말미암아 즐거워하며 나의 구원의 하나님으로 말미암아 기뻐하리로다 주 여호와는 나의 힘이시라"(합 3:17-19)

비록 하박국은 하나님께서 구원이 없을 것이라고 말씀하신 파괴적인 군대와 맞서고 있었지만 그는 그런 상황보다 하나님의 성품을 믿었기 때문에 기뻐할 수 있었다.

욥이 하나님에 대해 말했다. "비록 하나님이 나를 죽이실지라도 나는 그를 신뢰할 것이다"(욥 13:15, 현대인의 성경). 바울이 말했다. "범사에 감사하라 이것이 그리스도 예수 안에서 너희를 향하신 하나님의 뜻이니라"(살전 5:18). 모든 믿음의 영웅들은 같은 결론에 이르렀다. "우리는 미쁨이 없을지라도(믿지 않고 그분께 충실하지 않으면) 주는 항상 미쁘시니(그의 말씀과 그의 의로운 성품에 충실하니) 자기를 부인하실 수 없으시리라"(딤후 2:13). 하나님은 항상 선하시다는 것을 당신의 마음에 확실히 새겨 넣으라.

- ✔ 하나님은 우리가 안식할 장소를 예비하셨다.
- ✔ 애쓰지 않고 거할 때 열매를 맺는다.
- ✔ 예수님은 원수 사탄을 물리치시고 우리에게 사람들을 자유하게 하는 열쇠를 주셨다.
- ✔ 우리는 우리 집중력을 분산시키는 원수 사탄에게서 눈을 돌리고 예수님께 눈을 고정해야 한다.
- ✔ 하나님께서 축복하실 때 우리는 감사로 반응을 해야 한다.
- ✔ 우리가 믿음으로 행할 때 하나님께서 상 주시는 분임을 우리는 믿어야 한다.
- ✔ 우리는 우리의 본성이나 노력이 아닌 하나님의 성품을 의지하고 있다.
- ✔ 하나님은 항상 선하시다.

제12장

1. Zodhiates, *The Complete Word Study Old Testament*, "Thanks, praise, confess," #3034.
2. Zodhiates, *The Complete Word Study New Testament*, "Save," #4982.
3. Jones, Jones' *Dictionary of Old Testament Proper Names*, s.v. "Manasseh."
4. Zodhiates, *The Complete Word Study Old Testament*, "Manna," #4478.
5. Sarno, *The Divided Mind*, 60-61.

결론

● 상황

한 선교사가 홍콩의 뒷골목의 상점들을 구경하다가 한 문신가게를 우연히 찾았다. 가게의 창에는 다양한 디자인의 무늬와 속담, 그리고 팝 아트 묘사로 가득했다. 그것들 중 그 선교사의 시선을 끄는 한 문신이 있었다. 그는 그 문신에 대해 알아보기 위해 가게로 들어갔다.

구석에서 쭈그리고 앉아 있던 나이가 많고 주름이 많은 중국인 신사가 위를 쳐다보았다. 그는 놀란 얼굴로 선교사에게 질문을 했다.

"문신하기 원하세요?"

"아니오." 그 선교사가 웃으면서 얘기했다. "당신의 창가에 진열된 문구 중 하나에 대해 질문이 있어서 그래요. 한 문구가 '패배하기 위해 태어남'이라고 쓰여 있던데 그 문신을 받은 사람이 있나요?"

"아 네." 그 노인은 이렇게 답변했다. "아주 많아요!"

"누가 이런 부정적인 말을 자신의 몸에 문신으로 새겨 넣으려 할까요?"

노인이 일어서서 선교사에게 다가갔다. 그의 뼈밖에 없는 손가락을 내밀어 선교사의 머리를 톡톡 건드리면서 말했다. "여기에 문신을 합니다."

그런 다음에 그의 팔을 만지면서 "여기에 문신을 새기기 전에 말입니다."

사람이 자기 마음속으로 생각하듯이 실제도 그러하다(잠 23:7 참조). 우리 사고는 그것을 우리 마음에 문신처럼 새겨 넣을 때 기억이 된다. 그것들은 과거 오랫동안 묻혀 있었던 현재와 미래에 영향을 미칠 수 있는 사건들의 회상과 감정의 흐름을 이끌며 우리가 누구인지를 영구적으로 정의한다. 그것들은 우리가 삶을 접하면서 끄집어내는 정보를 주는 것이 의도된 가운데 우리 신경 경로에 영원히 각인된다. 그 정보가 건강하고 정확하다면 우리는 기쁨으로 현명한 결정을 내릴 것이다. 만약 그 정보가 유해하고 왜곡되었다면 애석하게도 우리를 이전에 가둬두었던 동일한 파괴적인 방식에 빠지게 될 것이다.

이러한 수많은 기억들은 그들의 정체를 우리가 의식하기도 전에 심어졌다. 그리고 그것들은 야기하는 반응을 제외하고는 감지할 수 없는 무의식에 머물 것이다. 그것들이 발산하는 어떤 감정들은 유해하고, 우리를 아프고, 걱정하게 하며, 절망스럽게 만들 것이다. 다른 기억들은 생명력이 있을 것이며, 우리를 건강하고, 자신감 있게 하며, 희망차게 만들 것이다. 이런 노래가사가 있다.

> 당신은 긍정적인 것을 강조해야 해요,
> 부정적인 것을 제거하세요.[1]

우리 사고는 기억을 저장하고 불러오는데 홀로 작용하지 않는다. 심지어 고대인들조차 신장[2]이 감정의 본거지이며, 심장은 지능의 기관이고, 뇌는 인지의 기관인 것을 알았다. 몸 전체는 사고 과정을 저장하는데 관여할 뿐만 아니라 그러한 사고 과정에 영향을 받는다. 잠재의식이 고통스러운 기억을 의식으로부터 숨기기 때문에 역기능적인 사고를 찾아내기가 거의 불가능하다.

● 치유

하나님에게 해결책이 있다! 용서하고, 잊고, 회개하라(당신의 마음을 바꿈으로 다시 고쳐 쓰라). 수년 전에 하나님께서는 나(켄)에게 내 사고 방식의 문제에 대해서 꿈을 꾸게 해주셨다. 위에서 본 나의 뇌는 표면을 거의 다 덮고 있는 뇌종양에 잠식되어 있었다. 나는 이렇게 생각했다. "좋아. 그것을 잘라내고 그것을 다 처리하자." 내가 종양으로 가득한 나의 뇌를 바라보는 시각을 전환하자 또 다른 문제가 야기 되었다. 그 종양은 덩어리가 아닌 나의 뇌의 거의 모든 부위에 촉수를 내린 섬유종이었다. 그것을 잘라낼 수가 없었고, 각 섬유를 신경 세포로부터 풀어야 했다. 이것은 오래 걸리는 지루한 작업일 것처럼 보였다. 하지만 주요 뿌리를 풀어주자 더 많은 촉수들이 접지력을 잃고 그것과 함께 풀어졌다.

우리는 우리 자신의 삶 속에서, 그리고 그들의 뇌를 살펴보도록 할 정도로 용감한 사람들과 함께 수많은 고통스러운 기억들을 처리해왔다. 고통스러운 기억들을 제거할 수 있는 방법을 몇 가지 나누겠다.

신성한 계시

하나님은 당신에게 사진을 주거나 어떤 사건을 상기하는 것을 도와주신다. 누군가가 어떤 요새에 부딪히게 되면 당신의 과잉반응 때문에 알아차릴 것이다. 하나님께 그 뿌리를 보여 달라고 간구하라. 한 사건이 요새가 형성되는 것을 촉발했다면, 그 사건을 보거나 다시 체험하는 것은 당신이 거짓되게 믿었던 그 기억에 달라붙은 잘못된 사고를 종종 노출시킬 것이다. 만약 이것이 그 요새 전체를 지탱하는 핵심적인 사고라면 당신이 용서하고, 잊고, 이 기억을 다시 고쳐 쓰면 그 구조 전체가 무너져 내릴 것이다. 그 거짓말과 연관된 모든 논리는 너무나 말도 안 되어 터무니없기까지 하다. 기초적인 거짓말이 없이 나머지 사고는 독성 대신에 유머러스해진다. 당신이 생각했던 것과 당신을 가두었던 것에 대해 비웃을 수 있다면, 그 요새를 해체한 것이다.

내가 거저 주지 못하는 것에 대해 기도하고 있었을 때 하나님께서는 한 얼룩 다람쥐의 예시를 보여주셨다. 이 조그마한 설치류는 그의 볼 주머니를 견과로 너무나 가득 채워서 그의 머리가 머리 높이보다 옆으로 거의 3배나 늘어나 있었다. 그는 우스꽝스러워 보였다. 하나님께서는 내 욕심이 나를 통제하게 할 때 바로 그 모습이라고 말씀해주셨다. 나는 그렇게 사소한 것이 나를 그렇게 완전히 지배할 수 있다는 것에 대해 웃었다. 나의 비축하는 습성에 대해 곰곰이 생각해보면서 내 할머니와 그녀가 비축하고 있었던 실 뭉치를 기억해냈다. 내 조부모는 가난하거나 궁핍하지 않았고, 단지 인색했다. 나는 그들의 인색함이 내 안에 영향을 미치게 한 것을 회개했다. 또한 내 기억속에 형성된 그 구조물을 쫓아냈다.

그 이후로 나는 사람들의 기대 이상으로 선물이나 은혜를 베푸는 것을 즐겼다. 나는 꽉 쥔 주먹이 아니라 벌린 손으로 베풀 수 있었다.

낯익은 사고

어떤 기억들은 너무나 자주 불러들여서 당신의 생각을 바꾸고 싶어도 똑같은 사고를 불러일으키는 동일한 길을 여행하는 듯하게 느껴질 때가 있다. 하나님은 사고를 사로잡는 것의 일환은 그것에게 무제한의 자유를 주지 않는 것을 의미한다고 최근에 보여주셨다. 말이 달리고 싶어 할 때 고삐를 잡아당기면 달리는 속도를 늦추거나 충분히 세게 잡아당긴다면 멈추게 할 것이다. 때로는 생각에 있어서 우리는 우리 의지를 그다지 많이 행사하지 않는다. 우리 대다수는 고통스러운 기억이나 "죄와 싸우되 아직 피 흘리기까지 대항하지"(히 12:4, 킹제임스 흠정역) 않았다.

사역하는 중에 누군가의 고통스러운 기억들에 대해 하나님께서 정글 한 가운데를 관통하는 고속도로의 그림을 보여주셨다. 그 도로에 통행량이 줄어들자 정글이 고속도로를 숨 막히게 하기 시작했다. 그 길을 따라 내려가기가 어려워졌다. 시간이 지나면서 통행량이 없어지자 정글이 너무나 울창해져서 그 길을 따라 더 이상 통행할 수 없었다. 우리 신경 경로도 이와 같다. 그것은 "사용하지 않으면 잊어버린다"는 법칙을 따른다. 우리가 고등학교 때 2년 동안 배웠던 스페인어와 불어를 왜 잊어버리는가? 왜냐하면 우리가 그 언어를 사용하는 것을 멈추었기 때문이다! 이것은 고통스러운 기억에 대해서도 따르기 좋은 철학이다.

우리 중 몇몇 사람들은 기분을 불쾌하게 하는 것, 포르노, 분노, 쓴 뿌리 또는 자기 연민에 대한 특정 사고에 있어서 단지 '그곳에 가지 않을' 필요가 있다. 그런 사건이 있을 때, 고통스러운 기억을 촉발한 것은 한 사건이 아니라 우리가 심사숙고한 일련의 경미한 사건들이다. 그 사고를 아사시켜라. 그러면 그 사고는 자체적으로 생명이 없기 때문에 죽어버릴 것이다. 이러한 사고는 우리의 지속적인 주의 집중을 먹고 산다. 그 사고를 거부하라. 그러면 얼마 후 정글 도로와 마찬가지로 당신은 어떻게 그 길을 따라 가서 그러한 사소한 사고를 했는지 의아해 할 것이다.

상처가 되는 상황에 대해 생각하는 것을 멈추려면 우리는 그 고통스러운 기억이 대수롭지 않다고 선포해야만 한다. 우리 대다수는 리가 디나모(Riga Dinamo, 역자 주-라트비아의 아이스하키 팀)가 백업 골키퍼를 트레이드 했다고 해서 관심을 가지지 않을 것이다. 왜 그런가? 대수롭지 않기 때문이다. 그 사실은 내 삶에 영향을 미치지 않는다. 고통스러운 기억들로부터 벗어나려면 그것들을 대수롭지 않게 여기고 우리 머릿속에 공간을 차지하지 않도록 해야 한다. 왜냐하면 그것들은 하찮은 것들이기 때문이다.

예수님을 바라보라

어떤 상처들은 예수님의 희생과 사랑을 바라봄으로써 간단하게 치유될 수 있다. 그러한 기억들은 광야에서 뱀에 물린 상처와 같다. 우리가 물렸을지도 모르지만 우리가 예수님을 바라본다면 우리는 살 것이며, 치유될 것이다. 우리의 모든 고통스러운 기억들이 이렇게 쉽게 증발하면 참 좋을 것이다. 하지만 사실 많은 고통스러운 기억들은 그렇게 사라지지 않는다. 어떤 기억들은 우리가 그것을 형성하는데 수십 년을 보냈다. 그것들은 우리 성격과 인격의 많은 부분을 구성한다. 하나님께서는 우리가 "벗고자 함이 아니요, 입고자 함이니 이것은 죽을 것이 생명에게 삼켜지게 하려는 것"(고후 5:4, 킹제임스 흠정역)을 그저 원하는 것이 아니다. 하나님의 생명이 우리의 고통스러운 기억들을 삼켜버리려면, 우리들은 주님의 치유적인 사고를 덧입어야 한다.

● 예방

우리가 우리 사고를 통제하지 않으면 그 생각들이 우리를 통제할 것이다. 그러면 어떻게 고통스러운 기억들이 형성되는 것을 막는가? 지혜의 시작은 악을 미워하는 것이다(잠 8:13, 9:10 참조). 우리가 하기 싫어하는 것에 대한 유혹은 없다. 우리가 악을 미워하면 우리는 "악을 버리며 선을 택할"(사 7:15) 것이다. 우리는 좋아하지 않는 텔레비전 프로그램을 보지 않을 것이며, 우리가 싫어하는 것을 먹지 않을 것이다. 이것은 우리 자신을 부인하는 것에 대한 것이 아니라 우리 생각을 하나님의 생각과 일치시키기 위하여 우리 생각을 바꾸는 것에 관한 것이다. 우리는 새들이 머리 위로 날아가는 것을 막을 수 없다. 그러나 그것들이 우리 머리에 둥지 트는 것은 막을 수 있다. 하나님께서는 우리 영이 생명을 분별하도록 만드셨다. 어떤 사고에 생명이 있으면 즉, 더 강력하게 만들고, 격려하며, 위로하면, 그것을 받아들여라. 만약 어떤 사고가 무너뜨리기만 하면 즉, 낙

담시키고, 당신의 영에 불안을 야기한다면 그것은 죽음을 가져오는 것이며 거부되어야 한다. 우리가 우리 사고의 포로라면 우리는 우리 기억들에 의해 괴로워할 것이다.

우리는 변화를 위해 죽음을 기다리지 않아도 된다. 만약 죽음이 우리를 고통스러운 기억으로부터 자유하게 한다면 예수님이 아니라 죽음이 우리의 구원자가 되는 꼴이다. 우리는 변화할 수 있다. 왜냐하면 예수님께서 우리 옛 본성으로부터 자유하게 하기 위하여 죽으셨기 때문이다. "오직 너희의 심령이 새롭게 되어 하나님을 따라 의와 진리의 거룩함으로 지으심을 받은 새 사람을 입으라"(엡 4:23-24). 고통스러운 기억으로부터 자유하기 위해 가장 중요한 것은 하나님이 당신을 놀라운 사랑으로 완전히 용서하셨으며 영광스러운 하나님의 손 아래에서 영원히 안전함을 기억하는 것이다.

"이 날 구원이 이 집에 이르렀도다. 사람의 [아들]은 잃어버린 것을 찾아 구원하러 왔느니라"(눅 19:9-10, 킹제임스 흠정역).

결론

1. Harold Arlen and Johnny Mercer, writers, "Accentuate the Positive," recorded October 4, 1944, The Pied Pipers, Capitol Records
2. Zodhiates, *The Complete Word Study Old Testament*, "Reins," #3629, #3510.

스트레스(탈진) 자가 진단 테스트

자신의 현재 스트레스 상태를 알아보는 것이 스트레스 극복의 지름길이다. 다음 40개 항목에 대해 솔직하게 답변하되, 너무 깊이 생각하지 않도록 유의하면서 스스로를 점검해본다. 주저 없이 '예'라고 대답을 할 수 있는 항목에는 1점, '확실히 어느 쪽이라고 단정 지을 수 없다'는 생각이 들면 2점을 주며 결단코 '아니오'라고 대답할 수 있는 항목에는 3점을 부여해 합한다.

한국정신의학회 2000.

	항목	예 (1점)	보통 (2점)	아니오 (3점)
1	자신을 가치 있는 인간이라고 생각한다.			
2	자신의 가치관이나 감정을 소중히 여기고 있다.			
3	이웃사람들과의 교제를 소중히 여긴다.			
4	한 달에 두 번은 영화감상을 하러 나간다.			
5	자신의 결점도 받아들일 수 있다.			
6	친구에게 개인적인 문제를 툭 터놓고 말할 수 있다.			
7	어떤 상황에 직면해도 일관성을 가진다.			
8	명상(기도)의 시간을 가지려고 애쓴다.			
9	남과 비교해 자신의 능력이 결코 떨어지지 않는다고 생각한다.			
10	상대방에게 섹스에 관해 홀가분하게 말할 수 있다.			
11	경쟁에 실패해도 녹초가 되지 않는다.			
12	사물에 대해 깊이 생각하는 일은 어려운 일이 아니다.			
13	자신의 얼굴이나 분위기를 좋아한다.			
14	거절하고 싶은 것을 남에게 쉽게 말할 수 있다.			
15	문제를 해결하기 위한 아이디어가 쉽게 잇달아 떠오른다.			
16	건강한 생활을 위해 규칙적인 식사를 하는 편이다.			
17	자신의 몸매에 자신감을 갖고 있다.			
18	자신이 기쁘게 느끼는 것을 남에게 마음껏 표현할 수 있다.			
19	지나간 일은 장황하게 되풀이하지 않는다.			
20	시기적절하게 알아서 휴식을 취하는 편이다.			
21	남에게 비판을 받아도 순순히 받아들이는 편이다.			

〈스트레스의 평가〉
★ 40~60점   '가벼운 스트레스 상태'. 실생활에서 별로 느껴지지 않을 만큼 경미한 상태다.
★ 61~80점   '중간 또는 보통의 스트레스 상태'. 현대인들이 공통으로 느끼는 수준이다.
★ 81점~100점 '높은 스트레스 상태'. 거의 잠재된 폭발물과 같이 스트레스가 언제 터질지 모를
              위험부담이 있다.
★ 101~120점 '격심한 스트레스 상태'. 자신도 인식하지 못하는 사이에 벌써 여러 가지 심신증
              (정신신체질환 : psycho-somatic disorder)에 시달리고 있으며 정신질환을 앓고
              있을지도 모르는 상태다.[1]

	항목	예 (1점)	보통 (2점)	아니오 (3점)
22	상대방의 말을 알아들을 수 없을 때에는 반드시 질문을 한다.			
23	자신의 경제사정에 대해서 소탈하게 이야기할 수 있다.			
24	자신의 내면을 닦는데 시간과 돈을 아끼지 않는다.			
25	남에게 칭찬을 받으면 순순히 받아들이고 인정하는 편이다.			
26	자신이 남들에게 비교적 바르게 이해되고 있다고 생각한다.			
27	현재 자신이 바라는 요구사항들은 정당한 것이라고 생각한다.			
28	하루하루 충실히 살아가고 있다.			
29	자신이 지금까지 해온 일에 긍지를 가지고 있다.			
30	마음에 들지 않는 일은 분명히 말한다.			
31	오해나 잘못을 바로잡기 위해 노력을 아끼지 않는다.			
32	취미시간을 가지려고 노력한다.			
33	누구에게나 호감을 사는 성격이다.			
34	다른 사람의 사고방식이나 의견에도 귀를 기울일 줄 안다.			
35	이치에 맞는 말을 하려고 애쓰는 편이다.			
36	자신은 예민하며 기운도 왕성하다고 생각한다.			
37	실수를 해도 언제까지나 마음에 담아두려고 하지 않는다			
38	다른 사람의 가치관이나 감정을 쉽게 이해해주는 편이다.			
39	남의 의견을 끝까지 듣는다.			
40	몸가짐을 단정히 하는 습관을 가지려고 하는 편이다.			

우울증 자가진단 척도

다음은 당신이 경험했을 법한 느낌이나 행동들이다. 이 표를 복사해서 지난 일주일 동안 얼마나 자주 경험했는지 표시하자(각 문항을 읽고 해당 점수에 표시).

점수: 각 문항에 표시한 점수를 모두 더한 총점이 당신의 점수다.

	지난 일주일 동안	드물거나 없음 (1일 미만)	가끔 (1~2일)	자주 (3~4일)	거의 항상 (5~7일)
1	평소에는 신경 쓰이지 않던 일들이 신경 쓰였다.	0	1	2	3
2	식욕이 없었다.	0	1	2	3
3	다른 사람들의 도움을 받아도 우울함을 떨쳐버릴 수 없었다.	0	1	2	3
4	내가 다른 사람들만큼 괜찮게 느껴졌다.	3	2	1	0
5	어떤 일에도 몰두하기가 어려웠다.	0	1	2	3
6	기분이 우울했다.	0	1	2	3
7	모든 일이 힘들게 느껴졌다.	0	1	2	3
8	미래가 희망적으로 느껴졌다.	3	2	1	0
9	내 인생은 실패했다는 생각이 들었다.	0	1	2	3
10	두려움을 느꼈다.	0	1	2	3

지난 일주일 동안		드물거나 없음 (1일 미만)	가끔 (1~2일)	자주 (3~4일)	거의 항상 (5~7일)
11	잠을 편히 자지 못했다.	0	1	2	3
12	행복했다.	3	2	1	0
13	평소보다 말을 적게 했다.	0	1	2	3
14	외로움을 느꼈다.	0	1	2	3
15	사람들이 나에게 차갑게 개하는 것 같았다.	0	1	2	3
16	즐겁게 생활했다.	3	2	1	0
17	갑자기 울음을 터뜨렸다.	0	1	2	3
18	마음이 슬펐다.	0	1	2	3
19	사람들이 나를 싫어하는 것 같았다.	0	1	2	3
20	무언가를 '시작'할 수가 없었다.	0	1	2	3

이것은 역학연구센터(Center for Epidemiological Studies)에서 개발한 우울척도이다. CES-D 척도는 일방대중을 대상으로 한 연구용 자가진단 우울척도이다. 총점이 20점 이하면 문제가 되지 않지만 20점이 넘으면 주위 사람들이나 전문가의 도움을 받을 필요가 있고, 25점 이상이면 반드시 전문가의 도움을 받아야 한다.

부록 3

노바코 분노측정 척도

다음 설문지에 열거된 문항은 분노와 관련된 상황을 묘사하고 있다.
각 문항에 대해, 그 사건이 어느 정도의 분노를 일으키는지에 대한 적당한 척도를 골라
표시하라. 그 상황이 실제로 당신에게 일어나고 있다고 상상해 보라.
그리고 그 상황이 당신으로 하여금 화나게 만드는 정도를 기입하라.
이 설문지는 당신의 일반적 반응을 점검하기 위해 고안되었다. 당신의 평상시의
일반적 반응을 표시하기 위해 최선을 다하라.

※ 아래 상황들에 대해 주어진 척도 점수를 사용하여 가입하십시오.

	항목	점수
1	당신은 방금 구입한 기계의 포장을 풀어 플러그를 꽂았으나 그것이 작동하지 않는 것을 발견한다.	
2	당신을 제멋대로 대한 수리공에 의해 바가지를 썼을 때	
3	다른 이의 행동은 주목되지 않고 당신만 유독 지적당할 때	
4	당신 차를 진흙이나 눈에 빠뜨렸을 때	
5	당신이 사람들에게 이야기해도 그들이 대답하지 않을 때	
6	어떤 이들은 그렇지 않으면서 대단한 사람인 것처럼 한다.	
7	식당에서 당신이 식탁으로 컵 4개를 운반하려고 애쓸 때 누가 당신과 부딪쳐 커피를 쏟았다.	
8	당신이 옷을 걸어 놓았는데 누군가 그것을 쳐서 바닥에 넘어뜨렸다.	
9	당신이 어느 가게에 들어선 순간부터 점원에게 구박 당한다.	
10	놀림과 조롱을 당할 때.	
11	당신이 어떤 이와 함께 어떤 곳에 가기로 약속했지만 그 사람이 마지막 순간에 당신을 바람맞힐 때.	
12	교통신호등에서 당신 차의 엔진이 꺼진 판에 당신 뒤편의 차의 사람이 경적을 계속 울려댈 때.	
13	당신은 주차장에서 회전을 잘 하지 못했다. 당신이 차에서 내리자 어떤 이가 당신에게 "어디에서 운전을 배웠어?"하며 소리친다.	

〈척도 점수〉
0점 거의 아니면 아무 화도 느끼지 않는다. 1점 조금 화가 난다. 2점 어느 정도 화가 난다.
3점 꽤 화가 난다. 4점 대단히 화가 난다.

〈채점 및 평가〉
각 항목마다 기입한 척도 점수를 모두 합한 총점에 따라 다음과 같이 분석한다.
- ★ 0-45점   일반적으로 체험하는 분노와 괴로움의 양이 상당히 적다. 소수의 사람만이 이에 해당된다.
- ★ 45-55점 보통 사람들보다 상당히 평화스럽다.
- ★ 56-75점 보통 사람들처럼 적당히 분노를 표출한다.
- ★ 76-85점 보통 사람보다 흥분하기 쉬우며 화를 더 잘 내는 편이다. 흔히 성난 방법으로 인생의 많은 괴로움에 반응한다.
- ★ 86-100점 강한 분노의 반응을 보이는 분노의 왕. 격렬한 분노를 표출한 후에도 그 부정적 감정이 쉽게 사그라지지 않는다. 주위 사람들로부터 폭탄이나 불같은 사람이란 이야기를 들을 것이다. 당신은 빈번한 긴장성 두통과 혈압상승을 체험할 것이다. 때때로 걷잡을 수 없는 분노가 충동적인 적대감으로 폭발할 수도 있다. 일부의 사람만이 이처럼 강하게 반응한다.

	항목	점수
14	어떤 이가 실수하고는 당신 탓으로 돌린다.	
15	당신은 집중하려 애쓰지만 당신 근처의 사람이 발을 토닥거린다.	
16	당신은 중요한 책이나 물건을 어떤 이에게 빌려주었으나 그 사람이 돌려주지 않는다.	
17	당신은 바빴다. 그런데 당신과 함께 사는 사람은 당신이 그 사람과 함께 하기로 동의한 중요한 것을 어떻게 잊었느냐고 불평하기 시작한다.	
18	당신은 당신의 느낌을 표현할 기회를 주지 않는 동료나 상대와 중요한 일을 토론하려고 애쓴다.	
19	별로 아는 바도 없으면서 어떤 화제에 대해 논쟁하기를 고집하는 어떤 이와 당신은 토론하고 있다.	
20	어떤 이가 당신과 다른 이의 논쟁에 끼어든다.	
21	당신은 급히 어떤 곳에 가야 한다. 그러나 당신 앞 차는 속도제한 70km의 도로에서 약 40km로 가고 있는데다가 당신은 앞지르기조차도 할 수 없다.	
22	껌 덩어리를 밟았다.	
23	당신은 적은 무리의 사람들을 지나치다가 그들에게 조롱 당한다.	
24	어떤 곳에 급히 가려다가 뾰족한 물건에 좋은 바지가 찢어진다.	
25	핸드폰으로 전화를 걸려 했지만 다이얼을 채 누르기 전에 배터리가 나가버렸다.	

고통스러운 기억의 치유
Deliverance from Toxic Memories

초판 1쇄 발행 2018년 11월 5일

지은이   켄 · 잔 해링턴(Ken and Jeanne Harrington)
옮긴이   송동호 · 정동섭

발행인   이요섭
편집장   권혁관
담당편집   강성모
디자인   조운희
제작   박태훈
영업   김승훈, 김창윤, 이대성, 정준용
        이영은, 김경혜, 최우창, 백지숙

펴낸 곳   요단출판사
등록   1973. 8. 23. 제13-10호
주소   07238) 서울특별시 영등포구 국회대로 76길 10
기획 문의   (02)2643-9155
영업 문의   (02)2643-7290
        Fax(02)2643-1877
구입 문의   인터넷서점 유세근
        요단인터넷서점 www.jordanbook.com

ⓒ 요단출판사 2018

값 17,500원
ISBN 978-89-350-1719-5

이 책의 한국어판 저작권은 요단출판사가 소유하고 있습니다.
출판사의 사진 승인 없이 책의 내용이나 표지 등을 복제, 인용할 수 없습니다.